KB269125

아우구스티누스

아우구스티누스

이석우

The Humanities

16

민음사

책머리에

아우구스티누스에 대한 논의는 다양하게 전개되어 왔지만, 그가 서양 지성사에 미친 영향이 매우 크다는 점에 대해서는 별다른 이의가 있을 수 없다. 그는 라틴 기독교를 체계화시켰을 뿐만 아니라 중세 천년의 사상적 기틀을 마련하고, 종교개혁의 정신적 원류(源流)가 되었다. 더하여 그는 역사철학의 아버지라고 불릴 만큼 역사를 전체적으로 파악하려 했던 장본인이며, 기독교 철학과 근대 철학을 얘기할 때 빼어놓을 수 없을 만큼 큰 자리를 차지해 왔다. 그 때문에 혹자는 그를 플라톤, 아리스토텔레스와 함께 서양의 3대 지성이라 부르는가 하면, 실제의 영향면에서는 이들을 앞지를지 모른다고까지 말하고 있다.

이 책에서는 이 같은 그의 영향의 본원(本源)이 되는 그의 삶과 사상, 역사 인식의 골격을 재구성하려 했다. 그 과정에서 제기되는 제 문제들의 내용과 그 논의들의 성격이 무엇인지에 관하여도 밝혀보려 했다. 이 책은 두 부분으로 구성되는데, 전반부에서는 그의 생애를, 후반부에서는 그의 사상, 신학 논쟁, 역사관 등을 다루었다. 이렇게 구성한 것은 아우구스티누스의 사상 전개가 그의 삶의 매듭 매듭의 변화와 불가분의 관계에 있는 특수성 때문이기도 하다.

그의 문제 의식은 끝내 기독교적 방안에서 그 해결점을 찾지만, 그 자신의 입장을 고전적 방법과 논거에 의존하여 전개시키고 있는 점이 흥미롭다. 그 때문에 그의 논의는 고대(古代)의 정리를 불가피하게 하고, 새로운 시대를 여는 대안적 성격을 강하게 내포하고 있다. 그리고 그의 저술의 대부분이 현실적 필요에 따라 집필된 것으로, 펠라기우스주의자들과의 논전(論戰)에서 자유의지론, 원죄 문제, 은총론이 제기되고, 도나투스파와의 대결에서 교회론이 성숙되어 간 것은 이를 말해준다. 게르만인에 의한 로마 약탈의 위기에 직면하여 쓴 『신국론』 또한 이 같은 필요에 대응한 대표적인 예이다. 아우구스티누스는 그 전개 과정에서 로마 몰락의 원인에 답하고, 〈신국〉과 〈지상국〉 개념의 설정을 통해 역사의 목적과 의미에 대한 재해석을 시도하였다.

이러한 그의 주장들은 〈신국〉과 〈교회〉의 일치와 불일치 문제, 〈지상국〉과 역사적 국가들의 성격, 교회와 국가간의 관계에 대한 논의를 불러 일으켰다. 이 논쟁들은 아우구스티누스의 세계관이 매우 종말론적 지향점을 갖고 있음에도 불구하고, 과정으로서의 역사와 국가, 현실을 인정하고 있다는 점에서 그가 〈현실주의〉적 면모를 갖고 있었음을 보여주고 있다. 그의 국가관, 전쟁론, 평화사상이 공히 그 같은 바탕에 근거하고 있다. 그의 주장과 사상을 서술하는 데 있어서 그의 저서 내용에 크게 의존했음도 아울러 밝힌다.

그가 살았던 시대는 불안과 불확실성, 좌절감이 교차되던 격변기였다는 점에서 우리가 살고 있는 시대와 유사하다. 기존의 가치가 무너져 내리고 있는 한 문명의 끝부분에 서서, 문제를 회피하거나 좌절하지 않고, 그에 대한 답을 얻기 위해 정면으로 부딪혔던 한 지성의 고뇌어린 자세는 이 시대를 살아가는 우리들에게 많은 시사를 준다.

오늘 현대인이 겪고 있는 뚜렷한 혼미 중의 하나는 가치 체계의 혼란이다. 진보사관의 뿌리는 기독교에 있으면서도 사람들은 이를 거부하거나 이성적 방법으로 이해하려 한다. 근대인들은 신을 대신하여 인간의 능력을 신뢰했고, 다시 인간과 신을 거부하고 진화의 진보적 세계관을 그 대안으로 제시하였다. 그러면서도 이제 그 어느 것도 최종적인 답안은 아니라는 사실을 인지하고 있다. 이 시점에서 이러한 혼미의 역사적 배경을 추적하는 데 있어서, 아우구스티누스에 대한 이해는 필수적인 과정이라고 믿는 것이 필자의 소견이다.

아우구스티누스는 매우 인간적인 사람이었다. 그리고 그는 누구보다도 예리하게 인간의 모순을 감지하였다. 이 책의 제명에 성(聖 St.)이라는 시호를 쓰지않고 〈아우구스티누스〉라고만 쓴 이유도 여기에 있다. 그는 처음부터 권위적 도그마에 자기를 얽어매고 모든 사유를 그 틀에 맞추려는 닫혀진 마음의 소유자가 아니었다. 무엇보다 죄의 문제, 선악과 정욕의 문제, 신의 본질과 존재에 대하여 정직하게 풀어 나가려 했다. 우리가 아우구스티누스에게 인간적인 매력과 친밀감을 느끼는 이유도 여기에 있다.

이 책을 저술하게 된 계기는 지금으로부터 30여 년 전 은사 이원설 박사님의 서양사 과목 수강중에 제출했던 「아우구스티누스의 인성론」이라는 리포트에까지 거슬러 올라간다. 그 때 나는 과분한 칭찬을 듣고, 학우들 앞에서 이를 읽기까지 했던 것으로 기억된다. 그 뒤 나는 삶과 학문의 길에서 방황을 거듭했으나 무언가 설명하기 어려운 힘에 이끌리어 오늘에 이르렀고, 이 저술을 마무리짓게 되었다. 나는 감히 이를 돌이켜 하나님의 은혜라고 말하고 싶다. 그리고 그 같은 길을 열어주신 이원설 박사님께 깊이 감사하고 이 책을 그 분께 바친다.

책의 부족한 점들이 곳곳에 눈에 띄이나, 그것이 내 모습인 줄 알고 부끄러운 마음으로 세상에 내놓는다. 총신대학에서 함께 봉직했던 김명혁 교수(합동신학교 교수)의 조언과 재미 의학자 고영환 박사의 자료 협조에 감사한다. 그리고 무엇보다 대우재단의 넓은 아량과 인내의 기다림에 고마움을 느낀다. 또한 원고 정리와 수정에 많은 도움을 준 김영진, 이문찬, 안정환 조교, 그리고 초고를 읽어준 김봉수, 양한주 박사, 조기흠 군에게 감사한다. 항상 나의 부족하고 연약한 곳을 보완하고 격려해준 아내 지현, 그리고 사랑의 샘이 마르지 않게 하여 준 나의 자녀들 혜리, 수잔, 창균과도 이 기쁨을 함께 나누고 싶다.

1995년 2월

고황산 교수회관 연구실에서

차례

I 왜 아우구스티누스인가

아우구스티누스는 역사와 함께 살아왔다. 시대가 위기에 처하거나, 격변의 전환을 겪고 있을 때 사람들은 아우구스티누스에게 관심을 갖거나, 아니면 그에게서 등을 돌리기도 했다. 그 자신이 살던 시대에도 비판자와 추종자를 동시에 갖고 있었지만, 이후 그러한 현상은 더욱더 확연히 그리고 광범위하게 진행되었다. 중세에는 교부철학의 대표로서 그가 중세 사상과 문화 형성에 지대한 영향을 미쳤다는 점에 대해서는 의견을 같이하고 있으나 근대에 그는 중세적 신앙주의자로, 또한 호교론자로 호된 비판의 대상이 되기도 했다. 어쩌면 그에 대한 관심 여부는 그 시대의 성격을 헤아리게 하는 지표가 되었다고도 할 수 있다.[1]

그의 면모 또한 다양하다. 그는 신학자이면서 철학자이고, 성직자이면서도 자기의 죄성에 마음 아파하는 고뇌에 찬 한 인간이었다. 그는 기독교의 가르침을 가장 조직적으로 해설하였으면서도 그 이전까지의 인문주의적 교육을 배척하지 않았다. 성자의 자리에 오른 그였

----

1) R. Meagher, *Augustine : An Introduction*(New York : Harper Colophon Books, 1978), xiii.

지만 인간적인 완성을 처음부터 상정케 하는 교조적 인물은 아니었고, 그는 나락과 같은 타락의 심연에서 괴로워했으며 인간적인 유혹과 삶의 모순에 누구보다도 더 예민하게 시달려야 했다. 심지어 주교의 자리에 오른 뒤에도 밤마다 찾아드는 육체의 유혹에 마음앓이를 했던, 바로 우리와 같은 속성을 지닌 가슴 따뜻한 한 범인(凡人)이기도 했다.[2]

그는 또한 시대의 소명을 다하려는 정직한 지성인이었다. 한 시대가 가고 또 하나의 다른 시대가 오는 붕괴와 같은 혼돈을 겪으면서도 그는 좌절하거나 체념하는 안일에 머무르지 않았다. 변화가 갖는 의미, 시련이 예비하는 또 다른 도약의 의미가 무엇인지를 통찰하려 하였다. 다시 말해 시대의 재난이나 변화에 묻히지 않고, 그것을 응시하며 파악하고 새로운 방향을 제시코자 했다. 로마는 영원하리라고 생각했던 당대인들에게 로마의 침탈은 큰 충격이었지만 아우구스티누스의 역사 안목은 표면적인 현상에만 머무르지 않고 오히려 변화가 갖는 새로운 의미를 지실(知悉)하고 다가올 세계를 예감하였다.

아우구스티누스가 살았던 4세기 후반과 5세기 초의 로마제국은 정치, 군사, 경제, 문화, 종교 등의 여러 국면에서 격변의 소용돌이를 겪고 있었다. 경제적 파탄은 개개인에게 더 큰 고통이 되었는데 세 부담은 더욱 무거워졌고, 라티푼디움 등의 토지 병합 현상은 중간계층의 몰락을 재촉하였다. 정치적으로도 탄력성을 잃고 전제적 경직성이 두드러지게 증가했는데 그나마 유지되던 반공화제적(半共和制的) 정체가 디오클레티아누스와 콘스탄티누스에 의한 반동방식(半東方式)의 전제주의로 바뀔 수밖에 없었던 것은 그 두드러진 대표적인 예였다. 그럼에도 개인에 대한 강압적 통제는 강화되었지만 국가 전체적으로 볼 때에는 중앙정부의 통제력이 급속히 와해되어 가고 있는 형편이었다. 정치, 경제적 쇠퇴와 인구 감소 등의 문제점들은 필연적으

---

2) William Watts 역, *St. Augustine's Confessions* (Cambridge : Harvard University, 1968).

로 군사력의 약화를 가져왔으며 이는 상대적으로 외침의 위협을 증대시켰다.[3]

이런 문제들 중에서 가장 심각했던 것은 역시 정신적인 혼돈이었는지 모른다. 역사가 우리들에게 보여준 것과 같이 정치, 경제의 쇠퇴는 거기에 머무르지 않고 도덕적인 타락과 사회질서의 해체와 어우러지며 심지어 종교의 부패까지도 낳는다. 물론 어느 쪽이 먼저인지 분간하기는 어렵다. 더구나 사회를 짓누르는 불안과 허무감은 때때로 감각적 향락주의와 기회주의를 낳고 극도의 불신과 이기주의를 팽배하게 했다. 어쩌면 이런 사회적 요인이 종교적 대전환을 겪을 수밖에 없는 한 시대적 토양이 되었는지 모른다. 기본 E. Gibbon이 지적한 로마 몰락의 원인을 다 인정하기는 어렵지만, 당대 개인과 사회의 가치 혼돈과 갈등이 극심했던 것만은 사실인 것 같다.

재래적인 로마 종교는 국가나 개인적인 가치관의 큰 변혁 없이도 사회와 더불어 공존할 수 있었다. 그러나 어떤 의미에서 세계관의 차이가 뚜렷한 기독교는 세상과 더불어 있기보다는 그것을 집요하게 바꾸는 것을 그 본령으로 하고 있었다. 콘스탄티누스 대제의 결단으로 기독교도 여러 종교 중의 하나로 공인되기는 했지만, 그것이 곧 개인의 종교와 가치 문제를 제단하듯 해결해 주는 것은 아니었다. 오히려 정치, 종고, 세계 속에서 개인의 문제를 첨예화시켰고 이에 적응해야 하는 선택적 문제를 제기했다고 볼 수 있다. 더구나 이들이 정치 사회적인 불안과 맥을 잇고 있다는 데서 어려움과 불안은 더한 것이었다. 이 같은 어려움에도 불구하고 그 시대가 부정적인 면만 갖고 있었던 것은 아니다. 라드너 G. Ladner가 지적했듯이 이 시기는 〈쇠퇴와 멸망〉의 시기로만 볼 것이 아니라 오히려 옛 것이 가고 새 것이 오는 특히 종교적으로는 〈거창한 활력〉이 분출되는 시기이기도 했다.[4]

---

3) J. J. 손더즈, 「로마 몰락에 관한 논쟁」, 池東植 편역, 『로마사 연구의 제 문제』(서울 : 고대출판부, 1977), 262-263쪽.

4) B. Tierney 편, 박은구 외 역, 『서양중세사연구』(서울 : 탐구당, 1987), 3쪽.

공교롭게도 기독교의 발단은 로마의 정치적 쇠퇴와는 궤(軌)를 달리
하며 진행되었다. 요컨대, 로마의 정치적 쇠퇴가 심화되어 갈 무렵부
터 기독교는 힘을 얻은 듯이 날로 신장되었다. 이 점이 기독교가 당
대 비기독교인들로부터 크게 비난받는 근거이기도 했으며, 이 문제를
놓고 첨예한 논쟁이 당대의 지배층과 지성인들 사이에서 간헐적으로
제기되었던 것 또한 사실이다. 크게 보면 아우구스티누스의『신국론』
은 그런 맥락에서 쓰여진 것이라 할 수 있다.

 사실 이 같은 시련은 격동하는 한 시대가 끝나고 또 다른 시대를
예비하는 과정에서 겪을 수밖에 없었던 아픈 진통이었다. 이는 마치
2차 세계대전 후의 대혼란기에 살았던 당시대인들의 아픔 못지 않았
을 것 같다. 19세기 말의 인간과 문명에 대한 낙관주의가 1·2차 세
계대전으로 파손되고 난 다음 사람들은 자기 비하와 절망, 공허감에
시달리지 않으면 안되었다. 2차 세계대전 후의 실존주의나 표현주의
와 다다이즘이 모두 그 같은 패배감의 표현이었다. 1945년 이후 문명
의 공허감 속에서 아우구스티누스적 역사 해석에 대한 관심이 더욱
고조되고,[5] 미국 역사학회 American Historical Association의 회장
에 피선된 라토렛 Kenneth Latourette 교수가 1948년 그 곳에서 행
했던 〈기독교와 역사 이해〉라는 연설은 시대의 위기를 기독교적 역사
이해의 방법으로 극복하려는 당시의 시대적 분위기를 단적으로 반영
한 것이다.[6] 이 같은 시대의 유사성 때문에 아우구스티누스에서 더욱
친밀감을 느끼게 되었다는 윌리암스 D. D. Williams의 지적은 그 점
에서 공감된다.[7]

 이러한 시대적 유사성과 더불어 한 인간으로서의 아우구스티누스의

---

5) C. T. McIntire, *God, History and Historians*(New York : Oxford Uni-
   versity Press, 1977), 4쪽.

6) 졸저, 『기독교사관과 역사 인식』(서울 : 성광문화사, 1992), 215쪽.

7) D. D. Williams, "The Significance of St. Augustine," Robert Batten-
   house 편, *A Companian to the Study of St. Augustine*(New York : Oxford
   University Press, 1979), 3쪽.

삶의 역정과 고뇌 그리고 아픔에서 느끼는 인간적 공감대는 우리를 더욱 그 옆으로 바짝 다가가게 한다. 그는 보통의 가정에서 태어나 아주 평범한 기대 속에서 자란 인물이다. 그리고 어느 누구 못지않게 인간적인 부족함과 한계를 절실히 느끼고 살았으며, 명예욕과 성욕과 출세욕에 간단 없이 시달려야 했던 바로 우리 각자의 모습과 너무도 닮은 보통사람이다. 그의 고민은 가까운 문제들로부터 출발했는데 그가 저지른 죄들, 그가 빠져들고 싶지 않은 문제들에 빠져들게 되는 괴로움 때문에 선과 악의 문제를 생각하기 시작했다. 삶의 본질이 무엇인지에 대한 의문 때문에 책을 읽기 시작했고, 회의주의에 빠지고, 철학적 문답을 하지 않을 수 없었다. 정욕으로부터 멀리 있고 싶었지만 그것이 너무도 큰 힘으로 자기를 붙들고 지배하여 빠져나오지 못하게 했으므로 그 원인을 추적하는 과정에서 의지의 문제와 기억의 문제 등을 생각하지 않을 수 없었다.

아우구스티누스의 삶은 서로 성격이 다른 이원적 특성을 많이 갖고 있는 것 같다. 그의 생의 전반부는 로마인으로서 로마적 출세가도에 서려고 부심하는 현세지향적 삶이었다. 그러나 33세에 겪어야 했던 회심(回心) 이후에는 그 이전의 삶과는 아주 대조되는 경건과 절제, 찬양과 겸손의 생활인으로 살았으며, 히포 Hippo의 주교이며 기독교의 열렬한 옹호자로서 교리의 체계화와 교회 확장에 헌신했던 신앙인이었다. 그의 삶의 전반부와 후반부가 크게 대비되는 것 만큼이나 그가 받았던 교육 배경이나 로마의 정치 상황 또한 이원적(二元的)인 대조를 보인다. 그의 생의 초반부에는 그리스, 로마의 교육과정에 따라 인문주의적 수사학적 교육을 받았다. 반면 후반부의 삶은 믿음의 확신에 따라 모든 것을 인식하면서 성경과 하나님을 중심으로 사상을 체계화하고 옹호할 뿐만 아니라 이를 가르치는 주교의 자리에 있었다는 점에서 대비된다.

아우구스티누스가 안고 있었던 시대적 문화적 이질요소들의 혼돈 못지않게 그가 태어난 지역적, 정치적 배경 또한 복잡했다. 그는 비

록 로마 시민이었으나 이탈리아 태생의 로마인의 의식을 갖기는 어려
웠고, 어디까지나 로마인과 로마 문명에 정복된 아프리카 지방주의
소속인이었다.[8] 감정은 로마인적 동류의식을 갖고자 했을지 모르지만
그 내면의 무의식 속에 침잠해 있는 이질감을 버리기 어려웠을 것이
다. 물론 이 같은 그의 지역성이 그로 하여금 지역문화에 국한되지
않는 보다 더 보편적이며, 수준 높은 기독교의 수용을 용이하게 했을
지도 모른다.

*

그래서 그가 역사 속에서 차지해온 자리는 넓고 다양하다. 그는 신
학자로서 교리체계를 수립하였으며, 철학자로서도 기독교 철학의 틀
을 마련했다. 뿐만 아니라 그는 기독교 역사 인식 체계를 마련하여
이후 근대의 진보 및 목적론적 사관의 묘판(苗板)을 만들어 냄으로써
역사철학의 아버지로 불려지고 있다. 또한 정치사상가로서도 국가론
과 권위문제에 대한 이론을 개진하였으며, 교육과 심리학 분야에서도
많은 글을 남기고 있다. 이점에서 미거 R. Meagher가 아우구스티누
스를 플라톤이나 아리스토텔레스와 함께 서양의 3대 사상가로 꼽고,
역사에 미친 실제적 영향의 측면에서는 오히려 아우구스티누스가 이
들 두 사람을 앞선다고까지 말한 것은 그의 중요성을 단적으로 표현
한 것이라 하겠다.[9] 그래서 신(神)에 대한 이해를 구하는 사람들, 합
리주의적 철학자나 신비주의자, 개신교인이나 가톨릭교도를 막론하고
그에 대한 관심은 지대하다.

　중세 문명은 어느 교부보다도 아우구스티누스 개인에게 더 많은 빚

---

8) E. R. Hardy, "The City of God," R. Battenhouse 편, *A Companion
　　to the Study of St. Augustine*(New York : Oxford University Press,
　　1979), 263쪽.
9) R. Meagher, 앞의 책.

을 지고 있다. 대교황 그레고리 Gregory the Great는 성경 이해와
주석을 위해서 언제나 아우구스티누스의 주석을 참고하였다. 게르만
인의 손으로 로마를 다시 재건하다시피한 샤를마뉴 Charlemagne는
아우구스티누스가 이상으로 하는 〈신국〉을 지상에 건설하고자 하는
영감을 그에게서 얻었으며, 『신국론』을 항상 머리맡에 두었다고 한
다. 뿐만 아니라 중세 철학자 보나벤투라 Bonaventura는 신비주의에
대한 이해를 아우구스티누스에서부터 체계화시키고 있으며, 성 안셀
무스 St. Anselm와 성 토마스 아퀴나스 St. Thomas Aquinas의 스콜
라 철학은 아우구스티누스에게 직접적으로 의존하고 있다.[10]

그의 영향력은 중세에 머무르고 있는 것만은 아니다. 종교개혁의
선구자였던 루터 Martin Luther와 칼빈 John Calvin의 신학이론이
사실은 아우구스티누스 신학의 재발견에 기초하고 있다. 그들은 하나
님에 대한 아우구스티누스적 개념과 그의 은혜가 필요한 인간의 모습
에 대한 아우구스티누스의 주장을 재확인하고 이를 받아들였다. 루터
가 아우구스티누스를 연구했다는 명시적 기록은 없지만 루터 자신이
아우구스티누스 수도단의 일원으로, 아우구스티누스의 저술을 거의
삼켜버릴 정도로 탐독했으리라는 오메아라 J. O'meara의 지적은 주목
해야 할 것 같다.[11] 칼빈의 예정론과 인간의 절대 부패성, 주권의 절
대성에 대한 주장도 멀리는 아우구스티누스 신학에 조영되고 있는 것
이다.

아우구스티누스의 신학적 공헌은 근대를 거쳐 현대에도 면밀히 그
흐름을 이어가고 있다. 파스칼 Pascal과 뉴만 Newman이 그렇고 현대
에 들어서는 마리탱 Jacque Maritain, 니버 Reinhold Niebuhr, 틸리
히 Paul Tillich와 바르트 Karl Barth가 그의 맥을 잇고 있다.[12] 화이

---

10) R. Battenhouse, "The Life of St. Augustine," *A Companion to the Study of St. Augustine*(London : Oxford University Press, 1979), 54쪽.
11) John O'meara, *An Augustine Reader*(Garden city : Image Books, 1973), 24쪽.

트헤드 Whitehead가 말한 것처럼 서구의 철학이 일면 플라톤 철학의
일련의 주석이라고 본다면, 서구 신학은 아우구스티누스의 주석이라
고 말해도 과언이 아닐 것이다.[13]

신학 분야에 있어서 아우구스티누스가 이토록 시대를 뛰어넘어, 지
속적이고, 광범위한 영향을 미치고 있는 이유는 무엇인가? 그것은 첫
째로 신 God의 이해에 대한 그의 융통성이고, 다음으로는 그의 인식
론이 갖는 합리성에 있으며, 끝으로 다양한 현실적 관심을 통해 신학
적 이해에 도달하는 그의 종합성에서 찾아야 할 것 같다. 아우구스티
누스는 그의 믿음을 증언하는데, 언제나 최종적인 유보 final reser-
vation 영역을 남겨놓고 있다. 하나님이 그의 존재를 사람들에게 조
명해 주기는 하지만 신은 무한한 infinite 것이기 때문에 우리의 한정
된 마음 finite mind을 가지고는 그 전체를 인지할 수 없다는 것이다.
보다 현명한 신자는 항상 신의 신비성을 알고, 잘 포장된 교조적 이
해의 신을 불신한다. 이 같은 신의 무한성과 신비성에 대한 열린 마
음은 새로운 성찰을 위한 자유의 지속적 원천 a continual source of
freedom이 되었던 것이다.[14]

그 점에서 그의 중요성은 구조에 있다기 보다는 믿음 faith에 대한
합리적 표현, 즉 모든 인간의 문제들에 대한 새로운 전망을 얻고자
하는 그의 체질적 대응에 있다. 아우구스티누스에게서 개인적인 경험
과 합리적 구조는 끊임없이 그의 마음 속에서 작용과 반작용을 지속
하고 있었다. 그에게 있어 믿음 faith과 이성 reason은 서로 대립되거
나 분리될 성질의 것이 아니었다. 믿지 않으면 결코 이해할 수 없다
는 것이 아우구스티누스의 신조 formula이며 개인적인 신뢰와 신념의
측면에서, 믿음은 이해에 선행하는 것이지만, 이 같은 믿음의 우위성

---

12) D. Daniel, "The Significance of St. Augustine Today," *A Companion to
the Study of St. Augustine*(New York : Baker Book House, 1979), 4쪽.

13) D. D. Williams, 앞의 책, 3-5쪽.

14) 같은 책, 5쪽.

이 곧 그들 문제들에 있어 이성적 추론 없이 교조적으로 해답되어야 한다는 것을 의미하지 않았다.[15] 개신교 신학자 틸리히 Paul Tillich 가 아우구스티누스의 신(神)에 대한 직접적인 접근에서 신앙과 문화의 기초를 발견하고 있는 것도 아우구스티누스 인식 이론의 이성적 접근에 연유한 것이다.

리차드 니버 Richard Niebuhr는 또한 아우구스티누스를 〈그리스도 가 문화의 변형자 transformer〉라는 믿음의 고전적 주창자라고 지적했다. 아우구스티누스가 죄의 두려움에 절망하면서도 그가 아직도 희망적인 자세를 견지하고 있는 것은 신의 은총이 삶을 구속(救贖)하고 변화시키리라는 믿음이 있었기 때문이다. 이는 신의 사랑에 대한 깊은 이해와 인간적인 사랑에 대한 지실(知悉)을 서로 종합할 수 있는 아우구스티누스의 탁월한 능력에 의존한다. 그는 모든 문제들에 대한 해답을 제시하지는 않았지만, 여전히 가장 통찰력 있는 기독교적 믿음의 해석자로 15세기 동안 생생하게 살아 남아 있다.[16]

아우구스티누스의 기독교 철학은 그의 인문주의적 교육 배경과 분리해서 생각할 수 없다. 인생에 있어서 가장 감수성이 강하고 인격과 학문의 틀이 형성되었던 그의 전반기 인생은 인문주의적 고전교육 과정을 통하여 이루어졌다. 그가 『고백록』에서 〈기독교의 외계에서 얻은 지식이 나에게는 가장 유용했고, 그것이 나의 전 인생에 지속적으로 작용했기에 고전적 인본주의 교육에 감사한다〉고 밝히고 있는 것도 이 때문이다.[17] 그가 기독교 교육에 있어서의 예술과 인문학문의 중요성을 역설한 것도, 후대의 중세 스콜라 철학자 안셀루스나 아퀴나스, 보나벤투라를 이해하기 위해서는 아우구스티누스를 공부해야 하는 이유도 인문주의에 대한 특이한 태도에 근거한다. 또한 그의 공

---

15) 같은 책, 7쪽.
16) D. Daniel, 앞의 책, 4쪽.
17) *Conf*., Ⅰ, 15. 24(이하 *Conf*.는 아우구스티누스의 저서 『고백록 *Confessiones*』을 의미한다).

헌 중의 하나는 기독교를 고전 학문과 종합하며 발전시켰다는 데 있다.

근대 철학의 시발자라고 할 수 있는 데카르트의 존재론은 〈내가 회의함으로 존재한다〉는 아우구스티누스적 명제를 〈나는 생각한다. 고로 존재한다〉는 근대적 얼굴로 바꾸어 놓은 데 불과하다. 17세기 극단적 아우구스티누스주의 운동에 속했던 얀센주의자 파스칼은 아우구스티누스 사상의 개인적인 측면을 더 강조하기는 했지만, 인간의 부패 depravity에 대한 급진적 교리를 받아들였고, 그의 윤리와 신학도 대부분이 간접적이긴 하지만 아우구스티누스에게 영향받았다. 19세기 뉴만 Newman 주교의 경우에도 그의 사회철학에서, 아우구스티누스의 이성과 믿음의 교직(交織)적 방법과 교리가 되살아나고 있다.[18] 요컨대 하나님을 신학만의 대상이 아니라 철학의 대상이 될 수 있게 한 것도 그 근원을 따라 올라가면 아우구스티누스에게 머문다고 하겠다.

아우구스티누스는 또한 역사를 국가의 흥망성쇠라는 현상적 범위에 국한시키지 않고 이를 뛰어넘어 역사의 저류에 있는 역사의 원동력을 체계적으로 파악하려 했다. 그는 역사의 과정을 하나님 뜻의 실현장이라고 보았다. 이 같은 그의 역사 인식은 역사의 시작과 과정과 종결을 제시하고 종국에는 역사를 본질적으로 체계적으로 이해하려는 역사철학의 길을 열었다. 뿐만 아니라 역사 속에 작용하는 권력과 부정에 대해 매우 현실적으로 이해했던 그는 국가의 잠정적 기능을 인정하고 하늘나라와 지상국가 사이의 과정적 공존을 인정하는 정치이론적 근거를 제시하였다.

아우구스티누스는 또한 자신의 내면생활과 갈등, 인간적 약점을 예리하게 통찰하고 분석함으로써 수준 높은 심리학의 기초를 열었으며, 예술에 대한 깊은 이해와 수사학과 논리학에 대한 길트기를 함으로써 문학 영역에도 여러 업적을 남겼다.

아우구스티누스는 실로 여러 얼굴과 다양한 성격의 소유자로 마치

---

18) D. D. Williams, 앞의 책, 12-13쪽.

20

강의 원천이 되는 수원지처럼 다방면의 인간문제에 대한 통찰력을 보여주고 있다. 그래서 아우구스티누스에 대한 연구자도 그 분야가 다양하다. 질송 Etienne Gilson이나 야스퍼스 Karl Jaspers와 같은 철학자, 워필드 Benjamin Warfield나 니버 Niebuhr와 같은 신학자, 바커 Barker나 맥길웨인 McIlwain과 같은 정치학자, 도슨 Dawson이나 키이즈 Keyes와 같은 역사학자, 호위 G. Howie와 같은 교육학자, 베인즈 Baynes와 같은 교회사가들 뿐만 아니라 문학가, 수사학자, 심리학자, 미학자들이 모두 아우구스티누스의 여러 방면을 연구하였다.

2차대전 후의 참담한 상실감은 이성적, 물질적인 문제 해결 자세에 대해 깊은 회의를 갖게 했으며, 이는 다시 아우구스티누스에 대한 관심과 재평가의 계기를 마련했다. 버터필드 Butterfield, 코크레인 Cochrane, 마로우 Marrou, 토인비 Toynbee, 플로로브스키 Florovsky, 라토렛 Latourette과 같은 역사가와 피기스 Figgis, 바로우 Barrow, 버크 Bourke, 바텐하우스 Battenhouse, 다아키 D'Arcy, 마리탱 Maritain, 브라운 Brown, 하르낙 Harnack, 하비슨 Harbison 등의 아우구스티누스에 대한 관심은 이 시대의 목마름을 단적으로 대변한다.

자기에 대한 깊은 성찰을 통하여 인간에 대한 이해에 도달하고자 했고, 인간에 대한 깊은 탐구를 통해 신의 이해에 도달하고자 했던 아우구스티누스의 지적 순례야말로 우리로 하여금 그에 대한 관심을 갖게 하는 제1차적인 이유가 되어왔다.

2 시대적 배경

아우구스티누스는 354년 11월 13일 타가스테 Thagaste에서 출생하여, 430년 8월 28일 히포에서 사망하였다. 그는 이 지상에서 76년의 삶을 누렸으나, 그가 살았던 세기는 4세기와 5세기에 걸친다. 그의 출생연대는 기독교가 국가에서 공인된 후 41년이 지난 후이고, 그의 죽음은 서(西)로마가 476년에 멸망하기 36여 년 전에 해당된다. 이 같은 몇 개의 연대적 연관성만으로도 그가 살았던 시대의 격동들을 피부로 느낄 수 있을 것 같다. 당시 로마는 정치, 경제, 사회, 종교적으로 극심한 혼돈을 겪고 있었고, 이것은 단순히 로마제국이라는 정치적 단위의 혼란이기도 했지만, 한 시대가 가고 다른 시대가 다가오고 있었다는 점에서 그 변화의 폭은 넓고도 심대한 것이었다.

사람들은 종종 아우구스티누스를 시대 밖에 서 있는 사람으로 생각하기가 일쑤다. 그를 새로운 시대를 연 최초의 중세인으로 보는가 하면 반대로 고전 문명의 상속자로서 고대를 대표하는 마지막 인물로 간주한다. 이들 두 견해들이 일리가 없는 것은 아니지만, 더 엄격하게 얘기하면 아우구스티누스는 중세인만도 고대인만도 아닌 그 자신의 시대의 인물이라고 말해야겠다.[1] 아우구스티누스는 로마의 몰락을 지켜보고 있었으며, 휩쓸리듯 쓰러져가는 한 시대 문명의 종언을 증언하고 있었다. 혼란과 위기는 곧 기회로 전환되고 있었음에도, 세기말의 변혁을 감당하기에는 그들 모두에게 힘겨운 것이었다. 어느 인물이나 그를 깊이 이해하기 위해서는 그가 태어난 시대적 배경을 이해하는 것이 필수적이지만, 아우구스티누스의 경우에 그 중요성이 더욱 부각되는 것은 그가 태어난 시대의 특수성과 변화와 내용의 특이성, 그것이 아우구스티누스 사상의 형성에 미친 영향이 더욱 뚜렷하기 때문이다.

우선 당대에 가장 큰 영향력을 행사하고 있었을 정치적 상황을 살펴보자. 최초의 크리스천 황제인 콘스탄티누스 대제가 세상을 떠났을 때(337년) 3명의 아들, 콘스탄티우스 Constantius와 콘스탄스 Constans, 그리고 제일 맏형인 콘스탄틴 Constantine은 모두 자기가 확보하고 있었던 기왕의 지분(支分) 영토 내에서 각자 황제 아우구스투스 Augustus임을 선포하였다.[2] 큰형인 콘스탄틴이 우위의 입장에 서기는 했지만 이탈리아를 지배하고 있던 그의 막내 동생인 콘스탄스가 그의 권위에 도전한다 하여 340년 이탈리아를 침공하였으나 아퀼레이아 Aquileia에서 오히려 살해되고 말았다. 이 결과 콘스탄스가 제국의 3분의 2를 차지하고 지배하는 막강한 세력자로 부상하였다. 그러나 그것도 잠시일 뿐 350년 궁정에서 일어난 모반 혁명 때문에 콘스탄스 또한 전복되고, 이어 마그넨티우스 Magnentius, 베트라니오 Vetranio 등이 스스로 아우구스티누스임을 선포하고 자웅을 겨루며, 마지막 남은 콘스탄티누스 대제의 둘째 아들 콘스탄티우스 2세에게 도전하였

---

1) C. Christopher Dawson, "St. Augustine and His Age," M. C. D'Arcy편, *St. Augustine*(New York : The World Publishing Co., 1961), 15쪽.
2) 이들이 콘스탄틴 2세 Constantine Ⅱ(337‐340년), 콘스탄스 Constans(337‐350년), 콘스탄티우스 2세 Constatius Ⅱ(337‐361년)로서 앞의 제일 큰형은 브리튼, 골, 스페인 등을 차지하여 얼마간의 우위에 있었으며, 콘스탄티우스는 트레이스, 폰티카까지를 콘스탄스는 이탈리아, 아프리카를 각각 다스렸다.

다. 그러나 콘스탄티우스가 마그넨티우스를 몬스 셀레우쿠스 Mons Seleucus 전투에서 353년에 패퇴시킴으로써 또 다시 로마는 한 황제 아래 통일되었다. 아우구스티누스는 바로 이 콘스탄티우스 2세 치하의 통일된 로마에서 탄생한(353년) 셈이다.

콘스탄티누스 대제의 세 아들들은 모두 어릴 때부터 기독교인으로 양육되었기 때문에 아버지의 친(親)기독교 정책을 그대로 따랐다. 콘스탄스는 341년 이교도적 희생제에 반대하는 선포를 다시 되풀이하여 선언했으며, 다른 형제들도 우상 숭배를 금지시키고 많은 이교 사원들을 폐쇄시키는 조치를 취하였다. 357년 콘스탄티우스가 로마를 방문했을 때 원로원에서 그 유명한 승리의 제단 altar of Victory을 제거한 사건이 일어났다.[3] 그 제단은 아우구스티누스 이후 줄곧 원로원 의원들이 분향하던 곳으로 어떻게 보면 이교주의의 상징이라고도 할 수 있는 중요한 의미를 지니고 있었다. 로마가 약탈당했을 때 기독교를 비난하는 입장에 선 사람들이 로마의 위기는 이교 신의 제거와 기독교의 수용에 있었다고 맹공했던 것도, 그리고 아우구스티누스 자신이 그의 『신국론』에서 이 문제에 대한 자신의 견해를 자세히 밝힌 것도 이 사건이 갖는 역사적, 상징적 의미를 반영한다.

힘이 행세하던 이 시대에 콘스탄티누스의 말기 치세 또한 불안하였다. 은밀하게 세력을 신장해 가던 줄리안 Julian이 군대에 의해 정제(正帝)로 옹위되자(360년) 콘스탄티우스는 이를 토벌하기 위해 갈리아로 가던 중에 죽고 말았다(361년). 이에 황제 자리에 오른 줄리안은 그가 자란 배경과는 달리 짙은 이교적 성향을 보였으며 그 또한 페르시아 원정 도중에 살해되고 말았으니 그의 치세는 겨우 3년에 이른다(361-363년). 그의 죽음은 그 시대의 정치적 격동을 단적으로 말하는 것이지만 동시에 콘스탄티누스 계열의 왕위가 단절되었음을 뜻하기도 했다.

---

3) A. M. H. Jones, *The Later Roman Empire 284-602*, vol. I (Oxford : University of Oklahoma Press, 1964), 113쪽.

마지막 이교 황제이기도 한 줄리안이 세상을 떠났을 때 아우구스티누스의 나이 아홉 살이었고, 이 무렵 그는 타가스테에서 국민학교 교육에 해당하는 교육을 받고 있었다. 그는 토착어인 퓨닉어 punic 외에 라틴어와 희랍어의 기초를 배우는 것을 무척 부담스러워했고 학교 다니는 것조차 싫어하고 있었다. 그가 중학교 교육에 해당하는 교육을 받기 위해 마다우라 Madaura로 간 것이 열 한 살 때이니, 줄리안이 사망하기 2년 전이었다.

이 무렵 황제의 권위도 크게 위협받고 있었다. 황제의 권위는 땅에 떨어지고 지금까지와는 달리 종교적 지지자들을 확보해야 하는 수세적 입장에 놓였다. 황제의 자리는 실력 있는 군인들의 손 안에 흔들리게 되었으며, 페르시아 등의 계속되는 외침은 국위마저 위태롭게 하고 있었다.[4] 행정체계는 오랫동안 해체되어 왔고 착취와 수뢰, 사치가 만연하였고 국방비의 부담은 이미 비틀거릴 정도였으며, 노동력과 물품 공급은 징발당하기 일쑤고 도로 교통망의 통행도 자유롭지 못했다.[5] 세금은 혹심한 부담이 되었는데 관리들은 세금을 더 많이 거두어 들이기 위해 세금액을 징수자들에게 할당 도급하였으므로, 걷는 자의 필요에 따라 그 양은 눈덩이처럼 불어날 수밖에 없는 상황이었다.[6]

301년 디오클레티아누스 대제가 발행한 〈가격동결칙령(價格凍結勅슈)〉은 부분적인 효과를 거두었지만 부정적인 측면이 많았고, 콘스탄티누스 대제 시대에 행해진 강제적 직업 동결은 선택과 이동의 자유를 제한하는 것으로서 장기적으로 볼 때에는 국민들을 질식시킬 것 같은 부담이었다. 몰락한 중산층은 이제 다시 회복할 수 없었고 지방

---

4) G. L. Keyes, *Christian Faith and Interpretation of History*(Lincoln University of Nebraska Press, 1966), 21쪽.
5) 같은 책, 26쪽.
6) C. Daley, 박일민 역, 『아우구스티누스 입문』(서울 : 성광문화사, 1986), 13쪽.

정부에서는 지배계층의 많은 부분이 손상되고 있었다. 물론 보다 안전한 시기에 자신들의 옛 지위를 재구축하기도 했으나 그 숫자와 번영의 정도는 옛 수준에 이르지 못했다. 때로 시 참사의원들에게도 법적으로 무거운 부담이 주어졌는데 결국 재정적 여유가 있는 사람들은 시 참사의원이 되도록 강요되었다.[7]

이 시대의 두드러진 또 하나의 변화는 많은 소작농들이 실질적인 농노로 전락하고 만 것이다. 이들은 더 이상 자유로운 계약관계에 머무를 수 없었고, 그들은 토지에 의무적으로 매달리지 않으면 안되었다. 이들 콜로니 coloni가 소작인이 된 노예에 기원을 두는지, 바바리안 포로들이 소작인으로 전락되었는지, 사회의 혼란 속에서 자유인이 부자유인으로 전락하였는지의 여부는 논란이 많지만, 자유농의 몰락은 수십 년을 두고 점진적으로 진행되었고, 콘스탄티누스 대제 때에 이르러서는 돌이킬 수 없는 상태에 이르고 말았다.[8]

아우구스티누스 당시 로마제국의 인구는 7천만 명으로 추산된다. 이 중 800만 명은 아우구스티누스가 태어났던 북아프리카 지역에서 살았다. 이탈리아에 거주하였던 600만 명 정도의 주민들은 대부분 비교적 부유하였으나, 로마 말기의 이탈리아는 단절된 교역과 부족한 식량 그리고 도시 빈민과 부랑아들의 증가로 인해 사회 불안이 심화되고 있었다. 무상의 식량 배급도 한계가 있는 것이었으며 정치적 불안과 배고픔으로 인해 종국에 로마 시민 중 100만 명에 이르는 사람들이 로마를 떠나고 단지 30여만 명만 로마에 남아 있게 되었다.[9]

2-4세기에 걸쳐 로마가 악화될 때마다 게르만인들의 영토 침입은 있었지만 훈족에 쫓긴 서고트족 Visigoths의 동로마 입주는 앞으로 닥칠 본격적인 게르만 민족 이동의 신호탄과 같은 것이었다. 동맹 거주 허락 부족 foederati으로서 동로마 거주 허락은 잠정적인 해결책인 듯

---

7) H. C. Boren, 이석우 역, 『서양고대사』(서울 : 탐구당, 1994), 419쪽.

8) 같은 책.

9) C. Daley, 앞의 책, 12쪽.

했으나, 로마 관리의 횡포는 그들을 자극시켰고, 이에 반란을 일으킨 서고트족들은 이를 진압하기 위해 원정 나온 발렌스 Valens 황제를 아드리아노플 전투(378년)에서 패사시키기까지 했다.[10]

이 무렵 아우구스티누스는 24세의 나이에 카르타고에서 수업 교육을 마치고 수사학 교수로 일하고 있었다. 이미 아우구스티누스는 여자와 동거생활을 하여 아들까지 두었고 나름대로의 좌절감에 시달리고 있던 때였다.

데오도시우스 대제는 395년에 획기적인 조처를 취했다. 그는 기독교의 우세로 기울어버린 대세 아래 국론을 집약하고 위기에 공동 대처하는 방안을 얻기 위해 391년과 392년에 이어 395년 기독교를 국교로 선언한 것이다. 이제 지금까지의 이교와 기독교의 입장을 완전히 뒤바꾸어놓고 말았다. 이는 아우구스티누스가 암브로시우스에게 세례 받고 회심한 지(387년) 8년이 지난 후의 일로 히포의 주교로 임명되기 1년 전이며, 그가 『고백록』을 쓰기 시작하기 2년 전에 해당하는 시기로, 같은 해에 그는 히포에서 발레리우스 Valerius 주교의 보좌주교로 서품되었다.

같은 해 395년 데오도시우스는 프랑크의 장군 알보가스트 Arbogast가 서방의 괴뢰 황제로 세워놓은 에우게니우스 Eugenius를 패퇴시키고 제국을 마지막으로 통일하였다. 이때 그가 거느린 대부분의 병사가 고트족, 알란족 Alans, 이베리아인 Iberians으로 구성되었다는 것은[11] 당시의 용병 의존적 국방 상황을 얘기해 주며, 같은 해 데오도시우스가 사망했을 때 일어난 동서의 재분리는 다시 통합될 수 없을 만큼 치명적인 것이었다.

서방 로마는 데오도시우스의 젊은 아들 호노리우스 Honorius가 반달족 출신의 유능한 장군 스틸리코 Stilicho의 도움을 받아 통치하고

---

10) G. L. Keyes, 앞의 책, 26쪽.
11) 같은 책.

있었고, 동방은 콘스탄티노플에서 콘스탄티우스 3세 Constantius Ⅲ
가 지배하는 공동 통치가 행해졌다. 이 두 사람의 통치는 이미 서로
의 협력관계를 넘어 오히려 대립관계에 있었으며, 동로마의 입장에서
는 가능한 한 게르만 민족의 화(禍)가 동방을 피하여 서방제국에서
행해지기를 바라는 입장이었다. 더구나 무능한 황제 호노리우스의 실
정은 서로마의 약화를 더욱 촉진하였다. 400년 무렵 동로마 황제에
의해 일리리쿰의 총사령관으로 임명된 서고트의 수장 알라릭 Alaric
은 기회만 있으면 로마를 침공하려 하였으나 호노리우스의 부장 스틸
리코가 이를 용케도 방어하고 있었다. 호노리우스는 로마에 머무를
수 없어 라벤나 Ravenna에서 은거하다시피 하였고 서고트족의 위협
외에 동고트족의 침공 위협이 상존하였다. 이 무렵 브리튼과 북부 골
Goul 지역 등에서 수에비 Suebi족, 반달족, 알란족 Alans, 부르군디
족 Burgundians, 프랑크족 등이 간단 없이 몰려오고 있었다.

그러나 스틸리코를 항상 질시와 불안의 눈으로 바라보던 호노리우
스는 끝내 그를 음모 살해케 했고(408년), 자신도 깨닫지 못하는 사
이에 날개 잃은 무방비의 새가 되고 말았다. 408년 알라릭은 로마를
장악하고 그곳 당국자들과 호의적 평화조건을 내세우면서 라벤나에
있는 호노리우스의 동의를 얻고자 했으나, 호노리우스가 이를 거부하
였으므로 알라릭은 괴뢰 황제를 로마에 세워놓고 돌아갔다.

이에 만족치 않았던 알라릭은 410년 로마에 다시 돌아와 괴뢰 황
제를 몰아내고 3일 동안 로마를 약탈하였으며, 이것이 당시 세계를
놀라게 했고, 로마인에게는 큰 충격이었으며, 기독교의 국가 안위에
대한 공과 논쟁을 촉발시켰던 유명한 〈로마의 약탈 The Sack of
Rome〉사건이었다.[12] 이 사태를 계기로 아우구스티누스가 기독교에
대한 비난에 답하고, 기독교를 변호하며, 새로운 비전을 제시하고자
집필을 시작한(413년) 것이 그의 『신국론』이다.

---

12) 같은 책, 27쪽.

  호노리우스가 423년 사망하였을 때, 브리튼, 스페인, 서남과 서북골 Gaul 지방은 이미 제국으로부터 떨어져 나간 것이나 다름이 없었다. 황제위는 어머니 갈라 플라키디아 Galla Placidia의 섭정 아래 호노리우스의 조카인 어린 소년 발렌티니아누스 3세 Valentinianus Ⅲ에 의해 계승되었다.[13] 이 때 반달족의 지도자 가이세릭 Gaiseric은 4-5만의 병사를 이끌고 지중해를 건너 북아프리카에 침입하였고(429년), 북아프리카의 정복은 끝내 로마 정부에 의해 추인되었다.[14] 430년 아우구스티누스가 죽어가고 있을 때 가이세릭 왕은 아우구스티누스의 교구 히포를 포위중이었다. 이후 439년까지 반달족은 이들 카르타고 지역의 확고한 지배자가 되었는데, 아우구스티누스는 발렌티니아누스 3세 아래에서 세상을 떠난 셈이다.

*

  정치적 혼란에도 불구하고 기독교는 여러 면에서 성장세에 있었고, 황제와 교회의 관계는 지배자라기보다는 협력자의 관계로 변하여 갔다. 황제의 정치적 영향력의 약화가 상대적으로 교회 입장의 강화를 가져올 수 있었으며, 그 같은 혼미 속에서 비교적 정비된 조직을 가진 교회가 사회 질서의 한 부분을 담당하며 서서히 그 영향력을 증대시켜 나가는 것은 당연한 추세일지 모른다. 3세기부터 7세기 사이가 로마 정부의 약화와 정치 경제적 혼돈기였던 데 반해, 교회사의 입장에서 보면 내적 혼란을 극복하고, 정리된 교회 체계를 갖추며, 때로 황제에 대응하는 영향력을 행사하고 이단들을 척결해 나가는 기간이

---

13) 같은 책.
14) 반달족의 아프리카 침입이 그토록 쉽게 이루어진 것은 당시 불안을 품은 로마지사 보니파키우스 Bonifacius의 안내에 따른 것이라고 추정된다. 그들은 지중해를 해군력의 통제 아래 두었으나, 지나친 억압 정책으로 100여 년을 지탱하지 못하고 동로마의 유스티니아누스 대제에게 정복되었다.

었다.[15] 이는 로마제국의 측면에서 보면 그 정치, 사회, 경제적 양상이 매우 암울해지는 시기였지만, 또 한편 세계사 전체를 통시할 때는 이 같은 혼란 속에서 또 다른 시대가 잉태되고 있었다고 할 수 있다. 혼돈은 질서의 시작이라는 말을 이 시대에도 적용할 수 있을 것 같다.[16]

기독교 질서의 구축은 로마 세계라는 전체적 틀 속에서 형성되어 나갔다. 3세기는 어떻게 보면 타세적인 많은 종교가 번창하던 시기이며, 종교적 종합주의를 그 특징으로 하고 있었다. 로마는 지중해 주변 세계를 통일하고, 동으로 시리아, 옛 페르시아 지역 등의 문화적 보고(寶庫)들을 포용하고 있었기 때문에 그 종교의 다양성이나 혼합성, 또는 이질성이 더욱 두드러진 것이었으며, 문명의 종합 전시장이나 다름없었고, 어떻게 보면 하나의 용광로 같은 역할도 했다. 이집트의 이시스 Isis, 키벨레 Cybele, 페르시아의 미트라 Mythra의 신이 민중들 사이에 숭배의 대상이 되어 있었고 신플라톤주의적인 지적 호소도 그 종교성의 약점에도 불구하고 먹혀들어가고 있었다. 기독교도 실제 다른 종교와의 상호 영향에 전적으로 무관하기란 힘들었다. 세례나, 성찬 등이 그 같은 예들 중의 하나라고 할 수 있으며,[17] 아우구스티누스가 당대에 마니교나, 펠라기우스주의, 도나티스트파들과 끊임없는 논쟁을 벌여야 했던 것도 그런 분위기와 관계가 있다.

300년까지 기독교는 지중해의 대도시에 확고한 뿌리를 내렸다. 특히 안티옥 Antioch이나 알렉산드리아 Alexandria와 같은 대도시들의 교회는 당시 가장 큰 종교집단을 형성하고 있었고 그 조직도 뛰어난 것이었다. 이 시대의 큰 변화는 이 같은 단순한 기독교 공동체의 성장과 크기에서만 발견되는 것이 아니라 유능한 교회 지도자들의 출

---

15) C. Dawson, 앞의 책, 15쪽.

16) R. Meagher, *An introduction to Augustine*(Harper Colophon Books, 1978), 1쪽.

17) G. L. Keyes, 앞의 책, 23쪽.

현에서 더욱 두드러졌다.[18] 알렉산드리아의 오리겐 Origen of Alex-andria(185-254년), 락탄티우스 Lactantius of Caelias (또는 Caelius, 240-320년), 카이사레아의 유세비우스 Eusebius of Caesarea(260-340년) 등이 초기의 기독교 이론가이다. 앞의 두 사람이 모두 아프리카 출신이며, 후자는 팔레스타인 출신 소아시아의 주교였던 것으로 보아 이탈리아 지역 외의 지성들의 활동이 괄목했음을 알 수 있다. 약간 연대는 떨어지지만 세베루스 Sulpiaces Severus(365-425년경)는 『연대기』의 저자로 갈리아 출신이며, 아우구스티누스의 제자이며『대이교투쟁사』를 저술한 오로시우스 Paulus Orosius(380-420년경)는 스페인 출신의 기독교인이었다. 이 같은 여러 지역에 걸친 지식인의 분포와 이들이 놓은 기독교 이론과 사상 체계의 터 닦음은 아프리카 출신 아우구스티누스가 어떻게 그 많은 일을 수행할 수 있었는지의 배경을 말해준다.

아우구스티누스가 태어날 때의 아프리카와 그의 출생지 타가스테의 상황을 이해할 차례가 된 것 같다. 당시 타가스테 Thgaste는 약 300여 년의 역사를 가진 읍이었고, 그 자리는 알제리아 Algeria의 숙 아흐라스 Souk Ahras라 불린다.[19] B. C. 1세기 경부터 아프리카는 급속도의 경제적 발전을 이루기 시작했는데, 타가스테도 그 같은 발전으로 생긴 읍이다. 3세기 무렵 옛 누미디아 Numidia[20]의 고원(高原)과 분지 계곡에는 곡물이 재배되기 시작하고, 십자로의 도로가 갖추어지며 곳곳에 타운이 생겼는데 이는 멀리 서쪽 사하라 사막의 황량한 비경작 지역과는 뚜렷한 대비를 이루었다. 3세기 이 지역 번영의 절정

---

18) P. Brown, *The World of Late Antiquity*(*A.D. 150-750*)(London : Thames and Hudson, 1980), 82쪽.

19) Peter Brown, *Augustine of Hippo*(London : Faber & Faber, 1968), 19쪽.

20) 이 지방 사람들을 유목민 Nomas(또는, Nomales)이라고 부르던 것이 라틴화된 발음이다.

기에 타가스테에서 동남쪽으로 250여 마일 떨어진 지중해 가까이의 티스드루스 Thysdrus(지금의 El-Djeu) 시(市)에는 거의 콜로세움 규모의 원형극장이 세워지기도 했다. 그러나 4세기에 이르자 쇠퇴의 징후가 나타나기 시작했는데 번창하던 도시에는 한산기가 돌고 기념물들은 부스러뜨려지고 있었으며 번영의 주축이 도시에서 농촌으로 서서히 이동하면서 올리브 나무가 남부 누미디아의 언덕들을 푸르게 덮어가고 있었다.

아우구스티누스가 태어난 타가스테는 평원 위에 자리잡고 있었다. 이 읍은 행정구역으로는 카르타고에 속해 있었으나, 지역적으로는 옛 왕국 누미디아 영역에 위치해 있었다. 우리의 생각은 카르타고의 아프리카, 지중해 연안의 아프리카를 상정하기 쉬우나, 사실 아우구스티누스가 자란 타가스테는 지중해 해안으로부터 200여 마일 떨어진 내륙에 위치해 있었고 해발 2,000피트의 고원지대였다. 이 같은 위치상의 격리성 외에도 주변의 드넓은 소나무 숲과 옥수수, 올리브 나무의 계곡 때문에 지중해와는 상당히 차단되어 있었던 곳이다.[21] 아우구스티누스 자신도 바다라는 것을 그저 유리컵을 들여다보면서 상상할 정도였다고 말한 적이 있다. 아우구스티누스의 출신 읍은 로마적 자존심을 가진 일부 지배층의 소속인들을 제외한 대부분의 사람들은 농민들이었고, 이들 대부분은 가난하였다. 비극적 분위기 같은 것이 그 지역 농촌 사회에 흐르고 있었으며 아우구스티누스 탄생 10여 년 전에 일어난 농민 폭동은 굶주림에 대한 물러설 수 없는 항거였다는 점에서 당시의 분위기를 짐작케 한다.

땅과 사람은 아프리카적이었으나, 그들의 교육과 행정, 문화는 로마적이었고, 대부분의 사람들은 역사의 흐름에 따라 땅과 삶에 묻혀 있는 듯했으나 소수 상부계층은 로마의 정치 사회적 변화에 민감했다. 어거스틴의 아버지 파트리키우스 Patricius는 수입이 낮은 말단

---

21) Peter Brown, 앞의 책, 20쪽.

공무원이긴 했지만 지배층 소속인이라는 자존심을 갖고 있었고, 어려운 중에도 아우구스티누스의 교육을 위해서라면 기꺼이 희생하고자 했다. 당시로서는 사회적 신분을 유지하고 공인으로 출세하기 위한 길은 교육이 거의 유일한 것이었다. 파트리키우스는 나름대로 로마 고위관리, 예를 들어 뒤에 아우구스티누스의 고등 교육을 도와주었던 로마니아누스Romanianus와 같은 사람과 교제할 수 있었는데 이는 파트리키우스에게 심리적 보상도 주었을 것이며, 또 그의 아들 아우구스티누스를 로마 관리로 키우고 싶은 생각을 더욱 다지게 했을 것이다.[22]

파트리키우스나 로마니아누스나 다같이 자신들이 로마인이라는 자부심을 갖고 있었으나, 이탈리아 출신 로마인의 자부심을 갖기는 어려웠다. 아우구스티누스 자신도 교육은 라틴어로 받았고, 공적으로는 라틴 문장을 썼지만, 사실 그의 토박이 말은 퓨닉어punic로서 멀리 페니키아인 조상들과 문화적 맥이 닿아 있는 것이었다. 그는 가정적으로는 아프리카적 전통 속에서 자랐지만, 교육과 사회 의식은 로마 지향적이었고, 이것이 아우구스티누스 자신에게 내부적 갈등과 반란을 간단 없이 겪게 했을 것이다.[23] 4세기 무렵 라틴화된 아프리카인일지라도 어딘가 이질적인 소외감 같은 것을 느끼고 있었는데 그들은 아프리카가 아프리카인들에게서 버려지고 있다는 상실감을 떨쳐 버릴 수 없었던 것이다.[24]

4세기 아프리카의 정체와 슬럼프는 타가스테에도 이 같은 영향을 가져올 수밖에 없었다. 아우구스티누스『고백록』의 앞 부분에 나오는

---

22) 같은 책.

23) W. H. C. Frend, "A Note on the Berber Background in the Life of Augustine," *Journal of Theological Studies*(1942), 188-191쪽(Peter Brown, *Augustine of Hippo*, 22쪽에서 재인용).

24) Geographi Graeu Minores 편, *Totius Orbis Descriptio*, Ⅷ(1861), 527쪽 (Peter Brown, *Augustine of Hippo*, 22쪽에서 재인용).

출세를 향한 그의 행적은 단순히 아우구스티누스만의 이야기가 아니고 당시의 의식 있는 아프리카 젊은이들의 전체적 아픔과 좌절을 대변한 것이기도 하다. 아프리카에서 자신의 이상을 펼칠 수 없었던 젊은이들, 특히 부유한 토지 소유자, 야심 있는 학생, 주교들은 로마로 건너가 그곳에서 또 다른 세계를 모색하기 일쑤였다. 그러나 이들 야심 많은 젊은이들의 꿈은 번번이 좌절되고 다시 고향에 돌아와 지역적 틀 안에서 살아가지 않으면 안되었다. 황제를 비롯한 중앙 지배 관료들은 이들 아프리카인의 봉사를 별로 탐탁해 하지도 않았는데, 황제의 눈으로 볼 때 아프리카는 믿을 만한 세금의 징수지이며, 로마에서 엄격히 다스려지는 곡물 공급지에 불과하였다.[25]

내우외환의 제국은 지속적인 전쟁에 시달려야 했는데, 북과 동으로부터는 게르만인의 위협에 그리고 동방에서는 잘 조직된 군사왕국 페르시아의 공격이 예리하였다. 이 같은 불안과 혼란의 시기에는 여러 가지 부정적 요인이 더욱 기승을 부려 세금은 두 배, 심지어는 세 배까지 부과되고, 천정부지의 인플레는 빈곤한 자들의 삶을 더욱 부담스럽게 했다. 반면 부유한 자들은 그런 때일수록 재산을 축적하고 이권을 더욱 확대하는 등 횡포를 일삼았다. 황제는 더욱 더 멀고 위엄 있는 존재로 형식상 치장되어 갔으나 그의 통치권은 허물어지고 있었다. 해체 직전에 있으면서도 이상할 정도의 영속적 낙관론이 팽배해 가고 있는 것도 그 같은 시대의 한 성향으로 나타났다. 로마인들의 생활 태도에도 많은 변화가 일어나고 있었는데 집과 의상, 생각들이 전통적 로마형에서 이제 무엇인가 좀더 느슨하고 방만한 모습으로 변해가고 있었다.

사실 젊은 아우구스티누스에게 전통적인 삶은 오히려 표면적이었을지도 모른다. 그는 마니교, 회의주의자, 기독교 사상가로서의 줄달음치는 듯한 변화를 겪으며 키케로의 철학을 읽는가 하면 플로티누스에

---

25) 허승일, 『로마공화정연구』(서울 : 서울대학교출판부, 1985), 53쪽.

경사되기도 했다. 이 무렵 로마 고위 관리들도 암브로시우스나 파울리누스Paulinus의 경우에서 보듯이 교회의 고위직을 맡는 경우가 점차 늘어나고 있었다. 그의 삶도 로마가 변화하듯이 변화의 급류 속에서 새로운 세계를 향하여 가고 있었다.

3 모니카, 어린시절 그리고 교육

아우구스티누스의 삶은 회한과 격정과 감사와 아픔으로 점철되어 있다. 우리가 알고 있는 그의 생의 대부분의 이야기는 그가 43세 무렵, 히포의 주교가 되었을 때에 쓰기 시작한 『고백록 *Confessions*』에 대부분 의존한다. 그 책은 자신의 생의 전반에 해당하는 33세의 나이에 이르기까지 삶을 가장 솔직하고 사실적으로 그리면서도 고동치는 내면의 소리까지도 유려한 문장과 넘치는 예술성을 가지고 써내려간 감동적인 자서전이기도 하다. 이 책에 대한 평가와 내용 분석 등은 따로 장을 두어 설명할 기회가 있을 것이기 때문에 이 장에서는 그의 서술을 중심으로 어린 시절의 삶을 재구성하는 데만 주안점을 두겠다.

아우구스티누스의 경우 그의 인생에 있어서 가장 결정적인 역할을 담당한 사람은 그의 어머니 모니카이다. 그의 아버지 파트리키우스가 미친 영향 또한 부정적인 면이든 긍정적인 면이든 결코 적지 않으리라 생각된다.

북아프리카 토박이인 모니카가 아우구스티누스를 낳았을 때(354년) 그녀의 나이는 대체로 23세 쯤 되었던 것으로 추정된다.[1] 아우구스티누스는 적어도 나비기우스 Navigius라고 하는 한 사람의 사내 동생을 가졌는데 그는 그의 형 아우구스티누스가 가졌던 만큼의 재능을 갖지는 못하였고 건강도 썩 좋지 않았던 것 같다.[2] 그의 아들 중 파트리키우스는 뒤에 히포 Hippo 교회에서 부제(副祭)의 직책에 올랐다. 아우구스티누스는 누이 둘이 있었던 것 같은데 그 중 한 사람은 수녀로서 헌신적인 봉사를 했던 것으로 알려져 있다. 이들 중 모니카가 가장 기대를 걸고 애정을 가졌던 아이는 역시 아우구스티누스였다.

아우구스티누스는 내면세계를 성찰하고 자성하는 내향성의 아이였다. 그 같은 그의 내면에 담은 소리, 겸허와 반성은 그의 어머니의 영상과 많이 연결되며 그녀로부터 받은 무언의 교훈과 감명에 연유하는 경우가 많은 것 같다. 아우구스티누스가 그의 어머니에 대해 왜 그토록 많은 이야기를 하고 어머니에 대한 회상이 좋은 기억들로만 가득 차 있는가 하는 것도 같은 맥락에서 이해될 수 있다.[3]

모니카는 부유한 크리스천 가정에서 아주 엄한 교육을 받으며 자랐다.[4] 그녀는 당시 가톨릭 교회에서 행하고 있던 안식일의 금식이나 성자 기념일에 교회에 빵과 전병과 포도주를 가져가는 것과 같은 전통적인 행사에 충실했다. 그녀의 어린 시절에 있었던 술과 관련된 에피소드는 그녀의 호기심 많은 기질을 동시에 보여주는 좋은 예이다. 모니카는 어린 시절 돌봐주던 하녀를 누구보다도 자랑스럽게 생각하고 그의 가르침과 돌봄에 항상 감사했다. 그녀는 식사 습관이나 물마

---

1) 아우구스티누스 출생시의 모니카의 나이 추정은 그녀의 사망 연대가 387년 56세였던 것을 감안하여 역으로 계산해 내려간 것이다(*Conf*. Ⅸ, 11, 28). 이 때의 아우구스티누스의 나이 33세였다.

2) *De Beata Vita*, 2, 7 ; *De ordine*, 1, 2, 3, 5, 7 등에서 대화에 그의 동생이 등장하나 토론의 적극적 참여자가 되지 못한다(V. Bourke, *Augustine's Quest of Wisdom*(Milwaukee : Bruce Publishing Co., 1947), 9쪽).

3) Peter Brown, *Augustine of Hippo*(London : Faber & Faber, 1967), 29쪽.

4) *Conf.*, Ⅸ, 8, 17.

시는 일 등의 행동까지도 엄격하게 다스렸고 친어머니처럼 엄한 교육을 시켰다. 어린시절 모니카는 술 담그는 일을 도왔는데 조금씩 맛보기 시작했던 술이 자기도 모르는 사이에 습관이 되어버렸다. 그녀는 어른들의 말에 잘 순종하는 편이었지만 술에 관한 한 호기심과 약간의 반항 심리 같은 것이 있었던 것 같다. 음주가 점점 습관이 되면서 이제는 물을 섞지 않은 술도 가볍게 마실 정도가 되었다. 그러던 어느 날 이것을 본 하녀에게 크게 나무람을 듣고 그녀는 마치 단칼로 베어내듯이 그 습관을 끊어버렸다는 얘기다.[5]

그 같은 일화를 밝힌 아우구스티누스는 곧 이어 어머니의 순종과 경건에 대해 이야기했다. 결혼한 모니카는 남편을 주인으로 잘 섬겼고, 아버지가 결혼 생활에 불성실하였는데도 어머니는 이를 참았기 때문에 부부간에 단 한 번의 언쟁도 없었다는 것이 아우구스티누스의 정직한 증언이다. 모니카는 남편을 사랑으로 이해하고 화가 난 그에게 말이나 행동으로 거슬러 본 적이 없기 때문에 이는 주변 가정에까지도 좋은 영향을 미쳤다는 것이다.[6]

모니카는 그녀의 시어머니에게도 충실하였다고 한다. 어느날 하녀들의 이간질 때문에 시어머니가 모니카에게 화를 낸 적이 있었다. 그러나 그녀는 진실된 마음으로 시어머니에게 순종했으므로 끝내는 시어머니가 감동하여 이간질한 종들의 명단을 아들에게 주고 이를 벌하게까지 했던 것이다.[7]

그녀는 남다른 교육열을 가졌던 것 같다. 교육을 퍽이나 중요시했던 그녀는 사회적 지위를 위해서는 이교적인 교육을 통해서라도 출세의 길을 열 수 있기를 바랐다. 당대에 그런 구분을 지을 수 있었으리라고까지는 생각되지 않지만, 결과적으로 폭 넓은 고전 교육은 아우구스티누스의 사상을 더욱 넓은 토대 위에 구축할 수 있게 한 셈이

---

5) *Conf.*, IX, 8, 18.
6) *Conf.*, IX, 9, 19.
7) *Conf.*, IX, 9, 20.

다. 아우구스티누스가 그토록 자유롭게 사상의 편력과 폭 넓은 서적
의 섭렵을 할 수 있었던 것도 모니카의 그 같이 폭 넓은 자녀 교육
태도와 무관치 않은 것 같다. 아우구스티누스는 그녀의 생을 요약하
여 〈한 남편의 훌륭한 아내〉(딤전 5 : 9)였고, 〈자신의 부모를 성실하
게 공양했으며〉(딤전 5 : 4), 〈가정을 섬기되 당신을 경외하는 마음으
로 하였고〉(딤전 5 : 5), 〈선한 행실의 증거가 있었으며〉(딤전 5 :
10), 자녀를 양육할 때 바른 길에서 미끄러지게 나가려 할 때마다 해
산하는 고통과 수고〉(갈 4 : 19)를 당했다고 회상하였다.[8]

그의 어머니가 세상을 떠났을 때 그가 얼마나 깊은 슬픔에 잠겼는
가는 『고백록』에 절절히 그려져 있다. 아우구스티누스는 〈허전한 마
음은 슬픔의 대홍수로 흔들렸고 흐르는 눈물은 걷잡을 수 없었다〉고
말하고 〈어머니는 내 생명의 지주였고 나에게는 너무 큰 위로였다.
그리고 여지껏 나의 생명과 어머니의 생명은 하나였는데, 이것이 갈
라지게 되었으니 내 영혼은 상처를 입었다〉고 고백하고 있다.[9]

아버지 파트리키우스에 대한 태도는 대조적이다. 『고백록』에서 보
여지는 아버지에 대한 묘사가 상당히 차가운 것 또한 사실이고 그런
이유 때문에도 그에 대한 이야기는 간간이 스쳐 지나가는 정도로 들
려주고 있을 뿐이며, 그것도 대부분이 부정적인 면을 생각하게 하는
것도 부인할 수 없다. 아우구스티누스가 그의 친구의 죽음에 대해서
는 그토록 길게 묘사하면서도 아버지의 죽음은 잠깐 지나간 일로 언
급하고 있는 점에서도 더욱 그렇다.[10]

아우구스티누스 자신도 그의 아버지를 〈매우 친절한 분이긴 하지만
불같은 성격을 지닌 분〉[11]이라고 했듯이, 그는 물욕과 야심에 찬 다
혈질의 전형적인 누미디아인이었던 것 같다. 그가 아우구스티누스에

---

8) *Conf.*, Ⅸ, 9, 22.
9) *Conf.*, Ⅸ, 12, 33, 30.
10) *Conf.*, Ⅲ, 4, 7.
11) *Conf.*, Ⅸ, 9, 19.

게 거는 기대는 큰 것이었으며, 그의 자식에 대한 자랑 또한 대단한 것이었다.[12] 세상 일에 대한 아우구스티누스의 집념과 정열, 무엇인가 열심히 하지 않고 못배기는 열정 등은 아버지에게서 받은 기질인 것 같다. 그러나 공교롭게도 아우구스티누스는 그 같은 아버지의 영향 아래서 자신을 일탈시키려고 했으며 이것은 어린 시절부터 아버지와의 관계에서 내면적 긴장감을 계속 갖도록 했던 것 같다. 목욕탕에서의 일, 어머니에 대한 아버지의 태도, 어렸을 때의 매맞은 기억 등은 그 같은 아버지상에서 나온 내면의 외적 표출이다. 아우구스티누스가 아버지를 독자적으로 기술하고 있는 경우가 눈에 띄지 않으며, 어머니와의 대비, 자기의 회상 중의 사건들과 연계될 때만 기술하고 있는 것도 이 점을 뒷받침한다.

아우구스티누스가 중년에 이르러서 『고백록』에서의 아버지에 대한 생각이 거의 강박관념에 가까운 생각을 갖도록 했던 점에 대해 현대 심리학자들은 깊은 관심을 보여왔다.[13] 그럼에도 아우구스티누스의 단단한 체격이나 한때 그가 몰입했던 세상사에 대한 명성과 지위에 대한 탐닉, 세상적인 쾌락과의 동행 등은 아버지가 준 부정적이면서도 끝내는 긍정적으로 극복했던 요소이다. 이들 부모에게 공통되는 점은 그들의 결의에 찬 교육열과 자신들의 지위보다 나은 계층으로 자식들을 상승시켜야 되겠다는 결심이었던 것 같다. 후일 이교도들과의 논전이나 대항에서 질기고 논리적이며 인내력 있는 기질을 보인 것도 이러한 부모들의 영향과 무관할 수 없다.[14]

그가 자란 아프리카 지역의 분위기 자체가 또한 공개적이고 열정적

---

12) 김규영, 『아우구스티누스의 생애와 사상』(서울 : 형설출판사, 1980), 9쪽.
13) 이 점에 대해서는 P. Brown이 지적하고 있듯이 B. Legewie의 *Augustin- us: Eine Psychographia*(1925) ; E. R. Dodds, "Augustine's Confessions : A Study of Spiritual Maladjustment," *Hibbert Journal,* 26(1927-1928), 459-473쪽 ; Rebecca West, *St. Augustine*(1933) ; C. Klegemann, *A Psychoanalytic Association,* V(1957), 469-489쪽 등이 있다.
14) Peter Brown, 앞의 책, 31쪽.

이며 토론적인 것이었다. 밝은 태양 아래서 바깥 생활을 즐기면서 사람들은 둘러앉아 이야기와 쟁론을 즐기며 떠들썩하기 일쑤였으며 연주와 오락을 즐기는 향락적인 기질과 시기심 같은 것이 아우구스티누스가 자란 주변의 한 성향이었다. 이들 아프리카인들은 친구를 좋아하고 가까운 친지들과 뜨겁고 밀착된 정을 나누는 삶에 젖어 있었다. 아우구스티누스의 『고백록』에 보면 그가 친구나 친지와 더불어 같이 있지 않은 경우가 거의 없었으며 당시 교회의 모임에도 그 같은 혈연관계가 작용하였을 것으로 생각된다.

당대 아프리카인들의 종교 전통 또한 특이한 것이었으며, 이런 분위기는 감수성이 예민한 아우구스티누스의 어린 시절에 깊은 인상으로 박혔을 것 같다. 누미디아 지역의 종교 전통은 그리스-로마적인 것과는 상당히 다른 것이었고, 그만큼 생활양식도 구분되었다. 프렌드Frend에 따르면 모니카라는 이름도 지역신인 여신(女神) 몬 Mon에서 연유한 것이라 했다.[15] 누미디아인들은 그리스나 로마의 올림피아 12신을 숭배한 것이 아니라 높은 신 High-God, 농업의 신 새턴 Saturn을 숭배했는데 이는 페니키아인들을 통해 전해온 것으로 두려움의 신 여호와 Jehovah의 가까운 친지라고 생각되기까지 했다. 새턴 신은 〈최고의 아버지 Supreme Father〉, 〈신성한 존재 Holy One〉, 〈영원한 존재 Eternal One〉 등으로 받아들여졌으며 그 신은 두려움의 대상으로서 순수성과 희생제를 요구하는 신으로 전해져 오고 있었다.[16]

그 같은 종교 전통은 아프리카의 기독교를 유럽의 그것에 비해 정감적이며 결벽증적이며 황홀도취성의 경향이 강한 종교의 특성을 갖게 했다. 사람들은 술 취한 중에서, 노래와 격렬한 춤을 통해 엑스터시적 경험을 얻으려고 했으며 아프리카 회중들 중에 알콜중독증이 많

---

15) Frend, *The Donatist Church : A Movement of Protest in Roman North Africa*(Oxford, 1952), 230쪽.
16) Peter. Brown, 앞의 책, 33쪽.

은 이유도 거기에 있었다. 꿈과 환영을 얻으려는 풍습이 성했는데 이 꿈은 피안세계의 반사이거나 신의 간접적인 계시의 방법이라고 생각하는 경향이 있었기 때문이다. 그래서 대체로 농부들은 혼수 상태에 빠진 채 몇 날을 누워 꿈을 얻기를 바랐으며,[17] 모니카 자신의 경우도 그녀의 꿈을 매우 중시했음을 『고백록』의 곳곳에서[18] 감지할 수 있다. 또한 아프리카 크리스천 전통은 좀더 순결을 고수하려 바깥 세계에 대해서 보다 배타적이며 의식(儀式)을 중요시하였다. 이런 분위기에서 도나티스트 운동이 거의 60여 년 동안이나 이 지역에서 위세를 떨쳤으며, 절대선과 통제 불가능의 악이라는 이원론적 마니교가 이 지역에 뿌리를 내릴 수 있었던 것이다. 이 점이 바로 아우구스티누스가 후일에 소위 로마화된 아프리카인으로서 정신적 갈등을 느꼈던 것 외에도 종교심리학적 측면에서 자기 조정에 그토록 많은 시간과 고뇌를 겪어야 했던 이유다.

*

유년 시절에 대한 아우구스티누스의 회상은 자신의 죄성에 대한 기억과 통회로부터 시작된다. 그는 자신을 포함하여 죄 없는 사람은 이 세상에 아무도 없으며, 이 세상에 태어난지 하루밖에 되지 않는 갓난아이라 할지라도 죄 없이 정결하다고 할 수는 없다고 했다.[19] 어린 아이라고 할지라도 육체 속에 죄가 있는 것은 아니지만 그의 의지 속에 죄가 있는데 자신도 예외가 될 수 없으며 비록 말을 할 수 없는 자신이지만 질투하고 시기하였다. 그래서 유아 시절에도 미움의 감정이 가득차 있었고 이것은 이미 유전된 것이라고 생각하는 원죄의 시각에서 그의 어린 시절을 회상하고 있다. 유모가 이웃집 아이에게 나

---

17) 같은 책.
18) *Conf.*, Ⅲ, 19 ; Ⅵ, 13, 23.
19) *Conf.*, Ⅰ, 7, 11.

누어 먹이는 젖을 자기 몫이 전혀 부족하지 않는데도 질투하여 못내 울음으로 투정하였던 자신의 기억을 더듬는다.[20]

아우구스티누스가 처음으로 의식을 가지고 대상을 보기 시작한 것은 언어를 배우면서였던 것으로 기억하고 있다. 어른들이 특정한 사물을 보면서 이름을 부를 때 그들이 말하는 이름과 그들이 가리키는 사물은 같은 것이라고 느낀 데서 그의 언어 능력은 발전해 갔다는 것이다. 그는 사람들의 의사 교환 중에 얼굴 표정과 눈빛, 몸놀림, 태도, 목소리가 확연히 들어난 것을 아주 예민하게 의식하였다. 언어를 그가 배우고 언어를 통해 사회화되는 과정을 아우구스티누스는 생생할 정도로 잘 기억하고 있는데 오늘날의 언어학적 이해의 중요성을 그는 『고백록』을 쓸 무렵에 이미 터득하고 있었던 것 같다. 여러 가지 같은 단어들이 반복적으로 들려옴으로 그 단어의 의미를 이해하게 되고 이를 다시 자기가 표현하게 되며 그렇게 함으로써 더욱 복잡한 인간의 생활에 참여할 수 있게 되는 언어를 통한 사회화를 예민하게 감지하고 있다.[21]

어린 시절에 그는 놀기 좋아하는 일상의 소년이었는데, 실상은 공부가 강요되고 그 때문에 혹독한 매를 맞으며 자랐다. 그는 무엇 때문에 그 같은 공부를 해야 하는지 이해할 수가 없었고 더구나 세상의 출세를 위해 언어 공부를 해야하는 것은 아우구스티누스에게 거의 견딜 수 없을 만큼의 고통이었으며 어른이 된 후에도 그것은 무서운 기억으로 남아 있었다. 그는 〈매를 맞고 자라온 사람들은 계속 매를 때림으로 우리에게 고통스러운 길을 강요했고……비록 어렸지만 아주 간절한 마음으로 학교에서 매를 맞지않게 해달라고 기도했지만 끝내 주님은 그의 기도를 들어 주지 않았다〉고 고백한다. 오히려 부모들은 〈나의 고통스러운 상처인 매자국을 보시며 더욱 질타했다〉고 쓰고 있다.[22] 아우구스티누스에게 있어서 어린 시절의 기억들 중 학교와 부

---

20) *Conf.*, Ⅰ, 7, 11, 12.
21) *Conf.*, Ⅰ, 8, 13.

모들의 혹독한 매는 거의 끔찍할 정도였던 것 같다. 그 매질은 정말 견딜 수 없었던 것이었는지 그는 매질을 고문에 비교하여 매질과 회초리라는 말을 아주 증오스러운 듯이 표현하고 있다.

어른들에 대한 반항심도 많았던 것 같다. 사실 아우구스티누스가 볼 때는 그의 나이에 그 정도의 학습은 충분한 것이었는데도 어른들은 게으르고 논다는 이유로 벌을 주기가 일쑤였다. 어른들도 실상은 게으르고 놀기를 좋아했는데, 그들은 이를 〈사업〉이라는 이름으로 변명하고 더욱 안타까운 것은 어린애들이 맞아도 어른들 중의 누구도 동정하는 사람이 없었다는 사실이었다. 기실 어른들은 더 많이 놀고 있고 자기를 매질하는 사람 역시 별다르게 좋은 바가 없다고 보았다. 자신이 어린 시절 친구와 공놀이를 하노라면 이를 못마땅해 하는 교사가 그에게 벌을 주었는데 사실 그 교사는 질투와 시기심의 면에서 더욱 나쁜 사람이었다는 것이다.[23] 확실히 어린 시절의 아우구스티누스의 마음 속에는 반항과 비판적 태도가 웅크리고 앉아 있었음이 틀림없고 아마 지나친 매질이 더욱 그렇게 했을지 모른다.

아우구스티누스는 어쩌면 말썽꾸러기였고, 자기식으로 행동하는 개성이 강한 고집스러운 아이였는지 모른다. 세상적 쾌락을 추구하는데 몸이 근지러워 못 견딜 정도로 적극적이었으며 내기하기를 좋아하고 허풍끼까지 있었다. 호기심에 끌려 연극을 몰래 보러 다녔던[24] 자유분방한 아이였다.

그는 유아 세례를 받을 예정이었으나 갑작스러운 복통으로 연기되었다. 아우구스티누스는 훗날 이것을 매우 다행스럽게 생각했다. 그런데도 아우구스티누스는 어린 시절 자신이 이미 기독교적 신앙을 갖고 있었음을 분명히 밝혔다. 그는 아버지를 제외한 모든 가족이 믿었고 아버지조차도 믿음은 없었으나 경건에 방해되지는 않았다고 한

---

22) *Conf.*, Ⅰ, 9, 14.
23) *Conf.*, Ⅰ, 9, 15.
24) *Conf.*, Ⅰ, 1, 16.

다.[25] 이 점이 필자가 아우구스티누스를 돌아온 탕자에 비유하고 싶은 이유이다. 왕왕 사람들은 전혀 기독교적이 아니었던 아우구스티누스가 마치 전격적으로 기독교로 회심한 듯한 인상을 가질 수 있다. 그러나 사실은 어린 시절부터 크리스천이었던 아우구스티누스가 사춘기를 거치면서 새로운 고전 학문에 접하고 세상적인 열락과 마니교 등에 젖어들면서 하나님으로부터 멀어졌다가 33세에 이르러 크게 회개하여 본래의 집으로 돌아온 것이다. 그가 회심 직전 로마서 13장 13절의 〈낮에와 같이 단정히 행하고 방탕과 술취하지 말며 음란과 호색하지 말며 쟁투와 시기하지 말며……〉의 성귀를 읽었을 때 이는 그의 폐부를 찌르듯이 가슴에 박혀 왔으며 큰 감동중에 통곡의 회개를 하지 않을 수 없었던 것이다.

어린 시절의 그의 교육은 강요하다시피 이루어졌다. 그는 공부하기를 싫어했으며 억지로 강요받는 공부는 더욱 싫어했다. 사실 교육의 목적이 결국은 지식을 통하여 영예와 재물을 얻는 출세주의에 있었고 라틴어와 헬라어의 공부도 그 같은 이유로 강요되었다. 그는 라틴어는 매우 좋아했지만 헬라어 공부를 아주 싫어했다. 라틴어는 초보적인 과정보다는 문법 선생들이 가르쳐주는 수준 높은 문장들을 좋아했고 반면 읽기, 쓰기, 산수를 싫어한 편이었다. 문학 작품을 탐닉하여 아에네아스 Aeneas와 디도의 이야기를 읽고 눈물을 흘리기도 했으며 혼전 동거에도 자신을 별로 부끄러워 하지도 않았고 정규 학교 공부보다는 문학 작품에 빠져들었다.[26] 그는 세상 학문에 쉽게 심취했을 뿐만 아니라 그 방면에 오히려 촉망받는 소년이었다.[27] 그렇지만 청소년들에 대한 문학 과목의 교육 방법에 불만스러워했고, 교사들의 미사여구와 권위주의, 거친 말씨나 분별 없는 생활 등을 몹시 싫어했다.

---

25) *Conf.*, Ⅰ, 11, 18.
26) *Conf.*, Ⅰ, 14, 23.
27) *Conf.*, Ⅰ, 16, 26.

　　그는 칭찬 받기를 좋아하는 아이였는데 실은 매우 이단적 성질의 소유자였다. 가정교사나 선생님, 부모를 거짓말로 속이고 구경거리에 정신이 팔려 배우들을 흉내내려는 허영심이 가득한 소년이었다. 그는 부모를 속이고 장롱이나 책상에서 물건을 훔쳤고 이를 친구들과 나누어 갖기를 좋아했다. 사실 이 같은 일들은 어린 시절에 있을 수 있는 일이나 아우구스티누스는 이 일들을 예민하게 반성하면서 자기 자신의 부끄러움을 『고백록』에 적나라하게 기록해 놓고있다.[28] 그의 어린 시절의 숨겨진 일이나 내면적인 것까지도 비교적 자세히 우리가 알 수 있는 것도 그 같은 그의 솔직성 때문이다.

　　그는 사춘기를 지나 16세가 되면서 학업을 포기하고 정욕적 쾌락에 빠져들었다. 타가스테에서 교육을 마친 아우구스티누스는 중·고등학교 정도에 해당하는 교육을 받기 위해 13세에 마다우라로 보내졌다. 그 곳에서의 탐독과 연극 탐익, 정욕의 생활 등은 앞에서 전반적으로 기술한 대로이다. 그보다 더 심각한 타격을 준 것은 마다우라에서의 교육을 마치고 고향인 타가스테에 돌아왔을 때의 좌절감이었다. 가정 형편이 어려워 더 이상의 교육을 받을 수 없었던 그에게 출세에 대한 희망이 거의 없는 상태에서 열려진 유일한 통로는 순간적인 즐김뿐이었다. 〈사랑의 광채와 헛된 정욕의 안개를 분별할 수 있는 능력을 잃고…… 나는 방황의 심한 폭풍우 속에서 사랑과 정욕을 혼돈하였고 불안정한 젊음은 부정한 쾌락의 낭떠러지로 곤두박질쳐서 마침내 파렴치한 죄악의 심연 속으로 빠져버리고 말았다〉[29]라고 아프고 부끄러운 경험들을 털어놓고 있다. 이 때만 해도 부모들, 특히 아버지는 아우구스티누스의 영혼이 어떻게 되는가에는 관심이 별로 없었고 성인으로 자라가는 그의 신체적인 성장에 기뻐하고 오직 세상에서 출세하는 사람이 되는 것만을 바라고 있었다. 아우구스티누스 자신은 훗날 이런 부모님도 원망하고 자신도 회의하지만 그 당시에는 너무도

────────────────

28) *Conf.*, Ⅰ, 19, 30.
29) *Conf.*, Ⅱ, 2.

깊은 정욕과 쾌락에 빠져 헤어나지를 못했다고 되풀이해 말하고 있다. 『고백록』1권의 후반이나 2권과 3권에서도 이 시기의 방탕한 생활을 집중적으로 얘기하고 있는 것으로 봐서 그 자신이 성적 향락과 분방함에 얼마나 빠져 있었는가를 가히 짐작할 수 있게 한다.

모니카는 행여 아우구스티누스가 음행을 범할세라, 누구의 아내와 간음할세라 가슴 태우고 염려하며 기도하였다. 『고백록』의 문맥으로 보아 그가 그 같은 잘못을 범하지 않았다고 말하기는 어려울 것 같다.[30] 그는 또한 불량배 친구들과 어울려 놀며 마치 경쟁이나 벌이듯이 나쁜 짓을 했다고 한다. 그 같은 잘못들을 서슴없이 범할 뿐 아니라 즐기기까지 하고 심지어는 자랑스럽게 여겼다. 그는 혹 정직하게 행하면 친구들에게 조롱받을까봐 더욱 악랄한 죄악을 서슴지 않고 범했다고 고백하고 있다.

아버지는 아우구스티누스의 조기 결혼을 주선하려 하였으나 어머니는 이에 반대했다. 당시의 사회 풍조로 보아서 그것이 아우구스티누스의 생활을 정결하게 해줄 것 같지 않았을 뿐 아니라 아들의 장래 발전에도 장애요인이 될까봐서 였다. 도덕적인 순진함보다는 학문 연수와 발전을 더욱 중시했던 그들은 아들의 행동을 직접 간섭하려 하지 않았다. 사실 당시로서는 그것이 크게 문제가 되었던 것 같지 않아서 그는 〈친구들과 함께 패거리를 이루어 타락의 도시 바벨론의 뒷골목과 환락의 진흙탕 길을 마치 값비싼 향수나 향유의 거리인 양 쏘다녔다〉고 한다.[31]

그는 도둑질도 장난을 빙자하여 서슴지 않고 했다. 그 도둑질은 물건이 필요해서가 아니라 단지 도둑질하면서 느끼는 쾌감 때문에 그같은 짓을 했다. 알려진 대로 배나무 얘기도 그것이 먹고 싶어서가 아니라 그것을 훔치고 싶은 충동 때문이었다. 몰래 야밤에 들어가 배를 따냈지만 실제 맛본 것은 두세 개에 불과하고 나머지는 버리거나

---

30) *Conf.*, Ⅲ, 3, 7.
31) *Conf.*, Ⅱ, 3, 8.

돼지에게 주어버리고 말았다는 것이다. 훗날 그 같은 기억을 통회하면서 〈죄악은 어떤 목적이 있어서 행한 것이 아니라 단순히 죄악 그 자체를 좋아〉하는 데서 생긴다고 말하고 있다.

그는 범행 동기도 심층적으로 분석하고 있다. 범죄 뒤에는 두 가지 요인이 있는데 하나는 세상적 욕망을 채우고 싶은 소유욕이요, 다른 하나는 가진 것을 잃지 않으려는 두려움이라고 했다. 범죄에는 범죄 자체를 사랑한 것은 아니지만 거기에는 어떠한 형태로든 동기가 있다고 했다. 범죄를 하는 동기가 시각의 즐거움이나 촉각 또는 감각의 즐거움이나 명예욕, 정복욕, 정권욕과 같이 그 대상에 따라 상이하게 작용한다고 본 점에서 이 문제를 심리적으로 접근하고 있다.[32]

그가 받은 교육을 잠시 살펴보고 이 장을 마감하기로 하자. 고향인 타가스테에서의 초등 교육은 라틴어, 문법, 산수와 같은 기초 과목이었는데, 당시 교육 제도의 미비함 때문에 충실한 교육을 받았을 것 같지 않다. 베르길리우스 Vergillius, 키케로 Cicero, 살루스트 Salust 의 이름과 글들을 접하기는 했으나 원문이 아닌 발췌문 정도에 그쳤을 것 같다. 마다우라에서의 교육은 훨씬 더한 해방감과 이교적 문화 현상이 두드러지고, 아프리카 신과 로마 신들이 함께 경배되는 종교적 분위기이기도 했다.[33] 그의 본격적인 공부도 그 곳에서 시작된 것 같으며 배우는 일과 글쓰는 일 등에 흥미를 느낀 것도 이 때부터라고 한다.[34] 이때 또한 내면적인 문제의식이 싹텄는데 이 때문에 버크 V. Bourke와 파피니 G. Papini는 아우구스티누스가 마다우라에서 이미 신플라톤주의자 Neo-platonist 들의 저작들에 접촉했을 것이라고 말하고 있다. 그럼에도 불구하고 제도적인 웅변술과 수사학 교육의 틀에 매어 있어야 했기 때문에 그런 교육에 불만을 갖고 있었던 점은 앞에

---

32) *Conf.*, Ⅱ, 5, 10, 11.
33) Vernon Bourke, *Augustine's Quest of Wisdom*(Milwaukee : Bruce Publishing Co., 1945), 6쪽.
34) *Conf.*, Ⅰ, 17, 27.

서도 언급했다.

　카르타고에서의 교육 기회를 얻기 전까지 고향에 머무른 1년 여는 아우구스티누스에게 고통스러운 시기였다. 그래서 브라운 P. Brown 은 이 시기를 〈불행한 1년이었다. 불만이 파괴적 행동으로 연결되었고……〉[35]라고 쓰고 있으며, 바텐하우스 R. Battenhouse는 〈불안하고 초조한 마음의 시절〉[36]이라고 말하고 있다.

　그러나 아우구스티누스에게 새로운 세계가 열렸다. 이는 타가스테의 부유한 시인 로마니아누스 Romanianus의 도움으로 그가 카르타고로 대학 교육에 해당되는 교육을 받으러 갈 기회를 얻었기 때문이다. 이 카르타고 생활은 그의 인생의 큰 전환기를 마련하는 또 하나의 큰 매듭으로, 그 곳 생활에서 새로운 사유에 접하게 되었으며, 고전적 학문과 새로운 신앙, 그리고 자신의 생계를 스스로 꾸려나가는 독자적인 영역을 열었던 것이다. 그것은 그의 인생의 전반기에 있어서의 큰 능선이었지만 사실은 전체 인생의 기초를 마련한 터 닦기이기도 했다.

---

35) P. Brown, 앞의 책, 38쪽.

36) R. Battenhouse, "The Life of St. Augustine," *A Companion to the Study of St. Augustine*(London : Oxford University Press, 1956), 23쪽.

4 카르타고 시절 —— 자기의 세계를 찾아

카르타고 시절은 아우구스티누스의 『고백록』에 회오와 아픔의 시기
로 묘사되어 있다. 자신을 돌아온 탕아로 보았던 아우구스티누스로서
는 회상컨대 그 시절은 어둠과 좌절의 시절이었을 것이다. 하지만 다
시 그의 『고백록』을 주의깊게 읽어 보면 거기에는 아우구스티누스의
진지한 고민과 자성(自省)아래 깔린 성실한 인간적 자세를 엿볼 수
있다. 뿐만 아니라 그 시절에 키케로의 책과 아리스토텔레스의 철학
서를 접했으며, 미(美)에 대한 저술까지 하였다. 물론 스쳐가듯 한
것이지만 성서도 읽어 보려고 노력하였고 더구나 종교와 철학에 대해
서 자신의 입장을 정리해 보려고 무진 애를 썼던 흔적이 곳곳에 드러
나 있다. 마니교도가 된 것까지도 그의 무지에서 비롯된 것이 아니라
악과 선 같은 본질적 문제에 대한 나름대로의 논리적 선택이었다. 그
점에서 아우구스티누스의 카르타고 시절은 그가 회오하는 것처럼 어
두웠던 측면이 많이 있었던 것은 사실이지만, 누군가 말했듯이 그의
타락조차도 철학적으로 타락했다고 봄이 타당할 것이다. 사실 그는
카르타고에서의 자유분방한 생활을 통하여 갈등도 많이 겪었지만 지
적으로, 신체적으로, 인간적으로 크게 성장하고 있었다. 그와 같은 지

적 방황, 종교적 고뇌, 철학적 탐구, 애정의 분출과 번뇌를 겪으면서
고대말의 지적 거인으로 그리고 신앙인으로서의 체험적 틀을 마련할
수 있었던 것이다.

370년 가을 아우구스티누스는 그토록 바라던 카르타고의 수사학교
의 학생으로 등록할 수 있었다. 이 해는 그의 나이 17세로서, 가톨릭
으로 전향한 아버지 파트리키우스가 세상을 떠난 해이기도 하다. 아
우구스티누스의 다른 세계로의 방류 시기와 그의 아버지의 사망 시기
가 우연히 일치하지만 이는 어쩌면 아우구스티누스에게 역으로 더 많
은 해방감과 행동 반경의 확대를 가져 왔을 것으로 상정된다.

그가 로마로 떠나기(383년) 전까지 잠시 동안 고향 마다우라로 귀
향한 적이 있었고, 2년 여 마다우라에서 수사학 교사로 있었던 기간
을 제한다 하더라도 그의 예민한 젊은 시절 11여 년을 카르타고에서
머물렀다. 17세에 카르타고에 가서 그 곳을 떠난 29세까지의 13여 년
은 그 지적 탐구와 수용력이 가장 왕성한 시기에 해당한다. 그가 후
에 겪은 기독교로의 회심조차도 어떻게 보면 역설적으로 이 때에 예
비된 것이라고 볼 수 있다. 충분히 부식(腐植)된 토양 위에서 힘찬
생명력의 싹이 피어 오르듯이 카르타고에서의 인생 체험과 실험은 결
국 4년 후(387년) 암브로시우스에게 극적으로 세례를 받는 사건으로
연결된다는 점에 주시해야 할 것이다. 바꾸어 말하면, 카르타고 시절
아우구스티누스는 하나님에게서 멀어졌다기보다 또 아우구스티누스가
맹목적으로 타락했다기보다는 오히려 진지한 삶과 진리의 실험적 탐
구 기간이었다고 보는 것이 타당할 것이다.

카르타고에 온 아우구스티누스는 자신의 심경을 이렇게 썼다.

나는 카르타고에 왔습니다. 그곳은 순결치 못한 사랑으로 가득차서 마
치 뜨거운 프라이팬처럼 내 주변에서 그리고 어디에서나 들끓고 있었습니
다. 나는 아직 사랑에 빠지지 않았으나 막연히 사랑 안에 있기를 동경했
고, 영문모를 허전한 자신이 싫어졌습니다. 무엇을 사랑해야 옳은지, 사

랑하기를 좋아하면서 찾아 헤매고 안전을 멀리한 채 모험을 찾아 정처없
이 방황했습니다.[1]

카르타고 생활의 시작에 관해 썼던 이 같은 아우구스티누스의 서두
고백은 바로 카르타고 생활에서의 아우구스티누스의 인간적 갈증과
공허감 그리고 이에서 헤어나려는 일면의 지적 탐구의 삶을 예견케하
고 있다. 사랑에 굶주려 있는 송아지처럼 격정의 동요를 겪고 있었
다. 도시적이고, 향락적인 카르타고의 분방한 분위기는 열혈의 청년
아우구스티누스를 자극하기에 충분하였다. 열대의 작열 아래 거대한
공중 욕탕과 극장, 술집과 경기장이 즐비한 항구의 거리는 마치 오늘
날 서울의 어느 환락가를 방불하게 하였을 것 같다. 그가 쉽게 접근
할 수 있는 곳은 극장이었다. 그의 〈비참한 현실을 간접적으로 재현
하며 육체적 정욕에 도화선 노릇을 한 극장 구경〉에 심취되어 빠져
들어갔다.[2]

그는 자기의 상황이 슬프게 느껴지면 질수록 연극에 더 심취해 들
어갔다. 연극을 즐기던 시기는 그래도 자기를 지키려고 안간힘을 쓰
던 시기였다. 실제 쾌락 추구를 행동으로 옮기지는 못하면서 열락의
마음을 즐기려했던 갈등의 시기였다고 할 수 있겠다. 그는 스스로 말
하기를

나는 우정의 샘을 불결한 더러움으로 모독하였고, 그 순결을 지옥과 같
은 탐욕으로 훼손하였으면서도 외모로는 항상 인자한 인격을 지닌 인사로
보이려고 애썼습니다. 나는 이처럼 육욕적이고 순수하지 못한 사랑에 사

---

1) *Conf.*, Ⅲ, 1, 1. 영문·라틴어 본은 *The Classical Library*를 참조하였고,
우리말 옮김은 최민순 역, 『고백록』(서울 : 성바오로출판사, 1977), 김종웅
역, 『참회록』(크리스천다이제스트), 김병호 역, 『고백록』(서울 : 집문당,
1980), 윤성범 역, 『고백』(서울 : 을유문화사) 등을 참고하여 필요에 따라
적정본을 사용하고, 필요한 때는 본인이 직접 번안하기도 했다.

2) *Conf.*, Ⅲ, 1, 2.

로잡혀 헤어나오지 못했습니다.[3]

자기가 위선적, 허구적이라고 느낄 때마다 그의 심정은 더욱 참담하고 우울해졌으며 그 같은 우울한 마음을 달래기 위해 극장을 자주 찾았다. 연극을 볼 때마다 그것을 즐기고 슬퍼하기는 했지만 마음은 더욱 비참해졌다고 고백한다. 세상 병에 더욱 중독이 되어 사악하고 불륜한 생활을 추구하고 있다고 생각했다. 이에 대해 마치 상처난 곳을 때가 낀 손톱으로 더욱 긁어서 영혼에서 고름과 악창이 날 정도로 그의 생활도 고름과 진물처럼 흐트러져 가고 있다고 말한다.[4] 연극에서의 동정심은 현실의 동정심과 다른 매우 허구적인 것인데도 그 곳에서 빠져나오지 못했던 그 시절을 통회하고 있는 것을 보면 그가 어느만큼 연극에 탐닉해 있었던가를 짐작케한다.

그러다 그는 일 년이 채 되기도 전에 비교적 하층민으로 추정되는 한 무명의 여성과 동거하게 되었고(370년), 그런 관계는 그 뒤에도 줄곧 15여 년 동안 계속되었으며 아데오다투스 Adeodatus라고 이름한 아들까지 갖게 되었다(372년). 그렇다고 그의 열정의 방황이 그친 것 같지 않다. 물론 그의 방황하는 육욕을 어느 정도 다스리게 했을지는 모르나, 여전히 정규 결혼과의 차이를 항상 의식하고 있었고, 그것은 뒷날 결혼 생활에 대한 그의 회상을 부정적으로 서술하게까지 하였다.[5] 뿐만 아니라 교회에서 예배하는 중에도 음욕의 유혹을 떨쳐 버리지 못했음을 고백하고 있다.[6] 아들을 얻었던 해(372년)에 마니교에 입교하였다. 카르타고에 온 후 2년여 동안에 연극을 즐기는 외에 여인과의 동거, 아들을 얻고, 마니교에 접하게 되었으니 그의 사생활

---

3) *Conf.*, Ⅲ, 1, 1.
4) *Conf.*, Ⅲ, 2, 4.
5) *DCD*, XIX, 5, 11(이하 *DCD*는 아우구스티누스의 저서 『신국론 *De Civitate Dei*』을 의미한다).
6) *Conf.*, Ⅲ, 3, 5.

이 얼마나 격랑처럼 급변하고 있었는가를 알 수 있다.

그런 변화 중에도 그의 학업에의 충실성은 줄곧 견지 되었다. 수사 학교에서의 성적은 언제나 수석이었다. 그 면에 있어서 높은 자만심과 자신감을 갖고 있었는데, 수사학을 통하여 영달의 길에 이르리라는 기대를 갖게 했다.[7] 다재다능하고 다정다감한 그에게 어쩌면 당시로서 수사학 공부가 최적의 것이었는지 모른다.

373년 19세의 나이에, 그의 삶에 있어서 엄청난 영향을 미친 지적 경험을 하게 되었다. 브라운P. Brown은 이것을 그의 첫번째 〈회심 conversion〉이라고까지 표현하고 있다.[8] 수사학의 교과 과정에는 반드시 키케로를 읽게 되어 있었다. 그의 저서는 수사학자들 간에 경전이 될 만큼 필독서였기 때문에 교육 과정에서 자연스럽게 키케로의 서적에 접하게 되었는데, 그 중의 하나가 호르텐시우스Hortensius였다. 이는 지금은 소실되어 그 단편만 전해 내려 오지만 그것은 철학을 하도록 권장하는 대화편(對話篇)이었다. 이 책은 아우구스티누스로 하여금 철학에 눈뜨게 하였고, 그것은 그의 세계에 대한 자세, 인식 태도에 큰 변화를 가져왔으며, 혼돈스러운 그의 마음 속에 〈지혜〉 추구에 대한 열망을 갖게 하였다. 그 책이 주었던 충격은 컸던 것 같다.

바로 이 책이 나의 생활과 감정을 변화시켰으며, 나로 하여금 주님을 향해 가졌던 허망한 기대들은 완전히 사라져 버리고 저는 뜻밖에 불멸의 지혜를 갈망하게 되었으며, 당신에게로 돌아갈 준비를 하게 되었습니다. 저는 그 책을 읽고 또 읽었습니다.[9]

---

7) 김규영, 『아우구스티누스의 생애와 사상』(서울 : 형설출판사, 1980), 15쪽.
8) Peter Brown, *Augustine of Hippo*(London : Faber & Faber, 1968), 39쪽.
9) *Conf.*, Ⅲ, 4, 7.

이 책에서 아우구스티누스는 행복은 육욕의 만족에 있는 것이 아니라 진리의 인식에 있다는 점을 발견하게 되었다. 마음이 편치 않다는 것은 진리를 얻지 못했다는 뜻이며, 진리는 밖에서 구해지는 것이 아니라 안에서 찾아야 할 것이었다. 진리를 안다는 것은 곧 신을 아는 것이었다.[10] 마치 철학적 방법에 의해 종교적 평정에 이르는 방법을 가르친 것 같으나 그 신이 무엇인지에 대해서는 구체적인 언급이 없다. 이는 애지(愛知)로서의 철학이며, 철학을 통하여 진리에 도달할 수 있다는 권유이다.[11]

이 책은 적어도 아우구스티누스에게 육욕의 추종을 통하여 평안에 이르려던 그의 생각을 애지의 사랑으로 물길을 돌려 놓는 물꼬를 텄다고 할 수 있다. 사실 아우구스티누스는 기독교 가정에서 자라났으나 이것은 거의 맹목에 가까운 것이었을지도 모른다. 어머니의 경건에 비해 아버지의 거친 태도는 그를 회의하게 하기가 일쑤였다. 그같은 번민에 시달리던 아우구스티누스에게 키케로의 호르텐시우스는 철학적, 이론적, 이지적 방법으로 종교적 해답을 가질 수 있는 가능성을 열어 주었다고 할 수 있다.

하지만 키케로가 제시한 지혜의 탐구는 아우구스티누스가 구하던 류의 〈지혜〉는 아니었다. 키케로의 설명은 종교의 이론적 추구의 필요성을 강조한 것이었지만 그것 자체가 곧 그리스도의 가르침과 일치하는 것은 아니었다.[12]

그럼에도 불구하고 이 책이 그동안 아우구스티누스의 내면에 잠재적으로 내재해 있던 종교적 관심을 불러일으킨 것만은 틀림없다. 그래서 바로 성서를 읽고 그 연구에 관심을 집중하였다. 그러나 성서는 너무 단순하여 키케로의 위엄에는 비교도 안된다고 생각하였다. 그것은 키케로의 문장처럼 미문(美文)도 아니요, 수사학적 위엄을 갖춘

---

10) 김규영, 앞의 책, 15쪽.
11) *De Trinitate*, XIV, XIX, 26(P. Brown, 앞의 책, 40쪽에서 재인용).
12) *Conf.*, III, 4, 8.

것도 아니며 다만 소박하게 느껴지는 내용일 따름이었다.[13] 그 같은
이유로 끝내 성경에 빠져들기를 거부하고 말았지만 이 사실은 역으로
그가 얼마나 마음에 수긍이 가는 기독교를 믿으려고 고뇌하고 있었던
가를 단적으로 말해준다.

*

사실 마니교도로의 전향은 이 같은 그의 고뇌의 한 일면으로 보아
야겠다. 애지에 대한 열정은 애욕 문제를 더욱 예리하게 느끼게 했으
며, 어떤 형태로든 답을 얻지 않으면 안되었다. 이미 그에게 절실한
것은 선(善)과 악(惡)의 문제였다. 자신의 실제 행동에서 범하고 있
는 악한 행위와 그것으로부터 더욱 멀어지고 싶은 간절한 바람 사이
에서 어떻게든 그 문제에 대한 답을 얻어야만 했다.

기독교로 돌아가려는 그의 노력에 가장 큰 방해가 되는 것은 영적
(靈的)인 문제와 선악(善惡)의 문제였다. 사실 『고백록』의 곳곳에서
고백하고[14] 있듯이 그가 뛰어넘을 수 없는 것은 하나님이 구체적이고
가시적인 물질의 형상이 아니고 영적 존재라는 점이었다. 이 점은 신
플라톤주의 Neo-Platonism를 만나기 전까지는 결코 뛰어넘을 수 없
는 장벽이었다.

또 하나의 장애는 악의 문제였다. 선하신 하나님께서 어떻게 악을
있게 할 수 있느냐의 의문이었다. 어쩌면 그것은 의문이라기보다는
항의에 가까운 것이었는지 모른다. 이 세상의 불행과 고통을 만들어
놓은 이가 어떻게 이 세상을 사랑한다고 말할 수 있는가? 이런 역설
에 도저히 수긍할 수가 없었다.[15]

그런데 마니교는 이 두 가지의 문제를 동시에 해결해 주었고, 더구

---

13) *Conf.*, Ⅲ, 5, 9.
14) *Conf.*, Ⅲ, 7. 12.
15) *Conf.*, Ⅷ, 3, 5.

나 자신이 범하고 있는 악한 행실들에 대한 고민을 해결하는 장치까지 마련해 주었다. 선악이원론에 근거한 마니교 Manichaeism는 원래 조로아스터 Zoroaster교에서 유래한 것으로 3세기 마니(Mani : 274년 또는 277년)가 최초로 설파한 이원주의를 주장하는 그노시스파, 즉 영지주의적 종교의 일파였다.[16] 초기 바빌로니아를 중심지로 페르시아에 전파되었고, 3세기 중엽부터 이집트, 북아프리카, 시리아, 박트리아 등에 퍼져나갔다.[17]

예수 그리스도의 사도로 자처했던 마니는 페르시아 정부에 의해 국법 위반으로 처형되었으나, 그의 주장은 사뭇 포괄적이었고 선교에 각별한 관심을 가졌다. 마니는 엄격한 이원주의를 가르쳤는데, 빛과 어둠, 선과 악, 영체(靈體)와 물체(物體)를 대립된 것으로 보았으며 이들을 실체로 파악하였다. 선과 악의 본질은 원초적으로 그리고 존재론적으로 서로 분리되며 반대되는 원리이다. 다만 악의 원리의 그릇된 행동으로 인해 이 세상이 혼돈스럽게 되었다는 것이다.[18]

마니교의 선교사들이 카르타고에 온 것은 297년으로 추정된다. 이들 선교사들은 금식으로 창백한 얼굴을 한 선별된 남녀집단으로 온몸에는 문신까지 하고 있었다.[19] 아우구스티누스는 마니교도들의 설교를 들으려고 집회에 참석하였다. 이 때는 그가 『호르텐시우스』 책을 읽고 사물에 대한 이성적 탐구욕이 싹튼 시기여서 자신의 삶에 대한 합리적 정당화가 필요했다. 선악이원론에 따르면 분명 다른 실체이므로 그 근본 원인은 신에게까지 구해지며 결과적으로 자기가 저지른 잘못도 신의 책임으로까지 추적해 갈 수 있다. 그 때문에 자신의

---

16) *Britanica Encyclopedia*, 783쪽.
17) 아랍 이슬람의 페르시아, 이라크 정복과 아프리카 정복으로 인한 박해로 교세가 크게 약화되다가 그 지역에서도 4세기 무렵 거의 사라져갔다. 뒤에 중국 복건성 등지에도 전파되었다.
18) *Britanica Encyclopedia*, 783쪽.
19) Peter. Brown, 앞의 책, 45쪽.

죄에 대한 죄책감을 덜 수가 있었다.

뿐만 아니라 마니교로의 선택은 그 수사적 변론에 논리적 근거를 제시하는 이점이 있었다. 선악의 논법에 근거하여 논쟁을 벌일 때 이 총명하고 입심 좋은 아우구스티누스는 거의 불패의 무기를 가진 셈이었다.[20] 마니교의 선택은 그로 하여금 지적, 종교적 해방감을 갖게 하였다. 확신은 없으면서도 어머니의 영향으로 항상 의식하고 있었던 종교적 죄책감으로부터 탈출할 수 있었으며, 선배나 교수들의 권위적 간섭으로부터 지적인 해방을 느낄 수 있었다.[21]

그가 아리스토텔레스의 『십범주 *Ten Categories*』를 읽은 것도 이 무렵인 그의 나이 20살 무렵이었다. 그 책은 인간의 본질과 실체, 그에 따른 속성에 대해서 정의를 내려주고 있었는데 당시의 아우구스티누스의 인식 태도에 깊은 영향을 끼쳤던 것 같다. 사람의 형상과 기질, 크기, 인간관계, 시간과 공간에서의 인간의 위상 등 사물의 범주를 9가지로 나누어(질, 양, 관계, 활동, 감정, 장소, 시간, 위치, 의복) 범주적으로 설명하는 이 책은 아우구스티누스의 사물 파악에 매우 간편한 기준을 설정해 주었던 것이다. 그래서 그는 모든 사물의 실존 형태가 십범주 안에 들어 있다고 믿었고, 결국 절대자인 하나님도 가변적 십범주 안에 들어있다고 생각했다.[22]

마니교는 아우구스티누스가 어느 정도의 강박관념으로 갖고 있던 구약성경적 하나님 개념에 대한 두려움으로부터 빠져 나올 수 있게 하였다. 자애로워야 할 유일신이 징벌적이고 복수적이며, 고통을 주는 전능자라는 점을 이해할 수가 없었다. 어쩌면 이것은 그의 어렸을 때 엄하고 또 때로는 심한 체벌을 가했던 아버지 파트리키우스에 대한 영상과 겹쳤을지도 모른다.[23]

---

20) 같은 책, 48쪽.
21) 같은 책, 49쪽.
22) 같은 책.
23) 같은 책, 49-50쪽.

　마니교는 금욕적이고 영적인 생활을 가르치고 주장하였다. 그 때문에 아우구스티누스 사상에 매우 금욕적이고 영적인 요소는 마니교의 영향 때문이라는 비판이 있다. 반면 그의 영육 구분의 경건한 삶, 절대적인 사유 태도를 키케로의 가르침에 연유한다는 주장도 있다.[24] 어느 쪽의 주장을 선별하기보다는 이 두 가지의 만남이 다같이 아우구스티누스의 금욕적 생활을 촉진하는 데 큰 영향을 미쳤을 것 같다. 예민하고 육감적이고 뜨거운 정염의 아우구스티누스에게 관념적 규례와 가르침은 때로 견딜 수 없는 격렬한 자기분열을 겪게 했다. 그럴수록 아우구스티누스는 마니교의 가르침에 더욱 매달리게 되었는데 그가 마니교에 이미 마음이 떠난 지 오래인 로마에 가 있었을 때조차도(29세 무렵), 마니교적 이분법에 경사되어 있었다. 그때도 그는 〈인간이 죄를 짓는 것이 아니라 다른 본성적 요소들이 우리로 하여금 죄에 이끌리게 한다〉고 생각하려 했다. 죄에 대해 자신은 자유롭고, 다만 그 자신의 안에 있는 다른 무엇이 죄를 범하게 한다고 믿으려 했다.[25]

　마니교에 흠뻑 젖어들 무렵 카르타고의 수사학 학교 과정도 거의 마치게 되었다. 4년 전 수사학을 배우기 위해 카르타고에 왔을 때의 그와는 판이하게 달라져 있었다. 넓은 독서를 통하여 사상의 폭을 넓혔고, 철학적으로 키케로와 아리스토텔레스에 접하게 되었으며, 종교적 확신에도 차 있었다. 브라운의 말처럼 그가 375년 고향인 타가스테로 돌아왔을 때는 〈지혜 wisdom〉를 갖고 돌아왔다.

　그러나 그의 귀향을 맞는 어머니 모니카의 입장은 달랐다. 무엇보다도 그녀의 아들이 아프리카에서는 크게 이단으로 취급되었던 마니교도가 되어 돌아온 데 놀랐다. 신을 모독할 만큼 큰 잘못을 저질렀다고 생각했던 그녀는 아우구스티누스를 집안에 들여놓고 싶어하지도

---

24) 플라톤은 육체적 쾌락의 추구가 모든 악의 근원이라고 했고 키케로는 관능의 탐닉은 철학의 가장 큰 적이라고 가르쳤다.

25) *Conf.*, V, 10, 18.

않았다.[26] 어머니와의 불화가 얼마나 심각했던가 하는 문제는 그의
『고백록』에 기술되어 있는 어머니의 꿈 이야기와 감독을 찾아간 어머
니에게 들려준 그의 이야기에 단적으로 드러나 있다.[27]

그럼에도 불구하고 그는 9년 여 동안 철저한 마니교도로서의 믿음
을 굽히지 않았고, 타가스테에 돌아와 수사학을 가르치는 동안에도
마니교를 전파하는 데 열을 올리고 있었다. 타가스테에서의 생활 2년
여 동안 친구들에게 마니교를 권한 흔적이 곳곳에 나타나 있고, 『고
백록』의 3권과 4권이 거의 모두 마니교의 부당성을 지적하는 데 할애
하고 있는 것을 보아도 그가 얼마나 20대 전반에 걸쳐서 그것에 경도
되어 있었는가를 알 수 있다.

아우구스티누스는 홀로 있은 적이 거의 없었다. 그는 항상 주변에
친구들을 두고, 때로 공동체와 같은 생활을 즐겨 하였다. 어릴 때 고
향에서 함께 자란 친구들이 이제 마니교도 동아리로 어울렸다. 혹자
는 그의 동거 여인조차도 그런 맥락에서 이해하려는 입장이 있다.
사실 여인과 동거하는 풍습은 당시 후기 로마시대에 있어서 전혀 도
덕적으로 문제시되지 않았고 하나의 전통적 폐습이라고 할 수 있었
다.[28]

작은 도시 타가스테의 생활은 외형적으로는 큰 변화가 없는 지루해
보이는 생활이었으나 내적으로 두 가지의 큰 사건을 겪게 되었는데
이들 모두가 친구와 관계 있는 일이었다. 하나는 그의 일생 동안의
막역한 친구였던 알리피우스Alypius와의 만남이며, 다른 하나는 친
구의 갑작스러운 죽음이었는데, 그 과정에서 아우구스티누스는 깊은
충격을 받았다. 아우구스티누스는 친구의 죽음도 슬픈 것이었지만,
그 친구가 죽기 전 마니교를 포기하고 가톨릭으로 다시 돌아갔다는
사실에서 종교 문제뿐만 아니라 우정과 인간에 대한 심대한 자책과

---

26) *Conf.*, III, 11, 19.
27) *Conf.*, III, 11, 19 ; III, 20, 21.
28) P. Brown, 앞의 책, 62쪽.

배신감을 느꼈던 것이다.[29] 그러나 냉정히 생각하면 그의 슬픔은 친구의 죽음보다도 친구가 없는 세상에서의 외로움이 더욱 엄습해 왔기 때문임을 알게 되었다. 이제 그에게 가장 심각한 문제 중의 하나는 바로 죽음 그것이었다. 친구를 따라 죽지 못하는 자신의 허구적인 모습도 처량해 보였다.[30]

타가스테에서의 고향살이는 고향의 포근함과는 달리 여러 면에서 슬픔과 충격을 안겨 주었다. 그것들을 잊기 위해서도 고향 타가스테를 떠나 카르타고로 가기로 결심하였다. 그 때가 376년으로 그가 고향에 돌아간 지 2년만의 일이었다.

*

제2의 카르타고 생활은 학생이 아닌 수사학 선생으로 출발하였다. 그러나 카르타고 생활은 그에게 좋은 기억으로 남아있지 않은 것 같다.

그 시절을 회상하여 〈많은 사람들에게 속고 또 그들을 속였던 가장 불행했던 시절〉이라고 했고 〈나와 내 친구들은 허무한 대중적 인기를 얻기 위해…… 관객들의 박수를 갈구하고, 시작(詩作) 경연대회, 화관 공예 경연대회, 공허한 무대 공연, 무한정한 육욕의 자극〉을 추구했던 시기라고 말하고 있다.[31]

당시의 카르타고는 아직은 서방 로마제국의 제 2의 도시였다. 대리석으로 잘 장식된 이 항구는 열주 기둥들로 이루어진 주랑(柱廊)이 가득하였으며, 잘 정돈된 거리는 가로수로 그늘져 있었고, 부두의 선착장은 세계를 향해 열려 있었다.[32] 그 때문에도 중앙정부에서는 중요 인사를 관리로 파견하였다. 아우구스티누스가 수사학교를 카르타

---

29) *Conf.*, Ⅳ, 4, 8.
30) *Conf.*, Ⅳ, 6, 11.
31) *Conf.*, Ⅳ, 1, 19.

고에 열었던 그 해, 황제 발렌티아누스 1세가 총애하던 학자 아우소니우스 Ausonius의 아들이 마침 총독 Proconsul으로 카르타고에 왔다.

그가 사회활동을 적극 전개하기만 한다면 권력자들과의 접촉의 길은 열려 있었다.[33] 카르타고에서 아우구스티누스는 곧 그 도시의 저명인사들과 접촉하였다. 그는 시작(詩作) 대회에서 수상도 했는데, 그에게 승리의 화관을 씌워 주었던, 총독의 친구인 빈티키아누스 Vinticianus와 가까운 친구가 되었다. 그는 히포크라테스 연구가였으며 점성술을 배척하였다.[34] 늙었지만 빈티키아누스는 아버지처럼 강직하게 아우구스티누스를 지도하고 아우구스티누스가 균형된 지적 탐구와 생활을 하는데 중요한 역할을 담당했던 것 같다.[35]

그 무렵 카르타고의 관료나 지식인들의 모든 의식은 제국의 수도이며 당시 문화의 중심지였던 로마지향적이었던 것 같다. 로마는 출세와 보람과 성취의 메카처럼 보였던 것이다. 아우구스티누스가 380년 무렵 미학에 관한 『조화와 미』라는 책을 썼을 때에도, 그가 한 번도 면식이 없는, 그러나 로마에서 웅변가로서 크게 명성을 떨치고 있던 히에리우스 Hierius에게 이 책을 봉정하였다는 것은 그 한 예이다.[36]

당시 아우구스티누스의 주된 관심사는 아름다움에 관한 것이었다. 〈우리가 아름다움 외에 사랑한 것이 있는가? 그렇다면 도대체 아름다움이란 무엇인가? 무엇이 우리를 아름다움으로 유혹하며 우리가 사랑하는 것으로 마음이 기울어지게 하는 것인가?[37]〉 그는 아름다움이란 조화(調和)에서 온 것이라고 생각했다. 신발과 발이 아름다운

---

32) Audollent, *Carthage Romaine*, 211-223쪽(P. Brown, 앞의 책, 65쪽에서 재인용).

33) A. C. Pallu-Lessert, *Fastesdes Provinces Africarines*, ii(1901), 83-88쪽. (Brown, 앞의 책, 68쪽에서 재인용)

34) *Conf.*, Ⅳ, 2, 4.

35) *Conf.*, Ⅳ, 2, 5.

36) *Conf.*, Ⅳ, 14, 22.

37) *Conf.*, Ⅳ, 13, 20.

것은 그것의 조화에 있다. 다시 말해 조화로운 것은 아름답다. 그는 악(惡)은 불일치이고 분열적이며 덕(德)은 일치이고 조화라고 생각했다. 그런즉 이성적 영혼이나 진리, 최고선의 본질은 이 일치 속에 있으며, 반면 최고악의 본질이나 비이성적인 생명의 본체는 이 불일치에 있다고 보았다. 그래서 앞의 상태를 모나드 Monad(單元)라고 불렀고 후자의 경우를 두아드 Duad(二元)라고 불렀다. 이는 악과 선을 실체로 보는 마니교의 이원적 선악관에 기초한 미론(美論)이라 하겠다.[38] 그는 후일 이 책이 실패하였다는 사실을 자인하고 있는데 그 이유는 그가 다만 육체적인 아름다움만을 다루었기 때문이라고 말하고 있다. 카르타고 시절 그는 물질주의자였다. 아직까지 그의 마음은 비물질적인 실체로까지 뛰어넘을 준비가 되어 있지 않았다.

그 시절 그에게 잊을 수 없는 일은 그가 일생의 지적 삶을 살아가는데 동반자가 되었던 두 인물을 얻게 되었다는 사실이다. 알리피우스와 네브리디우스 Nebvridius가 그들로 모두 다 제자로 출발하게 되지만, 그들은 친구이며 동역자이고 삶의 상담자들이 되었다. 알리피우스는 아우구스티누스와 같은 고향 출신이며 그의 아버지는 고향의 유지였다. 알리피우스는 원형극장에서의 검투와 서커스를 매우 좋아했는데 이것이 갖는 문제점을 아우구스티누스가 지적해 준 것이 계기가 되어 두 사람은 더욱 가까워졌고, 끝내 제자이며 동역자가 되었던 것이다. 당찬 행동가이기도 한 알리피우스는 그 뒤 로마에서나 밀라노에서도 아우구스티누스와 함께 있었으며 그의 회심 과정에도 결정적인 역할을 했다.[39] 『고백록』에서 아우구스티누스는 줄곧 알리피우스의 뛰어난 인격과 우정을 누차 강조하고 있다.

네브리디우스는 아우구스티누스와 같은 고향은 아니고 카르타고 주변 출신인데 그의 가문은 전래의 카르타고 부호였다. 그는 진리와 지혜 추구에 남다른 열정을 갖고 있었으며 아우구스티누스와 밀라노에

---

38) *Conf.*, Ⅳ, 15, 24.
39) *Conf.*, Ⅵ, 7, 13 ; Ⅵ, 9, 14.

도 동행하였다. 그는 어려운 질문을 통해 예리하게 학문적으로 파고 들어가는 사람이었다. 밀라노까지 간 것도 오직 아우구스티누스와의 우정과 지혜 탐구의 바람 때문이었으며 지적 갈등과 회심 기간에도 아우구스티누스와 함께 있다가 그와 함께 아프리카로 돌아와 아우구스티누스가 히포의 감독이 되기 일년 전인 390년 세상을 떠났다. 상정컨대 아우구스티누스가 어려울 때 재정적인 뒷받침을 주저 없이 해주었을 것 같다.[40]

카르타고에 실망한 그가 로마로 떠나야겠다는 결심을 굳히고 있을 때 마니교에 대해서도 깊은 회의에 빠져 있었다. 그가 마니교에 정주하였던 것은 그것이 진리를 설명해주는 가장 근사한 방법을 제시하고 있다고 느꼈기 때문이다. 그러나 그는 차츰 그것이 제시한 설명에 대해 회의하기 시작하였다.[41] 그는 철학자들의 사상이 더 융통성 있고 논리적이라고 생각하게 되었다. 이성으로 온 우주를 판단할 수 있다는 마니교의 주장은 스스로에게 올가미를 씌운 것 같았다. 그들의 천지창조 신화, 선악 두 원리의 혼합, 인간 창조설에 대해 회의하기 시작했다. 특히 세계 창조의 과정에서 살해된 악마의 몸에서 8개의 지구를 만들고 그들의 가죽에서 10개의 하늘을 만들었으며 태양과 달도 완전히 물질에서 물질로 만들어진 설명도 납득하기 어려웠다. 자연법칙만 나열하고 경건함과 영성이 없는 마니교의 가르침 역시 그의 의문을 해결해 주지 못했고 급기야 마니교는 거짓말을 주장하고 있다는 의문을 떨쳐버릴 수가 없었다. 그에 대해 주변인들은 파우스투스를 만나기만 하면 의문들이 풀릴 것이라고 위로해 주었다. 막상 기다리던 파우스투스를 만난 아우구스티누스는 크게 실망하고 말았다. 그는 유창한 언변과 세련된 행동을 했지만 그가 질문에 대답하는 과정에서 그의 무식이 드러나고 있음을 아우구스티누스는 분명히 알아차릴 수 있었다.[42] 이는 아우구스티누스에게 큰 충격이었다. 그것은 아

---

40) *Conf.*, VI, 10, 17.
41) *Conf.*, V, 3. 6.

우구스티누스를 9년 동안 지탱해주던 모든 가치관의 붕괴를 의미했으며 자기 인생 전체의 좌절을 의미하는 것이었다. 마니교 교리서를 쓰려고 했던 그의 열심은 곧 식고 말았다.

그는 또한 카르타고의 교육 분위기에도 크게 실망하고 있었다. 카르타고의 교육 질서는 잡혀 있지 않아서 스승을 존경하는 풍토가 약하였고 수업중에도 강의실을 수시로 드나드는 학생들이 많았다.[43] 이무렵 알리피우스는 이미 행정직 변호사로 로마에 가 있었다. 그는 아우구스티누스에게 로마에서의 〈보다 나은 수입〉과 〈높은 영예〉를 약속하고 있었다. 로마의 학생들이 보다 잘 훈련되어 있으리라는 점과 로마에 가면 아무래도 제왕이 가까이 있는 것이기에 출세할 기회가 열려 있으리라고 생각하였다.

그러나 로마행을 극구 만류하는 이는 그의 어머니 모니카였다. 그래서 그는 어머니를 속이고 떠나가기로 마음먹었다. 아우구스티누스가 로마로 떠나기 전날 밤 모니카는 키프리안 기념 예배당에서 울면서 기도하고 있었다. 아우구스티누스는 로마로 떠나는 친구를 배웅하러 부둣가에 나간다고 어머니를 속이고 로마행 배에 타고 말았다.

그를 도와 주었던 로마니아누스에게 떠난다는 말 한마디 못하고, 그의 아들과 동거 여인, 그리고 학생들을 뒤에 남긴 채 그는 홀연히 떠났다.[44]

---

42) *Conf.*, V, 6, 11.
43) *Conf.*, V, 8, 14.
44) *Conf.*, V, 8, 15.

5 기대와 좌절—— 로마에서 밀라노로

383년, 29세의 아우구스티누스는 제국의 수도 로마에 도착하였다. 아프리카 속주의 한 작은 마을에서 출생한 아우구스티누스가 선망하던 제국의 수도 로마에 온 것은 그의 가슴을 설레이게 하기에 충분했다. 하지만 로마가 그에게 많은 약속과 기회를 주었던 것은 사실이지만 그가 기대했던 대로의 로마는 아니었다.

로마에서의 첫 1년은 고통스러운 한 해였다. 로마에 도착하자마자 혹심한 열병에 걸려 거의 사경을 헤매었다.[1] 그가 가르치는 학생들도 그를 크게 실망시켰다. 그가 로마에 간 이유 중의 하나는 수사학 선생으로서 보다 좋은 보수를 기대했겠지만, 그보다는 좋은 학생을 만나 품위 있는 교육을 시킬 수 있으리라는 기대였다.[2] 그러나 그가 학생들에게 바친 정성에 비해 그 반응은 실망스러운 것이었다. 아프리카에서처럼 청년들이 난폭한 것은 아니었지만, 수업료를 내지 않거나, 집단으로 다른 교사를 찾아 떠나는 경우도 있었다. 이런 일들은 아우구스티누스의 기본적인 자존심에 큰 손상을 주었을 것임에 틀림

---

1) *Conf.*, V, 9, 16.
2) *Conf.*, V, 9, 14.

없다.

그러나 아우구스티누스에게 로마 생활은 실망스러운 것만은 아니었다. 그는 같은 해 말 그 시(市)의 시장이며, 그를 추천했던 심마쿠스 Symmachus와 사귀게 되었다. 또 한 사람은 그와 비슷한 처지의 속주인이고, 그처럼 출세의 가도를 염두에 두고 있었던 사가(史家) 아미아누스 마르셀리누스 Marcellinus였다.

그의 대인관계는 종교와 지식층을 대상으로 이루어지고 있었던 것 같다. 초기에는 아직도 만나는 인사들이 마니교도들이었으나, 차츰 철학자들과도 만나 아카데미학파의 회의주의자들과 사귀었다. 자기의 신앙 구조에 대한 근본적인 흔들림 속에서도 새로운 대안을 찾지 못했던 그는 자연히 아카데미학파의 회의주의에 관심을 두게 되었다.[3] 도무지 진리란 도달할 수 없는 것이 아닌가 회의에 빠지게 되었다. 그의 나이 30세에 이르러 무엇엔가 한쪽으로만 기울어지는 자신에 대한 회의감조차 가세하게 된 것이다. 영적 가르침이 주가 된 기독교에는 아직 확실한 발을 들여 놓을 수가 없었고, 마니교의 오류 또한 분명히 보였지만, 그렇다고 그것으로부터 과감히 발을 빼놓을 용기도 없었다.

이때 아우구스티누스를 밀라노의 수사학 교수로 추천한 것은 심마쿠스였다. 이 추천을 아우구스티누스의 능력 못지 않게 그가 비기독교도였다는 사실이 크게 작용했다. 아우구스티누스의 학생 시절 심마쿠스가 카르타고의 총독을 지냈다는 사실도 호의적 요인이었다. 심마쿠스 또한 이교도로서 마니교도들과 밀접한 관계를 유지하고 있었다.

물론 아우구스티누스가 밀라노의 수사학 교수로 지명되기 위해서는 심마쿠스 앞에서 실제 구두시험 절차를 거쳐야 했고 아우구스티누스는 이를 훌륭히 수행해냈다.[4] 하지만 그 이전에 이미 마니교도들은

---

3) *Conf.*, V, 10, 19.
4) *Conf.*, V, 13, 23.

심마쿠스가 아우구스티누스를 지명하도록 강력한 사전 작업을 진행하고 있었던 것이다. 마니교도들의 입장에서 보면 심마쿠스와 같은 복고적인 이교주의자의 도움이 여러 면에서 필요했고, 심마쿠스 또한 국교로 지명된 기독교에 큰 저항감을 갖고 있었으며, 로마의 재흥을 위해서는 다시 재래의 종교들을 회복시켜야 한다고 굳게 믿고 있는 터였으므로 양편의 이해가 맞아떨어진 셈이다.

밀라노 시를 위한 수사학 교수 선택은 중대한 선택권 행사였다. 제국의 궁정이 밀라노에 주재하고 있었기 때문에 수사학 교수는 황제와 그 해의 집정관에 대한 공식적인 찬양 연설을 해야하기 때문이었다. 이 직책을 아주 성공적으로 수행한 수사학 교수는 홍보부 장관의 자리에 버금가는 영향력을 행사할 수 있다.

이 무렵 로마의 번영을 상징하던 행사들이 하나 둘 자취를 감추고 있었다. 트라야누스의 기념주(記念柱)는 아직도 광장의 따뜻한 햇빛을 듬뿍 받고 있었고 경기장의 군중이 여전히 열광의 환상에 젖어들어가는 동안 올림픽 경기는 394년의 경기를 마지막으로 하여 막을 내렸다. 404년에는 로마의 투기장에 검노(劍奴)들의 투기가 마지막 막을 내렸다.[5] 뿐만 아니라 로마는 유일한 황제의 황실이 거하는 곳이 아니라 이제 황제들은 밀라노나 라벤나, 콘스탄티노플로 구 수도와 주거를 옮기며 방어적 안전을 도모하였다.

384년 가을 이러한 분위기에서 확고한 이교 옹호자인 심마쿠스는 밀라노의 수사학 교수 직책에 비기독교인을 천거해야 할 충분한 이유를 갖고 있었다. 기독교의 독주를 막으려고 당시의 어린 황제 발렌티니아누스 2세 Valentinian Ⅱ에게 탄원서까지 냈던 심마쿠스는, 그 뜻이 밀라노의 암브로시우스에 의해 저지당한 바도 있다. 그러한 밀라노에 비기독교도적인 아우구스티누스를 보내어 황제 앞에서 연설을 하게 한다는 것은 그에게 도전적 일이기도 했다.[6]

---

5) L. Mumford, 김진욱 역, 『문명——그 전망과 해석』(서울 : 서광사, 1978), 37쪽.

384년 가을부터 386년 가을까지 2년 여 동안 아우구스티누스는 밀라노에서 수사학을 가르쳤다. 그의 교육 경력 중에서 처음으로 확실한 수입원을 확보했던 것 같다. 오직 아침 나절에만 가르치고 나머지 시간은 그에 관련된 여러 일들을 해냈다. 그는 그의 학생들의 부모나 친구들과 면담하고 시민들의 비위를 맞추는 일을 하거나 정부 관리들의 요구를 만족시키는 일들에 신경을 썼다. 그는 그 같은 사회적 활동을 통해 속주의 고위직이라도 얻어볼까 하는 생각을 하고 있었을지 모른다.[7]

그러나 그의 내면에는 학문 탐구에 대한 바람 또한 세차게 일고 있었다. 자기를 위해 책을 읽고 연구하는 시간을 거의 가질 수 없는 것을 안타까와 하고 있었다. 〈내가 쉴 수 있는 시간은 언제이며 어떻게 하면 근심, 걱정에서 벗어나 휴식을 취할 수 있는 것일까?…… 헛되고 공허한 진리를 포기하고 전적으로 진리를 위한 학문 탐구에 헌신해야 한다〉[8]고 초조해 하는 모습도 보이고 있다. 밀라노에서의 외형적 성공과는 달리 여전히 마음 속에 채워지지 않는 공허감 같은 것을 느끼고 있었던 것이다.

사실상의 정치적 수도였던 밀라노는 나름대로 분망하였다. 밀라노는 알프스가 가까워 그 나름대로의 황제의 안전을 지킬 수 있는 당시의 전략적 요지이기도 했다. 북에는 트리에르 Trier, 동으로는 페르시아에서까지 온 외교관들과 비밀기관원들이 활동하고 있었다. 시인과 문인 식객들이 저멀리 알렉산드리아에서까지 모여 들었고, 그리스 철학자들의 책이 밀라노의 교회나 알프스의 산장에서 읽혀졌으며, 플라톤의 철학이 되살아 나고 있었다. 심지어 크리스천 감독의 대표적인 인물로 존경받고 있던 암브로시우스 Ambrosius의 저술조차도 키케로

---

6) P. Brown, *Augustine of Hippo*(London : Faber & Faber, 1967), 70쪽.
7) V. Bourke, *Augustine's Quest of Wisdom*(Milwaukee : The Bruce Publishing Co., 1947), 43쪽.
8) *Conf.*, Ⅵ : 11, 18, 19.

의 모형을 따르고 있었다.[9]

아우구스티누스에게 밀라노는 열려진 새로운 세계, 새로운 출세의 도전 기회를 열어준다는 점에서는 흥미로운 곳이었다. 그러나 장기적인 안목에서 볼 때, 밀라노는 그의 인생에 있어서 매우 심대한 영향을 미친 인물 암브로시우스를 만난 하나의 상징적인 도시였다. 그 점에서 보면 카르타고의 들끓음과 로마의 회의, 그리고 밀라노의 안착이 어쩌면 이제 그의 지혜 탐구의 역정에 획기적인 전환점을 예비하고 있었는지 모른다.

밀라노의 아우구스티누스 주변에는 점차 그의 아프리카 동아리들이 모여들기 시작하였다. 맨 먼저 어머니 모니카가 아프리카에서 밀라노로 건너왔다. 모니카는 다시 만난 아우구스티누스가 마니교를 떠나고 있음을 보고 무엇보다 기뻐했다.[10] 아우구스티누스의 동생 나비기우스Navigius도, 이듬 해에 아우구스티누스의 기록에 나타난 것으로 보아, 어머니 모니카와 동행해 오지 않았는가 추측된다.[11] 마찬가지로 아우구스티누스의 조카인 루스티무스Rustimus와 라스티디아누스Lastidianus도 카시키아쿰Cassiciacum 토론에 함께 등장하고 있는 것으로 볼 때 이들 또한 함께 왔을 가능성이 크다.

아우구스티누스와 합류한 또 하나의 빼놓을 수 없는 인물은 아우구스티누스의 카르타고 유학의 후원자였던 로마니아누스Romanianus다. 아마 그는 아우구스티누스의 아들 아데오다투스Adeodatus와 그의 어머니를 함께 데려왔을 것 같다.[12] 다른 한 사람은 정부의 하위 관리 에보디우스Evodius였는데, 그는 세례를 받은 후 공직에서 은퇴하고 교회에 봉사하였다.

---

9) 콘스탄틴의 둘째 아들인 그는 처음에 그의 형제인 콘스탄틴 2세Constatine Ⅱ와 콘스탄스Constans와 함께 제국을 다스렸다.

10) *Conf.*, Ⅵ, 1.

11) *De Beata Vita*, 1, 6.

12) H. H. Lesaar, T. P. Arkell 역, *Saint Augustine*(London, 1931), 83쪽 (V. Bourke, 앞의 책, 43-44쪽에서 재인용).

그러나 밀라노 생활에서 누구보다도 중요한 영향을 미친 사람은 밀라노 교회의 감독 암브로시우스였다. 어쩌면 그는 아우구스티누스 생애에 가장 중대한 영향을 미친 인물인지 모른다. 그는 34세의 젊은 나이로 밀라노의 감독이 되기 전 374년까지 이미 로마의 고위급 관료인 리구리아Liguria와 에밀리아Aemilia의 주지사였고 그 가문은 명망 높은 전통적인 명문 귀족이었다. 아우구스티누스가 밀라노에 갈 무렵 암브로시우스는 44세였고 아우구스티누스는 30세였다. 암브로시우스는 그가 정치에서 얻은 풍부한 경험과 지도력, 학문의 광범한 훈련, 현실을 꿰뚫어 보는 통찰력으로 제국의 종교정책에 심대한 영향을 미치고 있었다. 그는 데오도시우스 1세 Theodosius I 와의 대결에서 〈황제라도 교회 안에 있는 것이며 교회 밖에 있는 것이 아니다〉라는 주장을 내걸고 그의 사과까지 받아낸 일이 있었다.[13] 더구나 그가 성서의 탁월한 해석자였다는 점은 아우구스티누스에게 매우 중요한 의미를 갖는다.

아우구스티누스보다 14년 연상인 암브로시우스는 그때까지 11년간 감독의 자리에 있었다. 물론 그의 감독 자리는 예상치도 않게 아리우스파와 가톨릭간의 후계자 문제를 갖고 예리한 대립이 진행되는 가운데서 제 3의 해결 대안으로 갑자기 이루어진 것이었다. 다시 말해 밀라노에 있는 가톨릭 인구가 그를 선택한 셈이다. 아우구스티누스가 그 직위 임명에 빚지고 있던 로마 궁정도 사실은 밀라노에 고립된 하나의 섬과 같은 것이었는데 그 궁정에는 수많은 이국인들, 고트족 출신, 아리우스 이단, 이교의 수용자들로 가득차 있었다.[14] 정치적 불안정과 이교를 재생시키려는 복고적 움직임(심마쿠스 등에서 보여지듯이), 그리고 아리우스파와 가톨릭과의 갈등이 일어나고 있던 혼잡의 상황에서 암브로시우스의 존재는 특이한 것이었다.

---

13) D. McGarry & A. Wahl, 이석우 역, 『서양중세사대요』(서울 : 탐구당, 1987), 29쪽.
14) Brown, 앞의 책, 81쪽.

암브로시우스와 밀라노와 아우구스티누스와의 관계를 좀 더 이해하기 위하여 당시의 정치적 흐름과 종교정책의 변화를 간단히 일별할 필요가 있다. 콘스탄티누스 대제는 밀라노 칙령(313년)이 계기가 된 기독교 허용과 진흥 정책을 폈기 때문에 그가 최초로 크리스천 황제라고 불리는 것은 알려진 사실이다. 그럼에도 불구하고 그는 이교적 의식들을 사용하고 최고 사제직 pontifex maximus의 지위를 보유하고 있었으며, 주화에 태양신의 후광까지를 그대로 사용하고 있었다.[15]

그의 치세 중 니케아 회의(325년)는 아리안주의를 이단으로 추방하기로 결정했으나 그의 사후 종교정책은 국내 정세가 불안정 할 때마다 큰 논쟁점으로 제기되곤 했다. 더구나 콘스탄티누스를 계승한 아들 콘스탄티우스 Constantius(337-361년)는 확신에 찬 아리우스파였다. 그는 정통 주교들을 추방하고 아리우스파 주교들을 재임용하였다.

사실 로마 사회의 분위기는 아직도 전통적 로마제국의 구조와 가치에 호의적이었다. 로마 원로원과 귀족들 가운데 이교주의자가 압도적이었고, 학교의 거의 모든 교육은 전통적이었다. 아직도 시와 문학, 연극 등은 그리스와 로마의 고전적 가치에 기초를 두면서 애국심을 고취하였다. 상류에 속하는 귀족과 지배층들은 로마의 과거 영광을 마치 로마의 옛 종교와 합일된 듯한 향수를 갖고 있었다. 반면 로마의 쇠퇴 원인을 기독교에 돌리려는 복고적 경향이 사회 전반에 짙게 깔려 있었다. 이러한 분위기를 대변하고 나선 황제가 이교주의자인 줄리안 Julian(361-363년)으로 후에 크리스천 사가들이 〈배교자 the Apostate〉라고 부른 이유가 여기에 있다.[16]

그 이후 정치적으로는 친기독교적인 정책이 강력히 진행되고 있었

---

15) H. Boren, 이석우 역, 『서양고대사』(서울 : 탐구당, 1990), 418쪽.

16) 콘스탄틴 대제의 조카로 엄격한 기독교적, 금욕적 교육을 받았다. 그리스 철학을 배우면서 특히 신플라톤 철학의 신봉자가 되었다. 갈리아의 알라만 게르칸 부족을 토벌하고 황제의 자리에 올랐는데, 2년 후인 페르시아 원정 후 사망하였다. 그는 그 시대의 높은 지성을 자랑했다고 보고 있으나, 시대의 추세에 거역했다는 평을 듣고 있다.

으나 그 같은 정치적 조처가 곧 사회, 종교, 문화에서의 일목요연한 통제와 지배를 꼭 의미하는 것은 아니었다. 표면과는 달리 내적인 변화와 격랑은 끊임없이 일어나고 있었다.

*

아우구스티누스가 암브로시우스를 처음 본 것은 주일 날 교회에서였을 것으로 추측된다.[17]

사실 아우구스티누스가 암브로시우스의 설교를 들으러 간 것은 신앙적 의도에서보다도 직업 의식의 발동에서였던 것 같다. 그에게 〈관심이 있었던 것은 그가 말하는 내용보다는 태도와 표현 자세 등〉이었다. 그의 웅변만을 듣고자 했던 그는 암브로시우스의 말이 가슴을 휘어잡으며 파고들어 오는 것을 느꼈다. 형식을 본받으려던 그에게 내용도 함께 전해져 왔던 것이다.[18]

암브로시우스는 당시의 석학이었다. 아우구스티누스와는 달리 그리스어를 유창하게 읽어, 관계 서적들을 독파하고 있었으며, 설교는 지적 내용이 가득하고, 새로운 통찰력이 번득이고 있어 당대 라틴 세계의 최고의 설교자로 평가받고 있었다. 그러한 그의 설교는 아우구스티누스에게 처음에는 별로 흥미없게 들렸으나 다음에는 달콤하게 들리기까지 했다. 연설 태도는 좋지 않았으나 파우스투스와는 비교될 수 없는 높은 교양을 갖고 있음을 알 수 있었다.[19]

---

17) 그는 작지만 위엄을 갖춘 인물이었다. 모자이크에 그려져 전해 온 것을 보면, 약해 보이는 체격에 성경을 다부지게 쥐고, 높은 이마와 우수에 찬 긴 얼굴에 큰 눈을 갖고 있음을 알 수 있다. 겉으로 나타난 그의 모습과는 대조적으로 그는 행동의 인물, 내면의 정열로 가득한 확신에 찬 사람이었다. 아마 외유내강의 전형적 인물이었던 것 같다. 이 무렵 암브로시우스는 정치와 종교 정책에 심대한 영향을 미친 반면, 교회 음악을 도입하여 아름다운 찬송을 작사 작곡하여 예배 분위기에 경건과 은혜를 더하고 있었다.

18) *Conf.*, V, 14, 24.

그가 처음으로 듣기 시작한 설교는 창세기 내용이었던 것 같고, 이것은 그때까지 물질주의적 사고에만 젖어 있던 그에게 새로운 세계를 열어주는 것 같았다. 그의 자신에 찬 모습은 아우구스티누스에게 퍽 인상적으로 비쳤다. 차츰 심적인 변화를 자신도 인지하기 시작하였다. 기독교 신앙을 변호한다는 것이 수치스럽게만 느껴지던 그에게 처음으로 신앙도 변호될 수 있다는 생각을 갖게 되었던 것이다.[20]

특히 구약성서의 해석은 그가 고민해 왔던 여러 문제들에 대한 답을 주는 것 같았다. 암브로시우스 자신도 차안의 세계보다는 피안의 세계에 중점을 두며 설교하였다. 그는 인간의 영혼에 관해서 집중적으로 설교하였다. 인간은 바로 영혼이라는 것이다. 몸이란 단순히 헝겊으로 만들어진 옷과 같은 것이며 우리의 몸이란 영혼의 수동적인 도구에 불과하다. 적은 바로 우리 내면, 우리 안에 있는 것이며, 잘못의 원인은 바로 거기에 있다고 설파했다.[21]

아우구스티누스는 성서를 문자적으로만 해석하려던 태도의 잘못을 인지하기 시작했다. 구약성서의 여러 구절을 영적 의미로 해석하는 것을 듣고서, 율법과 예언서에 대한 마니교의 비난은 무엇인가 잘못이 있다고 생각하게 되었다. 이제 그의 마음에는 두 가지 입장에 대한 저울질의 어려움을 겪게되고 때로 판단 중지에 이르게까지 된 것 같았다. 아직도 기독교 신앙을 변호하며 마니교 신앙을 저주할 생각은 일어나지 않았다. 당시 그에게 있어서 기독교 신앙은 승리도 패배도 아니었다.[22]

이제 저울추의 균형이 차츰 기울어지고 있었다. 지금까지 마니교의 사상에 심취하여 그리스도교를 비판하던 마음이 반대로 그리스도 신앙에 근거하여 마니교를 비판하고자 하는 마음으로 돌아섰다. 그 자

---

19) *Conf.*, Ⅴ, 13, 23.
20) *Conf.*, Ⅴ, 14, 24.
21) Ambrosius, *Hexaemeron*, Ⅵ, 7, 42(P. L판 LⅩⅣ, 258)
22) *Conf.*, Ⅴ, 14, 24.

신이 그토록 불변의 진리로 인식하고 있던 정신적 실체론spiritual substance도 더 이상 신빙할 수 없었다. 이 세계와 모든 자연의 구조와 본질이 육체의 감관적 기능을 통하여 이해할 수 있다는 사상과 모든 학파를 비롯한 철학자들의 주장도 그에겐 회의를 불러 일으키게 되었다.[23]

그 전까지는 공간 속에 형태적으로 위치하며 존재하지 않는 것은 단순히 없는 것으로 확정짓고 있었다. 따라서 그에게 정신 세계 속에 형성된 형상이란 눈으로 확인할 수 있는 궁극적 실체이어야 하며 모든 철학적 사상도 개념화, 형상화가 되어야 한다고 생각하였다.[24] 그는 그의 그런 오랜 생각들을 뛰어넘어야 한다고 생각했으며 마니교를 할 수 있는 한 빨리 포기해야 한다는 결론에 이르렀다. 그리고 마니교를 떠난 다음에는 그리스도교의 구도자로 머물 결심까지 한다.[25] 그렇다고 기도하며 하나님께 이에 대한 도움을 요청하기에는 아직 일렀다. 아직도 그의 영혼은 학문과 논쟁과 수사학에 대한 관심으로 혼미를 겪고 있었다.

자신의 번민과 변화를 암브로시우스에게 솔직히 털어놓을 기회를 얻지 못했다. 암브로시우스는 약한 사람들과 불쌍한 사람들을 구제하는 데 많은 시간을 내고 있었기 때문에 거의 휴식을 취할 시간이 없어 보였다. 이따금 휴식할 때면 그는 조용히 독서하는 일에 전념하고 있었는데 이를 차마 방해할 수 없어 아우구스티누스는 다시 되돌아가곤 했다.

암브로시우스가 아우구스티누스에게 어떤 영향을 미쳤는지 자세히 가늠한다는 것은 참으로 어려운 일이다. 그러나 가장 확실한 것은 아우구스티누스에게 성경에 대한 새로운 시각을 갖게 했고, 사물에 대한 물질주의적 인식을 뛰어넘을 수 있게 해주었다는 점이다.

---

23) *Conf.*, V, 14, 25.
24) *Conf.*, Ⅶ, 1, 2.
25) *Conf.*, V, 14, 25.

아우구스티누스는 이제 회의주의에서 벗어나 무엇인가 진리를 발견할 수 있으리라는 자신감을 갖게 되었다. 그의 인생관도 차츰 변화를 겪고 있었는데 명예와 돈과 결혼을 추구해 왔던 자신의 위선적 모습을 부끄러워하기 시작하였다. 그는 당시 황제 발렌티니아누스를 찬양하는 연설을 준비하고 있었는데 마음에도 없는 미사여구와 거짓말을 동원하여 그를 거짓되게 칭송하려는 자신의 모습에 비참함까지 느꼈다.[26]

그러던 어느 날 그가 밀라노의 어느 거리에서 만난 거지의 모습은 그에게 큰 충격을 주기에 충분했다. 거지는 술에 만취되어 호탕하게 웃으며 마치 천하가 자신의 것인양 여유 있게 걸어가고 있었다. 비록 거지는 명예도, 아무 것도 가진 게 없었지만, 자기에게 꾸밈없는 자족한 삶을 살고 있었다. 그 광경은 아우구스티누스 자신의 모습과는 너무도 대조적인 것이었다. 자신은 가졌지만 더 가지려 하고, 단 그 것조차 위선과 거짓을 동원하여 얻으려 하고 있었다. 하지만 그 거지는 가진 것을 더 가지려고 하지도 않고 그렇다고 그것을 위해서 남에게 아첨할 필요도 없어 보였다.[27] 그는 그 때의 심경을 이렇게 생생하게 서술하고 있다.

나는 내 욕심과 세속적 정욕에 이끌려 나를 이렇게 비참함과 괴로움의 사슬에 스스로 얽매이고 있으며, 갈수록 더 큰 비애와 고난으로 빠져들어 가고 있다. 그러나 우리는 아직 한 번도 저 거지가 몇 푼을 가지고도 느끼는 바와 같은 행복감으로 노래하고 춤추어 본 일은 없지 않은가? 나는 수 년 동안 구하고 애를 써도 한 번도 소유하지 못한 기쁨이 아닌가?[28]

아우구스티누스가 고민하고 있는 그 만큼이나 그 거지는 더 행복해

---

26) *Conf.*, Ⅵ, 6, 9.
27) *Conf.*, Ⅵ, 6, 9.
28) *Conf.*, Ⅵ, 6, 9.

보였다. 그리고 아우구스티누스가 두려움에 사로잡혀 있을 때 거지는
세상을 초월하듯 살고 있었다. 그러나 그렇다고해서 자신의 처지와
거지의 그것을 바꾸라고 한다면 결코 그에 응할 수 없을 것 같은 모
습을 발견하고 자신은 또 놀란다.

그가 비록 지식을 소유했다고는 하지만 그것은 기쁨을 가져다 주지
는 못했고 그가 글로 아첨하는 문구를 작성할 수는 있었지만, 자신을
위해서는 기쁨의 진실은 거의 한마디도 말할 수 없는 것을 한탄할 수
밖에 없었다. 술 한잔에 취하는 거지의 솔직한 모습과는 달리 아첨하
는 말로 허황된 명예를 찾아가는 자신의 모습이 얼마나 초라했는지!
그래서 그 같은 문제에 대한 답을 얻으려고 친구들과 많은 이야기를
나누었지만 공허감만 더해가고 있었다. 끝내 그는 〈나는 지쳐버리고
말았다〉라고 고백하고 있다.[29]

그의 갈등은 그것으로 끝나지 않았다. 신앙의 내적 줄다리기만큼이
나 힘겹게 다가온 것은 결혼 문제였다. 그의 친구 알리피우스와 독신
생활에 관해서도 깊은 토론을 해 보았다. 알리피우스는 독신주의를
선호했는데 이는 결혼을 하면 학문과 지혜에 대한 사랑과 열정을 추
구할 수 없다고 생각했기 때문이다. 그러나 아우구스티누스 자신은
자신이 독신으로는 살 수 없는 인간이라는 것을 잘 알고 있었다.

이제 아우구스티누스의 정식 결혼 문제가 강력히 제기되었고 강권
하는 어머니의 권고에 따라 새 여인과의 결혼을 약속하게 되었다. 달
라진 사회적 지위에 걸맞는 여인을 얻으려는 것이겠지만 이유야 어디
있든 그가 15여 년 동안이나 동거하였던 여인과 헤어지는 일은 사람
으로서 할 수 없는 일이었다.[30] 그녀는 사생아인 아들 하나만을 아우
구스티누스 곁에 남겨놓고 아프리카로 떠났다.

이보다 더 그를 부끄럽게 하는 것은 약혼한 처녀와 정식 결혼을 기
다리는 2년 여의 세월도 기다리지 못해 또 다른 여인에게 접근하는

---

29) *Conf.*, Ⅵ, 6, 10.
30) *Conf.*, Ⅵ, 15, 25.

자신의 제어할 수 없는 모습이었다. 이는 이중 삼중의 배신이었다.

　　나는 쾌락의 노예로서 한 애인을 택했을 뿐이었고 그녀를 아내로 맞이하려고 한 것은 아니었습니다. 병든 내 영혼은 육체적 쾌락의 노예가 되어 더욱 곪아 갔습니다. 그러나 처음 여자와 헤어질 때 받은 상처는 아물지 않았고 더욱 심하게 곪아갔으며 나의 방탕한 생활은 시간이 흐르면 흐를수록 절망적으로 깊어만 갔습니다.[31]

이 당시 그의 마음 속 깊은 내면에는 에피쿠로스적 쾌락주의가 스스로를 정당화시켜 주고 있었다. 육체의 쾌락이 있을 때에 행복한 것이며 죽음 후에는 고통이 따른다는 것이다. 아우구스티누스는 진정한 절제가 따를 때 참행복이 있다는 사실을 이론적으로만 알고 있었다. 그러나 실제 생활은 매우 방만하였다.

---

31) *Conf.*, Ⅵ, 15, 25.

6 사상의 전환 — 플라톤주의자의 탄생

진리 추구를 향한 갈망은 간절한 것이었다. 그는 철부지 어린 시절을 제외하고는 일관되게 치열한 지적 탐구와 사유의 편력을 치달아 왔다. 어떻게 보면 그가 수사학자가 되려는 것은 하나의 삶의 방편, 방법의 문제였을 뿐이다. 반면 무엇을 위해서 살 것인지에 관해서는 간단 없는 추적을 계속하였으며, 그 면에서 그는 목마른 지적 유목민(知的 遊牧民)이었다.

로마에 있는 동안 그는 사상의 공허감에 시달렸다.[1] 그 무렵 그가 읽은 것이 키케로의 『아카데미학파에 관하여 *On the Academics*』라는 책이었다. 아마 플라톤과의 인연은 이 때부터 시작되었던 것 같다. 회의주의에 대한 바로 Varro와 다른 라틴 저술가들의 책도 읽었을 것이다. 요컨대 절대적 확실성을 가진 진리에는 도달할 수 없으며 우리가 아는 지식이란 다만 최상의 가능성뿐이라는 것이다. 그렇기 때문에 신중하고 지혜로운 인간들은 성급한 추론적 판단을 가능한 유보하고 매우 조심스럽게 실제적인 사안에 대해서만 접근해 가야 한다

---

1) *Conf.*, V, 6, 9.

고 했다.[2]

이런 상황에서 그가 밀라노에 갈 무렵에는 지적으로나 도덕적으로 의기소침해 있었다.[3] 그의 종교적 모색도, 지적 노력도 모두 허사로 끝날 것 같은 허탈감과 사회적 출세까지도 신기루에 불과할지 모른다는 위기 의식을 느끼고 있었던 차였다.

그는 삶과 우주의 진리를 탐구하면서도, 출세주의자들이 종종 그런 것처럼 명예를 얻는다든지, 가문 좋고 아리따운 아내를 맞아들일 꿈과 겸하여 부(富)까지 누리려는 욕심을 버리지 못하였다.[4] 스스로가 속한 계층의 한계를 뛰어 넘으려는 입지전적 인물들의 수직적 계층이동에 대한 집념은 아우구스티누스에게도 예외가 아니었을 것이고 자신이 지방 출신이라는 핸디캡에 대한 자의식은 더 컸을지도 모른다.

그러한 그에게 암브로시우스의 비유적 설명은 그의 한계를 뛰어넘는 전환의 계기를 제공하였다. 그러나 아직도 그것은 감정으로만 다가왔을 뿐이지 이론적이고 체계적으로 설명되어진 것은 아니었다.

그러나 신플라톤주의에 접함으로써 그는 비로소 이론적 틀을 갖출 수 있었다. 아우구스티누스는 밀라노에서 줄곧 지적 분위기에 있으려고 노력했고, 밀라노의 지도적 문인, 철학자들과 교우 나누기를 게을리하지 않았다.[5] 밀라노의 지적 풍토에서 또한 플라톤주의가 강하게 되살아나고 있었다. 그런데 이보다 100여 년 전에 로마를 중심으로 다시 살아나기 시작한 플라톤주의 그리스 철학은 이집트계 그리스인

---

2) *Contra Acad.*, 17, 37-39(이하 *Contra Acad.*는 아우구스티누스의 저서 『아카데미아학파 논박 *Contra Academicos*』을 의미한다).

3) V. Bourke, *Augustine's Quest of Wisdom*(Milwaukee : Bruce Publishing Co., 1947), 49쪽.

4) 같은 책.

5) 이들 중에는 제노비우스Zenobius, 만리우스 데오도르Manlius Theodore 같은 이들이 있었는데 만리우스 데오도르가 특히 교양 높은 지식인으로 알려져 있으며, 그는 뒤에 집정관의 자리에까지 올랐다.

이고 로마에서 가르쳤던 플로티누스Plotinus에 의해서 새롭게 정리되고 되살아난 듯 하였다. 그를 중심으로 하여 따르던 무리를 신플라톤주의자Neo-Platonist라고 부르지만 자신들은 플라톤의 직접 후계자로 플라톤주의자라고 불렀다.[6]

아우구스티누스가 이들 사상을 접하게 된 것은 386년 초여름일 것으로 추정된다.[7] 아우구스티누스 자신은 이 책들과의 만남에 대해 마치 지나치듯이 잠깐 그것도 간접적으로 언급하고 있을 뿐이다. 읽게 된 계기를 〈이리하여 더할 나위없이 교만에 찬 한 사람을 통하여 그리스어에서 라틴어로 번역된 플라톤 서적들을 읽게 해주셨다〉라고 쓰고만 있다.[8] 그 책을 읽게 해 준 사람이 누구인지, 무슨 책을 읽었는지, 그리고 몇 권을 읽었는지에 대해서도 밝히고 있지 않다. 그 이유는 그 책을 읽도록 권유했던 분이 살아있을 수도 있기 때문에 익명이 필요했는지도 모르고 『고백록』을 쓸 무렵 플라톤주의자들과의 만남의 의미를 궁극적으로 하나님의 인도하심과 연결시키고 싶었는지도 모른다. 그럼에도 그의 플라톤주의자와의 만남이 얼마나 중요했던 것인가 하는 것은 〈물론 문자상으로는 똑같지 않지만 내용면에서는 거의 같은 의미로 요한복음의 초반부터가 기록되어 있습니다〉라고 밝힌 구절에서 짐작할 수 있다.[9]

아우구스티누스에게 플라톤주의자들의 책들을 읽게 한 궁극적인 배경은 역시 암브로시우스의 설교와 무관하지 않은 것 같다. 또 이 무렵 친구들과 더불어 어딘가로 인퇴(引退)하여 지적 공동체를 구성할 것을 논의했던 것으로 보아 그 같은 주장을 일찍이 폈던 플라톤 등의 책을 읽을 필요성을 느꼈을 가능성도 크다.[10]

---

6) *Contra Acad.*, Ⅲ, 18, 41.

7) P. Courcelle, *Recherches sur les* Confessions *de S. Augustin*(Paris : De Boccard, 1950), 280쪽.

8) *Conf.*, Ⅶ, 9, 13.

9) *Conf.*, Ⅶ, 9, 13.

10) P. Brown, 앞의 책, 94쪽.

아우구스티누스 자신은 플로티누스의 책을 읽었다고 직접 언급하고 있지는 않지만 아우구스티누스가 플라톤주의자들이라고 보았음직한 인물들은 아리스토텔레스, 플로티누스, 포르프리우스Porphrius로 볼 수 있는데, 아리스토텔레스는 『고백록』의 문맥으로 보아 이미 제외된 것 같고, 플로티누스의 라틴어로 번역된 여러 논문들을 읽고, 아마 한 편의 포르프리우스의 글도 읽었을 것이다.[11] 플로티누스의 대표적 저서로는 그의 제자 포르프리우스가 편집하여 오늘날까지 전해져 내려오는 『에네아드 *Enneads*』가 있다. 아우구스티누스는 이 훈련 받은 플라톤학파 포르프리우스를 〈가장 저명한 이교 철학자〉로 간주하여 높이 평가하였고, 사실 그는 사상사적으로 최초의 조직 신학자로 불려지기도 한다.

아우구스티누스가 플로티누스를 읽을 무렵에는, 로마의 많은 지식인들이 이미 플로티누스의 소개와 연구에 거의 익숙해져 있었다. 아프리카의 수사학 교수 마리우스 빅토리누스Marius Victorinus는 플로티누스와 신플라톤주의자들의 글을 라틴어로 옮겼을 뿐만 아니라, 그는 극적으로 교회에 참여하여 크리스천이 되었다.[12] 그는 아우구스티누스 주변 인물들과 여러 인연을 맺고 있었는데, 밀라노의 주교인 심플리키아누스를 알고 있었고, 심플리키아누스는 암브로시우스의 신학 연구에 방향을 제시할 만큼 그에게 큰 영향을 미쳤다.[13] 뒤에 아우구스티누스 자신이 신앙적 결단의 고민에 시달릴 때 찾아가 자신의 일들을 상의했던 장본인 또한 심플리키아누스였다.[14] 당시 지성계에서는 플로티누스 글들의 라틴어 번역물들을 어렵지 않게 접할 수 있었고, 아우구스티누스가 읽은 플로티누스의 글들도 그리스어로 읽었다기보다는 빅토리누스가 번역한 라틴어본을 읽었을 가능성이 높다.

---

11) 같은 책.
12) *Conf.*, Ⅷ, 2, 4.
13) P. Brown, 앞의 책, 92-93쪽.
14) *Conf.*, Ⅷ, 2, 3.

　플라톤주의는 진리를 가장 절대적으로 파악케 해주는 철학으로 간
주되고 있었다. 또 크리스천 플라톤주의자들에겐 플라톤주의의 역사
는 자연스럽게 기독교로 가는 과정적 통로로 보였다. 양측이 모두 차
안의 세계보다는 피안의 세계를 지향하고 있었고, 플라톤주의가 이데
아의 세계를 궁극적 실체로 인정하고 있다는 점에서 기독교의 하나님
나라의 관(觀)과 상치선에 있다기보다는 동일 방향 지향적이었다. 그
러한 이유에서인지 암브로시우스는 플라톤의 추종자들을 〈사상의 귀
족aristocrat of thought〉이라고까지 생각하였다.[15]

　당대의 저명 인사 빅토리누스와 아우구스티누스 사이에는 상당한
유사점이 있음을 또한 알 수 있다. 두 사람 다 수사학자 출신이고,
전문적인 철학자라기보다는 그들의 종교적 관심과 직업적 관심이 어
우러지며 철학과 만나게 된 사람들이다. 그래서 그들은 특별한 학파
를 이룬 것도 아니며, 그들이 다루었던 문제들에 자신을 전적으로 내
어 맡긴 것도 아니었다. 아우구스티누스가 읽은 플로티누스의 글들도
그리스어로 읽었다기보다는 빅토리누스가 번역한 라틴어본을 읽었다.
앞서의 두 사람 간의 밀접한 관계 외에도 하르낙Harnack은 빅토리
누스가 아우구스티누스의 생애에 미친 영향에 주목하고 있다. 아우구
스티누스는 그의 결정적으로 중요한 시기에 빅토리누스를 자신의 삶
의 모델로 삼았다는 것이다.[16] 사실 신플라톤주의자의 글을 읽고 그
가 회심하기로 결심한 전격적인 사건도 빅토리누스의 그것과 유사하
다. 아우구스티누스는 그를 통하여 신플라톤주의적 사유를 어떻게 교
회의 기독교와 통합하고, 이를 출발점으로 하여 마니교에 어떻게 반
대할 것인가까지도 배웠다.[17] 추측건대 아우구스티누스가 또한 바울
의 종교적 사유 양식에 융합되도록 자극을 준 것도 빅토리누스라고

---

15) P. Brown, 앞의 책, 93쪽.
16) A. Harnack, *History of Dogma*(New York : Russell and Russell,
　　1958), 33쪽.
17) 같은 책.

하르낙은 보고 있다.[18] 이는 아우구스티누스가 신플라톤주의에 접하게 되면서 바울 서신을 철저히 연구하기 시작했었다는 사실에 의해 뒷받침되고 있다.[19]

플로티누스 이후 그리스 교부들은 철학과 신학의 영역을 명확히 구별하지 않고 그리스도교를 하나의 예지, 또는 〈철학〉으로 보려는 경향을 띠고 있었다. 그들의 눈에는 그리스 철학이 마치 그리스도교에 대한 예비교육 정도로 비쳤다. 같은 맥락에서 플라톤을 그리스도의 선구자로 보려는 것도 일반적 자세였다. 더구나 신플라톤주의는 그리스도교를 이론적으로 설명하는 데 아주 적절한 논리를 제공하고 있었다.

신플라톤주의를 창시한 플로티누스(204-270년)가 태어날 무렵에는 로마 역사의 쇠퇴가 역력하였고 특히 군인들의 발호가 심하였다. 디오클레티아누스의 등장을 우리가 군인 황제 시대라고 부르는 이유도 여기에 있다. 군인들의 횡포가 심하여 당시의 도시들이 큰 피해를 입었고 부유한 시민들은 세리들을 피하기 위해 다른 곳으로 도망치고 있었다.[20] 이 시대는 그리스도교도나 이교도들에게나 다같이 어려운 시점이었으나 플로티누스는 그런 바깥 세상에는 크게 개의치 않고 선(善)과 미(美), 그리고 영원한 세계에 대한 철학적 명상에 주력하였다.[21]

*

그의 형이상학은 성스러운 삼위(三位)로부터 시작되는데 일자(一者 the One)와 정신spirit 그리고 영혼soul이 그것이다.[22] 이들 삼자는

---

18) 같은 책, 34쪽.
19) 같은 책.
20) B. Russell, 최민홍 역, 『서양 철학사』, 上(서울 : 집문당, 1979), 367쪽.
21) 같은 책.
22) 같은 책, 372쪽.

86

동격이 아니라 일자가 최고의 존재이며, 정신이 다음이고, 영혼이 마지막 위계에 위치한다.[23)]

플로티누스의 구조는 필연적 유출(流出, Emanation)의 구조이다. 존재의 모든 형상이나 국면은 신성(神性, Divinity)으로부터 흘러나와서 모두가 거기thither로 돌아가려고, 그리고 그 곳there에 남아 있으려고 투쟁한다.[24)]

일자는 첫번째 존재라고도 하겠는데 때로는 신으로, 때로는 선이라고도 불린다. 러셀B. A. W. Russell은 이를 해설하여 다만 〈그것은 있다〉라는 것이다. 이를 신이라고도 할 수 없는 것이 〈신은 일체를 초월해 있기 때문이다〉[25)]라고 했다. 이것은 아무 데도 존재하지 않지만, 그것이 존재하지 않은 곳도 없다.

그 다음 정신은 신(神)적 정신Divine mind 또는 제1의 사고자(思考者, Thinker)나 사고(思考, Thought)이다.[26)] 플로티누스는 이를 누스Nous라고 하고 플로티누스의 번역자 마켄나Mackenna는 이것을 지적 원리intellectual principle라고 옮기고 있으며 혹자는 mind, spirit(靈)란 말을 사용한다.[27)] 이 정신이야말로 실재real-being이며, 최초의 존재물이라 할 수 있다. 이는 또한 사고력intelligence 또는 우주적 사고력universal intelligence이라고도 불린다. 이 누스는 일자(一者)의 표상image이라고 한다. 일자는 본질상 관조하는 성질을 가지고 있으며 일자의 관조가 곧 누스라 할 수 있다. 이는 신적 사고의 총체로서 플라톤주의에 있어서의 이데아들에 비유되고 있다.[28)]

삼위(三位) 중 마지막 위(位)인 영혼은 누스보다 하위에 속하지만

---

23) 같은 책.
24) Plotius, S. Mackenna 역, *Enneads*(New York : Pantheon Books, 1969), xxv.
25) B. Russell, 앞의 책, 372쪽.
26) *Enneads*, xxv.
27) B. Russell, 앞의 책, 372-373쪽.
28) *Enneads*, xxvii.

생명을 가진 모든 인간을 창조하고 태양, 달, 별, 그 밖의 보이는 세
계의 모든 것을 만들었다. 이는 신적인 예지에서 비롯된다.[29] 이는 지
적 원리의 영원한 유출이며 표상으로 영혼 All-soul은 형태 form이며
아울러 운동의 영원한 동적 원인 the mobile cause of movement이
다.[30]

　이 영혼은 세 가지 국면을 갖고 있다. 첫째, 지성적 영혼 또는 직
관적, 지적, 이해력 있는 영혼 둘째, 이성적 영혼 셋째, 비이성적 영
혼이 그들이다. 지성적 영혼은 고통이나 아픔이 없는 상태로 사물과
는 전혀 접속되지 않은 상태로 신체로부터 접속성을 영원히 지닌다.
이것의 행위는 사고, 직관(直觀, intuition), 실제의 진정한 지실(知
悉, true knowing of real existence)이다.[31]

　두번째 국면의 이성적 영혼은 인간적 삶의 특징을 지닌 원리이다.
앞의 제 1국면적 영혼에 의해 사는 것은 바로 신처럼 사는 것이지만,
이 제 2국면의 원리는 일상적 인간을 구성하는 원리가 된다. 이 국면
의 인간 영혼은 3가지의 기능을 갖는 의지 will, 지적 상상력 Intellec-
tual Imagination, 그리고 지적 기억 Intellectual Memory들이 있다.
이 이성적 영혼은 신체로부터 분리시킬 수 있으나 분리된 것은 아니
다.[32] 이는 앞서의 지성적 영혼과는 달리 직관적이라기보다는 추리적
이고 논리적으로 이해에 도달한다.

　영혼의 마지막 국면은 비이성적 영혼 unreasoning soul인데 이는
바로 동물-삶의 원리 the Principle of Animal Life이다. 이 단계의
기능은 감각적인 상상력과 감각적 기억을 가질 뿐만 아니라 이는 신
체에 뿌리를 둔 탐욕, 감각의 능력, 그리고 발육 기능까지를 갖춘다.
이 마지막 영혼 단계는 인간에게 있어서 최하위의 〈신성의 힘 Streng-

---

29) B. Russell, 앞의 책, 375쪽.
30) *Enneads*, xxviii-xxix.
31) *Enneads*, xxx.
32) *Enneads*, xxx.

th of the Divinity〉을 갖는 것을 뜻한다.[33]

   플로티누스의 영혼이 물질을 창조하는 원천이 되었다는 철학적 사유는 아우구스티누스의 사물관을 크게 바꾸어 놓았음에 틀림없다. 아우구스티누스의 사유 구조의 변화를 이해하는 데 있어서 플로티누스의 물질관이나 악에 대한 생각은 좀더 살펴볼 필요가 있다. 물질은 영혼의 창조적 힘으로부터 흘러나온 마지막, 가장 낮은 그리고 가장 작은 유출이다. 이는 바로 창조적, 발생적 힘이 멈추는 점이다. 이는 궁극적 가능ultimate possible이며 거의 비존재Non-Being이다. 이렇게 볼 때 물질은 영혼의 최종 단계이지만 그 자체가 영혼이 배제된 것은 아니다.[34] 러셀의 말대로 물질은 영혼에 의해 창조되었으나 그것은 독립적인 실재성(實在性)을 전혀 갖지 못한다. 악의 문제도 이 물질과 관계지어 생각할 수 있다. 플로티누스는 악이 존재한다면, 그 악의 뿌리는 물질에 있다. 그러나 악은 실재하지 않는다. 왜냐하면 모든 존재하는 것은 선(善, the Good)의 마지막 노력이며 그 선이 멈추는 지점이기 때문이다.[35]

   아우구스티누스의 플로티누스와의 만남은 그의 사유 한계의 극복이며 확장이었다. 그가 플로티누스를 읽을 때까지 그는 유물론적 인식들의 범주에서 바둥거리고 있었다. 사실 아우구스티누스가 만났던 로마 당대의 철학들이 그 같은 성격을 크게 벗어나지 못하고 있었다. 스토아철학이나 쾌락주의가 물질주의에 기초하고 있었으며, 아우구스티누스가 10여 년 동안이나 몸을 담았던 마니교가 그런 것이었다.[36]

   반면 플라톤주의자, 특히 플로티누스의 가르침은 그 같은 틀을 깨고 뛰어넘을 수 있는 근거를 제공하였다. 아우구스티누스가 플로티누스를 읽을 무렵에는 아직도 마니교적 사고에 호의적인 생각을 갖고

---

33) *Enneads*, xxxi.
34) *Enneads*, xxxi.
35) *Enneads*, xxxi.
36) V. Bourke, 앞의 책, 55쪽.

있었다. 그가 특별히 이해하기에 어려움을 겪고 있는 문제는 신이 그에게 현존present하면서 동시에 격리되어 있다는 사실이었다.[37] 마니교도인 그는 선한 신의 속성에 병합된 개체와 이들 단편의 완전함에 일치될 수 없는 모든 것이 악으로 분류된다는 데 마음의 분열을 겪고 있었다. 다시 말해 선한 신의 실체를 물려받은 개체들이 어떻게 악일 수 있느냐의 문제였다.

그러나 플로티누스의 글은 이 문제를 해결하는 데 많은 도움을 주었다. 다시 말해 신의 힘은 언제나 주도권을 쥐고 있으며, 일자는 흘러나가서 모든 것을 촉진하며 수동적인 물질을 형성시키고 의미를 부여한다.[38] 그러면서도 그 자체가 결코 방해받아 폭력화되거나 감소되지 않는다. 이 같은 주장은 선의 힘은 본질적으로 수동적이어서 강력하고 폭력적인 악의 힘 앞에 무력할 수밖에 없다는 마니교의 주장에 반대되는 것이다.

플로티누스의 주장에 따르면 악은 홀로 있지 않다. 선의 힘의 속성에 따라 악은 혼자일 수 만은 없다. 마치 황금의 족쇄에 붙잡혀 있는 포로처럼 악은 필히 미의 사슬들에 매어있는 것으로 나타난다.[39] 그의 논리에 따르면 악은 결코 실체일 수가 없으며 그것은 어떠한 경우에도 선을 내포하고 있는 것이다. 악은 원천으로부터 멀어졌을 때의 상태이며 그것은 실체가 아닌 상대적인 선의 불충(不充)일 뿐이며, 그 원인은 역시 선에 있는 것이다.

그렇게 볼 때 우주는 분절되거나 단절된 것이 아니라 지속적이고 활동적인 하나의 전체로 이루어졌다고 볼 수 있다. 우주 속의 각 존재는 살아있는 연속체로 연계되어 있으며 그 자체의 존재는 보다 상위의 존재들에 의존한다. 어떻게 보면 악이란 이 질서로부터 분리를 의미한다. 다시 말해 보다 상위 존재와의 접속점을 잃고 자기 의지적

---

37) *Enneads*, Ⅵ, 4, 5.
38) P. Brown, 앞의 책, 99쪽.
39) *Enneads*, Ⅰ, viii, 15(S. Mackenna, 앞의 책, 78쪽).

부분 self-willed part이 되는 것을 뜻한다.

이 같은 플로티누스의 주장은 뒤에 아우구스티누스의 선악관과 깊은 상통성을 가지는데, 이는 플로티누스 개인의 사상 편력과 아우구스티누스의 그것이 유사한 경로를 거치는 데서도 보여진다. 플로티누스는 당시의 영지주의자들 Gnostics을 반박하는 글을 썼는데 반해 이 영지주의는 바로 마니교의 직접적인 정신적 조상이라는 점에 주목할 필요가 있다. 더구나 플로티누스 자신이 영지주의로부터 헬레니즘주의자로 자리를 바꾸었던 장본인이기도 하다.[40] 플로티누스가 영지주의에 대해 가졌던 문제점을 아우구스티누스는 마니교에서 예민하게 느끼고 있었으며, 반대로 그만큼이나 아우구스티누스가 갖고 있었던 물질주의적 사고나 선악, 실체 문제에 대한 자기 인식을 갖는 데 많은 시사점을 주었을 것이다.

플로티누스를 읽은 뒤 아우구스티누스에게 일어난 결정적인 변화는 이제 그의 삶이 문학적 열정으로부터 철학적 삶의 영역으로 전이되었다는 점이다.[41] 이 같은 그의 확고한 선택은 우선 지금까지 그의 의식 저변에 깔려 있던 회의주의를 버리게 했다. 그러나 아우구스티누스는 플로티누스와 같은 철학자는 될 수 없었다.[42] 플로티누스에 의해 마련된 전환점은 암브로시우스 등의 설교에 의해 바울에게 더욱 접근하도록 유도되었다. 사실 아우구스티누스는 어떻게 철학자가 되느냐를 고민했다기보다는 어떻게 바른 종교인이 되느냐에 더 주된 관심을 가졌다. 그래서 키케로를 읽고도 마니교에, 회의주의에 빠지면서도 밀라노의 암브로시우스에게 가까이 갔고 플로티누스를 읽은 후에도 끝내는 바울과 성서에 더욱 접근하게 되었고 역으로 그는 종교적 수용을 할 수밖에 없었다. 그것은 이미 그의 내면에 어린 시절부터 종교지향적 심성이 깊이 뿌리내려 있었기 때문이다.

---

40) P. Brown, 앞의 책, 99쪽.

41) 같은 책, 100쪽.

42) 같은 책, 105쪽.

그가 이 때 가톨릭 그리스도교에 성큼 다가간 것은 사실이지만 그
렇다고 해서 몸을 던진 그리스도교인이라고 보기는 어렵다. 아우구스
티누스가 카시키아쿰에 갔을 때도 그는 신플라톤주의자였으며 그리스
도교인이 아니라는 주장이 근래에 크게 대두되어 온 것도 그 같은 배
경 때문이다. 분명해진 것은 그의 『고백록』에서 플로티누스를 접한
다음 자신의 변화와 생각의 정리를 아주 풍성하게 서술해 놓고 있다.
비록 그것이 『고백록』을 쓸 당시의 자기 정리에서 나온 것이라 할지
라도 적어도 아우구스티누스는 플로티누스에게서 그 자신 사상의 혁
명적 전환을 발견하게 되었고, 그것이 바울과 성서에 의해 크게 정
리, 체계화된 것만은 부인할 수 없을 것이다.

그래서 『고백록』에서 그는 우선 하나님의 개념에 대한 변화된 자
세를 가졌다. 그 때까지 그는 자기의 눈으로 확증하고 인정하는 것
외에는 인정하지 않았고, 또 그것을 받아들일 인식 틀을 마련하고 있
지도 않았다. 다시 말해 그의 신관은 물질적, 범신론적 사유에 기초
하고 있었던 것이다. 신의 형상은 우주 전체에 퍼져 있으며, 각각 형
체들의 크기, 대소에 따라 신의 형상의 수용 정도가 다르다고 생각했
었다. 그런 논리에 따르면 그 자신이 예를 들었듯이 코끼리는 참새보
다 더 많은 하나님의 형상을 수용하고 있다는 애기가 된다.[43]

그의 선과 악에 대한 접근도 과거 물질주의자였던 특유의 논리로
설명을 시도한다. 불멸하는 것은 썩어질 어떤 것보다 선할 것이라는
믿음 말이다. 그러나 썩지 않는 모든 것이 선은 아니다. 악(惡)도 진
정 충만한 악이라면 썩지 않는다는 추론에 달하게 된다. 사실 사물이
썩는다는 것은 거기에 아무리 소량이라 할지라도 선이 내재되어 있음
을 뜻한다는 것이다. 다시 말해 극단적인 선이거나 극단적인 악일 경
우 그것들은 결코 썩을 수 없다는 것이다. 왜냐하면 〈최고선은 최상
의 선〉이기 때문에 썩지 않을 것이고 선한 것이 전혀 없는 것은 썩을

---

43) *Conf.*, Ⅶ, 1, 2.

것도 없기 때문에 썩지 않는다.

그러므로 그들이 존재하는 한, 그들은 선하다. 선이 없다면 파멸당하지 않을 것이며 결국 영원히 존재할 수 있다는 것이다. 그러나 존재할 모든 선을 상실하고도 영원히 존재한다면 그것은 곧 모순이 될 것이다. 따라서 선을 상실하면 존재하지 않을 것이며 존재하는 동안에는 계속 선할 것이다. 그러므로 존재하는 실체는 모두 선하며 내가 그 근원을 찾던 악이란 실체가 아니다.[44]

그래서 악의 근원을 실체에서 찾는 것이 아니라 의지에서 구하고 있다. 그러나 이 무렵에는 아직도 불확정적인 상태임을 솔직히 드러낸다. 그의 마음을 몹시 괴롭히는 것은 전지전능한 하나님이 왜 선하지 않은 부분을 남겨 두었어야 했느냐 하는 거의 항거에 가까운 의문이었다.

그가 진정 전능한 분이라면 그의 전능하심으로 모든 악의 기원을 없애므로 온전하고 무한정한 선만이 존재할 수 있도록 창조했어야 하지 않았습니까? 지금이라도 모든 악을 없애고 선을 다스릴 수도 있지 않습니까? 이런 일들을 할 수 없다면 하나님은 전지전능하지 못하신 분이라는 말씀이 아니겠습니까?[45]

그는 일원론과 이원론 사이에서 방황하고 있는 자신을 발견하곤 했다. 악에 관한 한 그것은 본체에서 비롯되는 것이 아니라 의지의 남용에 따른 것이라는 결론에 도달하지만 이것은 플로티누스의 영혼에 대한 이해의 징검다리를 통하여 성서로 접근하여 얻은 결론일 것이다. 그의 이 같은 인고의 과정은 로고스 사상에는 플라톤의 교리보다

---

44) *Conf.*, Ⅶ, 12, 18.
45) *Conf.*, Ⅶ, 5, 7.

는 기독교의 교리가 더욱 훌륭하다는 비교 등에 드러난다. 그리고 플라톤의 사상은 요한복음의 초반부 말씀을 이해하는 데 큰 도움이 되었다고 밝힌다.[46)]

그러나 그는 말씀이 육신이 되었다는 요한의 글들을 아직 충분히 이해할 수가 없었지만[47)] 자신이 플라톤주의자들이 쓴 책을 이미 읽었기 때문에 비물질적인 진리성 추구에 익숙할 수 있었다고 했다. 그럼에도 불구하고 자신이 플라톤 사상을 버리고 성서에 귀의한 사실을 극명하게 강조하고 있는데 이것은 그가 주교가 된 후 자신의 입장을 분명히 하기 위한 의도적인 말이라고도 할 수 있다. 그러나 마니교적 발상에서 플라톤 사상을 접하게 된 그의 희열은 큰 것이었을 것이고, 그것의 충분한 자기 소화를 통해 성서에 접근했으리라는 추측이 가능하다. 이를 역으로 유추하면 그만큼 그가 플라톤적 사유 발상으로 하나님과 선악 문제 등을 이해하려고 했다는 말도 된다. 그는 『고백록』 7권 말미에서 플라톤 사상에서 발견할 수 없었던 진리를 성서에서 발견할 수 있었다고 거듭 밝힌다. 그리고 자신이 사도 바울의 서신을 얼마나 열심히 읽고 있었는지를 말하고 있다. 이제 그는 비로소 성서 속에 모순과 갈등으로 느껴졌던 사실들이 아주 자연스럽게 수용되고 있음을 발견하게 된 것이다. 그가 〈플라톤주의자들에게 배운 모든 진리〉가 거기에 기록되었을 뿐만 아니라 〈모든 진리는 하나님의 은혜에 영광을 돌리는 표현〉으로 기록되어 있었기 때문이다.[48)]

아우구스티누스는 이제 기독교의 본질을 이해하는 데 큰 걸음을 뛰어 넘었다. 그러나 아직 그는 플라톤주의에 물든 그리스도교도라기보다는 그리스도교에 물든 플라톤주의자의 단계에 있었다.[49)] 이론적으로나 논리적으로는 그렇게 큰 갈등을 느끼지 않고 있었지만 그의 감

---

46) *Conf.*, Ⅶ, 9, 13.
47) *Conf.*, Ⅶ, 19, 25.
48) *Conf.*, Ⅶ, 21, 27.
49) J. O'Meara, *Charter of Christendom*(New York : Macmillan, 1961), 62쪽.

정으로나 정열, 더욱이 도덕적으로는 아직 그리스도교도의 절제적 자세, 바울과 같은 사도의 삶에는 근처에도 못가고 있음을 스스로 절감했다. 알기도 어렵지만 행하기는 더욱 어려웠는지 모른다. 정지(正知)와 정판(正判)에는 이르렀지만, 아직 정행(正行)은 멀리 있는 것 같았다. 이것이 또한 아우구스티누스의 최대 고민이었다.

7 참회와 회심

아우구스티누스는 결단의 고뇌에 시달리고 있었다. 그는 이 육신의 세상을 사는 동안 불안까지 느끼고 있었다. 묵은 누룩을 내버려야 하는데 버릴 것을 버리지 못하고, 좁은 길목에서 앞으로 나아가길 머뭇거리고 있었다.[1]

그래서 그가 찾아간 인물이 심플리키아누스Simplicianus였다. 그는 이미 노인이 되어 있었지만 그의 풍부한 신앙적 경험과 깊은 학문은 아우구스티누스의 마음을 끌기에 충분하였다.[2] 버크V. Bourke는 논쟁을 좋아했던 아우구스티누스가 젊은 상대자를 만나지 않고, 그처럼 원숙하고 포용력 있는 상담자를 만난 것은 아우구스티누스의 행로에 중요한 의미를 지닌다고 보았다. 심플리키아누스는 번뇌에 차고 사유의 역동적 흐름을 지닌 아우구스티누스의 내면을 정확히 읽을 수 있는 지혜로운 사람이었다. 그는 이미 신플라톤주의를 익히 알고 있었고, 이미 암브로시우스 등에게 심대한 영향을 미쳤던 것으로 보아 아우구스티누스를 적절히 다룰 수 있는 인물이었다.[3]

------

1) *Conf.*, Ⅷ, 1, 1.
2) *Conf.*, Ⅷ, 1, 1.

그를 만나자 아우구스티누스는 그의 고민을 송두리째 털어놓을 수 있었다. 그의 얘기를 듣던 심플리키아누스는 빅토리누스에 관한 이야기를 자세히 들려 주었다.[4] 그에 대한 이야기는 아우구스티누스를 크게 감동시켰다. 앞서 지적했듯이 하르낙도 빅토리누스의 생애는 아우구스티누스 삶의 모델이 되었다고 했지만, 아우구스티누스 자신도 〈······모든 이야기를 들려주었을 때 나는 그를 닮고 싶다는 생각이 불같이 일어났다······〉고 고백하고 있다.[5]

아우구스티누스는 그를 닮으려는 결심을 단단히 하였다. 그러나 그것은 뜻대로 되지 않았고, 그는 몸부림치며 고민했다.

나의 도착(倒着)된 의지는 세속적 정욕을 낳고 이내 습관이 되더니 빠져나올 수 없는 필연적 유혹이 되었다······ 그러나 당신을 섬겨야하고 섬기려는 나의 새로운 또 하나의 의지는 이 습관화된 낡은 의지와 격렬한 투쟁을 하게 되었는데······ 여러 해를 두고 나를 묶어놓고 괴롭혀 왔던 낡은 의지를 좀처럼 굴복시킬 수가 없었다. 옛 것과 새 것이라는 나의 두 의지가 하나는 육에서 하나는 영에서 나와 싸울 때 나의 영혼은 분열되었고 나는 한층 더 고통스러운 날들을 보내게 되었다.[6]

더구나 현세적 환락과 육체적 쾌락을 추구하고자 하는 그의 내적 욕구는 다스리기가 너무 힘들었다.

---

3) V. Bourke, *Augustine's Quest of Wisdom*(Milwaukee : Bruce Publishing Co., 1945), 59쪽.

4) 사실 빅토리아누스는 아우구스티누스가 읽었던 플라톤주의 철학 서적의 라틴어 번역자이기도 했지만 그 극적인 삶은 아우구스티누스를 감동시켰다. 로마 시민들은 그의 학문 활동과 교수 생활, 그리고 영향력 때문에 그의 업적을 찬양하여 그의 동상까지 건립하였다. 그러나 그는 노년 때까지 이교 신앙인으로 이들의 강력한 옹호자였는데 뒤에 열렬한 기독교인이 되었다.

5) *Conf.*, Ⅷ, 5, 10.

6) *Conf.*, Ⅷ, 5, 10.

나는 그 어두운 밤의 환락을 즐겨 깨어나기를 몹시 꺼려하고 있었습니
다……〈잠깐만요〉〈잠깐만 기다려 주세요〉〈조금만 더〉…… 그러나 나는
〈조금만〉〈조금만〉 하면서도 이 잠에서 속히 깨어 날 줄을 몰랐습니다.[7]

아우구스티누스의 머리는 이미 그리스도교도 의식으로 가득 차 있
었다. 물론 그것은 아직 성서적으로는 정리 체계화된 것은 아니었지
만 플라톤적 자기 논리 구조에 의해 이미 기독교를 받아들이는 데 갈
등 요인이 거의 없었다. 그러나 그의 가슴은 달랐다. 활활 타오르고
있는 정념과 달콤했던 옛 환락의 기억을 도저히 떨쳐버릴 수가 없었
다. 또 마음은 원하되 몸이 따르지 않았다. 그러나 그 몸이 사실은
그의 의지에 의존하고 있음을 발견하게 되었고, 그 의지는 사실상 기
억과 깊이 연결되어 있음도 알게 되었지만, 여전히 뜻대로 되지 않았
다.

그래서 세상 일에 지치고 피곤할 때는 종종 교회를 찾곤 했다. 그
리고 성서를 가까이 하였는데 특히 바울서신을 숙독(熟讀)하였다.[8]
어느 날 그는 이집트의 수도사 성 안토니Anthony에 관한 이야기를
폰티티아누스Pontitianus로부터 들었다. 성 안토니와 그의 일행은 정
부의 고관 직위조차 버리고, 결혼 약속조차 파기한 채 수도의 길에
들어갔다는 감동적 얘기였다.[9] 아우구스티누스는 이 이야기를 자신의
결단을 촉구하는 것으로 받아들이고 있었다. 그래서 이젠 더 이상 숨
어 피할 곳이 없는 절박감까지 느끼고 있었다.

아우구스티누스가 거주하던 곳에는 정원이 하나 인접되어 있었다.
그는 깊숙하고 조용한 그 곳에서 기도하며 〈가슴 속에 응어리진 모든
고통과 고민〉을 털어 놓았다. 그곳은 아무의 방해도 받지 않고 홀로
설 수 있는 곳이었지만 아우구스티누스 내면의 소리는 너무도 치열한

7) *Conf.*, Ⅷ, 5, 12.
8) *Conf.*, Ⅷ, 5, 12.
9) *Conf.*, Ⅷ, 5, 12.

것이었다. 그 때의 괴로움을 그는 이렇게 말한다.

　　나는 점점 미쳐 죽어가고 있었습니다. 생명과 죽음에 대한 투쟁으로 나
는 미쳐 죽어갔습니다……　하늘로 가는 길은 그리 먼 길이 아닙니다. 마
치 우리 정원에서 우리 집까지의 거리밖에 되지 않을 것입니다. 그러나
그 곳은 배를 타거나, 수레를 타거나, 걸어서 갈 수는 없는 곳입니다. 오
직 그 곳에 가고자 하는 강한 의지만 있으면 됩니다.[10]

　32년이라는 긴 세월 동안 자신이 가지고 있는 진리 탐구의 문제,
지혜의 문제, 신앙의 문제는 이론적으로, 그리고 머리로는 그 해결점
을 찾은 것 같았다. 그러나 마지막 정착지를 불과 얼마 남기지 않고
결단의 한 발자국을 옮기지 못하여 그는 고뇌하고 있었다. 그것은 결
국 의지의 문제로 집약되는 것 같았다.
　그가 원하는 대로 행동할 수 없었던 것은 의지와 능력의 대치 또는
분열 때문이었다.[11] 의지가 행해지지 않는 것은 하나의 의지와 또 다
른 의지가 대립하고 있음을 말한다. 정신이 육체에 행하라고 명령하
면 그 명령은 곧 실현된다. 그러나 정신이 스스로에게 명령을 내리면
거역되는 수가 있다. 이럴 경우에 의지가 실현되지 않는데, 결국 정
신이 자신의 의지에 따라 명령하였으나 그를 순종해야 할 또 다른 정
신이 이에 반발하기 때문에 일어나는 현상이다. 다시 말해 이 같은
의지의 분화는 그 의지가 완전한 하나가 되어있지 않다는 것을 뜻한
다.[12]
　그러면 왜 의지의 분화가 계속되어야 하는가? 아우구스티누스는 영
혼이 병들어 있기 때문이라고 진단하였다.

---

10) *Conf.*, Ⅷ, 8, 19.
11) *Conf.*, Ⅷ, 8, 20.
12) *Conf.*, Ⅷ, 9, 21.

인간이 절반은 의지에 찬성하여 행동하려 하고 절반은 의지에 반대하여 행동하려 하는 것은 부조리라기보다는 진리에 의하여 온전한 인격을 이루지 못한 영혼이 병 들어 일어나는 현상이다. 따라서 우리 속에 두 가지 의지가 존재하는 이유는 그 어느 것도 완전하지 않으며 서로 보완되어야 할 결함 있는 의지들이기 때문이다.[13)]

그가 그 무렵 인간 의지 문제를 얼마나 깊게 천착하고 있는가를 앞의 『고백록』을 통하여 알 수 있다. 만일 이대로라면 니이체의 의지론이나 베르그송의 의지론과 크게 다르지 않을 것이다. 그러나 한 가지 그에게서 주목되는 사항은 그가 의지의 완전함과 영혼의 병듦을 연계시키고 있다는 점이다. 이 문제는 펠라기우스와의 논쟁을 논한 장에서 좀더 언급하기로 하겠다.

*

아우구스티누스는 우리 자신들의 내면에서 우리를 거스리고 있는 의지는 결코 둘만이 아닌 다수라고 생각하였다. 의지는 선한 의지와 악한 의지만이 아니라 덜 선한 의지와 악한 의지가 싸울 수도 있고 선한 의지와 상대적으로 악한 의지가 싸울 수가 있으며 또한 이들 다수가 한꺼번에 갈등을 겪을 수도 있다.[14)] 그는 의지를 선과 악 두 영역으로만 나누는 것을 반대하였다. 예를 들면 어떤 사람을 살인하는데 독약으로 죽일까 칼로 죽일까 망설일 때에 하나는 선이고 하나는 악이라는 생각은 궤변일 수밖에 없다는 것이다.[15)]

진리를 깨닫고도 습관 때문에 차마 뿌리치지 못하고 있었다. 헛되고 헛된 옛 기억들이 다시 되살아 났다. 그의 다음과 같은 고백은 자

---

13) *Conf.*, Ⅷ, 9, 21.
14) *Conf.*, Ⅷ, 10, 23.
15) *Conf.*, Ⅷ, 10, 24.

못 사실적이다.

나의 낡은 옛 시절의 아가씨들이 나를 붙들고 놓아주지 아니했다. 내 옷을 벗기고 부드러운 침상에 누이고 내게 달콤한 음성으로 속삭였다. 〈당신이 우리를 버리고 갈 수 있나요? 당신 없이 우리가 얼마나 외롭게 지낼 것인가를 당신은 모르세요? 정든 우리를 버리고 어떻게 떠날 수 있어요?〉 그들은 과거의 나의 모습을 하나, 둘 들추어 냈다.[16]

그 자신 속에 이렇게 끊임없는 싸움이 진행되는 동안 어느 날 갑자기 극적인 내면적 변화가 폭탄처럼 터지고 말았다. 어느 순간에 그의 영혼 속 깊숙히 숨겨져 있던 그 자신의 비참한 모습이 눈 앞에 스크린처럼 드러나고, 폭우 같은 눈물이 쏟아지기 시작하였다. 그는 통곡하고 있었다. 그리고 홀로 한 없이 통곡하고 싶어 알리피우스의 곁을 떠나 정원의 호젓한 곳으로 자리를 옮겼다.[17] 그는 알지도 못하는 사이에 무화과 나무 아래 땅에 엎드려 통곡하며 부르짖었다. 〈언제까지 내일 내일 할 것입니까? 왜 지금은 안됩니까? 왜 나의 더러운 생활은 이 순간에 깨끗이 끝내지 못합니까?〉 라고 애통하며 울었다.[18]
그때 갑자기 이웃집에서 한 음성이 들려왔다. 소년의 음성인지 소녀의 음성인지 구별은 안갔지만 그 노래의 가사(歌詞)는 〈집어서 읽어라, 집어서 읽어라〉라고 들렸다. 그 음성은 분명 그에게 명령하는 하나님의 음성으로 들렸다. 그래서 그는 급히 알리피우스가 앉았던 장소로 돌아가서 거기에 두었던 사도 바울의 서신을 펴들고 제일 먼저 눈에 띄는 곳을 읽었다. 거기에는 이렇게 씌어져 있었다.

낮에와 같이 단정히 행하고 방탕과 술취하지 말며 음란과 호색하지 말

---

16) *Conf.*, Ⅷ, 11, 26.
17) *Conf.*, Ⅷ, 12, 28.
18) *Conf.*, Ⅷ, 12, 28.

며 쟁투와 시기하지 말고 오직 주 예수 그리스도로 옷 입고 정욕을 위하
여 육신의 일을 도모하지 말라(로마서 13 : 13, 14.)

이는 광명한 확신의 빛으로 아우구스티누스의 폐부를 찌르는 듯이
박혀왔다. 이제는 더 이상 버틸 수가 없었다. 선택의 폭풍은 지나가
고 은밀한 정적과 평화가 그의 온 몸에 가득하였다. 그의 오랜 방황
이 종착역을 찾는 순간이었다.[19]
아우구스티누스는 그의 『고백록』에서 자신이 회심에 이르는 과정을
점진적으로 그리고 자세하게 내면적 변화와 논리적 근거를 제시하면
서 설명하고 있다. 어떻게 보면 이 회심의 장면이야말로 『고백록』의
클라이막스가 되는 것이며, 어쩌면 이 과정을 서술하는 것이 『고백
록』 서술의 가장 큰 목적이었는지도 모른다. 이 순간은 마치 높이뛰
기를 하는 선수가 힘껏 달려와서 마지막 공중을 향해 뛰어 오르는 순
간으로 비유할 수 있다. 또한 베토벤의 「운명」의 그 웅장하고 비장한
터질듯이 울려 나오는 모든 음의 폭발에 비유될 수 있을 것 같다. 한
번 더 비유한다면 흐르는 폭포수가 그 절벽 벼랑 낭떠러지로 힘껏 뛰
어내리는 자기 던짐의 극적인 장면에 비유할 수 있을 것이다. 그렇기
때문에 『고백록』은 여기서 절정에 이르렀다가 다음의 뒷 부분 서술은
그의 세례 준비와 마음의 정리, 그리고 자기 자신의 신변, 귀향 등에
관한 마무리 작업이라고 볼 수 있다.[20]
그 싸움은 지루하고 힘든 것이었다. 잘못하면 패잔병처럼 살아야
하는 힘겨운 싸움이었다. 사실 밖과의 싸움보다는 자기와의 싸움이
더욱 어려운 것이었다.[21]
버크가 말한 것처럼 아우구스티누스의 회심은 두 가지의 과정을 겪

---

19) *Conf.*, Ⅷ, 12, 28.
20) B. Warfield, *Calvin and Augustine*(Philadelphia : The Presbyterian
   and Reformed Publishing Co., 1974), 367쪽.
21) P. Brown, *Augustine of Hippo*(London : Faber & Faber, 1968), 159쪽.

있는데 하나는 지적인 것이었으며, 다른 하나는 의지적인 것이었다. 전자는 그의 물질주의적 사고와 선악의 문제 등을 극복하는 것이었고, 의지적인 것이란 이 세상의 명예와 부와 감각적 쾌락으로부터 멀어지는 일이었다.[22]

이들 두 회심은 동시에 이루어진 것은 아니었다. 지적 전환이 도덕적 결단보다 앞서 일어났다. 그러나 이러한 변혁이 아주 분리해서 일어났다고 볼 수 없으며 상호의존적으로 전개되었다고 할 수 있다. 그래서 혹자는 그가 회심한 것을 신플라톤주의 쪽으로였지, 가톨릭 쪽으로가 아니었다고까지 말하고 있다. 물론 그 같은 말은 일리가 없는 것은 아니지만, 확실히 아우구스티누스는 이미 기독교로 몸을 던지고 있었다.

그의 지식은 빌려온 것이 많았으나, 그의 논리는 언제나 자신의 것에 확고히 서있다고 한 기본 Gibbon의 말도 그런 맥락에서 이해해야 할 것 같다. 사실 오메아라J. O'meara의 말대로, 아우구스티누스가 아무리 철학적 논리를 전개하고 있었더라도 그 논지들은 이미 확고하게 〈진리와 길〉인 그리스도에 기초하고 있는 것이었다.[23]

무화과 나무 아래서의 체험은 삶의 일대전기였다. 그러나 이제부터 그에게는 결단에 따른 삶의 정리를 해야하는 어려운 문제들을 안게 되었다. 가치관의 전도(轉到)와 인생관의 전환, 삶의 방식까지도 새롭게 출발하지 않으면 안되었다. 우선 지금까지 수행해 오던 수사학 교수직을 어떻게 할 것이냐가 문제였다.

그는 그 직책을 포기하기로 결심하였다. 다만 학기가 20여 일밖에 남지 않았으므로 그것을 다 채워주기로 하고 있었다. 그의 회심과 교수직의 사임이 어떤 연관을 갖는가에 대해서는 아직도 논의의 여지는 있다. 그가 교수직을 그만두기로 한 것은 다만 그의 건강상의 이유로

---

22) V. Bourke, 앞의 책, 67쪽.

23) J. O'meara, *An Augustine Reader*(Garden city : Image Book, 1973), 17쪽.

생긴 우연의 일치일 뿐이며, 아우구스티누스는 여전히 교수직을 고수하고 싶어했다는 주장도 있다.[24] 그러나 아우구스티누스 자신은 이 문제에 대해 사뭇 진지하다.

나는 주님이 보는 앞에서, 혀를 놀려 웅변술을 팔아먹고 사는 나의 생활을 조용히 청산하기로 하였습니다.[25]

이렇게 이미 마음이 수사학의 가르침에서 멀어지고 있을 때 그의 폐질이 또한 심해졌다.

더욱이 이 때에 나의 건강 상태는 좋지 못했습니다. 그 해 여름 강의 때문에 과로하여 폐가 약해져서 숨쉬기가 곤란하고 가슴의 고통이 악화되어서 장시간 큰 소리로 강의할 수 없게 되었습니다. 그렇기 때문에 내가 여름 동안에 건강을 다소 회복한다고 하더라도 당분간은 교수직을 그만두어야 할 입장에 놓였던 것입니다.[26]

이상의 그의 글로 유추해 볼 때, 수사학의 가르침에 대한 회의와 폐렴을 앓게 된 데서 오는 두 가지 요인이 다 함께 작용했던 것 같다. 하지만 아직 생계수단이 막연하였던 아우구스티누스에게 직업을 영구히 버리리란 생각을 하기까지는 많은 시간이 걸렸다.

이제 그는 난생 처음으로 그 쉴 줄 모르는 사유와 치열한 삶의 전선에서 한 발 물러나 몸과 마음의 휴식을 취하고자 했다. 아우구스티누스가 정원에서 격정의 몸부림을 했던 것은 386년 느즈막한 여름이었다. 포도 수확기의 농번기 방학을 20여 일 남겨놓고 있었다. 마침 그의 폐질이 심하여 숨쉬기도 곤란하였으며 가슴의 통증까지 느끼고

---

24) B. Warfield, 앞의 책, 333쪽.
25) *Conf.*, IX, 2, 2.
26) *Conf.*, IV, 2, 4.

있었고, 장시간 연설에 어려움까지 겪고 있었다.[27]

그가 번잡한 밀라노 시를 벗어나 한적한 은둔지에 머무를 수 있도록 도와준 사람은 베라쿤데스Veracundes였다. 그는 마침 밀라노 북부에 위치한 카시키아쿰에 별장을 갖고 있었는데, 아우구스티누스와 그 일행이 쓰도록 이를 대여해 주었던 것이다.[28] 그 별장은 당대 일부 로마인들이 즐겼던 것과 같은 사치스럽게 꾸민 별장은 아니었지만 그것은 상쾌한 목초지와 경작농지, 정원과 살 집, 그리고 목욕 시설까지 갖추고 있었다.[29]

27) *Conf.*, Ⅸ, 2, 4.
28) *Conf.*, Ⅸ, 4, 7.
29) V. Bourke, 앞의 책, 69쪽.

8 카시키아쿰으로의 인퇴(引退) —— 토론

386년 10월 어느날 일단의 아프리카인들이 밀라노를 출발해 수 마일 떨어진 카시키아쿰을 향해 떠났다. 이들 일행은 적어도 여덟 명은 헤아렸을 것 같은데, 그 중에는 어머니 모니카, 아우구스티누스의 아들 아데오다투스, 그의 동생 나비기우스, 두 조카인 라스티디아누스 Lastidianus와 루스티쿠스Rusticus가 있었다. 그리고 두 학생 리켄티우스와 트리게티우스Trygetius와 알리피우스가 아우구스티누스와 동행하였다.[1] 네브리디우스는 이 모임에 참석치 못했는데 그는 아직도 밀라노에서 학생들을 가르쳐야 했기 때문이다.[2]

이들 대식구들을 돌보는 데는 모니카의 역할이 컸다. 그녀는 때로 철학적 토론에까지 참여하였는데, 전문적이고 논리적 지식은 없었지만 그녀의 높은 이해 감각과 신앙적 체험에서 우러나오는 지혜는 그 토론장을 거들기에 충분하였다.[3] 모든 이들은 농장에서 하듯 함께 일

---

1) V. Bouke, *Augustine's Quest of Wisdom*(Milwaukee : Bruce Publishing Co., 1945), 70쪽.

2) 그가 밀라노에 머무르고 있었으므로 때로 토론사항이 있을 때는 아우구스티누스와 서로 서신을 교환하였다.

했다. 이들 노동은 생활용품들을 자급자족한다는 필요에서 뿐만 아니라 번쇠한 도시를 떠났다는 해방감과 함께 노동을 즐거운 리듬으로까지 연결시킬 수 있는 것 같았다.

카시키아쿰에서 가장 적극적인 활동은 역시 철학과 종교에 대한 토론이었으며 그것들을 모아놓은 저술이라고 할 수 있다. 사실 그 별장은 임시로 만들어 놓은 플라톤의 아카데미에 비유할 수 있다. 물론 아우구스티누스는 그 곳에서 무척 경건한 생활을 하였고, 성경을 끊임없이 읽었으며, 시편을 읽는 중 감격하여 소리치고 싶은 충동까지 느꼈다고도 한다.[4] 아우구스티누스의 카시키아쿰적 관행이 그가 아프리카 히포의 주교가 될 때까지 하나의 수도원적 전례를 세웠으며 이것이 아우구스티누스 수도원의 효시가 되었다고도 볼 수 있다.

하지만 카시키아쿰 생활의 정수는 수사학의 가르침이나, 성경적 경건 생활에 있다기보다는 헬라 고대적 사유와 히브리적 사유가 조우하여 정리되는 열띤 토론의 장이었다는 데 있다.

그 토론은 속기자가 정리하고, 아우구스티누스의 교열 과정을 거쳐 책으로 정리되었다. 이렇게 정리된 책들로는 『아카데미학파 논박 *Contra Academicos*』, 『복된 삶 *De Beata Vita*』, 『질서론 *De Ordine*』, 『독백 *Soliloquia*』 등이 있다.[5] 이들 책들은 앞으로 아우구스티누스 사상의 전개와 긴밀한 관계가 있으므로, 이들 책들의 내용을 일별할 필요가 있다. 토론의 순서로 보면 『아카데미학파 논박』이 맨 먼저이나 중간에 중단된 적이 있다는 점에서 그리고 『독백』은 인퇴해 있는 동안의 일기 형식을 띠고 있기 때문에 『복된 삶』에 대해서부터 이야기

---

3) V. Bourke, 앞의 책, 70쪽.

4) *Conf.*, IX, 4, 8.

5) 토론의 순서는 아마 『아카데미학파 논박』이 11월 10-12일(380), 『복된 삶』이 11월 13-15일, 『질서론』이 11월 16-18일, 또한 11월 22-23일 순서로 진행되었던 것 같다. 『아카데미학파 논박』은 중단된 적이 있었다(D. Roberts, "The Earliest Writings," *A Companion to the Study of St. Augustine*, 125쪽).

하는 것이 슨서일 것 같다.

『복된 삶』에 관한 대화는 아우구스티누스의 33번째 되는 생일날 시작된다. 그는 자신의 진리 탐구의 생을 폭풍 속의 항해에 비교하면서 지적인 오만이야말로 진리의 항구에 이르는 길에 가장 큰 방해자라고 선언하고 있다.[6] 논의가 진행됨에 따라 그가 플라톤주의에 영향받고 있음이 곧 드러난다. 먼저 영혼을 자양분으로 보고 모든 악의 원천인 〈갈증 hunger〉은 결핍 lack에 연유한다는 주장부터가 그렇다. 악은 어떤 성질의 결핍, 즉 궁극적으로 비존재로부터 생긴다는 신플라톤주의적 가설은 앞으로 아우구스티누스의 악(惡)논쟁에 있어서 중요한 자리를 차지한다.[7]

두번째 플라톤적 가설은 덕(德)이 있는 사람은 고통과 불행에도 불구하고 지복(至福)을 소유하는 반면 악인은 아무리 부와 명성을 지녔다 하더라도 그 영혼 때문에 실로 불행할 수밖에 없다는 생각이다. 이 같은 차이는 전자가 운명적이거나 세상적인 것을 떨쳐버리고 영원한 대상을 갈망하는데 반해 후자의 경우는 이 세상적인 것을 추구함으로써 그들이 사랑하는 것을 언제나 잃어버릴 수 있으며 이로 인해 이 세상의 걱정과 갈증으로부터 해방될 수 없다는 데 있다.[8]

그러나 토론은 여기에서 끝나지 않는다. 행복한 삶이란 단순히 영원한 대상을 구하는 것과 동일시될 수 있느냐 아니면 그것을 소유까지 해야 하느냐의 문제가 제기되었기 때문이다. 이 문제는 회의주의 학파의 경우와 기독교 신앙 사이에 상치되는 점이 있기 때문에 토론의 열띤 주제가 될 수밖에 없었다. 아카데미학파의 경우 지혜란 진리에 대한 추구 그것과 동일시될 수 있는 것으로 꼭 그것을 얻어야만

---

6) D. Roberts, "The Earliest Writings," Battenhouse 편, *A Companion to the Study of St. Augustine*(New York : Oxford University Press, 1979), 94쪽.
7) 같은 책, 55쪽.
8) 같은 책, 95쪽.

되는 것은 아니었다. 하지만 크리스천적 입장에서는 지혜의 신성(神性)을 부인할 수 없는데 이는 지혜란 신의 아들 the Son of God이기 때문이다. 그러므로 행복이란 영혼 안에 진리의 원천인 신을 소유하는 것이었다. 아우구스티누스와 그의 일행들은 아직도 자신들은 신을 얻은 것이 아니라 신을 구하고 있기 때문에 지혜롭다거나 행복하다고 간주할 수 없다고 결론을 내린다.[9]

아우구스티누스는 『아카데미학파 논박』에서도 신앙과 이성에 대한 자신의 생각을 회의주의에 대한 토론을 통하여 접근하려 하고 있다. 토론자는 리켄티우스와 트리케티우스, 그리고 아우구스티누스이다. 전자는 회의주의를 옹호하고 트리케티우스는 반대하는 입장에 선다.

리켄티우스는 영혼이 실체의 감옥으로부터 떠난다 할지라도 진실에 도달할 수 있지만, 우리가 지상(地上)에 사는 한 완전한 지식에 이르는 것은 우리의 능력 밖이라는 입장을 밝힌다. 반면 트리게티우스는 인간은 지혜의 여부를 불문하고 어느 만큼의 확실한 지식을 얻을 수 있다고 반박한다.[10] 이 두 사람의 논쟁에 뛰어든 아우구스티누스는 〈가망성 probable〉의 문제를 논하면서 자신의 입장을 밝혔다. 그는 회의주의자들의 사유에 있어서 어떤 확실성에 도달할 수는 없지만 행동에 있어서는 〈있음직함 probability〉에 도달할 수 있다는 주장에 대해 이의를 제기했다.[11] 〈가망성〉이 되기 위해서는 진실에 유사해야 하며, 무엇이 진실에 유사한 것인가를 알기 위해서는 진실 자체를 알지 않으면 안되기 때문이다.[12] 예를 들면 a가 사실(正)이고 b가 그릇된다(誤)고 할 때 어느 것인지는 모르지만 그 중에 어느 하나가 옳거나

---

9) 같은 책, 55쪽.
10) 같은 책.
11) 다시 말해 인간들이 끊임없이 탐구적 자세를 갖는다면 완전함에는 이르지 못한다 할지라도 잘못은 피할 수 있고 그 목적지에는 이르지 못한다 할지라도 적어도 올바른 방향으로 나아갈 수 있다는 것이다.
12) D. Robert, 앞의 책, 98쪽.

그르다는 것이다. 같은 예로 어떤 사유자가 세계는 하나이거나 아니면 하나 이상의 세계라고 생각한다면 그 중에 하나는 확실하다. 세계만 하더라도 현실적으로 감수할 수 있는 그만큼의 세계를 세계라고 규정한다면 그만큼의 세계가 존재하는 것은 확실하다. 또한 무언가 〈잘못된mistaken〉 것이 있다면 그 이전의 잘못되지 않은 상태가 있기 때문에 그러한 사유가 가능하다는 것이다.[13] 더구나 이 문제를 윤리적인 문제와 결부시켜 생각할 때, 삶이 잘못된 길에 서는 것은 그릇된 길을 가기 때문이기도 하지만 바른 길을 따르지 않기 때문이기도 하다.[14] 그 때문에 부도덕에 대한 논의가 가능한 것이다.[15]

회의주의자들이 근본적으로 문제시하고 있는 감각의 속임성에 대해서도 그의 입장은 달랐다. 그가 감각을 전적으로 신뢰한 것은 아니었지만 그렇다고 감각을 전혀 불신해 버릴 수 있는 것은 아니었다. 감각은 오히려 이성에 도움을 주는 기관이었다. 그는 또한 이성 편에 선다 하더라도 그 이성을 단순히 절대적 신뢰로서만 생각할 수 없었으며, 오히려 〈영혼soul〉의 도움을 통해서 더욱 바른 지식에 도달할 수 있다는 것이었다.

회의주의자에 반대할 이 무렵에 그는 신앙과 이성 중에 어느 쪽에 더 경도되었을까? 어쩌면 이성을 통하여 진리에 도달하려는 태도가 더 강했다고 볼 수 있다. 물론 이후 30여 년이 지난 426년, 그가 『보정록 Retractations』을 쓸 무렵에는 신플라톤주의와 기독교가 모순 없이 양립할 수 있다는 생각을 수정하고 오히려 신플라톤주의의 해독과 오류로부터 기독교를 방어해야 한다는 입장을 취하고 있다. 그럼에도 불구하고 이성과 신앙의 조화를 모색하려는 자세와 생각이 중세 사상계를 줄곧 지배해 왔다는 사실은 아우구스티누스가 이 문제에 대해 철학적으로 답하려는 자세를 얼마나 끈질기게 지키려 했던가를 말해

---

13) 같은 책, 99쪽.
14) *Contra Acad.*, Ⅲ, 15, 34.
15) D. Robert, 앞의 책, 100쪽.

준다.[16]

*

앞의 책이 인식론의 문제를 다룬 것이라면 『질서론 *De Ordine*』은 섭리와 악의 문제를 논하고 있다. 악이 실체라는 마니교의 가르침에서 빠져 나온 후에 이 문제를 해결하는데 있어서 신플라톤주의적 대응은 어떤 것이었을까? 악이 실체라는 것을 인정할 경우 하나님이 전지전능하지 않든지 아니면 그가 악을 조성했든지 둘 중 하나일 것이다. 하지만 아우구스티누스는 이 두 가지 가설을 모두 부당한 것으로 보고, 그럴 경우 신을 잔인하다고 보기보다는 제한된 것으로 보는 것이 더 낫다고 말하고 있을 정도다.[17]

아우구스티누스는 이 곳에서 악을 두 부류로 나누고 있는데 하나는 인간의 의지와는 거의 관계 없이 일어나는 재난과 같은 자연적인 악이며 다른 하나는 인간의 의지가 개입된 도덕적 악이다.[18] 자연적인 악의 경우 제일 문제가 되는 것은 그 발현된 악이 목적을 갖고 행해졌느냐 그렇지 않느냐 하는 점이다. 아우구스티누스와 그들 학생들은 자연적인 악도 목적을 갖고 행해지며 신의 섭리 안에 있다고 보았다. 그럴 경우 인간들의 입장에서 때로 부당해 보이는 재난적 악의 문제를 어떻게 이해할 것이냐의 문제가 제기된다. 그런 문제는 사람들이 악을 지나치게 자기 중심적으로 해석하는 데서 생기는 것이기 때문에 그 대신 우주 질서 전체 속에서의 악이라는 종합적인 접근 태도를 가질 때 악의 바른 이해가 가능하다고 아우구스티누스와 그의 무리들은 생각했다.[19]

---

16) 같은 책, 97쪽.
17) 같은 책, 100쪽.
18) 같은 책, 101쪽.
19) 같은 책.

악의 문제에 대해서는 플로티누스의 생각과 맥을 같이하고 있음은 앞에서도 여러 번 지적하였다. 플로티누스에 따르면 존재하는 모든 것은 선한 반면에 무엇인가 채워져야 할 부족 상태에 있는 것은 악이다. 그런 점에서 선은 우주 전체의 긍정적인 국면을 제공하지만 악 또한 우주 전체의 계획중에 불가결한 요인이 된다. 결국 유한성이나 제한성은 악으로 간주될 수 있지만 그것은 아이러니컬하게도 우주 전체의 완전함에 기여하고 있다.[20]

아우구스티누스와 그의 무리들도 선과 악이 구별되지 않는 한 정의 justice란 무의미한 것이라는 데 동의했다. 그렇지만 그러한 가설에 따를 때 하나님이 정의로우려면 악이 그와 더불어 있지 않으면 안된다는 문제점에 이르게 되었다. 더구나 하나님이 악의 원인이 아니라면 어떻게 악이 존재할 수 있느냐 하는 의문 또한 떨쳐버릴 수 없게 되는 것이다. 신플라톤주의식으로 하면 악의 원인은 비존재non-being에서 비롯되므로 하나님이 그 원인이 될 수 없다는 말이 된다. 그러나 이런 답에 따를 때 하나님이 모든 것을 섭리한다는 말을 하기가 어렵게 된다. 왜냐하면 실재하는 모든 것은 하나님의 섭리 아래 있다고 보아야 하기 때문이다.

이 문제에 대한 아우구스티누스의 답은 신중하다. 사람에게 선하거나 악하게 보이는 것은 사람의 시각에 따르기 때문이며, 사물 자체에 들어가거나 또는 우주 자연 질서 전체라는 종합적 시각으로 볼 때는 악과 선의 구별이 그렇게 뚜렷하게 구획되어질 수 있는 성격이 아니라는 것이다. 교수형 집행자는 악한 일을 하지만, 그 사람은 어떤 면에서 국가 사회의 안녕과 질서를 위한 법 집행의 한 부분을 담당한다. 창녀는 그 자체로는 부도덕한 것이지만 그 공창의 폐지는 더 많은 사회악을 낳는 결과를 낳을지도 모른다. 다시 말해 악이 선에 기여하고 있다는 사실은 거의 확실하다. 그래서 결국 선과 악을 나누는

------

20) 같은 책, 102쪽.

윤리적 구분이 문제가 되는 것이다.[21]

선과 악의 문제는 질서에 대한 논쟁으로 연결된다. 아우구스티누스와 제자들은 하나님이 질서의 창조자인지 아니면 하나님 자신이 질서에 따라 지배받는지에 대한 의문을 제기한다. 이 문제가 중요할 수밖에 없는 것이 앞의 경우에는 선이라도 하나님에 의해 결정될 수 있지만 반대로 후자의 경우는 하나님조차도 선에 의해 결정되기 때문이다. 하나님이 질서의 창조자일 때는 그는 자의적이며 선하지만, 그렇지 않을 경우 원리에 따라야 되며 그 신은 플라톤적 신에 오히려 가까와지는 것이다.[22]

이 대화의 마지막 부분에서는 도덕적 훈련에 관해 토론하고 있다. 그 훈련 방법으로는 권위와 이성이 다 필요한데, 순서로 보면 권위가 먼저 작용해야 하지만 실제는 이성이 그 우위에 있다.[23] 권위적 방법은 교육받지 못한 무리들에게, 이성적 방법은 교육받은 이들에게 더 효과적이다. 무지로부터 지식을 얻어가는 전이 과정에서 개인은 우선 권위에 기초한 도덕적, 정신적 가르침들을 받아들이게 되지만, 그 뒤에는 점진적으로 이성을 통하여 그 가르침들 속에 있는 지혜를 분별해 나간다는 것이다. 그렇기 때문에 아우구스티누스는 지식이나 인문학적 훈련이 결코 세계에 대한 섭리적 질서를 분별하는 데 저해 요인이 될 수 없다고 보았다. 오히려 이성이란 신적인 것a divine thing을 찾는 데 적절한 수단이 된다고 했다.[24] 아우구스티누스가 악의 문제를 논하는 과정에서 해결하지 않고 놓아둔 문제가 있는데 그것은 신(神)의 불변성immutability의 문제다. 이들 토론 그룹이 줄곧 어려움을 겪고 있었던 것은 하나님이 아무 것도 필요로 하지 않을 때 어떻게 목적지향적이 될 수 있는가, 또한 세계와 악이 신과 더불어 공

---

21) 같은 책.
22) 같은 책.
23) *De Ordine*, II, 9, 26.
24) D. Roberts, 앞의 책, 105-106쪽.

존적 영원성co-eternal을 띠는 것인지 아니면 시간 속에서 시작되었는지에 관해서, 뿐만 아니라 창조와 악 그리고 부패하기 쉬운 인간 영혼이 어떻게 하나님과 구분되며, 그러면서도 어떻게 이들이 모두 하나님의 섭리 아래 놓일 수 있는가의 문제였다. 이들에 대한 완벽한 답에 이르지 못한다 하더라도 아우구스티누스가 확신하고 있는 것은 그들이 변함 없는 완전함 쪽으로 향할수록 이 세상의 불행과 재난의 짐을 덜 수 있다는 점이었다.[25]

로버츠D. Roberts는 이들 책의 내용을 요약하고 나서 아직도 두 가지 문제가 미결로 남는다고 지적했다. 하나는 세상의 사물이나 세상적인 것까지도 하나님에 의해 창조된 것이라면, 더구나 악조차도 완전함에 기여하는 것이라면 사람들이 이들을 멀리 해야할 이유는 무엇인가이다. 다른 하나는 어째서 최고의 선Supreme Good보다는 덜 선한 것을 선호하는 인간의 비이성적 경향이 생기는가? 다시 말해 비존재와 같은 아주 분명하며 힘찬 것이 생길 수 있는가의 문제이다.[26]

이제 그가 밀라노로 돌아오기 직전에 끝마쳤다고 할 『독백Soliloquies』에 관해 이야기하자.[27] 그 제목은 『독백』이라고 되어 있지만 그 서술 형식은 아우구스티누스와 이성reason 사이의 대화 형식을 취하고 있다. 이 책에서 가장 흥미로운 점은 이 책이 앞으로 아우구스티누스의 철학 전개를 예견하고 있다는 점이다.

『독백』에서는 이성과 믿음의 강조점이 달라져 있다. 앞의 논의에서 믿음은 이성을 통하여 지적, 도덕적 성숙에 점진적으로 도달되는 것이라고 주장하였다. 반면 여기에서는 합리적 실천을 따르는 단계에 이르기 전에 믿음이 영혼을 오염된 신체로부터 정화시켜 주는 준비적 기능을 담당한다고 말함으로써 믿음을 더 강조하고 있는 것이다. 사

---

25) 같은 책, 106쪽.

26) 같은 책.

27) 이 『독백』은 아마 386년 12월부터 다음 해인 387년 1월 사이에 쓰인 것 같다.

람이 살아있는 동안 세상에 있는 모습을 완전히 이해할 수 없으며 이는 사람이 죽은 다음에만 가능하다. 사람이 신에 대한 바른 지식, 바른 관계를 가지려면 육체로부터 영혼이 분리되는 단계에서나 가능하며 이는 실질적으로 죽음의 상태를 뜻하게 되므로 이는 천국에서나 이룰 수 있다는 것이다. 마치 눈이 잘 보이지 않은 사람에게 안경이 필요하듯이 믿음이란 하나님을 더욱 잘 보이게 해 준다는 것이다.

그는 사물에 대한 진정한 판단은 감각의 감지력에 의존하고 있다는 점에 동의하고 있으나 사실과 잘못간에 차별을 알게 하는 마음을 전제하지 않고는 진실에 도달할 수는 없다는 주장을 폈다.[28] 진리에 이르는 데는 감각과 이성이 있어야 하지만, 궁극적으로 영혼의 도움을 받아야 한다고 했다. 마음이란 감각적 경험 이전에 시간에 구애받지 않은 진리를 이미 소유하고 있다는 소크라테스의 주장에 동의하고 있다.[29] 경험적 세계란 〈마음〉이 이미 알고 있는 것을 닮거나 그것에 유사한 것에 불과하다. 그리고 영원한 진리란 영혼 속에 거주함으로, 그 이유만으로도 영혼은 영원해야 한다는 것이다.[30] 아우구스티누스가 끊임없이 확증하고자 시도한 것은 불변성immutability에 대해서다. 왜냐하면 영혼이 영생할 수 없다면 지구상의 삶이 결코 진정한 의미에서의 축복을 받을 수 없다고 생각했기 때문이다. 〈불변성im-mutability〉이야말로 신과 진리 그리고 영혼을 연결짓는 고리라고 생각했다.

이상에서 카시키아쿰에서의 토론을 대략 살펴보았다. 인식의 문제와 선과 악, 영혼과 죽음, 그리고 이성과 믿음의 관계들에 대한 진지한 철학적 토론을 전개하고 있었음을 알게된다. 신앙이란 철학적 해답만으로 풀이할 수 없는 부분이 많다. 그러나 철학적 해답을 구하려는 진지한 자세는 필요하다는 점에서 이들이 시도하고 있는 정직한

---

28) D. Roberts, 앞의 책, 109쪽.

29) 같은 책.

30) 같은 책.

질문과 탐구 자세는 돋보인다. 플라톤적 사유의 도움으로 제한된 물질적 세계관으로부터 해방되었으나, 역시 플라톤적 해답이 곧 기독교적 가르침과 일치될 수 없는 것이었다. 이들 논의에서 앞뒤의 모순과 애매성, 미해결의 문제들이 대답을 얻지 못한 채 남겨진 것이 많다. 그러나 이 같은 불확정성에도 불구하고 이 책들은 문제들의 논의와 접근에 있어서 지적 정직성intellectual honesty을 잘 보여주고 있다는 것이 평자들의 지적이다.

아우구스티누스는 카시키아쿰의 토론을 끝내고 세례를 받기 위해 밀라노로 돌아갈 채비를 하고 있었다. 마침 학기가 시작될 무렵이었으므로 학부형들에게 편지를 보내어 다시 수사학 교수직으로 돌아갈 수 없음을 알렸다.[31] 이 무렵 아우구스티누스의 건강 상태 또한 좋지 않았음이 확실하다. 그의 흉곽은 만성질환으로 시달리고 있었고 더구나 초기의 대화 내용으로 볼 때 불면증에 시달리고 있었던 징후가 뚜렷하다.[32] 뿐만 아니라 때로 치통이 심할 때는 숨쉬기조차 곤란한데다가 정신적 번민까지 겹쳤기 때문에 불면증은 더욱 그를 괴롭혔다. 때로 말조차 할 수 없어서 왁스판 위에 글로 써서 자기의 아픔이 치유되도록 기도해달라고 요청할 때도 있었다고 한다.[33]

그는 암브로시우스에게 편지를 써서 세례를 받고자 함을 알렸을 뿐만 아니라 세례를 받기 전에 읽어야 할 성서의 부분들을 알려줄 것을 요청하기도 했다.[34] 그때 암브로시우스는 이사야서를 읽도록 추천하였으나 처음 몇 장을 읽어보고 잘 이해할 수가 없어서 이내 뒤로 미루고 오히려 복음서를 읽었다. 신약성서 중 그가 밀라노를 떠나기 전에 이미 읽기 시작했던 바울 부분을 많이 읽고 있었다. 카시키아쿰을

---

31) *Conf.*, IX, 5, 13.
32) 아우구스티누스의 건강 상태와 병에 관해서는 B. Legewie, "Die Körperliche Konstitution und die Krankheiten Augustinus," Miscel, *Augustiniana*, II, 5-21쪽의 투철한 연구가 있다(V. Bourke, 앞의 책, 80쪽).
33) *Conf.*, IX, 5. 13.
34) *Conf.*, IX, 5, 13.

떠날 무렵까지도 그는 아직 제대로 교육받은 크리스천이라고 말하기는 어려웠다. 그는 아직 성육신의 신비나 속죄, 하나님의 은총, 성령의 가장 중요한 역할이나 교회 성찬식에 관해서는 잘 몰랐고, 그 때문에 그의 저술들이 아직은 이들 문제들에 대한 논급이 없는 것은 어쩌면 자연스러운 현상인지 모른다. 사순절이 시작될 무렵, 가을 기후가 험악한 북부의 겨울로 바뀌어 가고 있을 때(387년) 아우구스티누스와 그 일행은 세례를 받기 위해 밀라노로 돌아갔다.

9 세례, 철학적 여과 그리고 귀향

밀라노에 돌아오자 아우구스티누스는 곧 세례를 받을 절차를 밟았다. 그의 아들 아데오다투스와 그의 막역한 친구 알리피우스도 이 일에 동참하였다.[1] 세례 신청자들이 사순절의 수 주일 동안 주교의 감독 아래 기도와 금식과 학습을 받는 것이 이 무렵의 통례로 되어 있었다. 그들은 교회에 정규적으로 참석할 뿐 아니라 설교를 듣고 초신자들에게는 주어지지 않는 교육들을 받았다. 주로 이들이 듣는 설명은 사도신경과 7성사에 관한 것들이었다.[2]

성 암브로시우스는 이 엄숙한 행사를 집전하는 데 정성을 다 바쳤고, 대예배 성찬이 끝난 다음 다시 세례 후보자들만을 따로 모아 주교의 설교를 듣도록 했는데 설교는 아우구스티누스의 가슴 깊이 파고들 만큼 인상적인 것이었다.

---

1) *Conf.*, Ⅸ, 5, 14.
2) 세례 과정과 절차에 대한 이야기는 P. Burton, *The Life of St. Augustine*, ed. 3rd(Dublin ; Gill and Son, 1897), 77-82쪽과 V. Bourke, *Augustine's Quest of Wisdom*(Milwaukee : The Bruce Publishing Co., 1947), 81-83쪽 등을 참고할 수 있다.

그 때까지만 해도 입교식은 매우 엄숙하고, 엄격하여 신비로움까지 곁들인 듯 했다. 이 의식은 외부에 알려지지 않게 숨겨지기까지 했는데, 이교도들이 기독교로 전향할 때는 더욱 그 교리문답이 까다로왔다. 심지어 주기도문 Lord's Prayer조차도 입교식이 다 진행된 다음에야 전달해 주었다.[3] 아우구스티누스 자신도 다신교주의와 우상 숭배에 대한 엄숙한 경고를 들었는데 후일에도 생생히 기억할 정도였다.

성 토요일 Holy Saturday과 부활절 주일 Easter Sunday 사이의 밤(387년 부활절은 4월 25일에 해당된다)에 아우구스티누스는 암브로시우스에게 세례를 받았다. 암브로시우스 주교는 교회의 풍성한 의식 속에서 다음과 같은 질문을 엄숙하게 했고 아우구스티누스는 떨리는 마음으로 이렇게 응답했다.

그대는 전능하신 아버지 하나님을 믿는가?
예 믿습니다.
그대는 예수 그리스도를 하나님의 아들이라고 믿는가?
예 믿습니다.
그대는 성령 the Holy Ghost을 믿는가?
예 믿습니다.[4]

커튼 뒤를 지나 아우구스티누스는 홀로 알몸으로 깊은 물 속에 잠겨들었다. 암브로시우스는 크게 흔들리는 물 위로 솟아오르는 아우구스티누스의 어깨를 세 번 붙들었으리라. 잠시 후 다시 새하얀 옷으로 갈아입은 아우구스티누스는 여러 촛불들로 성스럽게 조명되고 있는 교회의 주회랑을 지나 동료 세례자들과 함께 제단 옆 약간 도드라지

---

3) B. Parodi, *La Catachesi di S. Ambrogis*, 1957, 66쪽(Brown, *Augustine of Hippo*, 124쪽에서 재인용)

4) V. Bourke, *Augustine Quest of Wisdom*(Milwaukee : The Bruce Publishing Co., 1947), 82쪽.

게 올라선 마룻바닥 위에 앉았고, 이내 부활하신 예수님의 성찬례에 참여할 준비를 갖추었다.[5]

이 환희의 순간에 아우구스티누스는 암브로시우스가 연전(年前)에 서방 교회에 소개했던 그 장엄한 성가의 노래 소리를 들었다. 사실 이 찬양은 아리우스파에 현혹된 발렌티아누스의 어머니인 유스티나 대비가 암브로시우스를 핍박할 때, 시험과 박해에 신앙을 굽혀서는 안된다는 뜻에서 동방 교회의 본을 따 처음으로 서방 교회에 소개했던 저항과 찬양의 성격을 함께 띤 것이었다.[6]

이 순간에도 아우구스티누스는 참회의 마음으로 흐르는 눈물을 억제할 수가 없었다.

우리는 함께 세례를 받았습니다. 그러자 전에 잘못 인도된 삶 때문에 나의 마음을 그토록 고통스럽게 했던 아픔들이 모두 사라져 버렸습니다. 그 시절에는 결코 만족이란 없었지만, 이제는 인류를 구원하신 당신의 보살핌과 심원함에 기대어, 찬양의 달콤함을 맛봅니다. 거룩한 음성이 고요히 내 귀에 들리고 당신의 진리가 내 마음을 사로잡았을 때, 내 영혼 깊은 곳에서 끓어 오르는 당신을 향한 경건한 내적 감정은 이내 내 눈에 흐르는 눈물이 되었지만 나는 그 속에서 무한한 행복을 느꼈습니다.[7]

이때 아우구스티누스의 나이 33세였다. 젊음의 격정기를 지나 어쩌면 정염과 사유가 균형을 찾으려는 시기의 입문점(入門點)이라고나 할까? 그가 76세(430년)에 세상을 떠난 것을 상정한다면 앞으로의 생애는 43년을 남겨놓은 셈이다.

이 시점을 분계선으로 하여 그의 인생은 양분된다고도 볼 수 있다. 세상지향적인 삶에서 하나님 나라를 바라보는 삶으로, 철학과 번뇌의

---

5) P. Brown, *Augustine of Hippo*(London : Faber & Faber, 1968), 124쪽.
6) *Conf.*, Ⅸ, 7, 15.
7) *Conf.*, Ⅸ, 6, 14.

삶에서 기독교 신앙과 자기 확신의 삶으로, 사회적 출세 지향성에서 자기부정과 종교적 헌신의 삶으로 바뀌었다.

이제 그는 밀라노에 더 이상 남아 있을 아무런 이유가 없었다. 출세를 향해 때로 내면의 소리까지 억제하면서 줄달음쳐 달려들던 그의 인생 목표는 홀연히 사라진 것이다. 카르타고의 번민과 분방한 삶, 넓은 세계로 가서 뛰어 보겠다고 어머니마저 속이고 떠나온 로마행, 그리고 일시적으로 뜻이 이루어진 듯했던 밀라노에서의 영광과 성취, 그러나 출세의 집념에 불타던 그도 내면에서 언제나 집요하게 고개를 들고 일어서는 진리에 대한 향수, 회의와 탐구심을 잠재울 수는 없었다. 역설적으로 그는 출세를 위해 달음질쳐 온 것이 아니라 자기의 초라한 모습, 결국 마음의 안식 없이는 행복이 없으며, 정신적 만족 없이는 건강조차도 지탱할 수 없음을 알게 되었다. 이제 33년의 세월이 흐른 다음에 삶의 원점으로 돌아가 다시 출발하게 된 셈이다. 그래서 그가 고향 타가스테로 돌아가는 것은 어쩌면 당연한 순서일지 모른다.

아우구스티누스가 밀라노를 떠난 날짜는 분명하게 알려져 있지 않다. 그의 일단의 무리가 아프리카를 향해 떠난 것은 세례를 받은 같은 해 387년 초여름이었을 것으로 추정된다. 이미 알리피우스는 아우구스티누스와 함께 돌아갈 결심이 섰고, 어머니와 아들 그리고 카시키아쿰 일행 외에도 부유한 가정의 후손이며 당시 로마군 장교로 있던 에보디우스Evodius가 직무를 버리고 아우구스티누스 일행에 동참하였다. 그는 아우구스티누스보다 먼저 개종하고 세례받은 후 관직까지 미련 없이 버렸던 용기있는 사람이라고 아우구스티누스는 회상했다.[8]

그들의 아프리카행은 순조롭지 못했고 밀라노를 떠난 후의 여정 또한 길고 고달픈 것이었다. 이 시기 지방주에서부터 번지기 시작한 황

---

8) *Conf.*, IX, 8, 17.

제위를 다투는 권력 투쟁이 치열하여지더니 급기야는 이탈리아에까지 닥쳐왔다. 케르나르본Caernarvon의 사령관인 막시무스Maximus 장군의 함대들이 찬탈을 노려 로마의 항구들을 봉쇄하고 있었다. 당시 콘스탄티노플에서 다스리고 있던 신심 깊은 갈리키아Galicia 출신의 데오도시우스Theodosius 황제가 이 경쟁자에게 일격을 가할 준비를 하고 있었다.[9] 그 봉쇄 때문에 일행은 오스티아에 머물면서 아프리카행 배를 기다리지 않으면 안되었다.

뒤에 발굴에서도 밝혀진 바이지만,[10] 이 무렵 4세기의 오스티아 항은 이미 그 번창기를 지나 썰물이 나가듯 그 쇠퇴의 기미가 역력하여 많은 거주인들이 도시를 빠져나가고 사람들조차 별로 없어 버림받은 것 같았다. 로마 귀족들의 별장으로 쓰이던 대주택들만이 스산한 거리에 삐죽삐죽 나와 있는 것 같았다.[11] 아우구스티누스가 머물렀던 집은 그리스도교도 귀족의 집으로 오스티아 중심가에서는 상당히 떨어진 조용하고 한적한 곳이었다. 부유한 대저택에서 아우구스티누스 일행이 숙박의 편의를 얻을 수 있었던 것은 당시 로마 사회의 후견인과 피후견인간에 서로 돕는 사회적 전통에 따른 것으로 그 같은 호의를 받는 데는 큰 어려움이 없었을 것이다.[12] 이 당시 상류 귀족층에는 일반화된 사정이기도 하지만 그리스도교도들 중에도 엄청난 부자들이 있어 저택과 토지를 겸하여 소유하고 있었다.

그러나 아우구스티누스에게 예상치 않던 큰 사건이 일어났다. 그것은 모니카의 갑작스런 죽음이었다. 모니카는 열병으로 몸져 누운 지 9일만에 졸지에 세상을 떠나고 말았다.[13] 이것은 아우구스티누스에게

---

9) P. Brown, 앞의 책, 128쪽.

10) 같은 책.

11) 같은 책.

12) H. Boren, 이석우 역, 『서양 고대사』(서울 : 탐구당, 1983), 266-267쪽. 대부분의 귀족들 간혹 평민까지도 많은 예속자를 거느리고 후견인 역할을 했는데 후견인들은 보호자들의 복지 문제, 법정 문제 심지어는 자녀들까지 돕는 것이 전통으로 되어 있었다.

더할 수 없는 충격이요, 슬픔이었다. 그가 어머니의 죽음으로 얼마나 큰 충격을 받았는가는 10년 후에 쓴 『고백록』에서 그때의 아픔을 눈에 보이듯이 생생하게 그리고 있는 데서 헤아릴 수 있다.

돌이켜 보건대 그의 어머니의 죽음은 미리 예견되고 있었던 것 같다. 오스티아에 도착한 지 며칠되지 않아 아우구스티누스와 어머니 모니카는 주거지의 조용한 창가에 기대어 참으로 오랫만에 따뜻하고 오붓한 대화의 시간을 가졌다. 모자간의 즐거운 대화는 아주 흐뭇한 것이긴 했지만 어쩌면 이생에서의 삶을 종합 정리하는 마지막 순간이었는지 모른다.[14] 그러나 그 사건이 어떤 의미를 가질 것인지는 두 사람 중 어느 누구도 모르고 있었다.

그들의 대화가 극에 이르렀을 때 자신들도 모르게 신비로운 경지에 이르며, 이 세상의 것들을 지나 하나님의 말씀에 접하는 황홀한 환상적 희열의 체험을 갖게 되었다고 했다. 아우구스티누스는 『고백록』에서 그때를 이렇게 회상했다.

우리의 대화가 〈육체의 감각적 쾌락이 아무리 휘황찬란한 것이라 할지라도 영생의 기쁨에는 결코 비할 바가 못된다〉고 말하는 시점에 이르렀을 때 마음은 진리, 당신 Himself에 대한 열정으로 타올라 우리 자신이 들어 올려졌습니다. 한 발 한 발 우리는 온갖 물상 즉 해와 달과 별이 지상에 빛을 발하는 하늘 그 자체를 두루 지났습니다. 그리고 우리는 내적 묵상의 경지에까지 이르는데 여기에서는 당신의 성업 Works들을 찬양하고 경탄하다가 우리 마음의 가장 영적인 부분에 이르러 그들을 초월하여 마침내 영원히 마르지 않은 풍요의 원천에 이르게 되었습니다.[15]

이들 모자(母子)는 육체의 제한성과 피조물의 허무와 부질없음, 그

---

13) *Conf.*, IX, 11, 27.
14) *Conf.*, IX, 10, 23.
15) *Conf.*, IX, 10, 24.

리고 하나님의 위대함과 영원성에 대해 좀 더 대화를 계속했다. 그러면서 모니카는 최후를 예견하는 듯한 선언적 말을 서슴없이 들려준다.

사랑하는 내 아들아, 나는 이제 이 세상에서 해야 할 아무런 일들이 없음을 기뻐해도 될 것 같다. 내가 더 이상 무엇을 해야 하며 무엇을 위해 살아야 할 것인지를 모른다. 그러기에 이 세상에서의 소망은 모두 사라졌다. 내가 그동안 내 생명이 잠시라도 더 연장되었으면 하고 바랐던 것은 네가 합당한 크리스천이 되는 것을 보고 죽었으면 했기 때문이었다. 이제 나의 하나님께서는 이 모든 것을 풍성히 이루어 주셨다.[16]

오스티아에서의 이 묵상과 초월적 경지의 체험에 대한 『고백록』의 서술은 그 내용의 기록성이나 현장감 못지않게 그 예술성과 문학성으로도 잘 알려져 있다. 뿐만 아니라 이 두 모자간의 대화 내용이 플로티누스의 『에네아드 *Enneads*』의 구절들과 많은 유사성을 갖고 있다고 지적되고 있다.[17] 이 점은 아직도 아우구스티누스가 플로티누스적 사유의 영향권 아래 있음을 말하지만 동시에 그 자신의 『고백록』서술의 정확성을 역으로 대변해 준다. 왜냐하면 아우구스티누스가 『고백록』을 저술할 무렵에는 이미 플로티누스적인 것들은 의도적으로 해소, 제거해 버릴 수 있는 충분한 기독교적 이론 체계와 기량을 갖추고 있었기 때문이다.

또 하나 앞의 대화에서 문제되는 것은 아우구스티누스의 신비적 체험의 문제이다. 혹자는 아우구스티누스에게 신비주의자라고 명명하기를 거부한 반면에[18] 어떤 이들은 그를 뛰어난 크리스천 신비주의자의

---

16) *Conf.*, IX, 10, 26.

17) M. Bouillet가 지적한 대로 *Conf.*, IX, 10, 25와 *Enneads*, V, 1, 2. 사이에 구조상의 유사성이 있다는 것이다.

18) 아우구스티누스가 신비주의자일 가능성을 고려하기는 했지만 끝내 부정적인 결론을 내린 글은 다음과 같은 것들을 들 수 있다. G. Boissier, "La

표본으로 삼으려 한다.[19] 이러한 논의에 대해 버크는 신비주의라는 개념을 어떻게 정의하느냐에 따라 그를 어떻게 부를 것인가가 정리된 다고 보고 있다. 그러나 아우구스티누스가 최고 경지의 신비적 국면 을 체험했느냐의 여부는 학술적 논란의 대상이 된다 하더라도, 그가 신비주의자의 대표적 인물들인 성 베르나르St. Bernard of Clair vaux나 성 보나벤투라St. Bonaventura와 같은 이들에게 확실한 영 향을 끼친 것만은 부인할 수 없다. 뿐만 아니라 높은 질서 차원의 이 종교적 체험은 플로티누스의 일자(一者)를 향한 철학적 수준보다 훨 씬 더 강도 있는 것이라고 믿어지고 있다.[20]

왓킨E. Watkin 또한 아우구스티누스를 신비주의자로 간주하는데 확고한 입장을 취하고 있다. 아우구스티누스는 『고백록』 외의 다른 저술 곳곳에서 그 같은 언급을 하고 있는데 비록 그가 신비적 일체감 의 초기 단계를 경험했을 뿐이며 신비주의의 신학적 체계를 마련하지 는 않았지만 이를 경험했던 것은 분명하다는 것이다. 기도의 절정에 이르렀을 때 신비적 또는 몰입적 묵상에 달하는 것은 어려운 일이 아 니라고 말하고 있다.[21]

근래에 이 문제를 정리하고 있는 코일J. Coyle은 우선 『고백록』에 서 언급한 이 특별한 체험을 어머니 모니카 쪽에 강조점을 두고 이해

Conversion de Saint Augustin," *Revue des deux mondes*, 85(Paris, 1888), 43-69쪽 ; A. Harnack, *Augustins Confessionen*(Gisseni Ricker, 1888) ; E. Portalié, "Augustin(Saint)," *Dictionnaire de théologie cathol-ique*, 1(Paris : Letouzey et Ań, 1903), 24-53쪽.

19) C. Butler, "Western Mysticism; The Teaching of Saint Augustine," *Gregory and Bernard on Contemplation and the Contemporary Life in His-tory of Religion*(New York : E. P. Dutton, 1924), 23-88쪽 ; V. Zangar-a, "La Visione di Ostia Storia Dellindagine della controversia," *Rivista di Storia e letteratura religiosa*, 15(Florence, 1979), 63-82쪽.

20) V. Bourke, 앞의 책, 88-89쪽.

21) E. Watkin, "The Mysticism of St. Augustine," M. D'Arcy 편, *Saint Augustine*(Cleveland : The World Publishing Co., 1961), 118-120쪽.

해야 한다고 주장하고 있다. 그 서술이 신비주의를 확인하는 의도이
든 아니든 간에 아우구스티누스의 한 가지 확실한 의도는 그의 어머
니를 철학자의 반열에 세워 놓고자 하는데 있다는 것이다.[22] 그것은
두 곳에서 확인되는데 하나는 『고백록』의 이 부분(Conf., IX, 10, 25-
26)에 나타난 대화의 내용이 거의 플로티누스의 그것에 비견되고 있
고 두번째로 카시키아쿰에서의 『질서론』 토론에서도 어머니가 주요한
참석자로서의 한 몫을 담당하고 있다는 점을 지적하고 있다.[23] 물론
그도 아우구스티누스가 신비적 경험을 했던 것만은 부인할 수 없다는
태도를 취하고 있다.

  마지막 임종의 순간에도 모니카는 천국에 대한 확실한 소망과 아들
에 대한 뜨거운 사랑을 보여 주었다. 죽음 직전에 그녀는 〈너희는 나
의 시신을 아무 곳에나 묻어도 괜찮다〉[24]라고 언급하고 있다. 사실
평소에는 그의 남편 파트리키우스와 함께 묻히는 것이 소원이라고 했
다. 그것이 또한 그 때의 전래적 풍습이었다. 어쩌면 개인적으로는
이제 고향에 돌아가 영원한 안식을 준비하고 있었는지도 모른
다.[25] 그러나 그녀가 아들에게 한 말은 달랐다. 그 한여름에, 그리고
아프리카까지 갈 길이 아직도 멀기만 한데 어떻게 죽은 시신을 이끌
고 고향에까지 갈 수 있었겠는가? 아들의 마음을 편하게 하고 그들의
무거운 여로의 짐을 덜어 주기 위한 어머니의 깊은 사랑으로만 설명
될 수 있는 일이다.

  모니카의 삶은 어쩌면 아우구스티누스에게 모두 바쳐진 것이나 다
름이 없다. 아우구스티누스가 바른 신앙의 길에 서도록 일생 동안 기
도를 멈추지 않았고, 그가 가는 곳이면 밀라노에서도, 카시키아쿰에

---

22) J. K. Coyle, "In Praise of Monica : A Note on the Ostia Experience
    of Confessions IX," *Augustinian Studies*, 13(1982), 91쪽.
23) 같은 책, 91-94쪽.
24) *Conf.*, IX, 12, 27.
25) *Conf.*, IX, 12, 28.

도, 오스티아에서도, 어느 곳에나 함께 있었다. 이제 그녀의 바람이
모두 이루어지자 홀연히 세상을 떠난 것이다. 사랑은 결국 받은 만큼
느낄 수 있고 받은 만큼 사랑하며, 사랑을 받아본 자가 사랑을 베풀
수 있다. 그 때의 슬픔을 아우구스티누스는 이렇게 농축시켜 표현하
고 있다.

> 영혼 깊숙한 곳에서 밀물처럼 몰려오는 솟구치는 슬픔을 진정 감당할
> 수가 없었습니다. 슬픔을 잊어 버리려고 애를 쓰면 쓸수록 그것은 나의
> 아픈 상처를 건드릴 뿐이었습니다. 언젠가 누구에게든지 한번은 오고야
> 말 슬픔이지만 이 슬픔의 심연에서 빠져나오려는 괴로움과 속으로부터 다
> 시 밀려오는 슬픔으로 인하여 나의 괴로움은 더욱 고통스러웠습니다.[26]

그는 여러 방법으로 이 슬픔을 달래보려고 하였다. 그러나 그 슬픔
은 더욱 큰 슬픔을 낳게 하는 것 같았다. 그 동안 억제해 왔던 눈물
이 터지는 것을 막을 길이 없었다. 어머니는 그를 위해 평생 동안 울
었는데 이제 겨우 어머니를 위해 한 시간 동안 울고 있는 자기의 모
습이 더욱 슬픈 것이었다.[27] 그러나 그 울음은 오히려 그의 마음에
위로와 평안을 주는 것 같았다. 그래서 조용히 암브로시우스가 지은
시를 입으로 되뇌어 보았다.

> 천지만물의 창조주
> 당신은
> 우주를 운행하는 일을 아시고
> 한낮을 사랑의 빛으로 옷 입히시며
> 밤에는 은혜의 단잠을 주시는 이,

---

26) *Conf.*, Ⅸ, 12, 31.
27) *Conf.*, Ⅸ, 12, 33.

우리의 괴로운 육체가 새로운 고통들을 감당케 하시고
우리의 피곤한 마음을 평안케 해주시며
우리의 찢겨진 슬픔을 덜어 주십니다.[28]

*

387년 여름 어머니를 오스티아에 묻은 아우구스티누스는 아프리카로 직행하려던 그의 계획을 바꾸어 로마로 향하였다. 그가 왜 로마행을 결심하게 되었는지는 확실치 않다. 아마 이 무렵 데오도시우스 황제와 막시무스 추종자들간의 대립이 더욱 격화되어 아프리카행이 어려웠을지도 모른다. 또 오스티아에서 얼마 멀지 않은 로마에 들르는 것은 로마에 잠시 머무른 경험이 있고 이러저러한 인연의 사람들을 갖고 있는 그에게 자연스러운 일이었는지 모른다. 세례받은 아우구스티누스가 당시 기독교의 가장 영향력 있는 중심도시였던 로마의 새로운 분위기 속에서 자신을 점검해 보고 싶었을 것도 같다. 더구나 그의 고향행은 어떤 정해진 일정이나 목적을 갖고 있는 것이 아닌데다 수도원과 같은 공동체 생활의 실상을 알아보고 교계 인사들과도 만나보는 것이 앞으로 자신의 아프리카 생활 계획에 도움을 주리라 생각했을 것이다.

로마에서의 시간은 그에게 많은 것을 안겨 주었다. 우선 교회 의식과도 친숙하게 되었으며 주변의 수도원도 견학할 기회가 있었고 더구나 성경을 더 깊숙히 공부할 시간을 갖게 되었으며 동료들과의 대화를 계속할 수 있었다. 뿐만 아니라 이를 정리하여 책으로 묶고 카시키아쿰 이후 아직도 마무리 짓지 못하고 있는 저술들을 완결하는 일들도 있다. 그가 1년 여 로마에 머무르는 동안에 쓰여진 책들로는 이미 밀라노에서 세례 받은 직후 썼던 『영혼 불멸론 *De Immortalitate*

28) *Corf.*, IX, 12, 32.

Animate』의 후편이라고도 할 수 있는 『영혼의 크기에 대하여 *De Quantitate Animae*』와 『자유의지론 *De Libero Arbitrio*』, 『가톨릭교회의 관례와 마니교도의 관례 *De Moribus Ecclesiae Catholicae et Moribus Manichaeorum*』 등이다. 아우구스티누스 사상의 전개와 그 변화를 알기 위하여 주요 내용을 간략히 살펴볼 필요가 있다.

영혼의 문제에 관한 논의는 『영혼 불멸론』과 『영혼의 크기에 대하여』를 통하여 함께 이루어지고 있다고 보겠다. 밀라노에서 387년 세례 직후 쓰여진 『영혼 불멸론』[29]은 아우구스티누스 특유의 저술로서 전체적으로 철학적인 특징을 지닌다. 여기에서는 전례적인 기도나 종교적 격정이나 성서적 주(註)를 거의 찾아볼 수 없다. 그리고 이는 대화의 형식으로 쓰여지지 않은 유일한 초기 철학적인 논문이라는 점이 다르다.[30] 용어는 거의 전적으로 철학적이며 하나님 의미로의 언급은 단 한 번 있을 뿐이다.[31] 대신 하나님을 〈이성 reason〉, 〈진리 truth〉, 〈존재 being〉 등의 용어로 비유하여 쓰는 경우가 대부분이다. 아우구스티누스는 그의 『보정록』에서 『영혼불멸론』을 앞의 『독백』을 보충하기 위해 썼다고 말하고 있다.[32] 『독백』이 종교적 분위기에 차 있는 것과 아주 대조적이다.

『영혼불멸론』[33]의 논의의 주요한 초점은 영혼은 불멸할 수 밖에 없다는 『독백』에서 제기한 문제를 더 자세히 설명하려는 데 있다. 그 이

---

29) 아우구스티누스는 이 책에서 animus(soul, life)와 anima(mind, heart)에 대한 분명한 구분을 지어 사용하는 것은 아니지만 후자 쪽의 용어를 좀더 자주 쓰고 있는 것은 사실이다.

30) J. Mourant, *Augustine on Immortality*(Villanova : Villanova University Press, 1969), 4쪽.

31) *De Immortalitate Animae*, 13, 22.

32) *Retractations*, I, 5, 1.

33) J. Mourant는 *Augustine on Immortality*(127)에서 영혼에 대한 논의의 원천도 플로티누스 Plotinus의 *Phaedo*나 *Enneads* IV, 7에서 주로 발견된다고 밝히고 있다.

유는 지식 scientia[34]이 영혼 속에 존재하며 그러한 지식은 영원하며 불변하기 때문이다. 우리가 이성에 의해 얻은 지식은 변할 수가 없는데 왜냐하면 그 지식이란 〈2+2는 4〉인 것처럼 변할 수 없는 것에 관심을 두기 때문이다.[35] 그와 반대로 육체는 불변한다고 볼 수 없는데 이는 죽을 수밖에 없기 때문이다.[36] 영혼은 불변한 것을 포용하는데 영혼이 시간 속에서 완전하지 wholly 못하면, 이는 불변하거나 영원한 것을 발견할 수 없다. 아우구스티누스가 말하고자 하는 것은 불변의 진리를 아는 것은 그것을 아는 자 속에 불변성 immortality을 함유할 때 가능하다는 것이다. 예를 들어 수학적 진실(진리)은 불변하며 영원하다. 그래서 〈진리 truth〉는 영원하다. 진리는 그 안에 거하는 이성 또는 지식을 갖고 있음에 틀림없고 영혼은 또한 이성 그 자체이므로 그것은 영원할 수밖에 없는 것이다.[37]

아우구스티누스는 〈발견하다 invenire〉를 〈만들다 facere〉와 〈야기시키다 gignere〉로 구분하여 조심스럽게 쓰고 있다. 다시 말해 우리는 영원한 진리를 발견하거나 소유할 수는 있지만 그것을 만들거나 야기시키는 것 또는 유발시킬 수는 없다는 것이다.

이성과 영혼의 관계는 어떠한가? 이성은 불변한 것이며 이성은 영혼으로부터 분리될 수 없다. 그래서 영혼은 결코 소멸할 수 없는 것이다.[38] 여기서 이성이란 용어의 개념이 약간 애매하다. 이성이 진실

---

34) 여기서 얻어진 지식이란 지식을 의미하는 〈disciplina〉이다. 〈scientia〉란 강력한 이성에 의하여 알려진 것을 말한다.

35) *De Immortalitate Animae*, 2, 2.

36) *De Immortalitate Animae*의 내용과 문제점에 대해서는 Mourant의 요약이 아주 적절히 정리되어 있기 때문에 그의 책 *Augustine on the Immortality*, 5-19쪽을 참고하였다. D. Roberts의 "A Critical Guide to the Major Works"의 〈soul〉 부분도 참조하였다.

37) R. O'Connell, *St. Augustine's Early Theory of Man, A. D. 386-391* (Cambridge : Harvard University Press, 1968), 135-136쪽.

38) *De Immortalitate Animae*, 6, 10-11.

을 받아들이는 〈마음의 국면〉 또는 〈진실〉 즉 그것이 최고의 경지에 이르면 신God과 동일시할 수 있다는 의미도 지닌다. 이 점에서 이성은 가장 불변하는 것이며 영혼과 결코 분리될 수 없으며 그것은 최고의 경지에서 신과 동일시될 수도 있는 성질의 것이었다. 이러한 논의는 크리스천적 믿음이라기보다는 플로티누스적 사유 구조의 냄새를 짙게 풍기고 있다.[39]

영혼과 육체의 관계는 어떤 것인가? 아우구스티누스는, 영혼은 육체로부터 분리되며 육체는 변화하는데 반해 영혼은 불변인 점을 강조한다. 그러나 영혼이 육체의 변화와 전혀 무관한 것은 아니다. 신체의 나이와 병과 고통에 따라 영혼이 영향을 받을 뿐 아니라 그 지식의 정도에 따라서도 그 자체내에 변화를 겪는다.[40] 그러나 신체의 죽음조차도 영혼을 무시간적 진리로부터 분리시킬 수 있는 것은 아니다. 왜냐하면 영혼과 진리의 관계는 육체적인 관계가 아니기 때문이다.

이러한 생각은 존재의 위계적 구조를 상정케 한다. 신과 인간 영혼 그리고 물질 사이에는 상하위 관계가 성립된다는 것이다.[41] 아우구스티누스는 신체적인 존재는 영혼보다는 더 하위의 자리에 있다고 생각했는데 이것은 육체가 영혼에게 죽음을 강요할 수 없기 때문이다. 또한 정신은 물질 세계를 설명할 수 있지만 물질은 정신 세계를 설명할

---

39) J. Mourant, *Augustine on Immortality*(Villanova ; Villanova University Press, 1969), 7쪽.

40) D. Roberts, "The Earliest Writings," R. W. Battenhouse 편, *A Companion to the Study of St. Augustine*(London : Oxford University Press, 1956), 110쪽.

41) 이 점에 관해서 R. Panaskovic은 그의 논문 "An Analysis of Saint Augustine's De Immortalitate Animae," *Augustinian Studies*, II (1980), 167-176쪽에서 반박하고 있다. 즉 아우구스티누스는 God-soul-matter의 위계가 아닌 〈one-nous-soul〉 (which orders and maintains in being the material universe)의 위계를 말하고 있다고 본다.

수 없기 때문에 정신이 물질보다 우위에 선다고 보았다.[42]

그러나 영혼과 진리의 관계를 결코 분리될 수 없는 것이라고 상정할 때 한 가지 문제가 발생한다. 영혼에게 잘못이나 지혜롭지 못한 일이 일어났을 때 이를 어떻게 설명할 것인가? 그 점에서 영혼도 잘못에 이를 수 있고 죽음으로 인도될 수 있다는 점을 인정한다. 그러나 이것을 무(無)로 돌아가기를 지향한다는 것과 무에 도달하는 것은 같다고 할 수가 없다고 했다. 물질을 아무리 최소의 단위까지 나눈다 하더라도 그것은 무엇인가이지 아무것도 아닌 것은 아니다.[43] 이 점에서 보면 신체도 죽는다고는 하지만 그 구성분자가 완전히 파멸될 수 없듯이 영혼의 경우는 더욱 그렇다. 아우구스티누스는 이 논쟁이 더욱 진행될수록 영혼을 자존적 self-existent이거나 하나님과 영원히 공존한다는 입장을 개진하고 있다.[44] 요컨대 정신은 그 자체의 실체적 형태를 지닌 다만 육체와는 헐거운 관계를 유지하는 독립적 실체라는 것이다. 정신은 육체가 되려는 바람도 없고 또 될 수도 없기 때문에 그래서 하나님은 영혼을 육체로 바꾸게 하지도 않는다는 것이다.[45]

이 같은 『영혼불멸론』이 기독교 입장에서는 어떻게 평가되고 있는가? 한마디로 아우구스티누스의 『영혼 불멸론』은 기독교적 입장과는 별다른 상관성이 없다는 지적이다. 이 같은 논의는 영혼의 불멸성을 증명한데 불과하며 이것은 플로티누스나 플라톤주의자들의 입장을 위해서는 충분한 변론일지 모르나, 육체의 불멸성까지를 증명해야 할 크리스천들에게는 충분한 추론일 수 없다는 것이다. 크리스천으로서의 아우구스티누스는 자기 논리를 창출하는 데는 이르지 못하고 있는 것이다.[46]

---

42) D. Roberts, 앞의 책, 110쪽.
43) 같은 책.
44) 같은 책, 111쪽.
45) J. Mourant, 앞의 책, 8쪽.
46) 같은 책, 10쪽.

오히려 모니카가 죽은 후 387-388년 겨울 동안 로마에 돌아와서 쓴 것으로 보여지는 『영혼의 크기에 대하여 *De Quantitate animae*』는 크리스천적 지향점으로 거의 완벽하게 전환하는 모습을 보여주었다고 평가받고 있다.[47]

원래 이 책은 에보디우스의 소박한 물질주의에 반대하는 아우구스티누스 자신의 입장을 밝히려는 의도에서 시작되었다. 여전히 이 책 속에서도 플로티누스의 영향이 강하게 지속되고 있지만 그러나 두 대화자간의 대비는 아주 뚜렷하다. 다시 말해 영혼 문제에 있어서 매우 흠잡히기 쉬운 하나님, 그의 자유 그리고 창조 문제 등에 관해 명시적으로 분명한 입장을 취하고 있다.[48] 요컨대 영혼은 창조되었으며 (그래서 하나님과는 구별됨), 그럼에도 불변이다(그 점에서 하나님과 유사함)라는 점을 전제하고 논쟁을 출발하고 있다.[49] 이는 신플라톤주의자들의 영혼기원설을 부인하고 영혼의 자유를 훨씬 강조하고 있다는 점에서 다르다.[50] 그러나 문제는 영혼이 영원한 것이라면 창조적 행위와 창조된 결과 사이의 일시적 간격을 어떻게 설명하느냐 하는 문제가 제기된다. 다시 말해 영혼이 신체와 연합하기 전후(前後)의 상태를 어떻게 하나님과 구별하느냐 하는 문제가 남는다.[51]

아우구스티누스는 또한 영혼 속의 생명을 그 힘의 정도에 따라 7등급으로 나누고 있다. ① 생명——이는 인간이 동물이나 식물과도 나누어 갖는다. ② 감각과 장소의 이동——이는 동물에게까지는 소유하게 되어 있으나 식물에게는 주어지지 않는다. ③ 기억——과학과 언어와 전통 문화, 그리고 미래를 그려보는 것 등은 기억에 의존한다. 일부 동물들이 일종의 감각적 기억을 갖고는 있지만 고도의 기능은

---

47) 같은 책, 13-14쪽.
48) 같은 책.
49) D. Roberts, 앞의 책, 111쪽.
50) J. Mourant, 앞의 책, 8쪽.
51) D. Roberts, 앞의 책, 111쪽.

역시 인간만이 소유한다. ④도덕적 선——이 점에서 오직 인간만이 전 물질 세계 중에서 가장 상위에 속한다. 도덕 의식의 소유는 인간으로 하여금 유혹을 받게 하고 죽은 후의 정의로운 심판을 두려워하게 만든다. ⑤진리 그 자체에 대한 관조——이를 통해 갈망은 효과적으로 제어될 수 있다. ⑥관조가 결실에 이르는 순간의 시작 ⑦순간 상태가 아닌 영속하는 상태로서의 시각(視覺 vision)——이것을 가지고 사물의 진실을 볼 수 있는데 몸의 부활이나, 처녀 잉태, 하나님의 인간으로서의 화신(化身)과 같은 것은 이 눈을 통해 알게 된다.[52]

이상의 7등급에서 볼 때, 인간의 위치가 그 능력에 있어서 최고위에 있음을 알게 된다. 아우구스티누스는 이 같은 논의에서 다음과 같은 사항의 진전을 보았다. 첫째로 육체를 열등한 것으로 생각했던 플라톤주의자들의 주장에 반대하고 그 용어는 아직 애매한 데가 있지만 육체는 선하다고 믿는다.[53] 왜냐하면 신에 의해 창조된 모든 것은 선하기 때문이다.[54] 두번째로 불멸은 인간 전체에 해당되는 것으로 영혼과 육체가 다 불멸한다고 보았으며 영혼만이 영원하다는 플로티누스와 신플라톤주의자들에 반대하고 있다.[55] 즉 불멸을 보장하는 것은 믿음이라는 것이다.[56]

세번째로 신체와 영혼이 다같이 신에 의해 창조되었다는 것이다. 그는 영혼의 특별한 창조설을 선호하는 편이지만 이 문제에 대해서는 잘 모른다고 말하고 있다. 영혼은 하나님의 형상을 따라 창조되었지만 이는 인간으로서의 속성을 소유하고 있다고 봄으로써 플라톤이나 신플라톤주의자들의 영혼 개념과 다른 입장을 보이고 있다.[57]

---

52) D. Roberts, 112쪽.
53) J. Mourant, 앞의 책, 16쪽.
54) *Sermones*, 214, 2.
55) J. Mourant, 앞의 책, 16쪽.
56) *De Trinitate*, XIII, 9, 12.
57) J. Mourant, 앞의 책, 17쪽.

네번째로 아우구스티누스는 플라톤이나 플로티누스가 가르쳤던 영혼의 이주transmigration설을 크게 반대했는데 이는 인간의 가장 최상의 목적을 무의미하게 만들어 버리기 때문이다. 물론 이에 대한 반대는 후기의 글에서 더욱 뚜렷이 드러나지만, 아우구스티누스는 처음부터 인간의 영원한 행복에 대한 그리스적 개념에 동의할 수 없었다.[58]

마지막으로 죽음에 대한 개념으로 플라톤주의자와 신플라톤주의자들은 죽음이 신체에만 제한된다고 본 반면에 아우구스티누스는 신체와 영혼에 다 죽음이 일어날 수 있다고 생각했다.

무랑J. Mourant은 이상과 같이 영혼에 대한 아우구스티누스의 플라톤과 플로티누스적 사유에서의 이탈과 차이를 지적하면서도, 이런 플라톤주의자와 신플라톤주의자들과의 분리는 아주 완전하며 분명한 것이 아님을 상기시키고 있다. 다시 말해 이 책에서 아우구스티누스는 여전히 영혼과 신체 관계에서 보다 대립적으로 파악하고 있으며 영혼과 신체의 관계도 신플라톤주의적 맥락에서 설명하고 있다는 점이다.[59] 무랑은 또한 아우구스티누스의 형이상학과 인식론은 그것이 크리스천 믿음과 상치하지 않은 곳에서 플라톤주의자와 신플라톤주의자들에 의해 놓여진 길을 택하고 있다고 말했다.[60]

*

아우구스티누스의 『자유의지론』은 영혼의 문제, 인간의 자유, 그리고 죄의 문제 등을 생각하면서 썼다. 이 책은 387-388년 겨울 로마에 있는 동안에 시작하여 1권은 그곳에서 마쳤지만 나머지 2권과 3권은 아프리카에 돌아가서 썼을 뿐 아니라 395년에야 이들 모두를 끝냈다.[61]

---

58) *De Beata Vita.*
59) J. Mourant, 앞의 책, 18쪽.
60) 같은 책.

이 무렵 그는 신부로 서품되어 주교가 될 찰나에 있었다. 그 주제의 중요성과 더불어 그가 평신도로부터 성직자의 자리에 있는 과정에 집필되었다는 점에서, 또한 신플라톤주의 철학자로서의 시작부터 교회의 교부 Father of the Church에 이르는 완숙기까지의 그의 사상의 변천과 연관성을 보여 준다는 의미에서도 중요한 자리를 차지한다.[62]

아우구스티누스가 그의 『보정록』에서 밝히는 바와 같이 이 책의 근본 의도는 악의 기원을 밝히는데 두고 있는데 악의 기원은 하나님에게 있는 것이 아니라 자유의지에 있다는 논리를 전개하고 있다. 그 외에 사람이 어떻게 본래의 선한 지위로 되돌아갈 수 있는가 하는 방법과 보다 더 선한 상태로 나가는 길을 알아보고 있다.[63]

아우구스티누스가 자유의지를 강조했다는 이유로 후일 펠라기안들은 이 책을 들어 아우구스티누스가 펠라기우스주의에 찬성하고 있다고 주장했었다. 뒤에 펠라기안 논쟁에서 이 문제를 좀더 언급하겠지만 아우구스티누스는 이를 논박하면서 펠라기우스파들의 자유의지란 인간의 공로에 따라 주어진 것이고 하나님의 은총의 측면을 부정한 점을 들어 자신의 견해와는 큰 차이가 있음을 지적했다.[64]

우선 이 책은 하나님이 악의 조성자 Author of evil인가라는 문제 제기부터 시작했다. 아우구스티누스는 하나님은 인간들이 저지른 악의 조성자가 될 수 없으며, 인간들이 당하고 있는 악을 만들어 낸 자는 인간 자신이라고 대답했다.[65] 이처럼 악을 행하는 것이 하나님께

---

61) 제1권과 제2권은 대화체로 되어 있는 반면에 제3권은 10절에서부터 갑자기 대화체가 끊어지고 47절에 잠깐 비친 것 외에는 대화 상대자가 나타나지 않는다. 이 때문에 체계성과 명확성이 부족하고 후에 쓴 자료들을 뒤에 편집하지 않았는가 하는 의심을 받고 있다.

62) D. Roberts, 앞의 책, 115쪽.

63) 아우구스티누스, 박일민 역, 『아우구스티누스의 자유의지론』(서울 : 풍만, 1985), 7쪽.

64) 같은 책, 8쪽.

65) *De libero orbitrio*, Ⅰ, i, 1.

그 원인이 없다면 인간 내면의 어디에서 보다 본질적인 원인이 탐색되어야 하는가 하는 문제가 남는다.[66] 악은 법률에 금지되어 있기 때문에 악이 되는 것이 아니다. 악이기 때문에 법률로 금지되어 있다면 죄는 실정법을 어겼기 때문이 아니라 개인이 어떤 의도, 음험한 생각을 가졌느냐에 따라 이미 죄일 수 있다.[67]

같은 맥락에서 악의 원인은 밖에서 구할 수 있는 것이 아니라 안에서 구해야 하는데 그 근원은 욕정 또는 탐욕이라는 것이다.[68] 리비도 Libido(desire, sexual appetite or lust ; ones, will or pleasure) 또는 엠피디타스 Empiditas는 영혼 속의 한 요인으로 이것이 욕정 appetition 또는 욕구 desire의 근원이며 욕구의 행위 act of desire까지도 좌우할지 모른다. 이 점이 아우구스티누스주의 심리학을 낳게 한 인간 영혼에 대한 최초의 개략적 분석이라고 말해진다.[69] 물론 아우구스티누스를 이해하는 데 있어서 주의할 것은 쿠피디타스 Cupiditas (passionate desire)를 감각적 욕구 sensual appetite가 아니면 지적 욕구 intellectual appetite 중의 하나로 혼용해서는 안된다.[70] 오히려 아우구스티누스는 이들 영혼의 욕정적 부분을 통합하여 이름해 의지 will ; valuntas라고 부른다.[71] 아우구스티누스의 이러한 접근은 아우구스티누스 특유의 것만은 아니다. 이는 스토아주의자 Stoics들이나 에피큐리안 Epicureans들에게서 보여지듯이 후기 그리스 철학의 일반적인 경향을 반영할 뿐이다.[72]

그러나 아우구스티누스와 에보디우스는 왜 의지가 중요한 것인지에 관해 이들보다 더 깊숙히 논하고 있다. 아우구스티누스는 인간이 어

---

66) *De libero orbitrio*, I, iii, 8.
67) *De libero orbitrio*, I, iii, 8.
68) 욕구와 탐욕을 동일시하였다.
69) V. Bourke, 앞의 책, 91쪽.
70) 같은 책.
71) 같은 책.
72) 같은 책, 92쪽.

떻게 죄를 지을 수 있는가를 이해하기 위해서 먼저 영혼의 인식적 기능을 점검해 보아야 한다고 믿는다. 왜냐하면 사람이 다른 동물보다 우월한 이유는 그 이성ratio 또는 정신mind ; mens, spiritus에 있고[73] 이는 자신의 인식 능력을 갖출 뿐만 아니라 스스로를 통해 관장할 수 있는 기능을 갖고 있음도 뜻하기 때문이다. 인간이 동물보다 우위에 있는 것은 감정을 지배할 능력을 갖고 있다는 점이다. 올바른 질서가 수립되기 위해서는 우월한 것이 열등한 것을 굴복시킬 때에만 가능하다고 볼 때[74] 사람의 경우 이성이나 마음 또는 정신이 비이성적인 감정들을 지배할 때에만 질서에 순응하는 것이며 영원한 법 eternal law에 따를 수 있게 된다.[75] 따라서 사람이 어리석은 상태에 있다고 하는 것은 인간의 비이성적 경향을 이성적인 마음이 지배할 수 없음을 뜻하며, 반면 지혜롭다는 것은 인간 내면의 우열이 잘 질서화된ordinatus 마음 상태에 이를 때 가능하다.[76] 그럼에도 지혜를 괴롭히는 것은 정신과 육체 사이의 고뇌스런 싸움이다. 그러나 이들 두 요인 중에서 어느 쪽이 더 강한가는 아우구스티누스에게 분명하였다. 마음이 육체의 주장들보다는 훨씬 더 강하므로 탐욕이 이성의 지배를 받아야 하는 것은 당연하고 또 정당한 것이었다.[77] 그런데 오히려 탐욕이 이성보다 우위에 설 때 질서는 파괴되며 죄가 된다. 이 시점에서 아우구스티누스는 또 하나의 문제에 부딪히게 되는데 그것은 지혜는 어디로부터 오는 것이냐의 문제이다. 이 문제에 대한 보다 깊은 토론은 다음 기회로 미루고 있지만,[78] 그 지혜의 근원은 결국 하나님

73) ratio는 철학적 용어에서, mens 또는 spiritus는 성경적 연원을 갖고 있다.
74) *De libero arbitrio*, I, viii, 18.
75) *De libero arbitrio*, I, viii, 18.
76) *De libero arbitrio*, I, ix, 19.
77) *De libero arbitrio*, I, x, 20.
78) V. Bourke는 아우구스티누스의 지혜론은 탄생 전에 영혼 속에 선재(先在)한다는 플라톤의 선재이론pre-existence theory을 받아들이지 않았다고 했다(V. Bourke, 앞의 책, 93쪽).

께 귀의시켰다.

아우구스티누스는 이 책을 통하여 죄의 심리적 인과론 psychic causation을 집요하게 추적하고 있다. 죄란 육체의 외적 의도가 아니라 의지의 내적 의도 inner intention of the will임을 강조한데서도 그것을 알 수 있다. 하지만 현실적으로 모든 사람들이 좋은 의도를 갖고 있고 모두 행복하게 되기를 원하는 것은 사실이나, 그 같은 목적을 효과적으로 달성하는 데 필요한 것들에 대해서는 별다른 바람을 갖지 않는 데 문제가 있다고 했다.[79]

요컨대 그의 결론은 인간 의지가 죄의 유일한 그리고 직접적인 원인이며 우리가 죄를 범하는 것은 우리 의지의 자유로운 선택 때문이라는 것이다.[80] 〈오성을 탐욕의 동반자로 만드는 것은 오로지 그 자신의 의지 또는 자유 선택뿐〉이라고 단호히 말한다.[81]

그러면 왜 하나님께서 인간에게 이 같은 자유의지를 주었는가. 에보디우스는 이렇게 묻는다.

하나님이 우리에게 자유의지를 주셨음을 인정합니다. 그러나 자유의지가 선한 행동을 위한 목적으로 주어진 것이라면 죄악의 용도로 전도될 수가 없어야 한다고 생각지 않으십니까? …… 따라서 정의롭게 살도록 자유의지가 주어진 것이라면 아무도 자발적으로는 죄를 범할 수가 없을 것입니다.[82]

이에 대해 아우구스티누스는 이렇게 답한다.

모든 것의 최고 주인이 되는 진리가 우리들 속에서 우리에게 깨달음을

---

79) V. Bourke, 앞의 책, 93쪽.
80) 같은 책, 94쪽.
81) *De libero arbitrio*, I, x, 21.
82) *De libero arbitrio*, II, ii, 4.

주실 것입니다…… 하나님이 자유의지를 주신 것이 분명하다면 자유의지가 정당하게 주어졌을 것입니다. 우리는 자유의지가 부여되지 않았어야 한다든지 다른 방식으로 부여되었어야 했다고 말해서는 안됩니다.[83]

아우구스티누스는 이 대답에서 두 가지 점을 시사하고 있는데 하나는 모든 스승들 중에 가장 위대한 스승인 진리 truth가 우리 안에 내재하며 또 하나는 하나님이 존재하고 하나님이 자유의지를 주었다면 그 자유의지를 준 행위는 정당한 것이라는 점이다. 존재는 선하며 비참한 존재도 비존재보다는 낫다. 죄는 부정적인 면에서 공헌을 하고 있는데 불행, 형벌, 병과 같은 것을 통하여 하나님의 정의와 섭리를 실현하기도 하기 때문이다. 그러나 그렇다고 해서 신을 정의롭게 하기 위해 죄가 필요하다고는 말할 수 없다는 주장이다.[84]

이러한 아우구스티누스의 대답은 곧 바로 하나님의 존재에 대한 토론으로 이어졌다. 왜냐하면 진정 하나님이 존재한다면 이 문제에 대한 대답은 저절로 나오기 때문이다. 하나님의 존재에 대한 그들의 토론과 접근은 아주 철학적이다. 이 같은 그의 자세는 그 무렵 그가 인간의 문제를 해결하는데 있어서 인간 이성이 갖는 능력을 크게 신뢰하고 있다는 점을 보여준다. 『자유의지론』과 향후 5년 여 동안에 쓰여진 글들이 아우구스티누스 저술들 중에서 가장 철학적이요, 지적이라는 평가를 받는 것도 이 같은 배경에서 연유한다.[85]

자연히 그들의 대화는 첫째 신의 존재를 이성적으로 증명할 수 있는가? 둘째 모든 선한 것은 하나님으로부터 오는가? 그리고 이들 중에서 자유의지는 선한 것으로 꼽힐 수 있는 것인가의 문제에 초점을 맞춘다.[86]

---

83) *De libero arbitrio*, II, ii, 4.
84) D. Roberts, 앞의 책, 120쪽.
85) V. Bourke, 앞의 책, 95쪽.
86) 이들 세 문제들 중 앞의 것이 토론의 대부분을 차지하고 자연히 첫번째 문

신의 존재를 인식하기 위해 우선 아우구스티누스는 인간 영혼의 인식 능력을 거론했다. 사람에게 오감(五感)이 있는데 이들은 각각 다섯개의 대상이 있다. 눈의 지각 대상은 색이며, 귀의 대상은 소리, 코의 대상은 냄새, 혀의 대상은 맛이고 감촉의 대상은 사물이다.[87] 이 같은 외적인 오감에 반해 모든 사람은 내적인 지각internal sense ; sensus interior을 갖는데 이것은 사람들로 하여금 외적 감각에 의해 파악된 것들을 감지할 뿐 아니라 이들 감각들의 행동까지를 감지하는 능력을 갖는다. 이것을 이성이라고 할 수 있겠는데 이성을 통해서 각자는 감각적 자료들을 파악해 내고 사물의 있는 그대로를 알게 된다.[88] 그 점에서 내면의 감각은 외적 감각보다 더 우월하다. 사실 이성은 이 모든 감각보다 우위에 있다. 이성은 감성보다 우위에 있지만 이성보다 더 우위에 있는 존재를 상정한다면 이는 신만이 있을 뿐이다. 그래서 이성은 신에 의해 주어진 것일 수밖에 없다는 결론에 도달한다.[89] 아우구스티누스는 이렇게 말한다.

우리의 이성이 영원하고 불변적인 것을 제외하고는 더 이상 우월한 것을 가지고 있지 않다고 한다면 그 영원하고 불변적인 존재를 하나님이라고 부르는데 주저할 필요가 있겠는가[90]

아우구스티누스는 하나님의 존재를 설명하기 위해 수학적인 예증을 사용하고 있다. 수학은 배우는 사람의 기호나 능력 여부와는 관계 없이 그 정답이나 원리는 변질되거나 소멸하지 않고 그대로 남아있다.[91] 3에다 7을 더하면 10이 되는 것은 지금뿐 아니라 언제든지 한

제가 『자유의지론』 2권의 대종을 이루고 있다.
87) *De libero arbitrio*, Ⅱ, iii, 8.
88) *De libero arbitrio*, Ⅱ, iii, 8.
89) *De libero arbitrio*, Ⅱ, vi, 14.
90) *De libero arbitrio*, Ⅱ, vi, 14.

결같다.[92] 또 한가지 1이라는 숫자를 생각해 볼 때 1이라는 숫자가 감각으로 지각될 수 없는 것은 분명하다. 왜냐하면 무엇이든지 육체적 감각들과 관련된 것이면 하나가 아니고 여럿이다. 그것은 유형적이고 따라서 수많은 부분들로 구성되어 있기 때문이다. 그럼에도 1로 인식하고 1을 이해하고 있는 것은 사람이 이미 1의 개념을 갖고 1이 무엇인지를 알고 있었기 때문이다. 1은 육체적 감각으로 파악되는 것이 아니라 지식으로만 판명될 수 있다는 얘기다. 이러한 인식 능력은 이미 하나님으로부터 주어지지 않고는 인식이 불가능하다는 추론에 이를 수 있다.[93]

아우구스티누스는 이상의 수학적 논리를 지혜에 적용시키고 있다. 각 개인의 입장에서 보면 각자가 옳다고 생각하는 것을 추구하는 각자의 지혜가 있을 수 있다. 지혜란 행복에 기여할 때 지혜이다. 그러나 현실적으로 사람들은 지혜를 잘못 적용하여 더욱 불행해지는 지혜를 선택할 수 있다. 그럼에도 불구하고 우리가 행복하게 되기를 원한다는 사실을 누구나 인정하는 것처럼 우리가 지혜롭게 되기를 원한다는 것도 누구나 인정한다.[94] 왜냐하면 지혜 없이는 아무도 행복해질 수가 없기 때문이다. 그러면 지혜도 역시 수학에서 불변한 원리처럼 모든 이성적 존재들이 공통으로 소유하는 원리가 된다. 다시 말해 최고선이 모든 사람들에게 하나만 존재한다고 볼 수 있다. 다만 여러개가 있는 것처럼 보이는 것은 사람들이 자기의 것이 최고의 선인 줄로 알고 개인적으로 소유할 수 있는 것으로 여기기 때문이다.[95]

따라서 당신은 변치 않고 항상 참인 모든 것들을 주관하는 불변하는

---

91) *De libero arbitrio*, Ⅱ, viii, 20.
92) *De libero arbitrio*, Ⅱ, viii, 21.
93) *De libero arbitrio*, Ⅱ, viii, 20.
94) *De libero arbitrio*, Ⅱ, ix, 26.
95) *De libero arbitrio*, Ⅱ, ix, 27.

진리가 있음을 부인할 수 없다. 그리고 그 진리는 당신이나 나 또는 다른 어떤 사람이 부분적으로 나누어 가지고 있다고도 말할 수 없다…… 우리의 눈이나 귀를 수단으로 해서 접할 수 있는 것들, 즉 당신이나 내가 함께 보고 들은 색깔과 소리는 우리의 육체적인 눈과 귀에 속해 있는 것이 아니라 우리가 그것을 동시에 지각하고 있는 것이다. 그러므로 당신은 당신과 내가 각기 자기의 마음으로 보면서도 동시에 공동으로 보고 있는 것들을 가리켜 당신이나 나 어느 한 사람의 실제적인 마음에 속해 있다고 말할 수 없다. 두 사람의 눈으로 본 것을 어느 한 사람의 눈에 속해 있다고 말할 수 없다. 두 사람은 모두 제 3의 것을 바라보고 있는 것이다.[96]

이제 이 진리가 마음보다 더 우위에 있느냐 아래에 있느냐에 따라 그 상위의 진리에 이르는 길이 마련될 수 있다. 앞서도 말했지만 아우구스티누스는 감각보다 우위에 있는 것이 이성이며 이성은 영혼 속에 존재한다고 했다. 그리고 이 영혼을 관장하고 이를 판단케 하는 실재가 있다면 그것은 영원한 진리일 것이다. 그리고 이 영원한 진리는 불변이며 아우구스티누스는 이를 하나님이라고 부를 수밖에 없을 때 하나님은 존재한다고 말하고 있다.[97]

로마 체류 전과 로마 체류중 집필하였던 책들 중에서 그 대표적인 것이라고 할 수 있는 『영혼불멸론』 그리고 『자유의지론』을 거론하였다. 그 외에 388년 로마 체류중 쓰여진 『가톨릭 교회의 관례와 마니교도의 관례』는 그가 가톨릭의 방어자로서의 입장을 밝힌 글이라는데 중요한 의미를 지닌다. 이 책에서 그는 성서의 권위를 부인하는 마니교도를 맹공하고 있으며 가톨릭의 좋은 관례들을 열거하고 있다.

---

96) *De libero arbitrio*, Ⅱ, xii, 33.

97) 〈지혜보다 더 우월한 존재가 있다면 틀림없이 하나님이시다. 그렇지만 지혜보다 더 우월한 존재는 없다. 따라서 진리 그 자체가 하나님이다. 진리보다 더 우월한 존재가 있든 없든간에 당신은 하나님의 존재를 부인할 수가 없다〉(*De libero arbitrio*, Ⅱ, xv, 39).

그리고 마니교도의 상징들이 왜 부당한지에 대해 비판적으로 서술하고 있다.

이 부분을 마감하려 하면서 아우구스티누스가 사용한 몇 개의 심리학적 용어에 대한 정의를 밝힐 필요가 있겠다. 여기서 아우구스티누스가 말하는 〈영혼〉 또는 〈마음〉이란 라틴어의 animus로 〈이성에 참여하면서 육체의 지배에 적응하는 어떤 실체a certain substance participating in reason, adapted to the ruling of the body〉라고 할 수 있다. 감각이란 〈육체의 열정passion으로, 이 열정은 그 자체를 통하여 영혼의 주목을 피하려 하지 않는 것〉이라고 정의했다. 이성과 추론 즉 ratio와 ratiocinatio의 구별은 〈이성은 마음의 응시인데 반해 추론은 이성에 대한 추구, 이성적 조망을 향한 운동〉이라고 했다. 마지막으로 아우구스티누스는 〈지식scientia은 결코 감각의 사항이 아니며 이성의 기능〉이라는 점을 분명히 했다.[98]

---

98) V. Bourke, 앞의 책, 103쪽.

10 타가스테에서의 공동체 생활과 히포의 감독 시절

아우구스티누스 일행이 카르타고를 향하여 출발한 것은 388년 가을이었다. 이 때는 찬탈자 막시무스Maximus가 살해된 직후여서 배의 왕래가 가능했다. 날짜는 8월 초부터 9월 말 사이로 추정된다. 그 해도 뒤늦게 카르타고에 도착했다. 많이 변해 돌아온 아우구스티누스에 비해 그의 본향은 별로 변해 있는 것 같지 않았다. 그 곳에서 옛 친구와 지면(知面)들 그리고 가톨릭 신도들과 학생들도 만났다. 그 중에 유로기우스Eulogius는 아우구스티누스가 카르타고에서 수사학을 가르치고 있을 때의 한 학생이었는데 이제 어엿한 카르타고 수사학교 선생으로 있었다. 유로기우스는 자신이 키케로를 때로 이해하지 못하는 어려운 문제들에 직면하게 되었을 때 아우구스티누스가 꿈에 나타나 이 난제들을 풀어 주었다는 이야기를 들려주었다. 또한 카르타고에서의 짧은 체류중 아우구스티누스는 환자가 깨끗이 치유되는 기적을 체험했다고 훗날 밝히고 있다.[1]

잠시 카르타고에 머문 다음 고향 타가스테로 돌아왔다. 사실 고향

---

1) *DCD*, XXII, 8, 3(이하 *DCD*는 아우구스티누스의 저서 『신국론 *De Civitate Dei*』을 의미한다).

을 떠난 지 5년밖에 안되었지만, 아우구스티누스와 그 주변 상황은 많이 달라지고 있었다. 그는 이미 세계를 보는 눈이 달라져 있었다. 이제 출세를 지향하기보다는 진리 탐구를 위한 수도원적 공동체 생활과 같은 은둔 생활을 결심하게 되었다.

아우구스티누스는 고향에 아버지가 남긴 일부 유산을 처분하고 카시키아쿰에서와 같은 수도원적 공동체 생활을 그의 옛 집을 중심으로 착실히 준비해 가고 있었다. 이 일에 찬성하는 참여자들도 늘어 알리피우스, 에보디우스, 아데오다투스, 그리고 아우구스티누스의 형인 나비기우스Navigius등이 적극 참여하였다. 네브리디우스Nebridius는 어머니의 병 간호를 위해 카르타고에 있었으나, 이내 이 모임에 정신적으로 동참했다.[2]

이후 3년여 동안의 타가스테의 생활은 그 때까지의 아우구스티누스 삶 중 가장 안정되고 행복한 기간이었다. 그 곳의 생활은 청빈과 기도와 봉사, 그리고 성서 연구와 많은 사색 속에서 보낼 수 있었다. 물론 이 때까지도 연구 관심은 카시키아쿰 토론선상에 있었으나, 그의 관심이 철학에서 신앙으로 전이하고 있음을 보여준다.[3]

이 무렵 쓴 책으로는『마니교도에 반대하는 창세기론 *De Genesi contra Manichaeos*』『음악론 *De Musica*』『교사론 *De Magistro*』『참된 종교 *De Vera Religione*』등이 있다. 이들 책들의 제목이 알려주듯이 그 토론의 방법과 내용의 심도가 아직도 철학적 관심에 경사하고 있음을 알 수 있다.

391년 그가 잠깐 들렀던 히포에서 거의 강요당하다시피 사제의 자리에 앉게 될 때까지의 3년의 기간은 사실상 그가 그때까지 진행해온 토론과 사유적 해결 방안 등을 정리하는 단계였다. 『음악론』과『교사론』은 철학적 저서로는 아우구스티누스의 마지막의 것이라고

---

2) 그러나 네브리디우스는 끝내 그 모임에 동참하지 못하고 390년경 세상을 떠난 것 같다.
3) 김규영,『아우구스티누스의 생애와 사상』(서울 : 형설, 1980), 34쪽.

평가받고 있으며 특히 그의 아들 아데오다투스를 위해 썼다는 『교사론』은 언어 분석을 통한 인식론을 전개하고 있다.[4]

『참된 종교』는 그리스도교 변증을 위한 최초의 저술이라고 하지만 호교론적 성격보다는 철학서의 성격이 짙다. 이 책의 집필 시기는 389-390년 사이로 추정되는데 당시 아직도 마니교도로 남아 있던 그의 친구 로마니우스Romanius에게 바쳐졌다.[5] 이 책을 『고백록』『신국론』과 함께 아우구스티누스의 대표적 저서로 꼽는 학자들은 『고백록』 이전의 가장 중요한 저술로 생각해서 이를 〈당시까지의 아우구스티누스의 사상의 요약이며, 이 후에 전개될 사상 체계의 백서〉라고까지 평가했다.[6] 여기에서 취급하는 주제들도 철학과 종교의 관계, 성서적 권위와 이성의 관계 등 매우 철학적인 주제가 중심이 되어 있기 때문에 〈참된 종교에 대하여De Vera Religione〉라기보다는 〈참된 철학에 대하여De Vera Philosophia〉라고 책 제목을 붙이는 것이 더 타당하다고 할 정도다.[7] 그가 참된 철학은 참된 종교이어야 한다는 전제에서 쓴 결과일 것이다.[8]

내용을 대별하면 첫째, 악과 구제De malo et reparatione 둘째, 창조의 선성과 죄악의 기원Creatio bona ; Unde vitium 셋째, 구원에 이르는 두 길—— 권위와 이성Duplici via saluti hominis consulitur 넷째, 이성을 통한 신으로의 귀환De reditu ad Deum per rationem 등으로 나눌 수 있다.[9]

먼저 모든 사물은 피조된 것임을 선언한다. 성부가 성자를 통하여 성령의 선물에 의하여 동시에 모든 것과 개개 사물의 본성을 만들었

---

4) 같은 책.
5) 친구이자 그의 학교 생활을 도와주었던 로마니아누스에게 여러 해 전에 이 책의 집필을 약속하였다.
6) 아우구스티누스, 성염 역, 『참된 종교』(서울 : 분도, 1989), 13쪽.
7) 같은 책.
8) 같은 책, 27쪽.
9) 같은 책, 14쪽.

다. 모든 사물은 세 가지 성격을 가지는데 하나는 일자(一者)라는 것과 고유한 형상에 의해서 타자들로부터 구분된다는 것과 우주의 질서를 벗어나지 않는다는 것이다.[10]

참된 종교란 창조주 대신 피조물을 섬기거나 자기 사고에 함몰될 때는 이를 수 없다. 표상 phantasmata이란 물체의 형상으로부터 육체적 감각을 통하여 추출해 낸 영상 figmenta에 불과해서 이는 우리 사유 속에서 증폭, 단축, 재조립, 혼합 등이 가능하다. 그런데 철학적 진리 탐구자들은 이 표상들의 영향에서 벗어나지 못한 데서 영원성을 보지 못하고 있다는 것이다.[11] 아우구스티누스는 생명과 죽음과 악의 관계를 이렇게 설명했다.

무릇 생명이라면 하나님께로부터 말미암지 않은 것이 없으며, 하나님이 최고의 생명이고 생명의 원천이다. 그 어느 생명도 그것이 생명인 한에는 악이 아니며, 그것이 악이라면 죽음을 향한다는 면에서만 악이다[12]…… 그러므로 죽음은 하나님께로부터 유래하지 않는다.[13]

이러한 죽음을 극복하는 길은 죄를 없애는 일이다. 죄를 없애면 벌도 없어질 것이고 유(有)가 무(無)를 이기고 죽음이 없어질 것이다.[14] 그는 죄에 대해서 그리고 자유의지와의 관계에 대해 보다 구체적으로 말한다.

죄라는 것은 고의적 악(惡)이기 때문에 고의적이 아닌 것은 결코 죄가

10) *De Vera Religione*, Ⅶ, 13(이하 *De Vera Religioe*의 번역은 성염의 새 번역본 『참된 종교』에 의존하였다).
11) *De Vera Religione*, Ⅹ, 18.
12) *De Vera Religione*, Ⅺ, 21.
13) *De Vera Religione*, Ⅻ, 25.
14) *De Vera Religione*, Ⅻ, 25.

되지 않는다…… 만약 의지로 악을 행한 것이 아니라면, 질책이나 경고는 성립이 안된다…… 그러므로 의지에 의해 죄를 짓고 또 (사람이) 죄를 짓고 있음이 의심의 여지가 없으므로 영혼들이 자유의지를 갖고 있음도 의심할 필요가 없다. 하나님도 당신의 종들이 자유로이 당신을 섬기는 편이 더 좋다고 판단하셨으니 자유에 의해서가 아니고 필연에 의해서 섬긴다면 그런 일은 생기지 못한다.[15]

그러면 왜 피조물은 쇠하지 않으면 안되며 그릇된 선택에 항상 열려 있는가? 그것은 피조물(被造物)과는 어떤 관계에 있는가?

가변적이라서 그렇다. 〈그러면 왜 가변적인가?〉 최고유(最高有)가 아니라서 그렇다. 〈왜 최고유가 아닌가?〉 그것을 만든 존재보다 열등하기 때문이다. 〈누가 그것들을 만들었는가?〉 최고유 그 분이시다. 〈그 분이 누군가?〉 불변하시는 성삼위 하나님이시니 그 분은 최상의 예지를 통하여 그것들을 만드셨고 최상의 자애로 보전하신다. 〈무엇 때문에 그것들을 만드셨는가?〉 존재하게 하시려고 만드셨다. 〈무엇에서 만드셨는가?〉 무(無)에서 만드셨다. 무릇 존재하는 것은 아무리 미소하더라도 어떤 형용을 갖추어야 할 필요가 있다. 그리하여 아무리 미소한 선(善)이라 할지라도 선이 되는 한에서는 하나님께로부터 오는 것이 된다.[16]

사물 자체는 악이 아니다. 다만 행위에 악이 있을 뿐이다. 이성적 영혼의 첫째 가는 잘못은 의지가 금지된 일을 했다는 데 있다. 그래서 낙원으로부터 쫓겨남으로써 영적인 선에서 육적인 선으로, 가지적(可知的) 선에서 감각적 선으로, 최고선에서 최하선으로 전락한 것이다. 이성적 영혼이 어떤 선한 사물을 사랑하여 죄를 짓는다면, 그

---

15) *De Vera Religione*, XIV, 27.
16) *De Vera Religione*, XVIII, 35.

선이 영혼보다 하위의 것이기 때문이다. 그러므로 죄가 악이지, 죄를 지으면서 사랑하는 그 실체는 악이 아니다. 낙원에 심어졌다는 선악과 나무가 악이 아니라 하나님 계명을 위반한 것이 악이다.[17]

창조계의 질서에서는 그 자체로서 나쁜 것은 없으며, 각자의 잘못으로 인하여 스스로 악에 이르는 것일 뿐이다. 육체가 영혼을 섬길 때 질서가 되나 그 반대의 경우 죄가 된다. 그러므로 결국 이성을 갖춘 영혼은 스스로 택한 자기 죄로 비참해지거나 아니면 올바른 길을 택하여 행복해지거나 한다.[18]

사람의 발전과 쇠퇴 과정을 그는 여섯 단계로 나누어 묶었는데, 이를 크게 나누면 묵은 인간과 새 인간으로 구분된다. 묵은 인간들은 유아기로부터 노인기에 이르기까지 여섯 단계 동안 정도의 차이는 있지만 육체에 따라 살고 현세적 사물에 대한 탐욕에 매인 삶을 산다.[19] 반면 영적인 삶을 사는 사람들은 나이에 따라 구분하지 않고 영적인 진보에 따라 구분을 한다. 첫번째 연령은 감화가 큰 젖을 먹는 시기고, 두번째는 이미 인간적인 것들을 망각하고 신적인 것을 지향하는 연령이며, 세번째 연령은 육적인 욕망을 이성의 능력과 결혼시킬 줄 아는 시기, 네번째 연령은 완전한 인간을 지향하는데 이 때는 박해에도, 이 세상의 폭풍과 파도에도 견딘다. 다섯째는 모든 면에서 평정을 찾는 연령으로 형언할 수 없는 최상의 지혜를 풍요롭게 누린다. 여섯째 연령에서는 영원한 생명에로의 전환이 모든 면에서 이루어지고 현세 생활을 완전히 망각하여 하나님의 모상이자 비슷한 모습에 이르는 완전무결한 형상이 된다. 일곱째 시기는 이미 영원한 안식으로서 끝없는 행복의 상태에 있으며 그 어떤 현세로도 이를 나눌 수 없다. 이들은 죄의 인간과 구별에 대비해서 의덕(義德)의 인간이라고 부를 수 있다.[20] 인류 전체도 아담으로부터 이 같은 두 부류의 인간으로 나누

---

17) *De Vera Religione*, XVIII, 35.
18) *De Vera Religione*, XXIII, 44.
19) *De Vera Religione*, XXVI, 48.

어지며 역사도 두 가지 현상으로 나타난다. 성서도 구약은 지상의 나라를 언약하였으나 신약은 천상의 나라를 언약하였다.[21] 그의 『신국론』은 이 때 이미 예비된 것이라 할 수 있겠다. 인간이 동물과 구별되는 이유는 감각적인 것을 감지하는 능력에 있지 않고 감각적인 것에 대해서 판단하는 능력에 있다는 점이다.[22] 판단을 내리는 주체가 판단을 받는 대상보다는 우위에 있음은 물론이다.

예술에 있어서 아름다움은 비례와 밀접한 관계를 맺고 있다. 그래서 모든 예술에서 조화가 이루어져야 하고 조화는 균형과 통일을 요구한다. 균형과 통일은 대칭된 부분들의 상합(相合)으로나 상이한 부분들의 연계적 배열로 달성된다.[23] 그리고 참다운 균형과 대칭 그 자체, 참다운 원초적인 통일성은 눈으로 보아서가 아니라 지성으로 파악되는 것이다.[24] 이들 균등과 통일성은 공간 안에 확실히 분산되거나 시간 안에 변하지 않는다. 예술에는 그것을 재는 척도가 있는데 이 척도가 예술에 적용되는 법칙이 유래하는 본원지를 우리는 진리라고 부르지 않을 수 없다.[25]

그는 아름다움이란 무엇이며 그것은 어디로부터 오는 것인가라는 등의 질문을 통하여 이것이 신으로 연결될 수밖에 없는 이유를 이렇게 문답식으로 구사했다. 아름다움이란 그것이 아름답기 때문에 마음에 드는가? 마음에 들기 때문에 아름다운가? 우리는 아름답기 때문에 마음에 든다고 대답할 것이다. 그러면 왜 아름다운가? 부분들이 대칭을 이루기에, 그 부분들이 어떤 배합에 의해서 하나의 조화를 이루기 때문이다. 그러면 부분들이 추구하는 그 통일성은 과연 완벽한 것인가?

---

20) *De Vera Religione*, XXVI, 49.
21) *De Vera Religione*, XXVII, 50.
22) *De Vera Religione*, XXIX, 52.
23) *De Vera Religione*, XXX, 54.
24) *De Vera Religione*, XXX, 55.
25) *De Vera Religione*, XXX, 57.

다만 그 가능성을 추구하는데 불과하다고 답할 것이다. 그렇다면 그 통일성은 어디에서 유래하는 것인지 답하라고 묻는다.[26]

이렇게 자명한데도 우리의 영혼은 환상으로 가득차고 지성은 많은 허상으로 진리, 즉 일자를 파악하는 데 많은 방해를 받고 있다. 잠깐 예를 들면 물 속에 잠긴 노는 꺾여 있고 다시 꺼내면 온전하다면 눈은 본성상 그렇게 두 가지를 볼 수밖에 없는 것이며 그 점에서 눈은 정직하다. 그르치게 보는 것은 정신이다. 최고의 미를 관상하도록 만들어 진 것은 지성이지 눈이 아니다.[27]

그래서 지성은 사물에 몰입될 것이 아니라 주체적으로 이들을 장악해야 한다. 다시 말해 사물들에 지배당하지도 사로잡히지도 말고 일자 파악의 주인이 되라는 것이다.[28] 예를 들면 예술가가 예술보다 그 작품에 더 빠져 있을 때 예술의 본질을 보지 못함과 같다. 존재하는 모든 것은 일자로부터 유래한다. 그렇기 때문에 존재하는 모든 것은 하나의 단일체의 성격을 띨 수밖에 없는데, 존재들이 달리 보이는 것은 물체들이 일자를 모방하면서도 그 일자를 완전히 성취하지 못한 데서 생기는 것이다. 우리에게 좋게 보이는 것은 일자와 비슷해지려고 하는 사물이고 그 반대의 경우는 우리들의 눈에 거슬린다.

이처럼 일자에 이르지 못하는 경우가 있는 반면에 어떤 존재는 일자와 완벽하게 비슷해져서 완전한 성취에 이르는데 이것이 바로 진리이다.[29] 이것의 완전한 상태는 태초에 계시는 말씀, 하나님과 함께 계시는 말씀이신 하나님이라는 것이다.[30] 그러나 사람들은 이들을 보지 못하는 경우가 많은데 이는 세 가지 이유 때문이다. 하나는 육체의 정욕을 따르기 때문이며 다른 하나는 눈의 정욕에 유혹당하고 세번째

---

26) *De Vera Religione*, XXXII, 59-60.
27) *De Vera Religione*, XXXIII, 62.
28) *De Vera Religione*, XXXVI, 65.
29) *De Vera Religione*, XXXVI, 66.
30) *De Vera Religione*, XXXVI, 66.

는 세상에 대한 야심에 빠져 있기 때문이라고 할 수 있다. 육체의 정욕은 저급한 쾌락을 사랑하는 사람들에 속하고, 눈의 정욕은 호기심 많은 사람들을 가리키며, 세속의 야심은 교만한 사람들을 일컫는다.[31]

아우구스티누스는 하나님을 한 예술가에 비유하고 있다. 일체의 아름다움은 그 분 한 분으로부터만 유래하며, 하나님의 선하심은 인간이 처한 어떠한 상황에서도 함께 한다. 육체의 쾌감에서 우리를 매료시키는 것이 무엇인가? 조화말고 무엇이 있겠는가? 부조화가 고통을 유발한다면 조화는 쾌감을 유발하는데 최고의 조화는 진리와 조화할 때이다. 그것을 이루는 방법은 밖에 있는 것이 아니고 안에 있다.[32]

아우구스티누스는 인간 내면에서 진리에 대해 의심한다는 사실은 의심할 수 없는 진리가 존재함을 증명하는 가장 확실한 증거라고 하였다. 그는 이렇게 쓰고 있다.

누구든지 자기가 의심하고 있음을 의식하는 자는 진실을 의식하고 있다.[33] 그리고 자기가 의식하는 그 사실에 관해서는 확실하다. 따라서 그는 진실에 관해서 확실한 것이다. 그러므로 진리가 존재하는지 의심하는 자는 자기 자신 안에 〈진리의 존재를 의심한다〉 진실을 (하나) 간직하고 있으며 그 진실에 관해서는 의심을 하지 않는다. 그리고 어느 사물이 진실하다면 반드시 진리에 근거하며 진실한 것이 된다. 따라서 어떤 이유로든지 의심을 품을 수 있는 사람은 진리의 존재에 관해서 의심하지 말아야 한다.[34]

---

31) *De Vera Religione*, XXXIII, 69.

32) *De Vera Religione*, XXXIX, 72.

33) 〈나는 의심한다〉고 공언할 적에 적어도 그 명제는 확실하다. 진실하다는 판단이 전제된다. 그것이 진실하다면 verum, 진리 veritas는 존재한다. 물론 실재들을 떠나서 진리는 하나의 판단에 불과하다는 인식론을 내세우면 문제의 시각은 크게 달라진다(성염 역, 『참된 종교』, 주255 참조).

34) *De Vera Religione*, XXXIX, 72.

모든 사물은 우리가 보기에 선(善)과 악(惡)이 있고 아름다움과 추함이 있지만 우주 전체로 보면 그렇지 않다. 모든 사물은 각자의 역할과 목적에 준하여 우주의 아름다움을 이루도록 정해져 있다. 어느 한 부분이 그 자체로는 혐오를 자아낼지도 모르지만 전체로 판단한다면 그 혐오는 근거 없는 것이 될 것이다.[35]

아우구스티누스는 이러한 예를 드는 데 매우 자상하다. 건축물을 볼 경우 한 구석만 보고 판단하지 말며, 훌륭한 연사를 손가락의 동작만을 보고 평가할 것이 아니며, 달의 운행도 초사흘의 모양만 가지고 판단할 것이 아니라는 것이다. 그래서 올바른 판단을 내리려면 전체를 놓고 보아야 하며, 그 판단이 부분적 판단이건 전체적 판단이건 진실한 판단인 한에서는 아름다운 판단이 된다. 그 판단이 진리에 의거해서 판단을 할 때 그것은 세계 전체를 초월하는 판단이며, 그 어느 부분에 우리가 매이지 않게 되는 것이다. 우리가 오류를 범하는 것은 세계의 한 부분에 집착하여 그것을 초월하지 못할 때 일어나게 된다.[36]

그는 이 같은 각기 다른 것 사이의 전체적인 조화가 갖는 묘미의 원리를 죄와 자유의 예속 관계에 대비시켜 다음과 같이 설명했다.

그림에 나오는 검정색은 전체와 더불어 보면 아름다운 색이 된다. 마찬가지로 하나님의 불변하는 섭리는 저 모든 투기를 멋있게 연출하면서 이미 패배한 자에게 (안배하는 바가) 다르고, 지금 싸우고 있는 자에게 다르고 승리한 자에게 다르고, 구경꾼들에게 다르며, 평정에 이르는 하나님만을 관상하는 자들에게 주는 것이 다르다. 이 모든 존재들에게 있어서 정말 악이 되는 것은 죄와 죄의 벌 뿐이니, 전자는 최고의 유(有)로부터 고의적인 일탈(逸脫)이요, 후자는 저급한 사물에 본의 아니게 매이는 수고를 가리킨다. 이상에서 말한 바를 달리 표현한다면, 자유는(사물들을 제

---

35) *De Vera Religione*, XL, 76.
36) *De Vera Religione*, XL, 76.

위치에 두고 대하는) 정의(正義)에서 말미암고 예속은 죄 밑에 들어가는 예속이다.[37]

아우구스티누스는 미와 추함의 신비로운 조화와 사물의 제자리 지킴과 질서에 대해 경이를 금치 못하고 이를 글로 옮기고 있다. 그의 문장력이 이를 더욱 사실적으로 표현하고 있어 돋보이게 하는 것 또한 사실이다. 그는 종과 존재의 연면한 연속성과 개체와 전체의 신비에 주목하고 들려오는 한밤의 꾀꼬리의 고운 목소리가 지니는 우주적인 의미를 놓치지 않고 깊숙히 터득하고 있는 것 같다. 한 개의 종자에서 세대와 세대를 이어 식목과 식목, 산림과 산림, 양떼와 양떼, 민족이 무수히 퍼져 나가는 경이로움. 어떻게 이처럼 개별에서 끝나지 않고 생명과 생명이 연결되는가? 밤 공기를 가르며 들려오는 감미로운 꾀꼬리의 아름다운 목소리는 수백 년 수천 년의 세월 동안 변하지 않고 같은 목소리로 인각되어 계승되는가? 이것은 어떤 지식이나 인공적으로 되는 것이 아니다. 이것은 본성에 의하여 내면에 자리잡고 있고 수의 불변하는 법칙에 따라 조정되는 기능을 갖고 태어나기 때문에 이어지는 것이다.[38] 제비가 둥지를 짓는 모양은 똑같고 날짐승마다 종류에 따라 각기의 방식에 따라 살고 행동한다. 이것이 단순 교육만으로 가능하지는 않을 것이다.

아우구스티누스는 행복의 길은 이 질서를 지키는 데서 찾아야 한다고 믿는다. 상위의 것이 하위의 것을 지배하고, 영혼이 육체를 지배하도록 하고, 유한한 삶이 무한한 진리, 하나님께 연결될 때만 진정한 행복은 가능하다고 생각했다. 이것이 그의 행복론의 요체다.

시기와 질투, 오만도 그 같은 우주적 순리에 따르도록 해야 한다고 믿었다. 우리가 패배하지 않으려고 안간힘을 쓰는 것은 옳은 일이다. 하지만 어떤 순위에 따라서는 오히려 패배가 더 바람직하다는 말을

---

37) *De Vera Religione*, XL, 76.
38) *De Vera Religione*, XL, 76.

서슴지 않는다. 인간은 스스로의 잘못된 선택 때문에 온갖 것으로부터 지배당하고 있다. 인간들은 지는 것을 원치 않으면서 자신의 내면에서 부글거리는 분노를 이겨내지도 못한다. 그럼에도 인간은 악덕을 지니고 있지만 악덕 그 자체는 아니다. 그래서 악덕에게 지느니 차라리 인간에게 지는 것이 더 낫다고 보았다. 시기와 질투에 시달리며 지느니 차라리 인간에게 패하여 그의 지배를 받는 것이 더 낫다[39]는 것이다.

마지막 부분에서 하나님께 달려가고 세상을 사랑하지 말 것, 세상에 있는 모든 것은 육신의 정욕과 안목의 정욕과 세속의 야망이라는 점,[40] 우리의 환상에다 종교를 세우지 말 것과 인간이 자의로 그려내는 온갖 것보다는 하나의 진실이 훨씬 좋다고 말했다. 완전하고 지혜로운 이성적 영혼도 우리 종교의 대상이 되어서는 안되며 오직 하나님, 그 분을 통하여 쇄신되고 지혜롭게 살아갈 것을 권유하며 이 책을 마무리지었다.

*

다음으로 그가 389년에 편집을 끝낸 것으로 알려진 『교사론 De Magistro』에 관하여 살펴보자. 이 책의 저술 방법은 그의 영특한 아들 아데오다투스 Adeodatus와의 대화 형식으로 되어있다. 이 저술 목적은 아들을 기념하는 의미도 있었겠지만 궁극적으로 그가 즐겨 다루던 신적 조명 Divine Illumination, 즉 사람의 지혜와 지식 또는 인식까지도 궁극적으로 신의 조명의 도움을 받고 있다는 그의 지론을 설파하는 데 두고 있다.

그의 아들 아데오다투스는 줄곧 아우구스티누스와 같이 있었고, 그

---

39) *De Vera Religione*, XLV, 85.
40) *De Vera Religione*, LV, 107.

가 『고백록』에서도 밝힌 바와 같이 그의 정신적인 역량은 뛰어난 바 있어,[41] 아우구스티누스는 기회 있을 때마다 그의 아들과 대화를 나누었다.

이 책에 포함된 내용의 대화를 나눌 무렵 아데오다투스의 나이는 15세에 불과했으나, 그는 충분히 아버지 아우구스티누스의 대화 상대가 되고도 남음이 있었다. 그러나 이 젊은이는 『교사론』을 내려고 할 무렵이나 그 전인 아마도 389년 혹은 390년 애석하게도 이 세상을 떠나고 말았으니 아우구스티누스에게 그 손실과 슬픔은 실로 큰 것이었으리라.

아우구스티누스는 이 책을 학생들이 그의 교사로부터 진정 배울 수 있는 것이 무엇인가? 라는 질문으로부터 시작했다. 그리고 이 문제에 대한 답은 기호가 갖는 교육적 의미로부터 시작되는데 기호는 선생들이 학생들을 가르칠 때 사용하는 도구로, 언어도 크게 보면 하나의 기호이다. 그러면 가르침이란 전적으로 기호 자체만으로 이루어지는가? 다시 말해 학생이 전에 그 기호의 의미를 알고 있지 못했더라도 그 단순 기호를 통해서만 교육이 이루어질 수 있는가의 의문이다.[42]

아우구스티누스는 이에 반대한다. 왜냐하면 기호의 의미를 상대방이 알고 있지 못했다면 어떠한 기호로도 상대방이 가르칠 수 없다고 믿었기 때문이다. 이를 실증하기 위해 아우구스티누스는 구약의 다니엘서[43]에 나오는 saraballae라는 단어를 들어 기호의 예로 삼고 있다. 사실 이 달이 의미로 전달되기 전까지는 그 뜻을 알 수 없는 것으로 이것이 일종의 머리옷 Head-dress이라고 말할 때만 뜻이 이해된다. 그것은 사람들이 머리와 옷의 뜻을 알고 있기 때문에 이들을 합한 머리옷이라는 말의 의미 전달이 가능하며 그렇지 못했을 때는 단순 기

---

41) *Conf.*, Ⅸ, 6, 14.

42) *De Magistro*, 7, 19-20.

43) 다니엘 3 : 21(이 saraballae는 개역 성경에는 이 부분이 언급되어 있지 않고 영어본에는 hats라고 나와있다).

호로 머무를 수밖에 없다. 그래서 버크가 잘 요약하고 있는 것처럼[44] 우리가 뜻을 아는 것은 단순히 듣거나 읽거나 그것이 단어이기 때문이 아니며 한 발 더 나아가 단순히 가르침에 의해 배우는 것이 아니다. 바꾸어 말해 배우는 자가 기호를 이해할 수 있는 준비가 있기 전에, 즉 의미화된 사물을 알고 있기 전에는 교육이란 사실상 불가능한 것이다.[45]

이렇게 될 때 가르친다는 것과 배운다는 것과의 관계가 불분명해진다. 앞의 경우처럼 우리는 단어를 알거나 아니면 모르거나 둘 중의 하나이다. 만일 우리가 단어를 알지 못하면 배우지 못하며 우리가 그 의미를 안다면 사실은 그 단어로부터 배운 것은 없다고 생각될 수밖에 없다. 그래서 아우구스티누스는 가르치고 배우는 것이 아니라 오히려 기억을 되돌려 주는 것이라고 말하고 있다.[46]

아우구스티누스는 가르치는 것과 배우는 것은 동시에 일어나는 것이 아니고 별개의 행위라고 봤다. 마치 음악을 안다는 것과 그것을 연주하는 것은 별개인 것처럼 말이다.[47] 배우는 자는 단순히 가르치는 자로부터 수동적으로 받아들이는 수용자만은 아니다. 우선 배우는 학생은 선생의 가르침에 대해 나름대로의 판단을 가질 수 있다. 그 판단의 종류는 크게 셋으로 나눌 수 있는데 선생의 가르침에 동의한다거나, 아니면 동의할 수 없다고 생각하거나, 또는 의심의 상태에 머무르는 경우이다. 만일 학생이 선생의 가르침에 즉시 공감하면 곧바로 선생의 가르침을 받아들인다. 그러나 이 경우도 정도의 차이는 있지만 선생의 가르침과 학생이 그 가르침을 수용하는 사이에는 어느 정도의 시간적인 간격이 있다. 더구나 학생이 선생의 가르침에

---

44) V. Bourke, *Augustine's Quest of Wisdom*(Milwaukee : Bruce Publishing Co., 1947), 115-117쪽.
45) *De Magistro*, 11, 36.
46) *De Magistro*, 1, 1.
47) *On Music*, i, 5-12.

동의하지 않을 때는 더욱 시간이 지연된다. 여러 가지로 생각하다가 겨우 받아들일 수도 있지만 끝내는 이것을 거부할 수도 있다. 그럴 경우 앞의 경우보다는 훨씬 더 시간이 걸리고 가르침이 거부될 때는 그 학생은 배웠다고 말할 수 없다. 또한 의심의 상태에 머무를 때는 그 받아들이는 기간은 어쩌면 무한정까지 갈 수도 있다. 여기서 선생의 가르침과 학생의 받아들임 사이 즉 전이의 문제가 있는데, 과연 이 학생은 어떤 기준에 의해서 받아들이기도 하고 거부하기도 하는가? 이 점을 생각할 때 이미 학생이 배우기 전에 자신의 어떤 기준이나 지식이 내면에 내재되어 있다고는 볼 수 없는 것인가?[48]

여기에서 아우구스티누스는 사람에게 진실을 전하는 오직 유일한 하나의 선생이 있는데 그가 바로 예수 그리스도라는 것이다. 사람이 이미 자기가 알고 있는 것을 발견하지 못하고 있을 따름이며 가르친다는 것은 이미 예수 그리스도에 의해서 영혼 속에 지식이 숨어 있는 것을 어떻게 되살리느냐 하는 문제일 뿐이라고 주장했다. 다시 말해 예수 그리스도는 진실의 원천으로 모든 지식의 근원이며 이는 지혜의 신이다.[49]

아우구스티누스는 이렇게 쓰고 있다.

우리가 사물을 이해하기 위해서는 그 내용을 외적 전달자에게 상의하는 것이 아니라 사실은 우리의 마음을 이미 주관하고 있는 내적 진리 Internal truth에 상의하고 있는 것이다. 바꾸어 말하면 전달자의 말이 우리를 이해시키는 것이 아니라 전달자의 말은 기실에 있어서 내적 상의를 하도록 (내적 진리) 권유하고 있는 것에 불과하다.[50]

이 같은 신적 조명은 신의 큰 은총으로 인간들의 이해와 인식은 그

---

48) *De Magistro*, 11, 36.
49) V. Bourke, 앞의 책, 116쪽.
50) *De Magistro*, 11, 38.

도움에 크게 의존하고 있다. 마치 태양 빛의 도움 없이 사물을 보기가 어려운 것처럼 마음 속에 있는 신의 조명, 즉 그의 비추임이 없이 지식의 터득과 인식은 불가능하다고 말하고 있는 것이다.

그가 타가스테에 있는 동안 마니교도 문제는 항상 그를 괴롭히는 일 중의 하나였다. 아우구스티누스는 지난 날의 마니교도로서 자신의 배경을 의식하지 않을 수 없었던 것 같다. 또 386년 카르타고에서의 마니교도에 대한 정부의 탄압은 마니교도와 비마니교도 사이의 긴장을 고조시키고 있었다. 이런 상황에서 아우구스티누스의 마니교 반박은 호교론적 입장을 취하게 되고, 『가톨릭 교회의 관습과 마니교도의 관습』, 그리고 『마니교에 반대하는 창세기론 *De genesi contra manichaeos*』과 같은 책을 집필하는 데 영향을 미치는 배경이 되었다. 『참된 종교』나 『교사론』조차도 마니교도들을 의식하고 쓴 것이라는 주장이 있는데[51] 이는 그가 그 때까지 아직도 마니교도인 로마니아누스에게 『참된 종교』를 헌정하고 있는 점을 그 근거로 들 수 있다. 사실 마니교도들의 도전적 분위기는 아우구스티누스의 주교 재직시에도 줄곧 그 열기가 가시질 않았다. 이 점은 3세기말 마니교는 아프리카, 남부 유럽, 동아시아 지역에서 가장 강력한 종교 중의 하나였다는 사실에서도 뒷받침되고 있다.[52]

타가스테에 머무르는 동안 아우구스티누스는 생각의 틀과 삶의 자세에서 큰 변화를 겪고 있었지만, 특히 두드러지게 변한 것은 그의 명상적 자세였다. 그의 마음은 신을 향한 깊은 경외로 조용히 타오르고 있었다. 주변에서 일어나는 세상의 번잡스러움과 삶의 부딪힘들이

---

51) P. Brown, *Augustine of Hippo*(London : Faber & Faber, 1968).

52) 마니교는 당시의 가톨릭과 신플라톤주의 신봉자와 더불어 그 지역 3대 종교군 중의 하나라고 일컬어지고 있으며, 남프랑스에서는 십자군 운동이 한참이던 12세기 무렵까지도 남아 있었다(S. Hopper, "The Anti-Manichean Writings," Battenhouse 역, *A Companion to the Study of St. Augustine*(London : Oxford University Press, 1956), 148쪽.

그만큼 대조적으로 그를 더욱 깊은 관조의 세계로 이끌고 갔는지 모른다.[53] 더구나 그의 친구 네브리디우스와 아들 아데오다투스의 죽음은 그를 파도처럼 뒤흔들어 놓았지만, 겸하여 채울 수 없는 공허를 더욱 실감케 하였을 것이다.

자기의 세계로 빠져들어 가면 갈수록 역으로 그는 무엇인가 마음을 채우지 않으면 안되었다. 그래서 타가스테의 수도원적 공동 생활을 더 조직화하고, 사람들과의 관계를 설정하며, 내규를 정비하는 데 더욱 몰두하였고 그는 이 지역의 정신적 지도자가 되어가고 있었다.

아우구스티누스가 만들고자 했고 지향했던 수도원 내지 공동체 생활이 어떤 것이었는지에 대한 근거나 흔적은 많이 남아있지 않다. 그가 밀라노나 로마에서 수도원에 들려본 적이 있고 그가 수도원 생활을 아주 동경했던 것은 사실이지만 엄격하게 교회의 조직과 맥락을 같이하는 수도원이나 아니면 이집트의 수도사처럼 홀로 외로이 고행과 극기의 극단적인 생활을 바랬던 것은 아니었다.[54] 그는 이 두 형태를 조화시켜 『아우구스티누스 규칙』을 제정했는데 그것은 공동체적인 면을 강조한 내용이다.

그가 바라던 것은 학자적 은퇴의 삶을 사는 공동체적인 삶, 그러나 사회와 단절되지 않으며 기독교적 덕목을 엄격히 지키고 주변을 바르게 읽는 지도적 위치를 지키며 헌신적 자세를 갖춘 삶의 공동체를 원했던 것 같다. 이것은 타가스테에 도착하자마자 바로 수도원을 세우지 않았던 점으로 보아도 미루어 짐작이 간다.[55] 추정컨대 아우구스티누스는 그리스의 아카데미적 성격에 동방적 은둔주의와 기독교 신앙이 결합된 자급자족의 공동체를 꿈꾸지 않았는가 싶다.

---

53) *De Genesi contra Manichaeos*, Ⅰ, xxv, 43.
54) P. Brown, 앞의 책, 136쪽.
55) 같은 책.

*

아우구스티누스가 391년 히포에 갔던 것도 수도원 자리를 물색하기 위한 것 같다.[56] 그의 히포 행은 그의 삶의 줄기를 바꾸어놓는 획기적인 사건을 예비하고 있었지만 이 무렵 아우구스티누스 자신도 변화를 겪고 있었다. 그는 이미 자신의 과거를 버린 어쩌면 내면의 공허로움을 아는 37세의 중년기에 들어선 외로운 사람, 그리고 불확실한 후반부의 삶을 설정하고 메꾸어 나가야 할, 마음을 비운 새 출발을 해야하는 단계에 있었다.[57]

아우구스티누스도 자신의 명성이 주변에서 올라가고 있는 것을 간접적으로 느끼고 있었으므로, 혹 사제로 지명받을 것을 걱정하여 가고 싶은 곳이라도 주교가 없는 교구는 방문하지 않았다. 당시 히포는 주교 발레리우스Valerius가 있었기 때문에 히포의 방문시에는 그 같은 걱정은 안해도 된다고 생각했다. 391년 초에 아우구스티누스는 타가스테에서 멀지 않은 히포를 방문하였다. 그 방문중에 수도원 자리도 물색하였으며, 또 자신의 지도를 받고자 하는 정부 관리(하위직으로 알려진)를 만나 하나님을 향한 헌신의 결단을 요구하는 가르침도 주었으나, 이 항구 도시 히포의 방문이 썩 만족스러운 상태는 아니었다.[58]

체류중 어느 날 교회에 갔는데 그 곳에서 그는 예상치도 않게 신부로 서품을 강요하다시피 받게 되었다. 그 교회는 그리스 출신이며 라틴어에 서투르고 지역어인 포에니어는 전혀 하지 못하는 연로한 주교 발레리우스가 시무하고 있었다. 마침 아우구스티누스가 교회에서 설교를 듣고 있는 동안 주교는 의도적으로 자신이 사제의 도움을 필요로 한다고 설파하고 적절한 인물을 추천해 줄 것을 강력하게 요구

---

56) *Sermones*, 355, 2.
57) P. Brown, 앞의 책, 137쪽.
58) Possidius, *Vita*, 3- 4.

했다. 신도들은 물론 저명한 학자 아우구스티누스가 그들과 함께 하고 있음을 알고 있었다. 교구민들은 전혀 눈치를 채고있지 못하던 아우구스티누스에게 다가가 갑자기 그를 끌다시피 앞으로 데리고 갔다. 그는 항의도 하고 저항도 하며 심지어 안타까운 마음에 울음을 터뜨리기까지 하였으나 신도들은 막무가내였고, 주교 발레리우스는 그에게 신속하게 서품을 내리고 말았다.[59] 이는 실로 순간적으로 일어난 일이었다. 하지만 그 같은 서품 형식은 후기 로마 사회에서는 있을 수 있는 일로 아우구스티누스가 주교가 된 후에도 이런 관행은 계속되었다.

예상치 않았던 이 충격적인 사건에 아우구스티누스는 자못 당황하였으나, 그는 끝내 조용하고 겸손한 마음으로 이 엄청난 섭리적 운명을 받아들이기로 마음을 정리하였다. 인생은 선택의 여지가 전혀 없는 것은 아니지만, 인간의 삶을 전체적으로 보면 그 길은 예정된 것 같고 실로 선택의 폭은 꼭 큰 것만 같지 않았다. 어쩌면 아우구스티누스의 인생은 정반대의 방향에서 출발했다 하더라도 이미 정해진 수순을 밟고 있는 것 같았다. 밀라노에서의 세례가 그랬고, 로마의 거주, 타가스테에서의 자기 정리적 저술 활동 등이 그렇게 비춰진다.

공간적 의미에서 그의 삶은 이제 한 곳에 정착되었다. 타가스테에서 마다우라로, 카르타고, 로마, 밀라노로 옮겨다니던 삶의 행각은 이제 히포에서 그 마지막 정착지를 찾은 것이다. 그래서 우리는 그를 〈히포의 아우구스티누스 Augustine of Hippo〉이라고 부르며, 그가 이후 40여 년간 이곳에 살다가 430년 반달족의 포위 속에 세상을 마친 곳도 이곳이었다. 당시 인구 3만의 히포[60]는 교구적으로 중요한 위

---

59) Possidius, *Vita*, 4.

60) 히포는 카르타고에서 150여 마일 서편에 있는 누미디아 Numidia 주에 속한 해안 항구 도시였다. 이 도시는 포에니어로 Ubbone이라고 불렸고 이 지역의 많은 사람들이 포에니어를 쓰고 있었다. 때로 라틴어로 Hippone라고 쓰기도 했다. 오늘날은 이 옛 고도에서 2마일 쯤 떨어진 곳에 Bone라는 작

치를 차지하고 있었지만 정치 경제적으로는 로마와 연결되는 국제항
이어서 큰 배들의 출항이 자유로운 무역항이었다.

히포 교구는 아우구스티누스의 의욕적인 활동을 요구하고 있었다.
당시 히포 교회는 내외적 도전을 받고 있었다. 항구의 속성상 여러
인종들이 모여 살았으므로 종교도 그만큼이나 다양하였다. 유태교,
동방의 이교들, 분파인 도나티스트주의자들, 마니교들이 서로의 우위
를 다투며 갈등 관계에 있었다. 특히 이 무렵 도나티스트주의자들의
반가톨릭 운동은 거셌는데, 아우구스티누스가 히포에 오기 전이긴 했
지만, 도나티스트들은 공중 빵공장들로 하여금 가톨릭교도들을 위해
서는 빵을 굽지 말라는 금지령을 내린 일이 있을 만큼 강력한 세력을
형성하고 있었다.[61] 이러한 상황은 아우구스티누스가 왔을 때에도 별
로 개선되지 않은 상태였다.

더구나 발레리우스는 연로할 뿐만 아니라 그리스 계통 출신으로 아
프리카의 종교적 풍토와 풍습에 익숙치 못했다. 그는 훌륭한 신앙인
이며 존경받는 주교이긴 했지만 이러한 어려운 상황을 앞장서서 이끌
고 갈 만큼 정력적인 지도자라고 보기 어려웠으며 이런 상황에서 교
인들의 사기는 상당히 저조되어 있는 상태였다. 그 때문에도 발레리
우스는 아우구스티누스에게 일을 맡기고 싶었고, 더우기 교회의 재건
을 위해 아우구스티누스의 헌신적이고 탁월한 지도력을 필요로 하고
있었다.[62]

이 일은 결코 쉬운 일은 아니었다. 외적인 어려움도 어려움이지만
아우구스티누스 자신의 경우로서도 사제직에 대한 준비가 충분하다고
보기는 어려웠다. 그가 어린 시절 세례를 받지 않았던 것은 익히 알
려진 사실이거니와 아카데미학파, 마니교도, 철학과 수사학에의 편력
을 거듭해 오는 동안 교회의 전례와 의식, 행사들에는 거의 무지의

은 도시가 있다.
61) *Contra Litteras Petiliani*, Ⅱ, 184(V. Bourke, 앞의 책, 124쪽).
62) Possidius, *Vita*, 5.

상태에 있었다. 더구나 성경에 접근하려고 많은 노력을 경주하였지만, 솔직히 체계적인 성경 공부를 한 것도 체계적 연구 방법을 터득한 것도 아니었다. 자신의 행로가 만인이 알듯이 방황과 이단의 행로를 서슴없이 걸어왔기 때문에 그를 알고 있는 사람들의 매섭고 비판적인 눈초리도 의식하지 않을 수 없었다. 이 같은 자신의 한계를 잘 알고 있는 아우구스티누스는 사제직 활동을 적극적으로 하기 전에 준비 기간, 자기만의 시간을 갈망하고 있었음을 여러 곳에서 보여주고 있다.[63]

아우구스티누스가 서품된 정확한 날짜는 산정하기 어렵다. 아마 391년 초로 추정하고 있는데 이는 아우구스티누스가 사제로 서품된 뒤 발레리우스에게 보낸 편지에 근거하고 있다.[64] 히포의 주교 발레리우스는 아우구스티누스에게 파격적인 업무를 분담시켰는데, 그때까지 주교만이 전담 업무였던 설교를 아우구스티누스가 담당하도록 하였고 강령의 교리 문답이나 성찬식에서의 특별 강연 등을 아우구스티누스가 하도록 허용하였다. 물론 발레리우스는 동방 교회적 전통을 염두에 둔 것이지만 아프리카 지역에서는 처음 있는 일로 주변의 비판도 있었다. 차츰 이것이 타지역 주교들에게도 하나의 전례가 되기는 했지만,[65] 아우구스티누스는 그 일을 역량껏 수행하였고, 기회 있을 때마다 대소(大小) 강연회를 마다하지 않았기 때문에 그는 곧 대중적 관심을 끄는 공인이 되었다.

히포에 정착하면서 그는 수도원의 공동체 생활에 대한 미련을 버리지 못하고 발레리우스의 도움을 받아 교회 부지 일부에 수도원을 세웠다. 여기에는 알리피우스Alypius, 에보디우스Evodius, 포시디우스Possidius, 세베루스Severus, 프로프루토스Profrutos, 우르바누스

---

63) *Epist.*, 21(Ad Valerium).
64) 아우구스티누스가 사제로 서품된 후 바로 준비를 요청하는 편지를 발레리우스에게 보내고, 타가스테에 곧 다녀왔다.
65) Possidius, *Vita*, 5.

Urbanus, 레포리누스Leporinus, 포르투나투스Fortunatus와 노바투스Novatus 등이 모여들었는데 이들 중에 로마에서 사귄 사람도 있지만, 대부분 아우구스티누스의 제자들이었다. 이들은 후에 예외 없이 주교들이 되어 아우구스티누스의 교리들을 전파시킬 뿐 아니라 아프리카의 열정적 기독교 신앙을 고양시키는 데 큰 역할을 하였다. 그들의 공부와 생활은 마치 신학교theological seminaries의 그것을 방불케 하였다.[66]

수도원은 모든 재산을 공동 소유로 하고 각자의 필요에 따라 물품을 공급하였으며, 생활과 입는 의복, 먹는 것은 매우 소박하고 담백한 것을 원칙으로 하였다. 그리고 대화중에 남을 헐뜯거나 비방하는 것, 음담패설 같은 것을 금지시키고 포도주 등 술은 제한된 범위내에서만 마실 수 있었다. 여자는 비록 친척이라도 영내에 들어오는 것을 허락하지 않았으며 각자의 능력에 따라 노역(勞役)의 일도 하였다. 그들의 주된 생활은 역시 연구와 토론에 있었으며 아우구스티누스도 이들을 가르치기를 소홀히 하지 않았다.[67]

그래서인지 이곳 졸업생들은 줄곧 아프리카 교회의 중책을 맡았고, 그들이 가는 곳마다에서 열심히 가르쳤기 때문에 아프리카 교회는 단연 활력을 찾은 듯 했다. 이것이 아우구스티누스 수도원의 원형이 되었음을 짐작키는 어렵지 않다. 이들 중에서 알리피우스는 393년 타가스테의 주교가 되었고, 에보디우스는 396년 우잘라Uzala의 주교로 임명되었으며, 포시디우스는 397년 칼라마Calama의 사교로 승진하였고 세베루스는 밀레비스Milevis의 주교(396)가 되었다. 앞에서 언급했던 대로 아우구스티누스 산하 수도원의 출신들이 모두 주교직 임명을 받았다는 점만 보더라도 그들의 활동이 얼마나 활발했는지 짐작할 수 있다.[68]

---

66) V. Bourke, 앞의 책, 126쪽.
67) Possidius, *Vita*, 26.
68) 이들 명단은 Pope, *St. Augustine of Hippo*, 111-132쪽 ; Foran, *The*

아우구스티누스는 수도원과 교회의 일에 전념할 뿐 아니라 주변에
강력한 세력으로 버티고 있는 이단들과의 대결도 피하려 하지 않았
다. 그가 사제로 서품된 지 1년 여가 지난 392년 8월 28일의 마니교
도 포르투나투스Fortunatus와 가졌던 공개 토론회는 그 같은 그의
적극성을 예증한다. 이 무렵 마니교도는 아직도 아프리카 지역에서
강력한 세력으로 기세를 올리고 있었고 히포에서도 예외일 수 없었
다. 더구나 한때 마니교도로서의 과거를 가진 그는 마니교의 문제점
을 누구보다도 잘 알고 있었고, 이를 꺾지 않고는 가톨릭 교회의 중
흥 뿐만 아니라 자기 자신의 회심에 대한 정당성도 확보하기 어려운
처지에 이르리라고 보았다.

아우구스티누스가 타가스테에 돌아와서부터 이미 마니교 반박문인
『가톨릭 교회의 관습과 마니교도의 관습』을 집필하기 시작했다는 사
실은 이 같은 필요를 입증한다. 히포의 새로운 수도원에 정착해서도
『믿음의 가치에 대하여 On the Value of Believing』[69]를 썼고, 연이어서
『마니교도들에 반대하며, 두 영혼에 대하여 De animabus Manicheos』[70]
를 썼다.

마니교의 빠른 확산은 가톨릭교도나 도나티스트 Donatist들에게 공
히 위협을 느끼게 했다. 392년 여름 어느 날 매우 예외적인 사건이
있었는데, 히포시의 가톨릭과 도나티스트주의자들의 대표들이 아우구

    Augustinians, 64-89쪽 ; Burton, *St. Augustine*, 181-407쪽 등에서 확인된
다(V. Bourke, 앞의 책, 127쪽).

69) 이 책은 아우구스티누스가 마니교와의 관계를 뿌리치지 못하고 있던 친구
호노라투스 Honoratus에게 바쳤다. 아우구스티누스는 이 책에서 가톨릭과
마니교 사이의 상이한 입장을 비교하고 이 미혹의 종교를 버리라고 주장하
고 있다.

70) 아우구스티누스는 이 책에서 선악이원주의, 즉 선과 악은 서로 실체이며
사람이 악을 행하는 것은 악의 실체성 때문이지 사람의 잘못은 아니라는 마
니교의 주장에 대해 반박했다. 아우구스티누스는 의지의 중요성을 내세우며
마음과 의지는 하나라는 점을 강조하며 마니교의 이원주의를 공격하고 있
다.

스티누스를 찾아와 날로 인기가 높아지고 있는 마니교 지도자 포르투나투스와 토론을 벌여 꺽어줄 것을 강력히 요청하였다. 이는 아마도 가톨릭과 도나티스트주의자들이 공동으로 대처한 최초의 사안이었을지 모른다.

아우구스티누스도 이에 기꺼이 응하였고 두 사람의 논쟁은 392년 8월 28일과 29일 양일에 지정된 공공장소에서 열렸는데 전시민의 관심사가 되다시피 했다. 이 토론에는 속기사까지 동원되어 저들의 토론을 기록하도록 했는데 이것이 『대(對) 마니교도 포르투나투스 의사록 *Proceedings Against Fortunatus Manicheau*』이란 기록으로 남아 있다.[71] 이 토론은 아우구스티누스의 완승과 포르투나투스의 완패로 끝났는데, 포르투나투스는 곧 히포를 떠나 다시는 돌아 오지 않았다.[72] 이 사건은 아우구스티누스의 명성을 크게 높여 주었을 것임에 틀림없다. 그러나 뒤이어서도 이 같은 마니교도들과의 논쟁은 수시로 진행되었다. 그가 주교로 임명된(396년) 뒤에도 논박서로서 『파우스투스에 대항하는 33책 *Thirty-three Books Against Faustus*』을 썼고(400년경), 또 하나의 마니교 논객 페릭스Felix와 논쟁을 벌여 그를 격침시켰는데 이 토론 과정의 기록이 또한 『마니교도 페릭스 대(對)의사록 *Proceedings Against Felix the Manichean*』으로 남아있다. 이 토론에서 페릭스는 아우구스티누스에게 크게 감복되어 뒷날 가톨릭으로 전향한 것으로 알려져 있다.[73]

마니교도들과의 대결중에도 그의 주변은 빠르게 변화하고 있었다. 393년 당시 히포에서 열렸던 교회 공회에서 아우구스티누스는 강령 특강을 하였는데, 이 회의의 비중이 모든 아프리카 주교들의 총회에 버금갈 정도였다.[74] 395-396년 사이 어느 날, 아마도 크리스마스 때

---

71) *Retractations*, Ⅰ, 16.
72) Possidius, *Vita*, 6.
73) Possidus의 아우구스티누스 전기에 따르면 아우구스티누스와 크게 논쟁을 벌였던 마니교도가 가톨릭으로 전향했다는 기록이 있다.

로 보이는데 그는 히포의 보조 주교로 임명되었다.[75] 그 이듬해 396
년 주교 발레리우스가 죽자 그는 명실상부한 히포의 주교가 되었는
데[76] 이때 그의 나이 39세로 그가 사제로 서품된지 5년만의 일이었
다.

74) *Retractations*, Ⅰ, 17.
75) *Sermones*, 339, 3.
76) *Epist.*, 31.

II 도나티스트파와의 대결

히포 교구에서의 아우구스티누스의[1] 주교직 수행은 힘겨운 것으로
사실 그는 격무에 시달리고 있었다. 크고 작은 공식 집회에서의 설
교, 특강, 회의 참석뿐만 아니라 크고 작은 교구내의 법률 문제와 분
쟁에 이르기까지 그의 손길을 거치지 않으면 안 될 일들이 많았다.
그것도 히포 교구에서만 행해지는 것이 아니라 교구 관장을 위해 원,
근거리를 여행해야 했으며 더구나 그의 활동은 북아프리카 전역에 걸
쳐 영향을 미치고 있었다.[2] 그의 자문이나 해결과 관여는 교회 안의
일만이 아니라 그 외의 개인적 일이나 신앙 문제, 교구내의 교회 행
정과 사교(司敎)들의 문제를 포함하였다. 이는 때로 아프리카 지역
교회의 사안뿐만 아니라 전 로마 지역에 걸쳐 영향을 미칠 문제까지

---

1) 히포 교구는 오늘의 기준으로 보아도 꽤 큰 교구였다. 교구 영역은 히포도
   시에만 국한된 것이 아니고 그 곳으로부터 약 40마일 떨어진 곳까지 관장하
   고 있었다. 도시 거주자는 약 4만명 정도로 추정되는데 그 중 1/3정도가
   가톨릭교도였다. 이 곳에 도나티스트들이 강력한 세력으로 자리잡고 있었으
   며 유대인은 그들보다 더 많았다.
2) *Epist.*, 209.

를 다루지 않으면 안 될 만큼 중대한 일들의 경우가 많았다. 더구나 이교도들조차도 대소 사안에 대한 도움을 요청할 때가 있었다.

그의 건강 상태는 별로 좋은 편이 아니었지만 설교, 편지, 강연, 개인 상담 어느 것 하나 결코 소홀히 할 수 없는 것이었다. 마치 지친 다리를 끄는 듯한 피곤한 몸에도 불구하고 간구와 기도 속에서 그는 하나님께 의지하여 이 일들을 이끌어가고 있었다. 그 같은 격무에도 불구하고 그의 높은 안목과 예리한 판단력, 해박한 지식을 통한 업무 처리 능력은 뛰어났던 것 같다. 그만큼이나 그에 대한 사람들의 기대는 높아가고 또 그럴수록 일은 더 많아지고 있었다.[3]

그에게 유일한 휴식이 있다면 그것은 자는 것이었지만 어떻게 보면 그는 자나깨나 일하고 있었다고 말해도 지나치지는 않을 것이다. 그의 생활에서 특별한 취미생활이나 휴식이라는 것은 찾아보기 힘들 정도였다.[4] 그에게는 사색이 휴식이고, 휴식이 곧 사유였으며, 그것들을 글로 옮기고 옮기는 동안에 생각하고 깨닫는 총체적 삶을 살고 있었다. 그에게 설교는 말이었으며, 말이 글이고 설교가 또한 교리이며 이론이기도 했다. 그는 마치 일을 위해 태어난 사람 같았다. 다만 그 일이 확고한 신앙과 믿음에 기초하고 있는 것만 다를 뿐, 인간으로서 감당해야 할 무거운 부담감까지를 벗어 던질 수는 없는 일이었다.

그가 주교직 수행중에 가장 심혈을 기울여야 했던 일은 역시 이단이나, 이교도들과의 싸움이었다. 이 무렵 기독교는 정부로부터의 간섭과 방해라는 탄압 국면에서는 벗어나 있었지만 아직도 자기 정비, 자체 준비는 충실히 갖춘 상태가 아니었다. 밖으로는 이단과 이교도들의 교설과 교리에 대항해야 했지만 안으로도 자신의 교리와 대응 논리를 정립해야 할 단계에 놓여 있었다.[5] 아우구스티누스 자신으로

---

3) *Epist.*, 31, 4.

4) V. Bourke, *Augustine's Quest of Wisdom*(Milwaukee : Bruce Publishing Co., 1947), 139쪽.

5) B. Tierney & S. Painter, 이연규 역, 『서양중세사』(서울 : 집문당,

볼 때도 외적으로 마니교도들과의 논쟁이 아직 계속인데도, 아프리카 최대의 이단교파라고 할 수 있는 도나티스트들과의 힘겨운 싸움을 또한 전개하지 않으면 안 되었다.

아프리카 최대의 영향력을 가진 도나티스트파는 기독교의 일파이며, 순수성과 정통성에 있어서 나름의 역사성을 확보하고 있는 거대 집단이었다. 이들의 영향력과 세력이 얼마나 컸던가 하는 것은 이 일의 해결을 위해서 끝내는 정부의 무력개입까지 불러들일 수밖에 없었다는 사실에 의해서도 입증되고 있다. 이론과 실무에서 외로운 싸움을 전개해야 했던 아우구스티누스는 때로 인간적인 고뇌와 빗발치는 오해를 감수하면서 이 일을 15년 동안이나 계속해야만 했다. 아우구스티누스가 도나티스트와의 치열한 논전을 벌이는 과정에서[6] 그의 생애에 매우 중요한 일들이 진행되고 있었다.

아우구스티누스는 주교가 되자 우선 도나티스트와 가톨릭간의 폭발적 갈등을 평화적 방법으로 해소하려 하였다. 그래서 아우구스티누스는 히포의 도나티스트파 주교인 프로클레이아누스 Procleianus에게 편지를 보내어 두 사람이 만나 공개적으로 양 교파의 차이점에 대해 토론을 벌이자고 제안했다.[7] 아우구스티누스의 제안은 받아들여지지 않았고, 뒤이은 아우구스티누스의 두번째 제안도 거부당해 결국 이 일은 성사되지 못했다. 그럼에도 불구하고 도나티스트 교도들에 대한 공개적인 토론 제의는 아우구스티누스의 명성을 올리는 데 큰 몫을 하였다.

같은 히(396년) 아우구스티누스는 키르타 Cirta 시의 새 주교에 그의 히포 수도원 졸업생인 프로푸투루스 Profuturus를 임명하게 되

1988), 44쪽.

6) 아우구스티누스가 주교로 임명되기 3년 전에 교회내의 격렬한 분열의 조짐이 일어나고 있었다. 393년 100여 명이 모인 카바르수스 Cabarssus 주교회의에서 도나티스트파 주교를 파문하였는데, 이를 반대하는 측에서는 다시 가톨릭편 주교를 파문시킴으로서 대립 양상은 극단을 달리는 듯했다.

7) *Epist.*, 34, 6.

어 있었다. 이 일을 위해 그는 키르타시를 방문해야 했는데 그 곳에 가려면 히포의 남쪽 약 65마일 정도 떨어진 곳에 위치한 투불시쿰 Tubursicum 시를 지나가야 했다. 투불시쿰에는 마침 도나티스트 주교 포르투니우스Fortunius가 거주하고 있었다. 아우구스티누스는 그를 방문하기로 결심하였다. 아우구스티누스가 도나티스트 주교를 방문한다는 소문을 듣고 사람들이 모여들었다. 두 사람이 만나게 됨에 따라 격식을 갖춘 토론은 아니지만 결과적으로 두 사람 사이에는 열띤 논쟁이 벌어졌다. 이 토론은 아우구스티누스의 요청에 따라 관례대로 속기사도 동석케 하였지만 사전 준비 절차의 미비와 갑자기 몰려든 청중들의 소란함 때문에 제대로 기록하기가 어려웠고, 논제(論題)들에 대한 합의도 이루어지지 않았기 때문에 기록상 정리된 자료를 남기지는 못했다.[8]

그럼에도 불구하고 이 같은 일들은 아우구스티누스 자신이 이 문제에 적극 개입하여 해결하려는 강한 의지를 갖고 있음을 보여 주었을 뿐만 아니라 가톨릭 논리가 우위에 있다는 자신감을 나타냄으로써 지지자들로부터 신뢰를 끌어낼 수 있었다. 각도를 바꾸어 보면, 그의 적극적인 개입 의지는 결과적으로 이 문제의 심각성과 과제 해결의 절박감을 반영한 것이라고도 할 수 있다.

아우구스티누스의 반(反)도나티스트 활동은 다각적으로 진행되었다. 설교와 공개 토론, 그리고 서신 교환 등의 방법으로 이루어졌을 뿐만 아니라 주교들의 공식적인 모임을 통해서도 이루어졌다. 397년 8월 28일 카르타고에서 열린 카르타고 교회 공의회에 참석하여 아우구스티누스는 도나티스트 분열에 대해 특별한 관심을 환기시키고 히포 공의회가 제안한 반도나티스트 종규 Anti-Donatist Canons of the Consul of Hippo를 재확인, 추인토록 했다.[9] 이 카르타고 공의

---

8) *Epist.*, 44, 6.

9) 이 무렵 이 회의에 약 500명의 아프리카 사제들이 모일 만큼 아프리카의 가톨릭의 교세는 확장되어 있었다.

회는 거의 매년 열렸는데 아우구스티누스는 이 모임의 정신적인 지주였을 뿐만 아니라 20여 차례 이상이나 사회(司會)를 맡아 주관하였고 그곳에서 제정된 종규들의 대부분이 아우구스티누스의 주도로 이루어졌다.[10]

아우구스티누스는 반도나티스트 운동의 전개중에도 집필을 멈추지 않았다. 396-397년 사이에 쓴 『제질문들에 대한 답변, 심플리키아누스를 위하여 *Answers to Various Quaestionibus ad Simplicianus*』는 암브로시우스의 계승자이고 밀라노 교회의 주교였으며, 한때 아우구스티누스가 정신적인 위기를 겪고 있을 때 그에게 확고한 신앙적 도움을 주었던 심플리키아누스에게 바쳐졌다. 서문에는 그에 대한 고마움을 감동적으로 밝히고 있는데, 후세인들은 이 책의 내용이 은총의 본질 Nature of Divine Grace에 대한 아우구스티누스의 최초의 원숙한 견해를 밝히는 내용의 책이라고 평하고 있다.[11]

같은 시기에 아우구스티누스는 또 다른 대작의 집필을 시작하고 있었는데 그 첫번째의 것이 『기독교 교리에 관하여 *De Doctrina Christiana*』이고 그 다음의 것이 우리들에게 잘 알려진 『고백록』이다. 앞의 책은 성서의 이해를 원하는 사람들을 위해 쓰인 세 권으로 구성된 개설서이다.[12] 그가 주교직을 맡으면서 교인들이 성서에 대한 깊은 이해를 갖는 것이 매우 중요하다는 사실을 절감하고 쓰기 시작했던 것 같다.

『고백록』은 아우구스티누스 저서 중 가장 많이 읽히고 또 그의 생애와 사상에 대한 핵심적인 내용을 담고 있기 때문에 장(章)을 달리해서 다시 이야기할 기회를 갖겠다. 아우구스티누스는 이들 외에도 이미 『산상수훈』, 『로마서 84명제 강해』(394년)를 저술하기도 했었으며, 『기독교인의 투쟁에 대하여』, 『기독교인의 교육에 대하여』(396년)

---

10) V. Bourke, 앞의 책, 145쪽.
11) V. Bourke, "De Labriolle," 『*History and Literature of Christianity*』, 407쪽도 이에 동의하고 있다.
12) *Retractations*, Ⅱ, 4.

도 썼다. 앞서 이미 언급한 책 『마니교도 파우스트 논박』(397년)도
이 무렵 쓰여진 것이다.

이때 아우구스티누스는 또 하나의 사건을 창출하고 있었는데 성 제
롬St. Jerome과의 서신 교환을 통한 교류와 논쟁이 그것이었다. 이
들간의 편지 교환은 394[13]년부터 416년 무렵까지 20여 년간을 지속하
였다. 그 때 성 제롬은 당대의 우뚝 선 석학으로 어학에 있어서도 헬
라어, 라틴어, 셈어에 능통한 인물이었으며 성서 주석이나 비평에 있
어서 당대에 가장 뛰어난 역량을 보이고 있었다. 뿐만 아니라 사회적
으로도 교황 다마수스Damasus의 측근으로 한때 그의 계승자가 될
뻔한 일까지 있었다.

하지만 제롬은 자신의 주변인들과 불화 관계에 있었으므로 끝내 로
마를 떠나 베들레헴의 한 수도원에 정착하여 그 곳에서 성서 번역[14]
과 연구에 몰두하였다. 아우구스티누스와 서신 교류를 틀 무렵에는
이미 이 지역에 10여 년을 머물러 왔고 그 뒤에도 20여 년을 더 그 곳
에 있었다.[15] 연령으로 보아도 아우구스티누스보다 5-10년 연상이었
다. 그럼에도 그의 학술적 업적에 비해 그의 성격은 관용스럽거나 포
용력을 갖추었다기보다는 오히려 독설가라는 평까지 들을 만하였다.

아우구스티누스가 제롬에게 보낸 초기의 편지들은 주로 제롬이 진
행시키고 있는 라틴어 번역에 대한 제언이었다. 새로이 번역되는 라

---

13) 394년이나 395년 무렵부터 시작되었다.

14) 제롬은 대단히 날카로운 성질의 소유자로 그 자신의 생활 또한 경건과 절
   제를 표방하였으며, 독신주의로 살았다. 그는 당시의 사치와 안일, 그리고
   부패해가는 로마 사회를 신랄하게 비판하였으므로 주변에 많은 적들을 갖게
   되었다. 그러한 그의 송곳같은 성격은 아우구스티누스과의 관계에서도 드러
   나곤 했다.

15) 30여 년간 베들레헴에 머물면서 이미 나와 있는 라틴어 신구약 성서의 번
   역이 불완전하였으므로 이들의 번역을 착수 완료하였는데 이것이 걸작으로
   평가받아 성서의 표준으로 서방 교회에 받아들여지게 되었으며 이는 뒷날
   불가타Vulgate로 불린다. 그 때까지는 사람들이 Septuagint를 전거로 하
   여 번역하였으나 제롬은 히브리어 원본에 기초하여 번역하였다.

틴어본은 전에 써오던 번역본과 차이가 나서 어릴 때부터 기왕의 번역본에 친숙해 있는 아프리카인들에게는 불편한 점이 있다는 것이다. 그래서 전의 것과 다르게 번역할 경우에 그에 대한 친절한 설명을 해주어야 한다는 주문이었다.[16] 그리고 『갈라디아서 주석 *Epistle to the Galatians*』에서 제롬은 성 바울이 베드로를 책망한 것은 잘못이라고[17] 주석하고 있는 데 대해 성경이 무오한 것이라고 믿고 있는 성경 독자들이 이를 오해할 소지가 있지 않겠느냐고 하는 항의성 내용의 편지였다.

아우구스티누스의 수 차례에 걸친 항의성 편지들은 자신에 차 있는 제롬의 심지를 건드렸다. 두 사람 사이에 서신이 교환됨에 따라 제롬의 고압적 훈계조 답신이나 이를 다시 비판하는 아우구스티누스의 글이 서로 감정을 자극하여 두 사람의 관계는 아주 껄끄러운 것이 되었다.[18] 이 같이 편치 않은 서신 교류는 402년과 405년에도 줄곧 진행되었는데 때로 편지가 지연됨으로써 서로의 오해를 더하기도 했다. 아우구스티누스는 그의 성정을 잃지는 않았으나 여전히 그 내용은 비판적이였던 반면 제롬은 다혈질적인 폭발성을 보일 때도 있었다.

그러나 415-416년에 이르러 제롬도 자기를 찾은 듯 피차간의 자제를 당부하면서 아우구스티누스의 서술들을 인정할 뿐 아니라 인간적으로도 그를 사랑하고 칭송해 마지 않는다고 쓰고 있다.[19] 두 사람 사이의 이런 불화는 전적으로 제롬의 성정 탓만으로 돌리기는 어렵고, 아우구스티누스에게도 일부의 책임이 있다고 후대인들은 지적하고 있다.[20]

20여 년에 걸친 의견 대립과 감정적 차이와 오해 때문에 예기치 않

---

16) *Epist.*, 28, 2, 2.
17) 갈라디아서 2 : 11-14.
18) *Epist.*, 68, 2.
19) *Epist.*, 172, 1.
20) V. Bourke, 앞의 책, 152쪽.

은 불편한 관계도 있었지만 이들 사이의 논전은 이 시대에 다양하게 꽃피기 시작한 기독교 논쟁의 단면을 보여주는 한 사건이라고 볼 수 있다. 하지만 내외의 어려움을 맞고 있었던 아우구스티누스에게 내적인 대립이야말로 더욱 참기 어려운 고통이었을지 모른다.

399년에는 이교도들이 우상을 세우는 것을 금하고 이교의 숭배를 금지하는 법률이 제정되었다. 이에 따라 이교 사원들이 폐쇄되었을 뿐만 아니라 이름 있는 사원들은 압류되어 가톨릭 교회로 사용되고, 우상들이 철거되었다. 아우구스티누스는 그럴 때일수록 지나친 광신적 파괴주의를 경고하고 관용의 자세를 갖출 것을 역설하였다.[21]

*

아우구스티누스의 반도나티스트 운동은 399년을 전후하여 더욱 가속화되었다. 반대 세력의 대응도 강도가 높아지고 때로 폭력 사태에까지 이르렀다.[22] 마니교도들의 아우구스티누스에 대한 모함 또한 극성을 부리고 있었는데, 그만큼이나 반마니교와 반도나티스트 저술과 설교를 멈출 수가 없었던 것 같다.[23]

도나티스트의 발생과 그 특성은 그 시대의 상황과 배경 속에서 형성되었다. 북아프리카는 2세기경에 이미 기독교가 전파되어 있었으며 2세기 후반부터는 선교사들의 적극적인 활동으로 기독교 공동체가 설립되었다.[24]

---

21) *Sermones.*, 62.

22) 도나티스트들이 칼라마Calama의 가톨릭 주교 포시디우스Possidius의 주교 집을 습격하여 방화하고 주교를 구타하였다. 그러나 이 폭력의 배후에는 칼라마의 도나티스트주교 크리스피누스Crispinus의 사주가 있었음이 확실히 드러났다.

23) 이들 저술들 중에는 *Contra Litteras Petiliani ; Against Cresconius the Donatist Grammarian ; Contra Donatistum Riesco Quem* 등이 있다.

24) 김성태, 『세계교회사』, I (서울 : 성바오로 출판사, 1986), 160-161쪽.

북아프리카에서 가장 오래된 교회 문헌으로 알려진 『스칠리타노룸의 순교자 행전 *Acta Martyrum Scillitanorum*』에 따르건대 아프리카의 누미디아 출신인 12명의 순교자가 카르타고에서 순교한 것으로 기록되어 있으며 그 이후 박해 동안 잠시 주춤하기는 했으나 기독교인의 숫자는 계속 증가한 것으로 추정되고 있다.[25]

아프리카 교회의 성장은 사용 언어의 보급, 지역적 통일, 그리고 터툴리아누스 등과 같은 교부들의 신학적 전통과 소박한 종교적 열정이 어우러져 교회 발전에 크게 기여하였다. 서북아프리카 지역은 일찍이 도시들이 번창하였고 정치적으로나 전략적으로도 중요하며 지중해의 편리한 해상 통로와 거리상의 이점 때문에 무역 또한 활발하였다. 카르타고에서 로마 관리, 군인, 상인들이 주축을 이루고 언어상으로도 희랍어와 라틴어가 공용되던 시절에 아프리카 교회가 라틴어를 사용하고 있었던 점으로 보아, 로마 중심 문화권에 밀착되어 있음을 알 수 있다.

그 같은 배경 아래서 터툴리아누스, 키플리아누스, 락탄티우스와 같은 많은 종교 지도자들이 나왔다. 이것이 또한 아프리카 교회 발전의 추진력이 되었으며 이 전통은 아우구스티누스 등에 전수되어 로마 교회의 신학을 능가할 만큼의 신학 체계를 이룩하게 하였다. 이것이 또한 아프리카 교회 발전의 추진력이 되었다. 아프리카 신학 발전에 큰 계기를 제공한 터툴리아누스[26]는 그리스 철학에 대한 배타심뿐만 아니라 로마의 고전 문화에 대한 적대감까지 가지고 있었다. 그것은 아프리카가 로마의 속주였다는 전래적 피해의식 때문만이 아니라 로마 제국의 박해를 받았던 교회의 소속원이 대부분 가질 수 있는 감정이

---

25) Jules Lebreton and Church, E. C. Messeger 역, "Heresy and Orthodoxy," *A History of the Early Church*(New York : Collier Books, 1962), 202-203쪽.

26) 193년 그는 믿음으로 과감히 순교의 길을 택하는 기독교인들의 용기에 감복되어 그리스도교도가 되었다. 그가 202년 몬타누스 이단에 참가하여 교회를 떠날 때까지 열정적 신자로 많은 저서도 남겼다.

기도 했다. 그는 기독교와 이교 사회는 끝내 타협할 수 없을 것이라
는 비타협적 자세를 갖고 순교를 매우 중요하게 여기고 찬양하였다.
이는 결국 세속 사회에 대한 전투적 자세를 말하며 자신의 저서에서
도 빛과 어둠, 선과 악, 그리고 진실과 거짓을 날카롭게 대비시키고
있는 것도 이 때문이다.[27] 키플리아누스[28] 시대에도 배교자와 이단자
들의 문제는 계속 제기되었다. 이 점은 정부의 공식 인정을 받지 못
하고 때로 탄압까지 받던 상황에서 감수해야 할 불가피한 시련이었을
지 모른다. 기독교 체계가 미정착된 상황에서 이단들에 대한 대응 조
치를 어떻게 할 것인가의 문제는 아프리카 교회내에서는 물론, 로마
교회와의 관계에 있어서도 때로 상충점을 보였다.

　키플리아누스가 주교가 될 무렵 로마 황제 데키우스Decius는 로마
인들이 로마의 제신(諸神)들에 대해 제사를 바칠 것을 명하는 칙령
(250년)을 발하였다. 이것은 특별히 기독교만을 겨냥한 조처는 아니
었으나 결과적으로 순교자를 내고 또 이 조처에 협력한 자들에 대한
배교의 문제를 낳게 하였다. 배교자들에 대한 조처를 어떻게 취할 것
인가의 문제를 놓고 강, 온 입장의 대립 양상을 보였다. 키플리아누스
는 배교자들에게 일정한 참회 의식을 거친 후 용서해 줄 것을 주장한
반면, 노바투스Novatus 등은 이러한 의식과 절차를 거치지 않고 다만
화해 선언으로 그들을 용서하자는 보다 관용적 입장을 견지하였다.
이 문제는 251년 카르타고 주교회의에서 키플리아누스의 주장대로 일
단락을 지었다.[29] 이는 앞으로 도나티스트와의 재세례 문제와 연결하
여 생각할 때 하나의 전례를 남겼다고 하겠다.

---

27) 조현미, 「도나티스트운동의 성격」(석사학위논문, 고려대학교대학원, 1988),
　　28쪽.
28) 키프리아누스는 세상의 불의에 실망하고 기독교에 귀의하여 (246년경) 사
　　제 서품을 받게 되었으며 카르타고의 주교(248-249년)가 되어 순교할 때까
　　지 10여 년간 아프리카 교회에 많은 영향을 주는 활동을 전개하였다.
29) 조현미, 앞의 책, 32쪽.

키플리아누스 말년에도 이단들의 세례 문제가 또 하나의 쟁점으로 부상하였다. 키플리아누스는 이단자들이 행한 세례에 대해서는 받아들일 수 없다 하여 무효라는 입장을 취했으며, 이는 터툴리아누스의 가르침에 따른 아프리카 교회의 입장이기도 했다.[30] 그러나 로마 교회의 견해는 달랐다. 로마 교회는 〈전승된 것 외에 아무것도 새롭게 해서는 안 된다〉는 명제 아래 이단자라 하더라도 참회 의식을 거치게 함으로써 용서가 가능하다는 것이었다. 뿐만 아니라 키플리아누스 등 아프리카 교회가 로마 교회의 입장을 따르지 않을 경우, 파문 등의 강경 조치를 취할 것이라고 경고까지 하였다. 이에 대해 키플리아누스 등은 256년 다시 카르타고 주교회의를 개최하여 로마 교회와는 다른 자신들의 주장을 재확인하였다.

이 문제는 로마 교회와 아프리카 교회의 팽팽한 대립을 낳았고 충돌 직전에까지 이르게 했다. 그러나 발레리아누스의 박해로 닥친 위기는 이 문제를 더 이상 발전시키지 못하게 했으며 결국 잠복하고 말았다. 하지만 재세례 문제는 미해결된 채 남아 있었고 어떤 계기가 오면 다시 폭발할 성질의 것이었다.[31]

50여 년 뒤 디오클레티아누스Diocletianus 대제의 박해가 일어났을 때(303-311년)[32] 이 문제가 다시 제기될 수 밖에 없었고, 이것이 〈도나티스트 논쟁〉을 불러일으켰던 것이다.[33] 디오클레티아누스의 박해는 거의 직접적인 것이었다. 누미디아 주에 보내진 디오클레티아누스 칙서는(303년) 도나티스트를 정부 관리에게 인도할 것과 교회 재산의 등록, 교회 건물의 파괴까지 명하고 있을 정도였다. 그 해 가을에는 황제나 수호소에 대한 분향의 제례까지 요구하였으며 이에 불복종할

---

30) 같은 책.

31) 같은 책, 33쪽.

32) 이 박해는 마지막이자 가장 혹심한 박해였다고 전해지고 있다. 그 뒤 311년 갈레리우스 황제는 병상에 누워 관용령 Edict of Toleration을 발하였다.

33) 조현미, 앞의 책, 33쪽.

경우 죽음도 각오하라는 것이었다.[34] 박해는 혹심한 것이었으며 그 후유증 또한 그만큼 컸다. 박해가 지나간 후 정부의 협력자, 즉 배신 자들에 대한 처리 문제를 놓고 또다시 엄격주의자와 관용주의자의 대립이 재발하였다.

양파 사이에 틈이 생긴 계기는 카르타고 주교직의 계승 문제를 둘러싸고 일어났다. 반대자들은 주교직을 계승한 캐실리아누스Caecilianus는 박해시 협력한 펠릭스Felix of Apthungi로부터 주교직 안수를 받았으므로 그가 베푼 의식은 무효라는 것이었다. 이러한 주장이 관철되지 않자 도나티스트[35]를 주축으로 한 반대파들은 자신들의 주교를 임명하였으므로 아프리카 교회는 나뉘어 분리파 교회가 성립하였다. 정부와 여러 번 타협을 시도했으나 실패했고, 반면 도나티스트 교회는 북아프리카 지역에서 줄곧 성장하여 강력한 세력으로 남게 되었다.[36] 이는 로마 교회와 정부 중심으로 진행되는 사안에 대해 부정적으로 느껴지는 지역 감정이 아프리카인들의 가슴속에 깔려 있었기 때문이기도 했다. 더하여 이론적으로는 터툴리아누스와 키플리아누스의 순수 신앙, 엄격주의적 전통이 공감을 얻고 있기 때문이었다.[37]

더구나 도나티스트교도들에 대한(317-321년) 섣부른 탄압은 그 자

---

34) W. Frend, *The Donatist Church : A Movement of Protest in Roman North Africa*(Oxford : Clarendon Press, 1952), 4쪽.

35) 이를 이끈 도나투스는 박식하고 유창한 언변을 구사하였으며 영향력 있는 저술가였다. 그는 금욕주의자로 과도할 정도의 자신감을 갖고 극단적인 내핍생활을 실행하였다. 그는 Donatus of Càsa Nigra, 그 후에 Donatus the Great라 불려졌다.

36) 313년 로마의 주교 밀티아데스가 이끄는 위원회가 이를 조사하여 분쟁을 조정하려 하였으나 결국 도나티스트파에 대한 반대 결의를 하기에 이르렀다. 도나티스트들은 314년 아를레스Arles 종교회의에서, 316년에는 콘스탄틴 대제에게 직접 호소하였으나, 그들의 요청은 거부되었다(조현미, 앞의 책, 37쪽).

37) "Donatism," *Oxford Dictionary of the Christian Church*(London, 1984), 149쪽.

체가 실패했을 뿐만 아니라 오히려 폭력으로 대항하는 과격 분자까지
낳았다. 도나티스트 과격분자들과 〈방랑성 폭도〉, 즉 키르쿰셀리온
Circumcellion[38]으로 알려진 폭력 분자들이 합세하여 지주들과 가톨
릭에 대한 방화와 테러까지도 서슴치 않았으므로 공안에 큰 위협이
되기까지 했다. 이들의 폭력 행태는 토착 무어인 피르무스Firmus가
일으킨 대반란의 배후 세력으로까지 지목받게 될 정도였다. 이 반란
은 데오도시우스 대제에 의해 진압(375년)되기는 했지만 정부의 불안
감은 377년 반도나티스트 법령들의 발표로까지 이어졌다.

이같이 고조된 긴장의 분위기 속에서 아우구스티누스가 히포의 성
직을 시작하게(391년) 되었다. 이는 왜 아우구스티누스가 성직 임명
을 받은 후 15년 동안이나 그토록 반도나티스트 운동을 온몸으로 치
열하게 전개하지 않으면 안 되었는지 하는 사정에 대해 설명해 주는
것 같다.

도나티스트들의 주장은 한마디로 교회를 배신한 자들을 교회에서
다시 받아들일 수 없다는 것이었다. 진정한 교회는 진실로 순결한 사
제에 의해 주관되어야 하며 자신의 행적이 깨끗치 못한 사람이 결코
성도들의 앞에 설 수 없다는 것이다. 진정한 교회는 순수한 사제를
필요로 하기 때문에 순결치 못한 사제가 집행하는 세례는 그 순간부
터 무효가 된다는 주장이었다. 그렇지 못할 경우 도나티스트들에게
교회의 분열은 피할 수 없는 것으로 그 분열된 교회의 크기가 얼마이
든지 그것은 상관할 바 아니었다. 이 문제를 해결하기 위해 공권력이

---

38) 키르쿰셀리온과 도나티스트와의 관계에 대해 몇가지 시각들이 있으나 두
집단의 성격이 다른 것만은 확실하다. 도나티스트들이 이들을 이용했다고
보는 견해가 유력하다. 키르쿰셀리온을 노예로 구성된 단순한 사회부랑아로
볼 것인지 아니면 하나의 계층으로 볼 것인지에 관해서도 이견이 있으나 계
급 구성원으로 보는 견해가 강하다. 이들은 colonus나 노예들과는 구별되는
자유인으로 일종의 이동 농업 노동자들로 보여진다. 지주들에 대한 저항도
빈번하였다(J. Daniel and H. Marrou, Vincent Cronin 역, *The Christian
Centuries*, Ⅰ, ed. 4th(London : Paulist Press, 1983), 246-247쪽.

교회 문제에 간섭했을 때 누가 옳고 그른 것인지 판가름났다고 그들은 생각했다. 왜냐하면 탄압받는 교회야말로 진정한 교회로서 기실 국가란 교회와 아무런 관계가 없는 것이기 때문이라는 것이다.[39]

도나티스트파들의 태도는 단순히 배교자의 문제에만 국한되는 것이 아니고 교리상의 제문제, 즉 은총의 해석, 세례의 의미, 신성과 교회의 권위, 보편성 문제, 국가와 교회와의 관계와 같은 아주 다양한 신학적 문제와 엉킬 수밖에 없었다. 도나티스트파가 문제삼는 제일의 쟁점은 재세례rebaptism 문제였다. 재세례가 옳은 것인가? 또는 꼭 시행을 해야만 하는가의 문제는 양측 모두에게 최대의 쟁점이었다. 만일 이에 대한 언급이 신구약 성서에서 명백히 밝혀졌으면 이의 해결은 훨씬 덜 복잡했을지 모른다. 그러나 성서에는 이들에 대한 직접적인 지적이 없기 때문에 재세례에 대한 전례(前例)나 선인들의 언급과 행적에서 찾는 역사적인 접근 방법을 취할 수밖에 없었다. 그 때문에 도나티스트들은 키플리아누스의 재세례에 대한 주장과 87명의 아프리카 주교들이 모였던 카르타고 주교 회의(256년)에서 전폭적으로 재세례를 결의했던 사례를 강력한 근거로 제시하였다.[40]

하지만 아우구스티누스는 도나티스트들의 재세례 주장을 옳지 않다고 반박하였다. 데키우스 박해 이후 제기되었던 재세례 문제에 대한 카르타고 주교 회의 결의는 그 사안 하나에 해당되는 결의일 뿐이며 그것이 모든 사항에 대한 전례일 수 없는 것이므로 유효하지 않다는 것이다. 더 나아가 키플리아누스의 주장 자체를 논거로 들면서 재세례권을 가질 수 없다는 것을 분명히 하고 있다는 것이다.[41]

---

39) A. Harnack, *History of Dogma*(New York : Russell and Russell, 1958), 143쪽.

40) F. Dillistone, "The Anti-Donatist Writings," R. Battenhouse 편, *A Companion to the Study of St. Augustine*(New York : Oxford University Press, 1956), 181-182쪽.

41) 같은 책.

아우구스티누스는 이 문제의 준거가 되는 권위의 문제에 대해서도 보다 넓고 다각적인 검토가 필요하다고 믿었다. 다시 말해, 단순히 키플리아누스나 카르타고 종교 회의의 결정에만 근거할 것이 아니라 ① 성서의 증언 ② 일반적으로 수락되어 온 교회의 관습 ③ 광범한 대표성을 갖는 종교 회의 ④ 실행이나 믿음에 관해 행해졌던 논의의 내용 등을 모두 참조해야 한다는 것이었다.[42] 가장 확실한 규준이 성서인 것은 분명하지만 거기에 준거가 없을 경우 아우구스티누스는 개인적으로는 종교 회의 결정을 가장 신뢰할 만한 근거로 믿었던 것 같다. 그렇다 하더라도 총화와 화해를 가져오는 일이라면 전례에 너무 구애됨이 없이 문제된 쟁점들에 대해서 자유로운 토론을 거쳐 새로운 해결안을 도출해 낼 수도 있다는 것이 그의 생각이었다.

아우구스티누스는 재세례 문제에 관한 한 이미 그 선례가 사도시대 때부터 있어왔으며, 그 점을 안정한다면 비록 세례가 교회 밖에서 이루어졌다 하더라도 그 세례는 유효한 것으로 인정해야 한다고 믿고 있었다.[43] 그 점에서 215년 카르타고에서 열렸던 종교회의는 성서적 권위를 근거로 하여 추인된 것이 아니라 반대로 성서의 관례를 개정하는 것을 추인하고 있는 것에 불과하며 키플리아누스의 재세례 주장 또한 이에 근거하고 있다는 것이다. 이 때문에 역으로 아프리카 교회는 카르타고 종교 회의의 결의를 따를 것이 아니라 오히려 성서의 권위로 복귀해야 한다는 신념을 갖고 있었다.[44]

더구나 도나티스트들의 분파 운동은 교회 본질nature of church의 측면에서도 허용될 수 없는 것이란 점이다. 즉, 교회는 어머니, 순결한 비둘기, 신부 등으로 그리고 하나님은 아버지로 비유되어 왔다. 이러한 비유는 곳곳에 암시될 뿐만 아니라 터툴리아누스에게 확인되고 키플리아누스에게 계승되었다. 이는 아우구스티누스에게로 이어졌

---

42) 같은 책, 183쪽.
43) 같은 책, 184쪽.
44) 같은 책.

으며 수 세기 뒤 칼빈에 의해 다시 제기되었던 문제이다.

교회의 상징으로 인용되는 〈비둘기, 나의 완전한 자는 하나뿐〉[45]이라는 구절을 들어 순결과 완전함은 결코 분열에서 올 수 없다고 주장하였다. 마찬가지로 신랑을 기다리는 신부, 신랑을 사모하는 신부는 둘이 될 수가 없으며 더구나 분열은 상상할 수도 없다는 것이다.[46] 분열은 그 자체만 해도 가장 큰 죄악으로 성서의 진실처럼 교회의 통일성은 결코 파괴될 수 없다는 것이 아우구스티누스의 주장이었다. 자비와 통일성 그리고 평화는 결코 분리시켜 생각할 수 없는 것으로 하나의 가톨릭 교회라는 통일성 밖에서는 진정한 평화도 자비도 구해질 수 없다는 것이었다.[47]

요컨대 도나티스트들과의 대결은 두 가지 문제, 즉 교회론과 세례의 효능성effectiveness of Grace으로 집약될 수 있다. 교회가 무엇이어야 하는가에 대한 대답은 결국 왜 도나티스트들이 교회를 떠나 분파를 이루어서는 안되는가에 대한 해답이 될 것이며, 같은 맥락에서 한 번 받은 세례가 교회 밖에서이든 교회 안에서이든 유효한 것이라면 도나티스트의 주장대로 재세례를 받을 필요가 없다는 이야기가 되기 때문이다.

이 문제에 대한 논쟁은 아우구스티누스로 하여금 교회론을 깊이 생각하지 않을 수 없게 했다. 교회는 권위와 은혜를 동시에 지닌 지상에서의 가시적 천국이다. 이 교회는 완성을 이루는 보이지 않는 천국Heavenly Kingdom과 동일시되는 것은 아니지만 때로 그것과 동일하게 적어도 지상에서는 가장 신에 가까운 신성한 제도이어야 했다. 그것은 성인들의 집합체이며, 믿음과 사랑과 소망을 창조하는 영혼이 살고 있는 장소로[48] 교회는 삼위를 일체로 묶는 성령으로 결합되어

---

45) 아가 6 : 9.
46) F. Dillistone, 앞의 책, 185쪽.
47) 같은 책, 186쪽.
48) A. Harnack, 앞의 책, 144쪽.

있으며, 그래서 교회의 가장 큰 특징은 통일이다. 이는 사랑에 앞서는 것으로 사랑이란 성령이 활동하는 적정 영역이며 모든 사랑이란 성령 안에서 그 근원을 발견할 수 있다. 뿐만 아니라 아우구스티누스는 믿음과 소망보다 앞서는 것이 통일이라고 보았다. 그 때문에 그들 스스로의 신앙을 택한 이단Heretics이나 분열주의자들schismatics은 그들이 우선 통일성을 깨뜨렸다는 점에서 교회 안에 있지 않으며 교회에 속하지도 않는다. 교회가 여러 종교와 철학과 사상을 용인하는 국가와 다른 것은 이런 측면에서다. 그런 관점에서 볼 때 구원salus이란 교회 밖에서 구하기란 어려운 것이었다.[49] 축성sanctification이나 믿음, 기적의 힘이 교회 밖에 존재할 수 있기도 하지만 교회 밖에서는 뜻하는 만큼의 효능을 갖기 어렵다는 것이 아우구스티누스의 생각이었다.

교회의 또 하나의 두드러진 특징은 신성함holiness이다. 교회는 우선 그리스도와 연합하고 있다는 점에서 그리고 성례와 말씀 전달을 통해 성령이 활동하게 하며 개개인이 사랑 안에서 완성을 향해 가도록 한다는 점에서 성스러움을 지닌다. 물론 여기에는 이단이나 선택받지 못한 자들, 악을 행하는 자들이 섞여 있기는 하지만 그것이 결코 교회의 신성함을 줄일 수는 없다는 것이다. 만일 도나티스트들의 주장대로 부정한 교회 구성원들이 교회의 존재를 끝장나게 한다면 이 지상에는 어느 교회도 존재할 수 없다고 반박하였다.[50]

교회는 보편성catholicity과 사도적 전통을 지켜온 무오infallibility의 제도라고 믿고 있었다. 교회는 예수 그리스도와 성령과 갖는 유일한 관계 때문에 그 존재가 필요불가결하며 교회 탄생과 더불어 깊이 형성·전개되어 온 역사성 때문에도 교회는 영원성을 갖는 것이라고 아우구스티누스는 믿었다. 그는 도나티스트파들은 아프리카에만 국한되어 있었으므로 결코 교회가 될 수 없는데 그 이유는 교회란 로마와

---

49) 같은 책, 146쪽.
50) 같은 책, 147쪽.

고대 동방 교회들, 그리고 전지구적인 공동체들과의 연합으로 그 보편성catholicity을 입증할 때만 진정한 교회이기 때문이다. 사도 또한 대표적인 인물이 베드로이며, 로마 교회를 세우고 그 곳에서 순교한 그의 교회의 전통을 계승하고 로마 교회와의 통일성을 갖는 것은 키플리아누스나 오파투스Opatus의 그것에 앞선 것이라고 생각하였다.[51]

아우구스티누스는 그의 전임자들보다는 훨씬 더 강하게 하나님의 나라Kingdom of God와 교회를 일치시키려 했다. 물론 그가 보이는 교회와 보이지 않는 교회를 동일시하거나 지상의 교회가 완전한 신국Civitate Dei이라고 생각하지는 않았다. 그러나 최소한 교회는 지상의 어느 제도보다도 하나님 나라에 가까운 것이었다. 그리고 궁극적으로는 하나의 교회만 있는 것으로 생각했기 때문에 하나의 교회에 적용될 수 있는 진리는 실제 교회empirical church에 적용되는 것이었다.

그 점에서 교회는 국가와 대비되며 결과적으로 국가보다 우위의 개념을 가질 수밖에 없었다. 실제 국가가 악의 왕국kingdom of devil이라면 신적 교회는 하나님의 나라로 대비되었다. 더구나 당대를 요한계시록에서 선포된 천년왕국millennial kingdom으로 파악했던 아우구스티누스에게 교회는 세상 위에 있는 최상위의 자리에까지 들어올려진 존재였다. 만일 당대가 그리스도에 의해 통치된 시대라면 그 지배는 교회를 통해 이루어진다는 것이 그의 생각이었다.[52]

이는 결국 교회가 국가보다는 우위의 자리에 있다는 것을 말한다.

---

51) 같은 책, 150쪽.
52) *DCD*, XX, 9(따라서 두 가지 사람들이 공존하는 것은 현재 있는 교회요, 한쪽 사람들만 있는 천국은 악인이 없으며 예정된 미래의 교회다. 그러므로 현재 있는 대로의 교회도 그리스도의 나라며 하늘나라다. 따라서 지금도 성도들이 그리스도와 함께 왕 노릇하며, 앞으로 왕 노릇할 때와 다를 뿐이다. 그러나 교회 안에 가라지가 좋은 곡식과 함께 자라고 있으므로, 그들은 그리스도와 함께 왕노릇하지 않는다).

지상 국가earthly state란 그 근원이 죄에 있는 것으로 결국 야망과 세상적인 소유를 위해 다투는 존재일 뿐이다. 그래서 정의righteous-ness를 빼버린 국가란 단순히 도둑들의 집단에 불과한 것이며[53] 그런 의미에서 진정한 국가란 신의 나라에서만 실현될 수 있는 성질의 것이었다. 로마 공화국조차도 진정한 의미의 정의를 소유한 적이 없으며, 그렇기 때문에 진정한 평화도 소유할 수 없었고, 정의에 기초를 둔 국가의 개념으로 볼 때 로마조차도 국가의 범주에 들 수 없는 것이었다.[54] 그럼에도 불구하고 지상의 평화pax terrena와 질서를 지키기 위해 지상 국가의 존재란 필요한 것이었다.[55] 그런데 이 지상의 국가도 두 종류가 있는데, 하나는 국가의 현재적 존재에 불과한 것과 다른 하나는 그 존재로 인하여 천국의 의미를 더욱 돋보이게 하는 국가이다.[56] 이런 관점에서 볼 때 국가란 교회에 봉사하는 데서 진정한 존재 의미를 찾을 수 있다는 것이 아우구스티누스의 입장이라 볼 수 있다.

이상의 대(對)도나티스트 논쟁에서 보여준 교회에 대한 아우구스티누스의 태도는 외양으로 보기에는 경직성을 띤 것 같이 보인다. 그리고 아우구스티누스는 억압되고 소외된 집단의 저항적 논리와 변화의 갈망을 지나치게 자기 논리로 대응한 점도 없지 않다. 그럼에도 불구하고 키플리아누스 등에게서 보여졌던 교회 개방에 대한 경직된 태도를 타파하고 문제된 사람들에게조차도 문을 열었다고 주장했던 그의 자세 또한 간과해서는 안 될 것 같다.[57]

다음 문제로 세례에 대한 입장을 정리하기로 하자. 아우구스티누스가 도나티스트파의 재세례rebaptism 주장을 받아들일 수 없는 이유

---

53) *DCD*, Ⅳ, 4.
54) *DCD*, ⅩⅨ, 21.
55) *DCD*, ⅩⅨ, 13.
56) *DCD*, ⅩⅤ, 2.
57) F. Dillistone, 앞의 책, 199쪽.

는 명백하였다. 세례란 하나님의 선물gift, 다시 말해 그리스도의 세
례이기 때문에 그 원천은 신적인divine 것일 수밖에 없으며 어디서
누구에 의해 행해졌는가의 문제는 별로 중요한 것이 아니라는 것이었
다.[58] 그 같은 그의 세례관은 일면 상치되는 국면을 보이게 되는데
교회의 역할과 관련해서 교회 안의 세례뿐 아니라 교회 밖의 세례도
인정해야 하는 자가당착에 빠지게 된다는 점이다. 앞서에서 보여주었
던 교회의 권위와 은혜, 교회 안에서의 구원론의 측면에서 볼 때 교
회 밖의 세례란 받아들일 수 없을 것 같이 보인다. 다시 말해, 어디
서 누구에 의해서 주어진 세례라도 유효한 것이라면 교회의 통일성
밖에서 주어진 세례라고 잘못될 것 없지 않느냐는 지적이 가능하다.
이에 대해 아우구스티누스는 다음과 같이 부연 설명하고 있다. 교회
의 통일성 밖에서는 피세례자는 진정한 세례를 받을 수 없다. 평화의
유대 속에 있는 성령의 통일 안에서 세례를 받을 때에만 자비의 하나
님을 볼 수 있고 수많은 죄의 허물을 이겨낼 수 있다는 것이 아우구
스티누스의 보충 설명이다.[59] 선물gift과 효용성utility은 구별되는 것
으로 가톨릭 교회의 공식적인 통일성 밖에서 얻어진 세례는 그 개인에
게 이로울 것이 없다는 뜻으로 해석된다. 이 같은 그의 태도는 최종적
인 답안의 제시로 보이지는 않고 주제에 대한 천착의 필요를 더 느끼게
하지만 그의 문제에 대한 긍정적이고 적극적인 접근 태도는 이 문제의
본질을 이해하는 데 도움이 됐다고 본다.[60]

　아우구스티누스는 도나티스트파와의 대결을 통해서 결과적으로 그
자신의 교회관을 체계화시키지 않으면 안 되었고, 이들과 관련하여
성찬식, 세례, 교회의 권위와 은총에 대해 자신의 해답을 전개시켜
나가지 않을 수 없었다. 도나티스트들과의 대결은 위험스럽고 때로
힘겹기도 한 것이었지만 결국 이를 통해 가톨릭 교회의 교리와 기왕

---

58) 같은 책, 200쪽.
59) *Letter to Boniface*, Ⅹ, 43(F. Dillistone, 앞의 책, 201쪽에서 재인용)
60) F. Dillistone, 앞의 책, 201쪽.

의 전통적 교회관을 수정·보완하는 데 성과를 얻었으며 신플라톤주
의를 본격적으로 극복하는 계기를 마련했다고 볼 수 있다.

1 저술 의도와 방식

『고백록 *Confessions*』에서 아우구스티누스가 자신의 어린 시절부터의 생을 회상의 형식으로 고비마다 드라마와 같이 엮어 나가지만 그 매듭 매듭마다 자신의 고민과 대응, 사상적 전환과 변화를 아주 솔직하게 털어놓고 있다는 점에서 그의 생애에 관한 기록인 동시에 사상 발전사라고 말할 수 있다. 뿐만 아니라 이 책은 그의 고전적 사상이 신앙적 틀로 어떻게 변화해 갔는가를 손에 잡힐 듯이 기록하고 있고, 회심과 세례라는 극적 전기를 통하여 하나님께 다가가는 과정을 상술하고 있다는 점에서 신앙 고백서이다. 400년에 완성된 이 책은 그 후 모든 시대에 걸쳐 세인들의 깊은 주목을 받으며 읽히는 책이 되었다. 그를 지지하는 자나 비판하는 자가 즐겨 읽었고 안셀무스, 아퀴나스, 스코투스와 에라스무스, 데카르트, 칼빈, 키에르케고르 등에게 큰 영향을 미쳤음이 분명하다.[1]

---

1) V. Bourke, 김종웅 역, 『성 아우구스티누스』(서울 : 크리스천다이제스트, 1986), 31쪽.

　이 책에서 아우구스티누스는 지난날의 자신을 정리하고 새로운 모습의 자기를 검증하고 있다. 그는 자신이 문제 의식을 갖고 있었던 원죄의 문제, 선악의 본질, 시간 문제, 창조와 자유의지, 은혜와 구원 같은 중요한 사상 요인들을 이 책에서 풀어 나가고 있다. 이는 개인적인 사유의 정리라고 하겠지만 시대적으로 볼 때는 고대에서 중세로 넘어가는 사고의 전환을 보여주고 있다. 또한 아우구스티누스의 이러한 자기 정리는 고대 사상을 종합 정리하는 성과까지를 부수적으로 얻게 하고 있는 것이다.

　『고백록』은 아우구스티누스의 삶과 사상을 탐구하는 데 있어 필히 읽어야 할 가장 직접적인 문헌이다. 그의 자전적인 글로『고백록』외에, 『보정록 *Retractations*』[2]과 서간문들이 있기는 하지만 그것들은 자기의 저술들 중 부분 부분 보충하거나 정정해야 할 필요가 있는 곳을 보완하는 뜻으로 쓴 것이다. 그래서 생동감이나 직접성에 있어서는 『고백록』에 크게 미치지 못한다. 더구나『고백록』은 심리학서라고 할 만큼 자신의 심리적 반응과 율동을 아주 리얼하게 서술하고 있어 라틴어의 유연한 문장과 더불어 읽는 이로 하여금 큰 울림을 갖게 한다. 타인이 쓴 것으로는 포시디우스Possidius가 쓴 『아우구스티누스의 생애』가 있으나 그 내용이 간접적이고 스케치적이며, 더구나 전체 생애를 체계적으로 정리하고 있지 못하다는 점에서『고백록』의 보완적 역할에 그치고 있다.

　아우구스티누스가『고백록』을 저술한 목적은 무엇이며 그것을 통해 그는 독자들에게 무엇을 보여주고 싶었을까? 이에 대해서 그가『고백

---

　2)『성찰록』또는『재고록』이라고도 하며, 426년에 아우구스티누스가 직접 저술한 이 책은 그가 저술한 100여 권이 넘는 작품들에 대한 기록연대 및 출처를 결정하는 데 중요한 근거를 제공한다. 이 책은 두 부분으로 나뉘어져 있는데, 첫 부분에서는 아우구스티누스가 평신도와 사제로 있을 때 썼던 글들을 다루고 있는데 26편의 글에서 167곳을 개정하고 있다. 두번째 부분에서는 주교로 임명된 후 쓴 글 67편을 다루고 있는데 여기에서는 단지 52곳만 정리하고 있다.

록』에서 밝힌 의도와 『재고록』에 보충된 내용을 통해 대체로 짐작할 수 있다. 또한 성서적 의미에서의 〈고백〉이란 무엇인가를 밝히고 그 같은 맥락에서 『고백록』에 접근할 때 그 참뜻을 알 수 있다. 그렇기 때문에 루소나 톨스토이의 『고백록』에서처럼 죄의 참회와 회오, 그리고 인간적인 한계와 고뇌를 털어놓는 내용의 측면에서만 보아서는 안 될 것이다. 아우구스티누스의 경우는 오히려 참회와 고백에 목적이 있다기보다는 버려진 듯한 자신의 삶 속에서도 떠나지 않는 하나님의 은혜로 그를 알게 되어 죄의 치유와 구원을 받게 된 감사와 찬양 그리고 감격의 측면이 더욱 강하다고 하겠다.

아우구스티누스가 뜻하는 〈고백 Confessions〉이란 〈하나님이여 주의 백성으로 하여금 당신께 고백하게 하시고, 모든 백성으로 하여금 주님을 찬양하게 하소서〉(시편 66 : 6)에 가장 가깝게 쓰고 있는 것 같다.[3] 이 구절에 대해 아우구스티누스는 다음과 같은 주석을 붙이고 있다.

> 이 찬양의 송가는 인간의 죄에 대한 고백일 뿐만 아니라 하나님의 능력에 대한 고백이다. 우리의 범죄와 불의를 고백한다. 우리의 죄인됨을 고백함으로 하나님께 영광을 돌리려는 것이다.[4]

여기서 말하는 죄의 고백이란 단순히 죄를 털어놓는 정도가 아니고 죄를 알게 하고 새로운 깨달음을 얻게 해준 신의 능력에 대한 찬탄을 고백하는 의미를 갖고 있다. 범죄와 불의를 고백하는 것은 다만 용서를 빌고자 하는 것이 아니라 신의 은총에 대한 감사이며, 그것은 곧 신의 사랑에 대한 한없는 경이와 감사를 뜻하는 것이다. 이는 곧 능력에 대한 경외의 표현이기도 하다.

---

3) 이석우, 「아우구스티누스의 『고백록』에 관한 일고찰」, 《경희사학》, 15 (1984), 71-96쪽.
4) *Sermones*, 67, 2.

　　그래서 『고백록』은 두 가지 핵심적 요소로 구성되어 있는데 하나
는 죄에 관한 것들이며 또 다른 하나는 신에 대한 찬양이다. 그것을
실행하는 데도 두 가지 과정을 거치게 되는데 하나는 자기의 모든 것
들을 숨김 없이 내보이는 일이요, 그 다음에는 그것을 치유하는 자에
대한 감사와 상처들이 아물었을 때 느껴지는 기쁨과 환희의 서술이
다. 이는 마치 의사를 믿기에 그에게 자기의 상처와 병들을 다 털어
놓은 다음에야 바른 치료를 받을 수 있는 원리와 같다. 그래서 〈죄에
대한 고백은 의사에게 아픈 곳을 보여주는 것과 같은 것〉이고, 그에
대한 감사는 치유에 대한 고백이라고 할 수 있다.[5] 그렇게 볼 때 고
백이 주가 아니라 오히려 치유에 대한 감사와 찬양에 더 강조를 두고
있다. 그래서 최민순도 그의 역서 『고백록』 해설에서 〈아우구스티누
스의 고백은 플라톤식의 사유가 아니고, 아우렐리우스의 명상록과 같
은 독백이나 정신 분석 카타르시스도 아니다. 그것은 처음부터 끝까
지 하나님과의 대화요, 기도〉[6]라고 하였다. 아우구스티누스는 로마
관리 다리우스Darius에게 보낸 편지에서도(492년) 『고백록』 저술 목
적이 이 두 가지 점이었음을 밝혔고 『재고록』에서도 죄의 고백과 하
나님 찬양이 고백록 집필의 목적이었음을 거듭 언급하고 있는 것으로
도 그 같은 사실이 뒷받침된다.

　　자기 자신에 대한 확인과 개인적 고백이라는 차원 외에 좀더 실용
적인 측면, 다시 말해 교화적 의미와 자기 표현적 의도도 있었을 것
같다. 『고백록』을 통하여 자기처럼 방황하고 자기 논리의 울타리를
빠져 나오지 못하고 고민하는 사람들에게 체험적 길잡이를 제공하고
싶었을지도 모른다. 아우구스티누스가 자신의 이야기만 기록하는 것
에 그치지 않고 자기의 회심 과정과 관계 있는 다른 사람들, 아데오
다투스, 알리피우스, 빅토리누스 등의 신앙 생활과 사례들을 기록하

---

5) J, Sheen, *The Confessions of Saint Augustine*(New York : The Modern
　　Library, 1949), x.
6) 최민순, 『고백록』(서울 : 성바오로, 1977), Ⅶ.

고 있는 것으로 이를 짐작케 한다.[7] 자신의 죄의 고백이 되고 만 신앙 생활로의 회귀가 끝내는 인간의 의지로만 이루어질 수 없는 것이며, 보이지 않는 강한 손길로 인도되었음을 주변 사례와 연결지어 예증함으로 다른 사람들에게 용기를 주고 싶었을지도 모른다.

더 나아가 역사적 전환의 시점에서 자신의 기록은 한 시대를 표징하는 요약서가 될지 모른다는 생각을 했을 것 같다. 모세나 다윗, 바울이 그랬던 것처럼, 진솔한 신앙의 체험적 고백은 그것이 단순히 개인적 차원에 끝나는 것이 아니라 후세인들에게 엄청난 감동을 주고 있다는 사실을 그는 모세의 기록이나 바울 서신을 통해 알게 되었다. 모세가 기록했다고 하는 창세로부터 출애굽에 이르는 유대 민족의 역사는 유대 민족사의 큰 틀을 제공하고 있는 것이다. 사실 아우구스티누스는 자신이 살고 있는 시대가 구시대에서 신시대로 전환하는 변화의 길목이라 보고 이는 출애굽에 버금가는 극적인 신앙적 상황에 놓여 있다고 느꼈던 것 같다. 이런 변화의 와중에서 자신의 변화는 물론 시대의 변화까지도 고백서에 배게 함으로써 한 시대의 증언자적 소임을 다하고자 했을지도 모른다.

　당신의 충실한 종 모세에 대하여 생각하여 보았습니다…… 만일 제가 그 때 모세였다면…… 제가 만일 모세로, 당신께서 창세기를 쓰라고 했다면 저는 이것을 원했을 것입니다. 즉, 저에게 비범한 문장력과 표현력을 주시사…….[8]

그는 또한 일찍부터 시편에 대한 각별한 관심을 갖고 있었다. 이는 그가 히포의 주교가 된(391년) 바로 다음 해부터 『시편강해』를 집필하기 시작한 것을 보아도 알 수 있다. 시편은 고통중에 있는 인

---

7) 선한용, 『시간과 영원』(서울 : 성광문화사, 1986), 252-253쪽.
8) *Conf.*, XII, 20.

간들의 간절한 절규와 찬양으로 그 유려한 문장과 흐르는 듯한 리듬
의 장엄미와 함께, 고뇌중에 있는 아우구스티누스에게 항상 큰 힘이
되었다. 더구나 다윗이 쓴 고백의 시는 하나님에 대한 의지와 찬양
그리고 적절한 간구와 확신에 차 있어서, 마치 고통중에 있었던 자
신이 어둠에서 밝음으로 찾아가는 노정과 유사하다고 보았다. 이 점
에서 아우구스티누스 자신이 죄의 미로에서 헤매고, 사망과 같은 골
짜기에서 방황하다가 하나님께 돌아온 경이의 과정을 『시편』의 형식
을 빌려 쓰고자 했음이 거의 확실하다.[9] 그 문체가 시편처럼 기도와
간구, 찬양으로 이루어져 있는 것만 봐도 알 수 있다.[10] 이는 결과적
으로 놀랄 만한 문학적 혁신을 가져왔는데, 브라운P. Brown이 지적
한 대로 자의식적인 문학의 예술성이 기독교 언어에 도입되는 최초
의 계기를 마련하였다. 감동 어린 신앙 세계로의 몰입과 깨달음을
표현하기 위해서 그는 결국 시편의 언어를 사용하지 않을 수 없었
다.[11]

　『고백록』은 단순히 죄에 대한 고백이나 회심에 이르는 극적인 과정
에 초점을 맞추고 있지 않다. 물론 회심에 이르기까지 하나님의 무한
한 은혜와 사랑에 경이의 눈길을 보내고 있지만 아우구스티누스는 그
의 신앙적 고뇌가 거기에서 끝나지 않고 있음을 정직하게 지실하고
있었다.[12] 이지와 마음은 하나님의 길을 택하였으나 아직도 인간적
자유의 한계 때문에 고민하고 있었다. 고착된 습관은 감정까지도 좌
우하게 되고 그 심정은 때로 의지조차 꼼짝 못하게 하는 힘이 있음을
알게 되었다. 그것은 그가 히포의 주교가 되어서도 여전히 그를 괴롭
히고 있는 문제였다. 때로 벼랑 위에 서 있는 듯한 불안과 절박감을

---

　9) 이석우, 「아우구스티누스의 『고백록』에 관한 일고찰」, 앞의 책, 81쪽.
10) 아우구스티누스가 기도 형식으로 쓴 책으로는 『독백』과 그의 사색이 넘치
　　는 명저라고 할 수 있는 『삼위일체에 관하여 De Trinitate』가 있다.
11) P. Brown, *Augustine of Hippo*(London : Faber & Faber, 1968), 174쪽.
12) 같은 책, 177쪽.

느끼고 과거에 굳게 붙들려 있는 자신을 발견할 때마다 소스라 치게 놀라고 있다.[13] 그런 과정에서 그는 시편에서 부르짖는 다윗의 절망과 구원에 대한 요청을 마치 자기의 것처럼 느끼게 되었으며, 사실 믿음 없이는 결코 설 수 없는 자신을 적나라하게 보고 있다. 아우구스티누스는 『고백록』에서 이토록 깊숙히 숨겨져 있는 부분까지도 아주 섬세한 필치로 고백하고 있다는 점에서 『고백록』은 외부지향적인 선언적 글이라기보다는 내면적 성찰, 깊숙히 내면의 세계로 파고들어 거기에 깊게 도사리고 있는 너무도 깊은 곳, 〈인간의 영혼마저도 알지 못하는 그 곳〉[14]까지 파고들어 가고자 하는 구도자의 정직한 절규라고 보아야 할 것 같다.

요컨대 핀셸르A. Pincherle가 말한 대로 『고백록』의 세 가지 기본 요소는 찬양의 고백Confession of Praise, 죄의 고백Confession of Sins, 믿음의 고백Confession of Faith이라고 할 수 있겠다.[15] 『고백록』이 단순히 자서전적 사건 중심의 기술이기보다는 내적인 울림, 그에 따른 우주와 사물, 그리고 진리에 대한 지적 탐구로 이어지는 것도 이 때문이다. 그렇기 때문에 이는 자전적 형식을 빌린 신학 이론서이며, 철학적 사유와 시적 감흥이 넘치는 기도서라고 말해도 지나치지 않으리라.

2 저술의 필요성

아우구스티누스의 『고백록』은 비록 아우구스티누스 개인에 의해 쓰였지만, 그것은 시대 속에서 한 시대를 반영하며 이루어진 것이다.

---

13) *Conf.*, X, 35, 57.

14) *Conf.*, X, 5, 7.

15) A. Pincherle, "Confession of St. Augustine: A Reappraisal," *Augustinian Studies*, 7(1976), 124-126쪽.

바꾸어 말하면, 아우구스티누스의 저술은 아우구스티누스와 시대 사이의 상호 반응과 작용 속에서 이루어진 산물이라는 얘기다.

공교롭게도 기독교의 상승세와는 달리 로마 쇠퇴의 징후가 곳곳에 드러나고 있었기 때문에 그에 대한 대응과 답을 해 나가야 할 필요가 고조되고 있었다. 더구나 384년에 폭발된 〈승리의 제단altar of Victory〉의 제거에 대한 찬반 논쟁은 로마 쇠잔의 원인 논쟁에 불을 붙혀놓은 셈이 되었다. 비기독교인들은 로마의 쇠퇴가 기독교 때문이라고 맹박하고 나섰다.

이런 상황일수록 자기 정비가 요청되고 있었다. 이제는 극적인 사건보다는 차분한 자기 성찰이 더욱 필요하게 되었다. 초대 크리스천들에게도 순교가 가장 순수한 미덕으로 여겨졌고 그래서 그들의 전기는 그 사건을 위해 집중되어 있는 것 같았다. 키프리안Cyprian의 전기 작가들이 그의 생애 40여 년의 영적 생활은 거의 생략한 채 그의 순교 이전 4년여의 생애만을 다루는 것이 그 같은 단적인 예이다.[16]

396년 아우구스티누스가 히포의 주교로 임명되자 그는 스스로 새로운 환경에 적응해 나가야 했다. 아우구스티누스는 자신의 주교직이 회중으로부터 멀리 떨어져 권위의 상징으로 비춰지는 것을 싫어했다. 이런 보이지 않는 벽을 깨기 위해 자신을 직접 드러내 보여주는 것이 최상의 소통 방법이라고 생각했다. 그 무렵 자서전적 전기들이 사람들의 관심의 대상이 되고 있었던 것도 그런 생각을 하는 데 자극제가 되었을 것이다.

암브로시우스는 존경의 대상은 되었지만, 친밀한 소통의 관계는 아니었다. 그는 항상 멀리 있어서 가까이 할 수가 없었다. 아우구스티누스는 자신의 목회는 적어도 그러지 않아야겠다고 생각했다. 설혹 가까이 오지 못한 사람이라 할지라도 아우구스티누스가 다른 종류의 사람, 처음부터 완성된 사람으로서가 아닌, 매우 불완전하고 평범한

---

16) P. Brown, 앞의 책, 159쪽.

인간으로 그리고 아직도 때로 하나님 앞에 절규하는 미완의 신앙인이라는 사실을 알리고 싶었을 것 같다. 그리고 자신이 홀로 무력감과 절망 속에서 오직 하나님께만 의존하고 있다는 사실을 숨기고 싶지 않았으리라.[17]

아우구스티누스는 가끔 자신에게 보내지는 의혹과 의심의 눈초리를 불식시킬 필요를 느꼈다. 1년이 멀다 하고 급속한 변화를 겪고 있었던 그는 384년(30세)에 밀라노의 수사학 교수로 임명되어 그 곳으로 갔고, 385년에는 동거했던 여인이며 아들 아데오다투스의 어머니인 내연의 처와 헤어져야 했다. 386년에는 회심(回心)의 경험을 하고 카시키아쿰에 머물렀으며 다음 해엔 세례를 받고 388년에는 아프리카로 귀향하였다. 그곳에서의 삶도 그를 그냥 내버려 두지 않았다. 389년(35세)에는 반강제적이다시피 사제로 안수되었으며, 391년에는 보좌주교로 임명되었고 그 뒤 5년이 지나(396년) 주교로 정식 취임하게 되었다(42세). 이 같은 변화는 아우구스티누스 자신에게도 숨막히는 것이었지만 그를 바라보는 주변 사람에게도 경이와 의구, 칭송과 비난의 소지를 충분히 갖게 하고 있었다.

그의 삶을 되돌아보건대, 그는 모두에게 알려진 마니교도였다. 그가 비록 세례를 받았다 하더라도 그의 글이나 말 속에는 아직도 플라톤주의자들의 색조가 가시지 않고 남아 있었다. 그래서 아우구스티누스의 활약이 두드러질수록 부정적인 측면과 긍정적인 평가가 더욱 첨예하게 대비되는 것 같았다. 마니교도들과의 논쟁에서 보여준 그의 탁월한 추진력과 현하(懸河)의 구변(口辨), 뛰어난 문필력은 그를 당대의 우뚝 솟은 논객으로 부상시켰다. 반면 마니교도들의 비난의 표적이 되었고 주변 크리스천들마저도 그의 진실을 의심하거나 심지어 깊은 의구심을 갖게 했다. 신앙적 진실보다는 그것을 이용하는 야심가로 비난하는 사람들까지 있어 일시적이긴 했지만 그의 주교 임명을

---

17) 같은 책. 162쪽.

반대하는 사람까지 생기게 되었던 것이다.[18]

아우구스티누스가 『고백록』을 쓸 무렵 불혹의 나이라고 하는 40을 갓 넘었으니 인생의 원숙기인 중년에 접어들어 자신의 과거 삶을 돌아보고 현재를 점검하며 미래에 대한 자신의 위상을 정리할 필요를 느꼈을 것 같다. 아우구스티누스는 내면의 소리에 깊이 귀를 귀울였지만, 그가 홀로만 남아 있기는 어려운 형편이었다. 다정다감한 그는 언제나 사람들 사이에 있었다. 그들과 더불어 자신의 내면 세계의 변화를 나누어 갖고 싶은 바람은 어쩌면 자연스럽게 떠오르는 자기 표현욕일지도 모른다. 그에게 있어 회심의 체험은 극적인 것이었고 그 같은 내적 비밀을 단순히 서신이나 설교를 통해 단편적으로 언급하기보다는 하나의 체계적인 책으로 정리하고 싶은 충동을 느꼈을 것 같다.[19] 그래서 『고백록』은 교육적 의미와 자기 정리의 필요, 자기 해명의 가중되는 요청, 그리고 하나님의 은혜에 대한 감사와 신뢰의 마음이 그의 특유의 솔직성, 유창한 문장력과 만나서 이루어 낸 대서사시적 기도문이라 하겠다.

아우구스티누스는 자신의 과거, 현재의 변화, 미래에 대한 기대를 솔직하게 써서 이들을 이웃과 나누어 가짐으로써 서로의 힘을 돋우고자 했다고 볼 수 있다.[20]

> 내가 주님께 간구하오니 이런 고백을 통하여 얻을 수 있는 이익이란 무엇이 있습니까…… 이 같은 과거에 지은 죄악들에 대한 고백이 읽혀지고 들려질 때마다 심령들이 변화되고…… 오히려 용기를 얻고 당신의 자비로운 사랑과 달콤한 은혜에 힘입어 스스로의 약점이 무엇인지를 깨달아 당신의 은총에 감사하며 〈과거에 약했던 것이 변하여 강하게 되도록〉(고후 12 : 10) 힘주시고 능력을 주옵소서.[21]

---

18) A. Pincherle, 앞의 책, 121쪽.
19) P. Brown, 앞의 책, 164쪽.
20) *Conf.*, X, 4, 6.

3 『고백록』의 구성과 내용의 특성

『고백록』의 전개와 그 구성은 깊은 연관을 맺고 있다. 그 구성과 내용의 관계가 『고백록』의 개성을 뚜렷이 보여주는 것도 그 때문이다. 『고백록』은 전체 13권으로 되어 있는데 그 내용과 문체의 특이성에 따라 크게 세 부분으로 나누는 것이 일반화되어 왔다. 제1구성 부분은 Ⅰ-Ⅸ권까지를 묶을 수 있고, 이를 다시 나누면 Ⅰ-Ⅳ, Ⅴ-Ⅸ권으로 양분할 수 있다. 앞부분은 아우구스티누스 자신의 성장 과정이며, 뒷부분은 기독교로의 회심 과정을 다룬 것이다. 다음 제2구성 부분으로는 Ⅹ권인 단권 하나를 들 수 있겠다. 그리고 이것은 아우구스티누스가 『고백록』을 쓸 당시의 심정, 영적 상태, 철학 및 심리학적 깨달음을 정리하고 있는 중심 부분이다. 제3구성 부분은 Ⅺ-Ⅻ권까지로 이는 마지막 부분이기도 한데 내용은 창세기 주석의 성격을 띠고 있다. 이 같은 3부분의 구성은 그의 시간관과도 무관하지 않다고 보여지는데 제1구성 부분은 과거의 사항이며, 제2부분은 현재 상태, 제3부분은 미래지향적 특성을 지니고 있다.

이상과 같이 성격이 다른 책을 한 권으로 묶고 있기 때문에 책 내용의 통일성 여부를 놓고 상당한 논쟁이 있어 왔다. 왜냐하면 앞의 구분에도 불구하고 통일적 체제를 갖추고 있다는 주장과 반대로 성격이 다른 책을 단순히 한 책에 묶어 놓았을 뿐이라는 분리론적 입장이 서로 대립되고 있기 때문이다. 아우구스티누스 자신은 그의 『고백록』을 단일 저술로 간주하고 있는 반면[22] 워필드 B. Warfield나 막스 제프 Max Zepf 등은 『고백록』은 결국 Ⅰ-Ⅹ권까지와 Ⅺ-Ⅻ권을 서로 다른 두 책으로 볼 수밖에 없다는 주장이다.[23] 분리론적 입장은

---

21) *Conf.*, Ⅹ, 3, 4.

22) *Retractations*, Ⅱ, 6

23) 이 같은 견해는 워필드가 그의 책 *Calvin and Augustine*(367쪽)에서 그리고 Max Zepf가 *Augustine's Confessions*에서, Heidelberger가 *Abraudbur-*

아우구스티누스의 고백은 회심 후 그 세례 때에 절정에 이르는 것이
며 이 책의 목적은 이미 거기에서 실질적으로 달성되고 또한 끝났다
고 본다. 따라서 XI - XIII권에 이르는 서술은 앞의 고백적 의도와는
무관하게 의도적으로 합본한 창세기 주석에 불과하다는 것이다.

이러한 견해 차이는 근본적으로『고백록』저술의 목적이 어디에 있
느냐 하는 문제에 대한 시각 차이에서 비롯되는 것 같다. 분리론적
입장은 아우구스티누스의『고백록』이 자전적 고백의 성격이 강하며
자신의 과거에 대한 보고는 이미 IX권에서 끝이 났고, X권이 마무리
적 성격을 띠는 것도 이 점을 뒷받침하고 있다고 본다.[24]

그러나 합일론자들은『고백록』이 단순한 신앙 고백서로만 끝날 성
질의 것이 아니고 그것이 확고한 믿음의 증언서가 되려면 그 믿음의
근거를 성서의 창조론과 같은 권위적 근거와 연결시킬 필요가 제기되
었을 것이라고 지적하고 있다. 만일 자전적 성격의 신앙 고백서라면
구태여 X권을 쓸 필요가 있었겠느냐는 이유까지를 묻고 있다.

아우구스티누스는 집필 과정에서 자신의 신앙 완성이 세례로 완결
된 것이 아님을 잘 알고 있었다. 물론 그 때의 체험과 깨달음이 의지
의 변화를 갖게 하고 신앙의 확신과 몰입을 갖게 한 것은 사실이다.
그러나 그것은 신앙의 완결이 아니고 오히려 시작이었을지 모른다.
그것은 그가『고백록』X권을 쓸 때 회심을 체험한 지 12년이 지났는
데도, 그 자신은 아직도 정욕의 약동을 내면에서 확인하고 이를 괴로
워하고 있는 점으로도 역연(歷然)하다. 그는 결코 이 사실을 숨기려
하지 않는다.

　　눈의 욕, 몸의 욕, 세속의 욕을 억제하라는 것이 당신의 말입니다……
그러나 아직도 내 기억에 생생한 것이 있습니다…… 습관 탓으로

---

　　gen Zur Philosophie und Ihrer Geschichte에서 제기하고 있다.
24) A. Pincherle, 앞의 책, 123-124쪽.

그에게 박힌 갖가지 쾌락의 영상들이 내가 깨어 있을 때는 그것이 되살아
나도 별 힘이 없습니다만, 잠이 들었을 때는 행위에 긍정적이며 더욱 쾌
감을 느끼며 그와 같은 행동까지도 유출해 내기조차 합니다.[25]

이 같은 아우구스티누스의 정직성은 책을 X권에서 마무리 짓기를
어렵게 했을 것 같다. 물론 종교적 고백은 그 종교로의 회귀에 도달
한 그 극적인 순간에 완결지어야 그 교육적 효과를 극대화시킬 수 있
다.[26] 하지만 아우구스티누스는 자신의 약점을 보여주는 데 결코 주
저하지 않고 있다. 이는 고백을 X권으로 마무리짓게 할 수 없고 XIII
권까지 끌고 나가야 할 필요성을 제기했다고 본다.

요컨대 아우구스티누스의 첫 집필 동기는 X권으로 마무리가 가능
한 집필 구도에서 출발했으리라. 그러나 집필 과정에서 자신이 지나
온 역정만 가지고 하나님의 경이로운 은혜를 설명하기에는 송구스런
마음을 가졌을지도 모른다. 오히려 왜소한 자기를 하나님과 대비시켜
자신의 삶과 고백의 신뢰도를 높이고 싶었을지 모른다. 그 장엄한 하
나님을 다루기 위해서는 창조와 영원, 시간과 같은 문제를 다룰 수밖
에 없었을 것 같다.[27]

그러므로 『고백록』을 창조론으로 마무리짓는 것은 단순히 성격이
다른 두 개의 내용을 봉합한 것이 아니고 전체 구도 속에서 사려 깊
은 배치를 한 것으로 보아야 할 것이다. 물론 처음부터 그런 구도를
짰다기보다는 집필 과정에서 그런 생각을 굳히게 되었으리라는 것이
필자의 소견이다.[28] 그가 고백록 마지막 부분에서 찾고자 하는 것은

---

25) *Conf.*, X, 30, 41.

26) P. Brown, 앞의 책, 177-178쪽.

27) J. Coper, "Why Did Augustine Write Book XI-XIII of the Confes-
    sions," *Augustinian Studies*, 2(1971), 38-39쪽.

28) 필자는 졸고 「아우구스티누스의 『고백록』에 관한 일고찰」, 《경희사학》,
    15(1988)에서는 아우구스티누스가 처음부터 계획했을 것이라고 단정적으로
    말했으나 이 점은 재고되어야 할 것 같다.

근원의 재발견, 즉 피조물의 최초의 상태, 말하자면 피조물이 처음 순수했던 그 순간을 다시 발견하게 하는 데 있는 것 같다.[29] 자신의 주님 발견이 자신을 주인공으로 하여서만 아니라 창조주 하나님의 전체 구도 속의 한 부분으로 이루어졌다는 것을 간접적으로 시사하고 싶었는지 모른다. 창조자와 피조물간의 관계와 한계를 대비시킴으로 창조자의 위대성과 불변함에 비해 피조물의 유한적이고 가변적인 모습이 얼마나 하찮은지를 보여주려는 것이다.

4 고백·기억·행복·진리론

고백은 하나님과 만나는 가장 직접적인 통로다. 어떠한 사회적 관계의 이유가 없다 하더라도 그는 하나님 앞에서는 아무것도 숨길 수 없는 것을 너무나 잘 알았다. 이것이 『고백록』의 핵심적 본체가 되는 것이다. 그렇기 때문에 그의 고백은 육신의 언어로만은 부족함을 느끼고 있다. 그는 육신의 말이나 언어로 고백하는 것이 아니라 그의 영혼의 언어와 사상으로 흐느끼듯이 때로는 희열과 감사에 차서 고백하고 있다.[30]

그는 그가 악했을 때 행했던 고백은 자기의 악한 영혼에서 나온 것이지만 선한 고백은 자기를 선하게 하신 선한 영혼의 고백이므로 선한 고백은 자신의 힘이 아닌 하나님의 힘으로 가능한 것이라고 보았다. 그러기에 고백은 소리 내서 하는 고백만이 고백이 아니라 침묵하는 것도 고백임을 밝히고 있다.[31] 올바르게 고백하는 자만이 그를 가장 잘 아는 자인 것이다.[32] 반대의 경우도 마찬가지이다.

---

29) Hans Balthasar, 윤성범 역, 「고백록 후기」, 『고백록』(서울 : 을유문화사, 1977), 442쪽.
30) *Conf.*, Ⅹ, 2, 2.
31) *Conf.*, Ⅹ, 2, 2.

뿐만 아니라 X권은 기억의 책이라 할 만큼 기억에 대한 그의 깊은 사색과 신뢰를 기록하고 있다. 기억이야말로 모든 것을 저장해 놓은 일목요연한 저장고일 뿐만 아니라 하나님을 만나는 것도 기억을 통해서이다. 그리고 어쩌면 우리가 누구인가 하는 것은 우리가 어떤 기억을 갖고 있는가와 같은 의미를 지니는 것으로, 기억은 바로 우리 자신일지도 모른다. 이 때문에 아우구스티누스는 기억의 문제, 인식의 문제, 사랑과 의지의 관계들을 집중적으로 모색해 들어가고 있다.

그는 기억의 크고 넓고 경이로운 속성에 크게 놀란다. 기억은 육체적 감각 기능을 뛰어넘어 감각에 의해 수집된 수없이 많은 형상들이 쌓여 있는 궁전과 같은 보물 창고로 잊혀지지 않은 것은 무엇이나 그 곳에 있다.[33] 신마저 기억 안에 있다. 아우구스티누스는 신은 자기 안에서 그 마음속에, 바꾸어 말하면 기억을 통하여 〈기억 안에서〉 발견할 수 있다는 사실을 알게 되었다. 〈기억 안에서〉 발견되는 〈자기 안의 진리〉를 인지케 됨으로써 신을 마음 속에서 알아가게 되는 것이다.[34]

내가 당신을 찾기 위하여 내 기억의 공간을 이렇게 두루 다녔습니다. 그러나 그 밖에서는 당신을 찾을 수가 없었습니다. 내가 당신을 만나고 알고 난 후로부터 나의 기억은 당신을 사모하는 마음으로 가득 찼고 나는 결코 주님을 잊은 적이 없습니다. 내가 주님을 알고 난 이후로 주님은 나의 기억 속에 머무셨고 나의 기억 속에서 주님을 찾았고 주 안에서 기쁨을 누렸습니다.[35]

기억은 실로 놀라운 능력을 갖는다. 그것은 질서정연한 감각적 분

---

32) *Conf.*, X, 3, 3.
33) *Conf.*, X, 8, 12.
34) 김규영, 『아우구스티누스의 생애와 사상』(서울 : 형설, 1980), 84쪽.
35) *Conf.*, X, 24, 35.

류 방법에 따라 제각기 독특한 방법으로 저장된다. 빛이나 색깔, 형태 등은 눈을 통하여, 소리는 귀를 통하여, 냄새는 코를 통하여, 맛은 입을 통하여서인데 우리는 이 감각을 통하여 딱딱한지, 부드러운지, 뜨거운지, 거치른지 등을 구분하여 기억한다. 그것들이 기억되는 것도 신비롭지만, 그것들이 기억으로 되살려지는 것 또한 경이롭지 않을 수 없다.[36]

기억 속에서 우리는 자신을 만난다. 기억이 없으면 우리도 없다. 내 삶의 행위, 계획, 진행이 사실은 이 기억들의 절대적인 도움 속에서 이루어진다. 우리가 잃어버린 것도 지나가 버린 과거도 기억 속에 남아 있어서 판단의 기준이 된다. 우리가 잃어버린 것을 다시 찾았을 때 그것이 자기의 것인지를 아는 것은 그것이 기억으로 남아 있기 때문이다. 그래서 기억은 자기 안에 있으면서도 자기를 넘고, 그것을 수용하는 광대무변의 용량을 갖춘 보이지 않는 자기인 셈이다.[37]

기억은 사물뿐만이 아니라 문학이나 예술 같은 심층적인 차원, 즉 정신 자체까지도 기억한다. 그것들은 단순한 감각이 아닌데도 그 영상, 그 감동, 의미까지도 감지한다. 이는 시각, 청각, 촉각, 미각, 후각 등을 통하지 않는데 어떻게 기억 속에 저장될 수 있는가?[38] 『고백록』에서는 이를 알 수 없다고 말한다. 그러나 이 신비는 결국 선험적으로 하나님이 준 지식에 근거하고 있다고 믿는다. 감각을 통해서 이해할 수 없는 것이 기억으로 남아 저장될 수 있는 것은 마음을 통해서가 아니겠는가.

그는 기억과 인식과 사랑의 관계를 밝히고 있다. 인식한 다음에 사랑에 도달한다. 그 점에서 인식이 먼저다. 무엇을 알지 못하면 그것을 좋아하는지 싫어하는지조차 알 수 없기 때문이다. 그 때문에 기실 인식은 기억이 없으면 사실상 불가능하다. 기억은 이미 내재해 있

---

36) *Conf.*, X, 8, 13.
37) *Conf.*, X, 18, 27.
38) *Conf.*, X, 18, 27.

는 것을 외적 자극을 통해서 되살리는 형식이 된다고 추정할 수 있다. 이 점이 사물로부터 감관을 통하여 형상을 경험하지 않고도 다시 말해 정신적 실체는 형상의 매개 없이도 직접 그 실체를 이해하게 되는 비결인 셈이다.[39] 그래서 사물의 형태와 내용은 기실 영혼 속에 이미 있는 것이다.

이 때문에 우리가 생각한다, 인식한다는 말은 저장되어 있는 것을, 즉 기억이 지니고 있던 조각들을 생각으로서 거두는 일이다. 그래서 그는 사유와 인식과 기억의 관계를 다음과 같이 정리하고 있다.

우리는 실체를 잊고 생활하지만 그러나 실제로 그 정신현상은 우리의 사유와 사색으로 인하여 정리되어지는 것이다. 왜냐하면 cog(수집한다) 와 cogito(사유한다)라는 말은 ago와 agito의 관계나 facio와 facito의 관계와 같이 서로 상관하고 있기 때문이다. 그러나 정신만이 이 말을 전용하는 것이므로 밖에서가 아니라 정신 안에서 수집되어colligitur 종합되는cogitur 것이라고 말하는 것은 이제 사유가 특별한 의미를 가지게cog-itari 되기 때문이다.[40]

이 때문에 기억이 수용하지 못하는 것은 아무 것도 없다. 수와 원리들은 소리와 감촉으로 인지될 수 있는 것이기보다는 스스로 존재하는 원리나 법칙인데도 기억은 이를 저장할 수 있다.[41] 기억은 바른 것만 기억한 것이 아니라 그른 것도 기억하며 바르고 그른 것을 판단하는 것도 기억이며 과거의 것을 오늘에 되살리는 것도 기억이지만 기억을 기억하는 힘을 갖고 있다는 점에서 장래의 기억도 상정해 볼 수 있다.[42]

---

39) *Conf.*, Ⅹ, 11, 18.
40) *Conf.*, Ⅹ, 11, 18.
41) *Conf.*, Ⅹ, 12, 19.
42) *Conf.*, Ⅹ, 12, 20.

기억은 또한 정신의 감정 상태까지도 기억할 수 있다. 지난날의 슬픔과 기쁨의 기억은 지금 현재의 내 마음의 상태만의 기분으로 기억되는 것이 아니고 그 때의 그 감정으로 기억된다. 지금 기쁘지 않아도 그 때의 기쁜 기억은 기쁜 기억으로 남아 있으며 지금 슬프지 않아도 슬픈 기억은 슬프게 남아 있다.[43]

기억은 정신 운동과 밀접한 관계를 갖는다. 아우구스티누스는 정신의 운동 상태를 욕망, 두려움, 기쁨, 슬픔의 네 가지 상태로 구분하는데 이 정신 운동의 근원도 기억에서 찾는다.[44] 이는 그의 인식 이론과도 맥을 같이 하는 것으로 인식에 있어서의 감각의 역할은 인정하지만 이를 종합하고 판단하는 것은 정신 활동이다. 이 정신 활동이 기억 속에 저장되고 되살려진다.

> 이러한 개념(형상이나 사물들)은 육체의 감관을 통해서 우리 속에 들어오는 것이 아니라 영혼이 그 정열을 경험할 때, 경험한 정신적 현상을 기억에게 넘겨주는 것인데, 아무리 넘겨주지 않으려고 해도 그것은 기억의 창고 속에 저장될 수밖에 없다.[45]

그래서 그의 행복론은 역설적으로 기억을 넘어선 과거 욕구로부터의 단절과 영원한 진리로의 의지적 차원에서 구해지고 있다. 행복은 이전의 행복한 기억에서 일부 찾을 수도 있고 기억에서 가깝게 찾을 수도 있다. 하지만 영생복락의 기억이나 상태가 될 수 없기 때문에 한계를 지닐 수밖에 없다.[46] 따라서 진정한 행복은 〈세상의 정욕과 죄의 짐으로부터 풀려나 진리 안에 있어서만〉 도달될 수 있다고 보았다.[47] 이는 과거의 기억으로부터의 단절을 의미한다.

---

43) *Conf.*, X, 14, 21.
44) *Conf.*, X, 14, 21.
45) *Conf.*, X, 14, 21.
46) *Conf.*, X, 23, 33.

육신의 정욕은 성욕뿐만 아니라 식욕과 향기에 대한 매력, 귀로 듣는 기쁨 같은 것들도 속해 있다. 아우구스티누스는 육신의 정욕을 억제하는 한 방법으로 식욕을 줄이기까지 해야 한다고 생각하고 있다. 향기의 매력이나 듣는 데서 오는 기쁨의 욕구는 어느 정도 절제 훈련이 되었는데 아직도 식욕에 대한 욕망은 완전히 극복할 수 없다고 고뇌 어린 고백을 하고 있다.[48] 그는 생명을 유지하기 위해 먹고 마시는 일이 때로 인간을 자주 쾌락의 덫에 걸리게 하고 있는 점에 괴로워하고 건강 유지의 정도와 쾌락의 유혹 사이의 경계를 그어보려고 몸부림치다시피 하고 있다. 때로 죄로부터 멀어지기 위해서는 건강을 해칠 정도의 절제까지도 받아들일 뜻을 비치고 있다.

여호와여, 나의 뼈가 떨리오니 나를 고쳐 주옵소서(시편 6 : 2). 나의 기도를 들으시고 당신의 눈동자로 나를 살펴 주옵소서. 문제는 바로 내 자신에게 있었으며 그것은 바로 나의 연약함입니다(시편 77 : 10).[49]

육신의 정욕 못지않게 위험스러운 것은 안목의 정욕이다. 눈이란 갖가지 아름다운 형태와 밝고 고운 색깔을 좋아해서 영혼을 유혹하기 때문이다. 아우구스티누스는 지상의 존재하는 모든 색깔의 여왕은 빛이다. 눈에 보이는 세속적인 빛은 인간의 육적 쾌락을 자극하는 유혹의 빛이요, 맹목적인 빛이며 매우 위험스러운 빛이다.[50] 더구나 사람들은 재주와 기술을 총동원하여 안목의 정욕을 자극할 만한 물건들을 수없이 만들어낸다. 의류, 신발, 가구나 그림, 공예품 등의 것을 필요 이상으로 만들어낸다. 심지어 창조주 하나님을 포기하고 자신의 창작물을 절대화하려고까지 한다.[51]

---

47) *Conf.*, Ⅹ, 23, 33.
48) *Conf.*, Ⅹ, 31, 47.
49) *Conf.*, Ⅹ, 33, 50.
50) *Conf.*, Ⅹ, 34, 52.

아우구스티누스는 지식욕도 안목의 호기심으로 보고 있다. 지적 호기심이나 육적 쾌락은 모두 감각의 도움을 받으나 쾌락을 위해 감관을 사용하는 것과 호기심을 위해 감관을 사용하는 것과는 전혀 별개의 것이다.[52] 아름다운 것, 듣기 좋은 것, 맛있는 것, 향기로운 것 등은 육체적 쾌락에 속한다. 그러나 지적 호기심은 이와 달리 불쾌감을 주는 것일지라도 그것을 알고자 하는 호기심이다. 사람들이 썩은 시체를 보는 것은 소름끼치는 일인 줄 알면서도 호기심 때문에 보고 싶어하는 마음의 경우가 그것이다.

　　이러한 호기심은 학문을 발전시키는 원동력이 되기도 하지만 거의 대부분 별로 쓸모없는 일에 작용합니다. 이 호기심을 통하여 마술의 습성이 사람을 미혹하게 됩니다. 또한 호기심은 신앙에도 작용합니다. 즉, 하나님께 나아가려는 사람들 중에는 기적과 표적을 구하려는 사람들이 많이 있습니다. 그들은 구원받으려는 관심보다는 구경하고 싶은 호기심의 정욕을 채우려는 자들에 불과합니다.[53]

아우구스티누스는 이 부분에서 자신이 받아왔던 유혹의 종류를 밝히고 이제는 물리쳐버린 것들을 증언하고 있다. 하지만 여전히 호기심에 때로 빠지고 마는 자신을 보고 놀라고 있다. 이따금 시골길을 가다 사냥하는 광경을 보면 옛날의 기억(정욕)이 되살아나서 자기도 모르게 말머리를 돌려 사냥터로 가곤 한다. 도마뱀이 파리를 잡아 먹거나 거미줄에 걸린 파리를 휘감는 거미들의 신기한 행동에 홀려 있는 자기를 발견하곤 했다.[54]
　마지막 그가 이겨야 할 대상은 이생의 자랑욕이다. 누구에게나 사

---

51) *Conf.*, X, 33, 53.
52) *Conf.*, X, 35, 55.
53) *Conf.*, X, 35, 55.
54) *Conf.*, X, 35, 57.

람들로부터 존경받고 사랑받기를 원하는 욕구가 있다. 그러나 이런 것들은 참된 기쁨이 아니며 그것들은 일시적인 것에 불과하다. 그래서 칭찬과 자랑의 올무에 빠지면 더 이상 진리에 머물 수가 없다. 진리를 사랑하는 마음보다 칭찬받기를 좋아하는 것은 바로 교만 때문이다.[55] 사실 앞서의 두 유혹은 그 허물이 쉽사리 떠나지만 이 자랑의 유혹은 그렇지 않은 데 더 큰 문제가 있다고 아우구스티누스는 지적했다.[56]

그에게 있어 기억은 인식이며 이해이고, 이는 또한 의지이며 사랑이다.[57] 아우구스티누스가 자신에 대한 고백을 기억론으로 이끌어가서 끝내는 행복에 이르는 길을 하나님과의 접목으로 결론짓고 있는 것은 매우 흥미롭다. 자신의 과거와 현재는 기억 속에 있음을 숨기지 않고 어떤 정욕의 유혹을 받고 있으며 무엇을 극복했는가를 보여줌으로써 자신의 현재적 모습을 가장 적나라하게 보여주고 또 고백하고 있다는 점에서 더욱 그렇다. 『고백록』은 그 짙은 감성, 일관된 논리, 솔직한 고백이 이루어낸 종합적 성과다. 요컨대 신 앞에서 인간이 얼마나 정직해질 수 있는가를 보여주는 하나의 실험이었다.

---

55) *Conf.*, Ⅹ, 36, 59.
56) *Conf.*, Ⅹ, 37, 60.
57) J. Mourant, *Saint Augustine on Memory*(Villanova : Villanova University Press, 1980), 45쪽.

I3 펠라기우스 논쟁의 발단과 진행

1 대립의 발생

나이 50(405년)을 훌쩍 넘어서면서 힘겹게 진행되던 도나티스트와의 대결은 승기를 잡은 듯하였으나 공식적인 마무리는 412년에야 지을 수 있었다.[1] 그 무렵 지친 아우구스티누스는 병으로 상한 건강을 회복하기 위해 잠시 히포 교구를 떠나 있어야 했다.[2]

그가 요양을 해야 했던 410년에는 로마 역사상 결정적인 변화를 예고하는 큰 사건이 일어났는데 알라릭 Alaric과 그가 이끈 고트족이 로마를 약탈한 것이다. 이 일의 실제적 심리적 충격은 실로 큰 것이었으니 내로라 하던 로마의 상류층 인사들이 로마를 떠나 히포를 붐비게 할 정도였다. 그 중에는 제국의 가장 부유한 미망인 프로바 Proba

---

1) 도나티스트들은 409년에 히포에서 소요를 일으키고, 411년에는 유명한 가톨릭과 도나티스트 주교들의 히포회의가 열리기도 했으나, 412년 1월의 황제 포고 Imperial Edict는 도나투스주의의 조종(弔鐘)을 울리게 했다.

2) *Epist.*, 118(Corpus Scriptorum Ecclesiasticorum Latinorum, Vienna, 1866, 34, 665)에 따르면 410년으로 밝혀진다.

부인, 뒤에 수녀가 된 그녀의 증손녀 데메트리아스Demetrias, 자신
들의 방대한 부동산을 처분하여 가난한 자들에게 나누어 주었던 젊은
부부 멜라니아Melania와 피니아누스Pinianus 같은 사람들이 포함되
어 있었다.[3]

그러나 아우구스티누스는 도나티스트와의 공방이 끝나기도 전에 펠
라기우스파와의 논전에 휩쓸려 들어갔다. 처음에는 펠라기우스에게
호의적이었으나, 그의 주장이 명백히 독소적인 것을 발견하고 그는
연달아 두 권의 책을 씀으로써 자신의 입장이 펠라기우스의 그것과
크게 다름을 명백히 했다.[4] 이렇게 시작된 세기적인 논전은 이후 아
우구스티누스의 삶의 대부분을 점하다시피한 지루하고 때로는 힘겨운
과업이었다. 이들 논쟁의 초점은 자유와 의지, 원죄와 은혜, 예정과
같은 주제에 집중되었는데 이는 결국 하나님과 인간의 관계가 무엇인
가를 규명해 주는 기독교 교리의 핵심고리라 하겠다.[5] 이 논쟁은 펠
라기우스 개인 한 사람에게 그치는 것이 아니라 그의 추종자인 법률
가 카일레스티우스Caelestius와 후에 이탈리아의 주교가 된 에클라눔
의 줄리안Julian of Eclanum 등이 이어 참여하여 계속적으로 진행되

---

3) 프로바의 가문에 대해서는 P. Brown의 "Aspects of Christianisation,"
Journal of Roman Studies, li, 1961, 9쪽에 나와 있다. 프로바 부인은 집정
관 아들과 조카를 두었던 지배층 인사였으며, 데메트리아스는 정략적 결혼
을 할 수 있었는데도 수녀의 길을 택함으로 감독들에게 감동의 대상이 되었
다. 멜라니아와 피니아누스 부부는 땅을 나누어 줌으로써 로마 원로원과의
사이가 나빠질 정도였다(P. Brown, Augustine of Hippo(London : Faber
& Faber, 1968), 340-341쪽).

4) 이 해에 아우구스티누스는 짧은 글에서 펠라기우스의 자기 칭찬에 대해 감
사하고 기도까지 해주기를 요청했다. 같 은해 『죄에 대한 형벌과 면제, 그
리고 유아세례에 관하여 *On the Punishment and Remission of Sins, and On
the Baptism of Infants*』와 『영(靈)과 의문(儀文)에 관하여 *On the Spirit
and the Letter*』를 저술했다.

5) P. Lehmann, "The Anti-Pelagian Writings," Battenhouse 편, *A Com-
panion to the Study of St. Augustine*(Baker Book House, 1979), 203쪽.

었다.

　요컨대 펠라기우스주의는 인간의 구원에 있어서 인간 의지의 독립성을 강조하고 그만큼 하나님의 은총의 역할을 축소하거나 무시하였다. 따라서 인간이 선을 행하고 택할 수 있는 스스로의 능력을 갖추고 있다는 것이며 아담의 잘못에서 전승되는 원죄 같은 것을 수락할 수 없다는 태도이다. 이들 주장이 그릇되었다는 것을 논증하기 위해 아우구스티누스는 그가 쌓아온 신앙적 지식과 지혜를 총동원하여 그가 세상을 떠나기 전까지 이 일에 매달렸다고 해도 과언이 아니다. 이 과정에서 아우구스티누스의 주장이 갖고 있는 모순점이나 애매한 부분이 드러나고 때로 그가 여러 상처를 입은 것도 사실이다.[6]

　그럼에도 불구하고 교리 형성 과정에서 이 같은 논쟁이 공개적으로 진행되었다는 것은 신앙의 권위와 체계적 정리를 위해서도 바람직한 일이었다. 더구나 그처럼 불확정적이고 우울한 시대에 이처럼 예민한 문제들을 회피하지 않고 정정당당하게 대결할 수 있었다는 것은 아우구스티누스의 철저한 책임 의식과 자신감을 보여주는 지성적 자세의 한 예증이라 하겠다. 이 일로 인해 아프리카 지역에 잠재워져 있던 그의 명성이 국제적인 수준으로까지 끌어내어진 셈이다.[7] 사실 이들이 다룬 인간의 본성과 자유의지, 구원과 죄의 문제 등과 같은 논쟁점들은 당대의 쟁점으로 끝날 성질의 것이 못 된다. 이런 문제들은 종교 개혁 시대에도 줄곧 쟁점이 되었으며, 오늘날에도 관점에 따라서는 쉽게 판가름나지 않을 궁극적 문제로서, 그만큼 본질적이고 직접적인 우리 모두의 난제라 할 수 있다.

　펠라기우스Pelagius에 대한 기록들은 많지 않아서 가문의 배경이나 교육, 그의 행적들에 대해서는 많이 알려진 바 없다. 다만 그가 남긴 세 권의 작은 저술들[8]이 오늘날까지 완벽하게 전해 내려온 것

---

6) P. Brown, *Augustine of Hippo*(London : Faber & Faber, 1968), 353쪽.
7) 같은 책.
8) 펠라기우스는 410년 이전에 "Commentary on the Letters of St. Paul"

은 다행스런 일이다. 다만 그가 영국의 웨일즈Wales에 있는 수도원에 소속되어 있는 수도승으로, 그 점에서 크리스천이지만 사제로 임명된 적은 없다.[9] 그러나 그는 고도의 지적 능력과 예리한 양식으로 그가 살던 시대의 도덕적 부패에 크게 실망하고 있었으며 이를 개혁하고자하는 강한 의지를 가진 개성적 인물이었던 것만은 틀림없는 것 같다.[10] 그의 영향력이 당시 지성계에 깊숙히 그리고 지역적으로도 광범하게 미쳤다는 점에서도 이를 알 수 있다. 그의 주장은 성경적 틀에서 이루어졌고 또한 그 근거를 성서와 바울에서 구하여 진행되었으며, 아우구스티누스 저술을 지실한 근거에서 진행되었기 때문에 당대의 크리스천들에게 상당한 호소력을 갖고 있었다.

로마에서 오랫동안 머무르며 명성을 얻고 있던 펠라기우스가 그의 충실한 지지자인 카일레스티우스와 함께 카르타고에 온 것은 알라릭의 로마 약탈을 피해서였다. 그는 히포에 잠시 머무르다 예루살렘에 있는 제롬을 보기 위해 곧 떠났다. 그는 아우구스티누스를 만나고자 했으나, 도나투스 분쟁으로 히포를 떠나 있던 그를 만나지 못했다. 이 때까지는 서로 존경의 뜻을 담은 편지까지 했으므로 아우구스티누스는 그에게 감사와 찬사의 답신을 보내기까지 했다.[11]

을 썼고 413년에 "Letter to Demetria" 그리고 417년에 "A Brief Treatise on the Faith"(Libellius fidei)을 썼다. 이들은 아마 제롬의 저술들 속에 완벽하게 전해 내려온다. 이 관계에 대해서는 Philip Schaff의 *History of the Christian Church*, Ⅱ(Grand Rapids : Erdmans Publishing Co., 1977), 783쪽을 참조하라.

9) 펠라기우스Pelagius란 이름은 그리스계의 Welsh 이름 Morgan으로 상정되는데 이는 그가 웨일즈Wales출신일 것이라는 추정을 가능케 한다. 그의 성 Brethon은 그가 에이레인이거나 스코트랜드인일 것이라는 생각도 가능케 한다.

10) P. Lehmann, "The Anti-Pelagian Writings," Battenhouse 편, *A Companion to the Study of St. Augustine*(Grand Rapids : Baker Book House, 1979), 204쪽.

11) 412년에 쓰여진 이 짧은 편지는 뒤에 Diospolis 회의에서 징계 문제가 제

그러나 카르타고에 남아 있던 카일레스티우스가 교회의 감독직을 신청했으므로 그에 대한 적부의 논란이 생겼다. 이 문제를 토의하기 위해 모인 카르타고 교구회의에서 밀라노의 파울리누스Paulinus of Milan 부주교는 카일레스티우스의 주장 중 잘못된 입장 6개항을 지적하며 그것들을 취소할 것을 요구하였다. 그러나 카일레스티우스는 이를 거부하였으므로 411년[12] 그 회의는 그를 파문하였다. 이에 불복한 카일레스티우스는 로마교황청에 재심을 청원하였으나, 로마로 가지 않고 에베수스로 떠났는데 그 곳에서는 성직임명 동의서를 필요로 하지 않았기 때문이다. 이것이 아우구스티누스 당대뿐만 아니라 끝내는 오렌지 공의회Counsel of Orange(529년)에서 반(半) 펠라기우스주의semi-Pelagianism을 이단으로 규정한 최초 공식 입장이 결정되기까지 거의 1세기에 걸친 펠라기우스 논쟁의 발단이 된 셈이다. 뿐만 아니라 이 논쟁은 지역적으로도 아프리카를 넘어 로마와 예루살렘 그리고 동방의 일부까지를 포함한 광범한 영역에 걸쳐 영향을 미쳤다. 혹자는 이 때 인간 선택의 우위성을 주장한 펠라기우스주의가 득세했더라면 당시 큰 위협에 처해 있던 서유럽이 무정부 상태에 빠졌을지 모른다고 지적할 만큼[13] 지성사적으로 큰 획을 긋는 한 사건의 시작이었다.

사실 5-6세기는 이단이 번성하는 시기로 어떤 의미에서는 서유럽 정신사에 활력을 불어 넣는 시기라고 할 수도 있다. 잘 정비되어 있는 것 같았던 정통 가톨릭도 기실에 있어서는 정리될 사항이 수없이 많았으며, 특히 자유의지나 은총과 같은 본질적인 문제는 어떤 형태로든 한번은 다루어져야 할 문제였다. 당시 만연하였던 이단들로는 아리우스파, 마니교, 펠라기우스파, 프리칼리아누스파 등이 있었는데

기 되었을 때, 펠라기우스는 이 편지를 내보이며 자신 주장의 정당성을 주장하였다.

12) Quesnel은 다음 해 412년이라고 밝히기도 한다.

13) Le Goff, 유희수 역, 『서양중세문명』(서울 : 문학과 지성사, 1992), 143쪽.

이들의 등장은 바꾸어 말해 가톨릭 이론의 정비의 필요를 반증한 것
이라고도 할 수 있다. 그들간의 논쟁이 가톨릭 이론을 고도로 정비하
는 계기가 되었던 것도 사실이며, 아마 이런 논쟁이 없었을 경우 예
정론과 같은 신적 결정주의가 지나치게 우위를 차지하여 서구를 무겁
게 짓눌렀을지도 모른다.[14] 오히려 상호견제를 통하여 자유 토론과
선택의 여지를 남겨놓았던 것은 다행스러운 일이다.

2 진행 과정

누미디아Numidia 교구에 속해 있기 때문에 아우구스티누스는 카일
레스티우스를 파문시킨 카르타고 회의에는 직접 참석하지는 않았으나
막후에서의 영향력은 행사했을 것 같다.[15] 펠라기우스 문제에 대한
대응은 두 가지 방향에서 이루어졌는데 하나는 로마 교회와 제롬 등
의 협조를 얻는 등의 실재적인 조처를 통해서, 다른 하나는 글을 써
서 자기 주장을 개진하고 펠라기우스의 오류를 지적하는 방법을 병행
해 나갔다. 그는 카일레스티우스와 펠라기우스를 같은 선상에선 동일
사상의 범주로 취급하며 비판해 나갔는데, 그는 이 사상을 가톨릭 신
앙의 기초를 무너뜨리는 대단히 위험한 주장으로 간주하였다.[16]

아우구스티누스는 412년 그의 충실한 지지자 마르셀리누스Marcel-
linus의 요청에 따라 『죄에 대한 형벌과 면제, 그리고 유아 세례에
관하여』를 썼고, 같은 해에 『영(靈)과 의문(儀文)에 대하여』를 썼다.
앞의 글에서는 인간의 타락과 세례의 역할에 관해 쓰면서, 유아의 원
초적 무죄sinless를 주장하는 펠라기우스의 주장을 비판하였다. 뒤의

---

14) 같은 책.

15) E. Portalie, *A Guide to the Thought of St. Augustine*(Chicago : Henry
Regnery Co., 1960), 30쪽.

16) P. Brown, 앞의 책, 355쪽.

글에서는 하나님의 은혜를 통해서만 구원을 얻을 수 있으며 죄 없는 사람은 아무도 없음을 거듭 밝혔다. 이들 글에서 펠라기우스의 이름을 직접 거론하지는 않았으나 자신의 원론적인 주장을 펼침으로써 펠라기우스의 그릇된 주장을 간접적으로 밝히려 했다.

카일레스티우스가 카르타고 회의에서 파문된 지 2년 후 펠라기우스 분쟁은 다시 팔레스타인에서 불붙혀졌다. 펠라기우스가 수녀가 된 데메트리아Demetria에게 써 보낸 편지가 발단이 된 것이다. 펠라기우스가 자신의 입장을 밝히고자 의도적으로 썼던 이 편지는 그 내용이 단순하지만 위협적인 것이었다. 펠라기우스는 〈완벽은 인간에게 가능한 것이므로, 그것은 의무적이다Since perfection is possible for man, it is obligatory〉라고 확신하고 있었다.[17] 인간의 본성은 완벽을 성취할 수 있도록 창조되었으므로 스스로의 선택에 대한 책임을 질 수 있다는 것이다. 이 글은 인간의 원죄를 받아들인다면 인간에게 죄를 짓지 않도록 하는 능력을 동시에 빼앗아버리는 모순에 빠지게 된다고 주장함으로써[18] 원죄와 은혜를 함께 부인하는 것이었다.

이 편지에 대한 사람들의 입장은 미묘했다. 당시 일반 사람들에게 이런 주장을 이단이라고 규정하기란 어려웠다. 그들에게 이단이란 아리우스 논쟁에서 제기된 것과 같은 삼위일체의 속성과 같은 문제로 생각하고 있었다. 데메트리아스의 어머니 율리아나도 그녀의 눈에 고집스럽게 비친 아우구스티누스이나 알리피우스의 무뚝뚝한 글보다는 펠라기우스의 그것이 자연스럽게 느껴졌고 그 같은 감정적 분위기는 로마 귀족들의 대부분의 태도라고 볼 수 있었다.[19] 더구나 아프리카 특유의 신학적 전통과 지중해 주변과 동방 비잔틴의 신학적 배경의 감각 사이에는 상당한 차이가 있었다. 라틴 교회에게 그토록 예민하게 느껴졌던 은총과 자유의지의 문제는 동방 교회나 일부 상류층에겐

---

17) E. Portalie, 앞의 책, 188쪽.
18) P. Brown, 앞의 책, 343쪽.
19) 같은 책, 355-356쪽.

별다른 관심의 대상이 아니었다.[20]

그러나 펠라기우스류의 자유의지적 독립성이 갖는 위험 요소를 충분히 간파하고 있었던 아우구스티누스는 415년 『본성과 은혜에 관하여 On Nature and Grace』라는 저술을 통하여 펠라기우스 주장의 문제점들을 맹렬히 논박하였다. 뿐만 아니라 그의 동역자이며 제자인 오로시우스 Orosius[21]를 예루살렘에 있는 제롬 Jerome에게 보내 펠라기우스의 주장이 더 이상 확대된 영향력을 행사할 수 없도록 협조해 줄 것을 요청하였다.

펠라기우스 문제를 논의하기 위해 예루살렘의 주교 존 Bishop John of Jerusalem은 관구 종교회의 diocesau synod를 예루살렘에 소집하였다.[22] 오로시우스 등의 항의적 요청이 소집을 불가피하게 했으나 주교 존은 내심 펠라기우스 편에 서 있었다. 오로시우스는 회의에서 412년 카일레스티우스를 파문시켰던 자료와 근거들을 제기하면서 펠라기우스에게도 똑같은 조처를 취해 줄 것을 강력히 요구했다. 그러나 회의에 불려 나온 펠라기우스는 자신은 신의 은총 없이는 속죄가 불가능하다고 가르치고 있다고 해명하였다. 이에 주교 존은 오히려 펠라기우스의 편에 서게 되고 승리는 피고인 편으로 넘겨졌다.

이에 불복한 14명의 주교위원회는 6개월 후인 12월 디오스폴리스(또는 리다 Lydda)에 모였으나 또다시 회의는 존 주교의 관여와 펠라기우스의 위선적 부인과 막연한 설명에 만족하고 그에게 가톨릭 교회

---

20) 같은 책.

21) 413년 아우구스티누스가 『하나님의 도성(都城)』을 집필하기 시작한 직후 젊은 스페인 사제 오로시우스가 히포에서 살기 위해 왔다. 아우구스티누스는 그를 가르칠 수 있는 만큼 가르쳐서 제롬에게 배우게 하도록 그를 예루살렘에 보냈다. 그는 아우구스티누스가 써준 두 개의 편지를 휴대하고 있었는데 하나는 「영혼의 기원에 관하여 Origin of the Soul」이고, 다른 하나는 「성 제임스의 한 견해에 관하여 On an Opinion of St. James」였는데 이 두 편지가 모든 反펠라기아주의 전의(戰意)를 형성하였다.

22) 415년 6월에 열렸다.

성찬식에 참여하도록 허용하기까지 하였다. 이 때문에 제롬은 이 종
교회의를 〈파손된 종교회의wrecked synod〉라고 불렀다.[23] 그러나
사태는 여기에서 끝나지 않았는데, 이 문제를 점점 예민하게 느끼고
있던 아프리카 주교들은 다음 해(416년) 카르타고와 누미디아의 밀레
비스Milevis에서 연달아 회의를 열었다. 카르타고에 모인 주교 69명
은 411년의 판정을 다시 확인하고 로마의 교황 이노센트 1세Inno-
cent I에게 펠라기우스의 잘못들과 앞의 회의들의 절차상의 문제 등
을 설명하는 편지를 보냈다. 밀레비스의 회의에서도 이와 유사한 조
처를 채택하였다.[24]

이제 주사위는 서방 교회의 결정으로 넘어간 셈이다. 실상 이노센
트 1세는 펠라기우스와 카일레스티우스에 대한 아프리카 주교회의
(416년)의 결정을 받아들일 참이었다.[25] 그러나 공교롭게도 이노센트
가 이 문제에 대한 공식적인 결정을 하기 전에 세상을 떠나고 말았고
그를 계승한 조시무스는 신학적 쟁점에 별다른 관심이 없었다. 그는
북아프리카인들이 성서에 선포된 것 이상을 요구한다고 믿고 오히려
펠라기우스와 카일레스티우스가 정통주의자라고 강조하였다. 그러나
사태는 그것으로 수습될 수가 없었는데 418년 200여 명이 넘는 주교
들이 카르타고에 모여 총회General Council at Carthage를 열고 펠
라기우스주의에 반대한다는 사실을 재천명하고 교황에게도 같은 내용
의 편지를 보냈다.

이 같은 세 과시에 놀란 조시무스는 같은 해 여름 『회송 형식의
편지Epistola Tractoria』에서 가톨릭의 입장을 밝히고 이에 찬동하는

---

23) St. Jerome, *Epistola*, 143(22, 1151).
24) 이 편지에는 카르타고회의에 참석했던 69명 주교 전원이 서명했으며, 아우
　　구스티누스는 이 회의에 참석치 않았다. 밀레비스회의에는 아우구스티누스
　　자신도 참석하여 서명하였는데 모두 61명의 주교가 동참하였다.
25) 이노센트 1세는 펠라기우스를 이단으로 정죄한 아프리카 주교들의 결정을
　　승인하겠다는 3통의 편지를 417년 2월에 써 보냈다.

주교들은 이에 서명하도록 요청하였다. 이 편지에는 아프리카 회의의 선포들을 재가하고 카일레스티우스와 펠리기우스를 정죄하며, 원죄와 은총의 필수성을 밝힌 내용이었다.[26] 이에 대부분 찬동했으나 18명의 주교들이 이를 수락하기를 거부하였기 때문에 그들은 축출당하게 되었는데 그 중에 대표적인 인물이 에클라눔의 줄리안Julian of Eclanum이다. 그는 줄곧 아우구스티누스의 논지에 반대하는 빈틈없는 논리를 구사함으로써 아우구스티누스를 몹시 괴롭혔던 젊은 사상가였다.

주교들에 의해 서명되고, 제국의 법에 의해 재가된[27] 조시무스의 회람은 펠라기우스주의의 쇠퇴를 획하는 전환적 사건이었다. 그럼에도 펠라기우스주의는 그 뒤에도 오랫동안 제도권 밖의 세력으로 남아 있었다. 반(半)펠라기우스주의는 그 뒤에도 1세기 동안 거부 자세로 줄곧 자신들의 입장을 지켰다.[28] 공식적으로 이단으로 규정된 이후에 펠라기우스와 카일레스티우스는 다른 동조자들과 함께 콘스탄티노플 (429년)에 망명하였다. 그 곳의 총대주교 네스토리우스Nestorius는 그를 환대하고 로마 교황 셀레스틴Celestine과의 중재에 나서기도 했으나 끝내 타협을 도출해 내는 데는 실패했다. 이후 그들의 행적은 확실치 않으나 그 중에 줄리안은 450년경 시실리에서 사망한 것으로 전해진다.[29]

---

26) 이 「회송 형식의 편지」는 완벽한 자료로는 남아있지 않으나 아우구스티누스의 기록에서 그 주요 내용을 추출해 볼 수 있다.

27) 421년에 행해진 발렌티아누스의 아버지 콘스탄티누스의 선언.

28) 은총이 의지와 행동의 능력을 제공한다는 아우구스티누스의 주장은 자유를 파괴하는 것 같았다. 이에 대한 첫 항의가 426(또는 427)년 하두루멘툼 Hadrumentum 수도원에서 왔다. 이어 펠라기우스와 공감했던 카르타고의 일부 수도승들과 남부 Gaul지역 특히 마르세예즈Marseilles의 수도승들을 중심으로 아우구스티누스의 예정론에 대한 반발이 심했다.

29) P. Lehmann, 앞의 책, 206쪽.

3 펠라기우스와 아우구스티누스 사이의 주요 쟁점

펠라기우스측이란 펠라기우스 자신과 카일레스티우스 그리고 줄리
안을 말한다. 이들은 그들 주장의 일관성이나 속성에 있어서 큰 차이
가 없는 펠라기우스주의의 주창자라 말할 수 있다.[30] 구태여 구분하
자면 펠라기우스는 믿음De fide을 강조하는 편으로 믿음이란 그에게
정통 교리와 선(善)을 행할 수 있는 인간의 능력을 의미했다. 그는
실제적인 기독교, 절제적인 수도원적 삶, 인간의 도덕적 책임을 중시
하였으며 그 점에서 그의 주장이 조직적 신학 구조를 갖춘 것은 아니
다. 카일레스티우스의 경우 그의 스승의 입장을 충실히 따랐으나 원
죄 문제에 대해 보다 정력적인 공격을 감행했다. 줄리안은 앞서 두
사람의 주장에 새로운 것을 덧붙인 것은 별로 없으나 이들 주장들을
보다 더 조직적으로 정비하여 스토아적 기독교 이론 구조를 발전시켰
다고 평가받고 있다.[31] 아우구스티누스 이론의 문제점을 가장 조직적
으로 파헤치고 때로 아우구스티누스 주장의 모순점을 드러나게 한 것
도 그의 예리한 필봉과 치밀한 논증성 때문이었던 것 같다.

　논쟁의 발단은 자유의지의 본질이 무엇이냐 하는 데서 시작되었지
만, 이는 인간 구원의 문제, 즉 인간 구원은 절대로 은혜를 필요로
하는 것이냐의 여부로 전개되었다. 다시 말해, 인간의 자의로 결정한
선택은 구원의 결과로 연결될 수 있는가. 요컨대 극단적으로 말하면,
은혜 없이 인간의 선택만으로 구원에 이를 수 있는가의 단계까지 발
전하였다. 다음으로 유아세례 문제를 놓고 벌어진 논전인데, 유아세
례가 죄를 면죄시킬 수 있느냐 하는 논의는 결국 죄가 계승되는 것인
가 아니면 개별적인 것인가 하는 문제로 번져 나갔다. 이는 원죄(原

---

30) 이들의 주장에 대해서는 A. Harnack, *History of Dogma*, 5, 168‑221쪽에
　　비교적 조리있게 항목별로 정리하고 있다.
31) A. Harnack, *History of Dogma*(New York : Russell and Russell,
　　1958), 189쪽.

罪)의 인정 여부에 대한 입장 차이를 드러낸 것이다.[32] 은혜를 강조하는 편에서는 예정론predestination까지 내세우게 되었고 자유의지를 중시하는 입장은 인간의 자율성을 스스로의 구원 문제까지 끌어올릴 위험성을 갖고 있는 셈이다. 요컨대 이들 논의의 핵심은 인간의 의지 작용human volition과 신의 활동divine activity 사이의 관계가 어떻게 설정되어 있느냐에 대한 견해 차이라 할 수 있다.[33]

펠라기우스는 그의 주장의 출발점을 하나님의 속성에서부터 구했다. 하나님은 선함goodness과 정의justice와 공의로움righteousness 그 자체이다.[34] 신의 이 같은 속성 때문에 그가 창조한 모든 것은 선하다. 그것은 처음 시작에서뿐 아니라 지금 창조하고 있는 모든 것도 그렇게 선하게 되어 있다. 때문에 피조물creature은 선하고, 따라서 결혼이나, 자유의지, 성인들도 모두 선하다는 것이다.[35] 그리고 선하게 창조된 속성nature은 결코 바뀔 수 없는 것으로 본성nature이라는 것은 존재substance의 시작부터 끝까지 지속되는 것이기 때문이다. 요컨대 본성이란 우연히 바뀔 수 있는 성질의 것이 아니므로 본성적인 죄natural sins ; peccata naturalia란 있을 수 없고 다만 본성이 악evil으로 향할 때만 죄가 생긴다.[36]

같은 맥락에서 인간 본성도 파괴될 수 없는 선(善)이기 때문에 단지 잘못으로 인해 수식(修飾)될 뿐이다. 자유 선택 의지will as free choice는 인간 구성 분자에 속한 것으로 이는 최상의 선에 해당되는데 의지한다는 것willing은 외적 강제성 없는 마음의 움직임a movement of the mind일 뿐이기 때문이다. 펠라기우스는 이성과 자유의

---

32) 같은 책.
33) P. Lehmann, 앞의 책, 210쪽.
34) 아우구스티누스는 그의 저서 *De perfectione justitiae hominis*, 15(415)에서 Caelestius의 주장을 언급하며 비판하고 있다.
35) *Contra duas epist. Pelagianorum ad Bonifacium Papam*, Ⅲ, 24.
36) A. Harnack, 앞의 책, 193쪽.

지를 가진 피조물이 〈의지의 조건condition of willing ; conditio vo-
luntatis〉과 비이성적인 피조물들의 〈필연의 조건condition of necessi-
ty ; conditio necessitatis〉을 대비시키면서 자유의지의 우수성을 누
차 강조하였다.[37] 요컨대 본성이란 선한 것이므로 다른 도움을 필요
로 하지 않으므로 이성을 가진 인간들은 선, 즉 공의를 행할 수 있거
나 행해야 한다. 왜냐하면 하나님은 공의의 자발적인 행위자를 바라
고 있기 때문이다. 본성적 기능natural faculty으로서 선의 가능성
possibility of good은 신으로부터 받은 것이지만, 그것을 의지willing
하고 행동action으로 옮기는 일은 인간의 몫에 해당한다는 것이 펠
라기우스의 자유의지관이다.[38] 펠라기우스에게 자유의지란 단순히 선
을 택하는 자유를 의미했지만 줄리안에게는 자유의지란 선택의 자유
를 뜻한다고 본 점에서 자유의지의 독립성을 더 강조하는 차이를 보
이고 있다.[39]

자유의지 문제는 악과 죄의 요인과 직접적인 관계를 맺는다. 펠라
기우스에게 죄sin 또는 악evil이란 공의가 금지한 것을 하려는 의지
로서, 이를 하고 하지 않고는 자유이기 때문에, 죄란 피할 수 있는
성질의 것이다. 죄란 본질이나 실체적 요소가 아니기 때문에 신(神)
은 그것의 창조자Author가 될 수 없으며 왜곡된 본성을 만들지도
않았다. 그래서 죄를 짓는 의지란 언제나 순간적인 자기 결정일 뿐이
며 신의 책임으로 돌려질 일이 아니라는 것이다.[40]

그 같은 죄의 관점에서 볼 때, 죄란 원죄처럼 물려받을 성질이 아
니고 다만 개인사로 끝난다는 얘기가 된다. 사실 죄가 계승되는 것이
라면 그것은 본성에 속한 것으로서, 그것은 끝내 지워버릴 수 없는

---

37) 같은 책, 193-194쪽.
38) 자유란 이 가능성의 범주 안에 놓여있는 것이라고 할 수 있다.
39) A. Harnack, 앞의 책, 194쪽.
40) 공의란 윤리적, 도덕적 올바름을 넘어 하나님의 뜻과 의지에 부합하는 의
　　를 말한다.

성질의 것이라는 것이 펠라기우스의 생각이다.[41] 그 점에서 펠라기우스는 죄의 실제적 존재 actual existense of sin를 악마의 함정이나 감각적 탐욕, 정죄 받은 색욕 정도로 축소 해석하고 있다. 다시 말해 죄란 육체의 실체 substance of flesh ; de substantia carnis에서 비롯되는 것이 아니라 다만 육체가 만들어 낸 일 ex operibus carnis일 뿐이라는 것이다.[42] 그럼에도 육체는 영혼에 종속되어 있는 것이기 때문에 하나님이 의지하는 관계는 회복될 수 있다는 것이다.[43]

육체와 의지에 대한 펠라기우스의 설명에 대해 아우구스티누스는 의문을 제기하고 있다. 만일 실체가 선하고 또 의지로부터 생긴 것이 아니라면 육체의 그릇된 욕구들 evil desires of the flesh ; desideria carnis mala은 어디로부터 오는 것인가 하는 의문이다. 이에 대해 뒤에 줄리안은 결혼이란 성적 요구들을 배제하고 생각할 수 없듯이 리비도 libido란 신이 허용한 것이라고 생각했다.[44] 그래서 모든 피조물은 그 자체의 상태에서 최상의 조건에 있는 것처럼, 색욕 concupiscence도 그 자체로는 중립적이고 순수하다는 것이다. 리비도는 그 근원 genere suo이나 외양 specie이나 양 in modo에 있어서 잘못된 것이 아니라 다만 그것의 과용 in exessu이 잘못될 뿐이다.[45] 만일 그렇지 않다면 세례라는 것이 아무 의미가 없어질지 모른다고 했다.

그 같은 맥락에서 죄를 본다면 전혀 죄 없는 사람이 있을 수 있다는 가정이 설 수 있다. 모든 사람은 죄에 저항할 수 있기 때문이다. 그렇지 못한 사람은 심판을 받을 수밖에 없으며 그 심판은 죽음을 통해서

---

41) 같은 책. 195쪽.

42) *Epistle ad Demetria*와 *De natura et gratia contra Pelagium*, 60-71쪽을 참조 하라.

43) A. Harnack, 앞의 책, 195쪽.

44) 이 점에서 줄리안은 아우구스티누스가 nuptiae와 concupiscentia 즉, 좋은 결혼과 나쁜 결혼을 구분하는 것은 어불성설이라고 논박했다(Harnack, 같은 책).

45) *Contra Julianum haeresis Pelagianae defensorem*, Ⅳ, 7.

이루어진다는 점에서 그릇된 자에 대한 형벌과 잘하는 자에 대한 보상이 그 때 정당화될 수 있으며 심판의 정당성이 확보된다는 것이다.[46]

이 때문에 아담의 죄에 대한 견해도 다르다. 자유의지에 근거한 죄론은 아담Adam의 죄성(罪性)과 그 책임 문제를 거론하지 않을 수 없게 했다. 아담은 자유의지를 갖도록 창조되었고, 그 죄는 자유의지로 말미암지만 이 죄가 본성까지를 부패시키는 것은 아니며, 죽음 또한 그가 저지른 죄 때문이 아니라고 펠라기우스와 줄리안은 주장했다.[47] 만일 그의 죄 때문에 인간이 모두 죽어야 한다면 역으로 그리스도의 부활로 모든 이가 다시 살아나야 된다는 것이다.[48] 다만 아담의 범죄로 정신의 죽음, 영혼의 정죄가 이루어졌기 때문에 아담의 죄가 원죄로 전승될 수 없다는 것이며 때문에 하나님에 의해 피조된 모든 사람은 아담의 타락 이전 상태에 있다는 것이다. 줄리안은 아우구스티누스의 원죄설과 죄의 전이설tradux peccati and peccatum orginis은 오히려 마니교의 영향을 받은 것으로 결과적으로 악의 실체성을 인정하는 데서 오는 것이라고까지 맹박하였다.[49]

펠라기우스파의 은혜론을 정리하기란 쉽지 않다. 사실 이 문제는 정면으로 거론했다기보다는 상황에 따라 가변적인 태도를 취하거나, 임시대응적 성격을 지니고 있었기 때문이다. 펠라기우스는 은혜는 선을 촉진시킨다라고 빈번히 언급하고 있는데[50] 그 자신이 은혜를 강조하지 않는 것은 인간이 은혜에 지나치게 의존하는 것을 경계하자는 것이지 은혜 자체를 부인하는 것은 아니라는 입장이다. 반면 줄리안

---

46) *De gestis Pelagii*, Ⅱ.

47) *Opus imperfectum c. Julianum*, Ⅱ, 66. 뒤에 Julian은 자연사natural death가 죄와 관계가 있다는 점을 부인하지 않았다.

48) Caelestius의 *Carthage*(411) 참조.

49) A. Harnack, 앞의 책, 197쪽.

50) *De gratia et originali*, 34에서 〈자유의지는 모든 사람 속에 존재하나, 크리스천의 경우 자유의지는 은혜에 의해 지지받는다〉고 말하고 있듯이, *opus imperfectum C. Julianum*, Ⅰ, 40 ; Ⅲ, 106 등에서 빈번히 언급하고 있다.

은 〈인간의 자유의지가 신을 해방시킨다 homo liber arbitrio emancip-
atus a deo〉, 즉 인간은 신으로부터 그 자체가 독립적으로 창조되었
으며 더 이상 신과 관계 없다라고까지 말했다. 다만 최후의 심판 때
신이 다시 인간에게 돌아온다고까지 말함으로써 줄리안은 은혜와 인
간관계를 훨씬 독립적으로 보고 있는 것 같다.[51] 그럼에도 이들은 창
조의 은총, 하나님이 주신 법 lex of God의 은총, 예수를 통한 신의
은총을 강조하고, 특히 창조의 은혜를 알 수 있다는 것이 무엇보다
큰 은혜이며, 법을 받는 것도 은혜라고 했다. 왜냐하면 법은 좋은 일
을 하도록 부추기고 경고를 주며, 선한 행위를 하도록 하기 때문이
다.

　이들의 주장들은 레흐만이 지적한 대로 세 가지 요점, 즉 첫째 인
간의 자유의지와 선택, 둘째 하나님의 은혜와 죄의 구속 문제, 셋째
신의 활동과 인간 선택과의 관계의 문제로 요약될 수 있다. 첫째의
경우 자유로운 인간의 선택권은 이미 하나님에 의해 인간 본성에 설
정되어 있다는 것으로 의지를 창조자의 목적에 맞게 행사할 것인가의
여부는 전적으로 인간에게 열려진 사항이라는 것이다. 그렇지 않을
경우 인간 잘못의 책임이 신에게 돌려질 수밖에 없다는 문제가 생긴
다.[52] 둘째로 자유의지의 관점에서라도 신의 은총과 그리스도의 구원
의 은혜를 부정하는 것은 아니며 다만 인간의 원죄성을 수용할 수 없
다는 태도다. 원죄설을 인정할 경우 유아세례의 정당성을 해칠 뿐만
아니라 결혼 제도까지를 죄로 보는 위험한 수준에 이를 수밖에 없다.
그리고 악에 대한 하나님의 책임은 피할 수 없게 된다.[53] 마지막으로
펠라기우스주의자들은 인간의 선택과 신의 작용이 신비적 차원에서
이루어지고 인간의 책임 아래 행해지지 않는다면 신의 존재와 그의
구속의 목적이 아주 자의적으로 되고 말 것이며 이는 끝내 신을 헤아

---

51) 은혜에 대한 그들의 언급은 의도적인 애매함이 있다.
52) P. Lehmann, 앞의 책, 211쪽.
53) 같은 책, 211-212쪽.

릴 수 없는 변덕장이로 만들어서 그를 결코 믿을 수 없는 대상으로 격하시켜 버린다는 것이다.[54]

카일레스티우스가 411년 카르타고 회의에서 정죄된 6개 항목은 이 논전의 핵심이 어디에 있는지를 잘 보여준다. ①아담은 그가 죄를 범했건 범하지 않았건 죽을 수밖에 없는 존재로 창조되었다는 그의 주장은 최초 인간의 초자연적 고결성의 부인이다. 그래서 그로부터 내리는 원초적 정의Original Justice와 초자연적 특권Supernatural Privileges을 모두 부정하게 된다.[55] ②아담의 죄는 자기자신만을 해치는 것으로 인류 전체와는 무관하다. 이는 원죄original sin의 부정이다.[56] ③유아는 태어날 때 아담이 범죄하기 이전의 상태로 태어난다는 것인데 이는 앞의 두 항목을 조합한 주장이다. 죽음, 색욕 등과 같은 죄성은 아담의 죄 때문이 아니라 인간 속성의 원초적 조건이다.[57] ④아담은 그의 죽음으로 모든 인류를 그 죽음에 종속시킬 수 없기 때문에 예수의 부활이 전인류에게 새 생명을 줄 수 없다는 것이다. 다만 아담의 죄는 모든 이에게 육체적 죽음을 가져다 준 것이 아니라 모든 이의 영혼의 죽음을 가져왔다. 그러나 이런 논리를 극단으로 적용하면 〈첫번째 아담〉이 우리를 파괴시키지 않았기 때문에, 〈두번째 아담〉이 더 이상 속죄자Redeemer가 될 수 없다는 네스토리안적 태도를 취하그 있다.[58] ⑤유아세례를 받지 않고 죽은 유아도 영생을 즐길 수 있는데, 이는 원죄를 부인하는 데서 얻은 결과다.[59] ⑥인간은 예수가 세상에 오기 이전일지라도 사람들은 죄 없이 살 수 있고 하나님의 법의 인도에 따라 하나님의 나라에 들어갈 수 있다. 이 같은 인간 의지의 자율과 완전성의 주장이 펠라기우스주의의 가장 큰

---

54) 같은 책, 212쪽.
55) E. Portalie, 앞의 책, 184쪽.
56) 같은 책.
57) 같은 책.
58) 같은 책, 185쪽.
59) 같은 책.

특징이라 할 수 있다.[60]

이상에서 펠라기우스 논쟁의 쟁점들을 일별해 볼 때 펠라기우스주의자들의 동기의 순수성이나 청빈성 그리고 신성을 보호하려는 의도들을 읽을 수 있다. 그러나 그들의 주장이 죄와 악의 비극적 속성을 이해하는 데 지나치게 낙관적이어서 그들의 주장을 끝까지 밀고 나가면 신의 부정에까지 이를 수 있는 공허한 형식주의적 위험을 갖고 있다는 점이 지적된다.[61] 사실, 시대를 거치면서 이들 주장에 대한 반응도 다양화되어 왔으며 서술자의 입장에 따라 비판, 옹호의 자세가 달라져 왔다는 것은 펠라기우스 이해의 한 준거점이 되어야 할 것 같다. 그를 단순히 이단으로 규정하는 데만 조급해서는 안 될 것이며 아우구스티누스 측의 대응과 그것이 갖는 상호대응의 변증법적 발전성이 갖는 긍정적 측면을 간과해서도 안 될 것 같다.

---

60) 같은 책.
61) A. Harnack, 앞의 책, 203쪽.

I4 자유의지·원죄·은총론 — 펠라기우스 논쟁을 중심으로

  아우구스티누스와 펠라기우스 사이에 첨예한 대립을 보인 사항은 세 부분으로 집약될 수 있을 것 같다. 첫째로 자유의지의 실상과 본질 문제에 관한 입장이다. 그들 모두가 자유의지를 인정하고 있다는 점에서는 공통점을 갖고 있으나 자유의지가 무엇이냐에 대해서는 서로 차이를 보이고 있다. 사실 펠라기우스가 한때 자신의 주장을 아우구스티누스의 자유론에 근거하고 있다고 주장했듯이 여러 면에서 일치하는 점, 특히 아우구스티누스 초기 저작[1]의 경우 그런 면이 두드러진다. 그러나 논쟁이 진행되는 동안 서로간의 합일될 수 없는 부분이 있음을 보여준다.

  둘째로 원죄에 관한 문제이다. 이 점은 앞서 누차 지적했던대로 교

---

1) 아우구스티누스는 그가 귀국길에 올라 로마에 머무는 동안(388년) 쓰기 시작하여, 이를 마무리한 것은 7년이 지난 395년에 이르러서였다. 처음 시작은 마니교도들의 오류에 대한 반박에서 출발하여, 펠라기우스파에 대한 비판으로 마무리짓게 된다. 그가 『보정록』에서도 언급하고 있듯이 초기 내용은 마니교 비판에 주안점이 있으므로 은혜에 관한 서술이 거의 빠져 있는 것이 사실이다.

회에서 행하고 있는 세례의 유효 정도, 죄의 사면 문제, 인간의 구속자로서 그리스도의 위상과 상호 관계를 맺고 있다.

세째로 자유의지와 은혜의 관계는 어떤 것인가 하는 문제다. 사실 아우구스티누스와 펠라기우스가 궁극적으로 가장 큰 차이를 보이는 것은 바로 이 부분이다. 사제 볼프스그루베르Wolfsgruber가 아우구스티누스 신학 구조의 핵심은 〈인간은 자유롭다. 그러나 그는 은혜 없이 아무것도 할 수 없다Man is free ; he can do nothing without grace로 집약될 수 있다〉고 말한 것은 이 둘 사이의 관계가 갖고 있는 어려움을 요약한 말이다.[2] 왜냐하면 이는 오히려 둘의 관계가 갖고 있는 신비의 영역에 관해서는 설명하지 않고 있기 때문이다. 그 부분이 바로 신의 은총이 자유의지를 어떻게 지배하고 있는가, 다시 말해 신의 은총과 인간의 자유의지와의 관계는 무엇인가를 규명해야 할 부분이다.[3] 이에 대한 해답은 아우구스티누스가 말하는 은혜란 무엇인가를 설명해 주는 얘기가 된다. 이상의 맥락에서 먼저 아우구스티누스의 의지론을 살피고 이어서 원죄 논의와 은혜 문제를 다루고자 한다.

1 의지의 실상과 본질

야스퍼스가 말한 대로 아우구스티누스에게 의지란 존재의 중심이고 어쩌면 삶 그 자체였다.[4] 우리는 매일 간단 없는 행위 요구와 충동적 자극, 유혹과 허상 그리고 정서적 기복을 겪으며 산다. 이들은 항상

---

2) Wolfsgruber, *Augustinus*(Paderborn, 1898), 184쪽(E. Portalie, 앞의 책, 190쪽에서 재인용).

3) E. Portalie, *A Guide to the Thought of Saint Augustine*(Chicago : Henry Regnery Co., 1960), 192쪽.

4) K. Jaspers, *Plato and Augustine*(New York : A Helen And Kurt Wolff Book, 1962), 88쪽.

내적 의지와 뗄 수 없는 관계에 있으며 이는 선택의 기로를 의미하기
도 한다. 더구나 늘상 죄의식과 예민한 감성에 시달렸던 아우구스티
누스에게 이 문제는 가장 절실하게 부딪쳐야 할 문제 중의 하나일 수
밖에 없었다. 인간의 내적 갈등과 좌절을 심층적으로 다루었던 아우
구스티누스는 이 때문에 심리학의 길을 열었다고까지 말해지고 있
다.[5] 확실히 의지의 본질과 기능을 이해한다는 것은 인간을 이해하는
데 관건이 되는 사항임에 틀림없다.

아우구스티누스에게 자유의지란 무엇인가? 의지의 자유로움은 하나
님으로부터 왔으므로 선하다. 뿐만 아니라 인간에게 자유의지가 주어
진 것은 정당한 것이라는 것이 아우구스티누스 자유의지론의 골격이
다.

> 자유의지는 반드시 가져야 할 것입니다. 왜냐하면 사람은 자유의지를
> 가지고 있음으로 인해 죄를 범하기는 하지만 하나님이 결코 죄를 범하라
> 고 자유의지를 주셨다고는 믿기지 않기 때문입니다. 따라서 인간이 자유
> 의지를 가지게 된 이유는 자유의지 없이는 의롭게 살 수 없기 때문에……
> …… 의지가 자유롭지 않다면 의롭게 사는 것뿐만 아니라 죄를 범하는 것
> 역시 불공평할 것입니다…… 마찬가지로 인간에게 자유의지가 없다면 형
> 벌이나 보상도 부당할 것입니다.[6]

그러나 의지에는 부자유 의지의 영역 The world of unfree will과
자유의지의 영역 The world of free will이 있다. 부자유 의지의 세계
란 의지가 복종하지 않는 영역, 즉 탐욕 같은 것으로 의지가 행동에
까지 옮겨지지 않고 무산되거나 의지할 수 없는 의지를 말한다. 반면
자유의지의 세계란 사랑이 더 이상의 당위 ought를 필요로 할 수 없

---

5) 같은 책, 88-89쪽.
6) *De libero arbitrio*, Ⅱ, i, 2(박일민 역, 『아우구스티누스의 자유의지론』(서
　　울 : 풍만출판사, 1989) 참조).

을 정도로 자발적으로 행하고 선한 결의 없이도 탐욕을 헤쳐버리고 의지한대로 할 수 있는 의지의 상태를 말한다. 다시 말해 사랑의 의지가 그 스스로 행할 수 있는 정도를 말한다.[7]

이 점에서 아우구스티누스와 펠라기우스 사이에는 큰 차이가 있는 것 같다. 아우구스티누스는 인간에게 자유의지가 주어졌음에도 불구하고 자유의지가 인간의 뜻대로 행해질 수 없는 부분이 있다는 점을 깊이 인정하고 있다. 그러나 펠라기우스는 인간이 인간의 힘으로 의지하여 전적으로 자기 책임 아래 행위 선택을 할 수 있다고 믿는다. 이 점에 대해 아우구스티누스는 펠라기우스가 자유의지와 은총에 대해 그릇된 주장을 펴고 있다고 반박하고 있다. 그의 저서 『영과 의문에 관하여』에서 펠라기우스의 주장을 이렇게 요약하고 있다.

그들(펠라기우스파)은 인간의 의지는 하나님의 도움 없이도 그 자체의 힘만으로 완전한 의perfect righteousness를 성취하거나 그것을 향해 꾸준히 전진할 수 있다고 생각하고 있는데, 이는 격렬하고 날카롭게 비판되어야 한다. 하나님의 도움 없이도 이런 결과에 도달할 수 있다고 생각하는지를 그들에게 더 집중적으로 물으면 그들은 신중한 태도를 취하여 불경건하게 들리는 말은 하지 않는다. 그리고 하나님의 도움 없이도 이런 일이 불가능하지 않다는 이유를 이렇게 설명한다. 하나님은 사람을 창조할 때에 자유로 선택하는 인생 행로를 가르쳤다. 그래서 그 무지를 제거함으로써 사람이 행동할 때에 피해야 할 것과 추구해야 할 것을 알게 하심으로 이미 행해졌다.[8]

이 같은 펠라기우스의 주장에 대한 아우구스티누스는 두 가지 점에서 문제가 있다고 지적한다. 첫째로 의지는 법을 지킬 능력을 갖고

---

7) K. Jaspers, 앞의 책, 93쪽.
8) *On the Spirit and the Letter*, 4.

있으며 비록 지키는 데 실패하더라도 인간적인 노력을 다시 함으로써 고칠 수가 있다는 것이다. 이는 교육에 의한 구제가 가능하다는 5세기 무렵의 시대적 분위기를 반영하는 것으로 인간 의지의 완전성을 믿는 데서 온 것이다. 두번째로 앞의 주장은 하나님의 사역을 창조적 국면에만 제한시키는 결과를 낳게 함으로써 그리스도의 구속적 역할들을 무력화시키고 있다는 점이다.[9]

그래서 아우구스티누스는 자유의지의 은총을 인간 의지의 능력 capacity이 아니라 인간의 무능 impotence에서 구하며 이를 그리스도와 직접 연관시켜야 한다고 했다. 아우구스티누스는 의지와 그것을 실천에 옮기는 힘, 즉 능력을 동일한 것으로 보지 않았다. 의지의 행사와 그를 실행에 옮길 힘의 행사는 두 개의 다른 기능이라는 것이다. 의지와 능력은 동일하지 않다는 말이다.

우리 자신의 힘 our own power이란 무엇인지를 주의 깊게 관찰해 보면 자유의지의 문제는 좀더 쉽게 풀릴 수 있다. 거기에는 두 개의 기능이 있는데 그것은 의지의 행사 the exercise of will와 힘의 행사 the exercise of power이다. 의지를 가진 모든 사람이 힘을 그렇게 갖는 것이 아니며, 힘을 가진 모든 사람이 의지에 대한 직접적인 통제를 할 수 있는 것도 아니다. 우리는 때로 할 수 없는 것을 의지하고 또는 의지하지 않는 것을 할 수도 있듯이 말이다.[10]

요컨대 의욕과 능력은 다르다는 얘기다. 하기를 원한다고 해서 반드시 할 수 있는 것이 아니며, 할 수 있다고 반드시 원하는 것도 아니다. 라틴어에서 〈의욕 voluntus〉은 〈하기를 원한다 velle〉에서 나왔고,

---

9) P. Lehmann, "The Anti-Pelagian Writings," R. W. Battenhouse 편, *A Companion to the Study of St. Augustine*(Grand Rapids : Baker Book House, 1956), 216쪽.
10) *On the Spirit and the Letter*, 53.

〈능력 potestas〉은 〈할 수 있다 posse〉에서 유래한 것도 그 때문이다. 하기를 원하는 사람은 의욕이 있는 것이요, 할 수 있는 사람은 능력이 있다는 얘기가 된다. 하기 위해서는 능력이 있어야 하지만 능력이 작용하려면 의욕이 또한 있어야 한다.[11]

펠라기우스와 아우구스티누스의 근본적인 차이는 여기에 있다. 펠라기우스는 의지의 본질이란 선택하는 힘 the power to choose을 뜻하는 것이므로 거기에는 하나님의 권능적 기능이 개입되지 않는다는 것이다.[12] 반면 아우구스티누스는 의지 작용의 선택이 자유롭게 행사되는 것은 은혜의 권능적 기능에서 가능하다는 주장이다. 왜냐하면 〈의지의 자유로운 행사는 선택의 능력 capacity to choose에 있는 것이 아니라 이행하는 능력 capacity to fulfill에 있기〉 때문이다.[13] 그 때문에 그는 자신의 책 『영과 의문(儀文)에 대하여』에서 〈본성에 의해 은혜가 부인되는 것이 아니라, 오히려 은혜에 의해 본성이 바로 잡혀진다〉[14]라는 유명한 말을 했다고 레만 Lehmann은 지적하고 있다.[15] 그 때문에 아우구스티누스에게 죄는 본성에 반대되는 것이며 그것을 치유하는 것 또한 은혜이다.[16]

요컨대 펠라기우스는 자유의지가 작용하는 영역을 〈본성〉에서 구하고 있는데 반해 아우구스티누스는 〈은혜〉의 맥락 안에서 찾고 있다.[17] 펠라기우스에게 〈본성〉이란 모든 사물을 질서 짓는 필연성이므로 의지의 자기 결정 self-determination은 인과(因果)의 질서와 모순되는 것이다.[18] 은혜란 이 세상을 창조할 때 보여준 신의 행위와 의도

---

11) *On the Spirit and the letter*, 53.
12) P. Lehmann, 앞의 책, 217쪽.
13) 같은 책.
14) *On the Spirit and the Letter*, 47.
15) P. Lehmann, 앞의 책, 217쪽.
16) *On the Spirit and the Letter*, 47.
17) P. Lehmann, 앞의 책, 217쪽.
18) 같은 책.

였으며 이제 피조물이 선택하는 의지의 행사는 자유이기 때문에 자유
란 창조의 은총에 합당한 것이지 〈본성〉과 일치하는 것이 아니다라는
주장이다.[19]

여기에서 필연성과 자유의 문제가 제기된다. 펠라기우스는 속성상
필연에 묶인 것은 어떤 것도 자유라고 할 수 없으며, 사람이 죄를 범
하지 않는 것은 인간 의지의 능력에 있다기보다는 오히려 그의 본성
의 필연성에 있다고 본다.[20] 우리가 듣고 냄새 맡고 보는 것은 우리의
힘의 능력에 속한 것이 아니라 본성의 필연성에 따른다는 것이다.[21]

이에 대해 아우구스티누스는 〈본성〉을 인과의 질서로 보는 것이
아니라 〈인간의 성질 human constitution〉로 본다. 물론 거기에는 일
종의 필연성이 있는 것도 사실이다. 그러나 인간 본성의 〈필연성〉이
란 의지 자체에 의해 의지에 가해진 필연성일 따름이다.[22] 그러므로
무생물의 필연과 인간 의지의 작용은 다르다. 예를 들면, 돌의 운동
은 자연적이지만 영혼의 운동은 자발적이다.[23]

그러므로 아우구스티누스에게 자유는 단순한 선택의 자유가 아니라
바르게 행동하는 자유를 뜻한다. 이 때문에 그 같은 자유는 선택의
감정을 초월하는 것이다.[24] 아우구스티누스의 자유란 선택의 자유가
아니라 올바른 선택의 자유인 셈이다. 의지가 우리의 능력 안에 있다
는 점에서는 자유이지만 의지를 실천에 옮길 수 있느냐 없느냐의 여
부 때문에 두 가지의 길이 열려 있는 셈이다. 그래서 키르완 C. Kir-
wan은 이 같은 자유의지를 제3의 자유의지라 부르는 것 같다.[25] 그
는 자유의지를 세 가지로 나누고 있는데, 하나는 인간이 선택은 하지

---

19) 같은 책.
20) 같은 책, 217-218쪽.
21) *On the Nature and Grace*, 54, 55, 59.
22) P. Lehmann, 앞의 책, 218쪽.
23) *De libero arbitrio*, Ⅲ, i, 2.
24) P. Brown, *Augustine of Hippo*(London : Faber & Faber, 1968), 374쪽.
25) C. Kirwan, *Augustine*(London : Routledge, 1989), 83쪽.

만 필연에 따를 수밖에 없는 것으로 사람은 단지 필연의 도구에 불과하다는 점에서 진정한 의미의 자유의지라고 보긴 어렵다.[26] 두번째의 경우 흄 Hume이 정의한 대로 행하고 행하지 않는 힘이 전적으로 의지의 결정에 따르는 경우를 말한다. 이는 에라스무스 Erasmus, 데카르트 Descartes, 로크 Locke 등이 주장하는 자유로서 근대적 의미의 진정한 자유의지라고 인정된다. 마지막 아우구스티누스가 말하는 자유의지란 첫번째와 두번째의 자유의지를 합성한 것이라 할 수 있다.[27] 그래서 인간 의지가 자유롭다는 말은 인간이 그들의 의지를 행사하는 데 있어서 자유로운가 아닌가의 문제인 것이다. 그래서 아우구스티누스에게 의지의 자유로운 결정은 단순한 의지 이상의 의미를 지닌다. 자유의지는 자발적 행동의 선결 요건이지만, 그것을 실천에 옮길 수 있느냐의 여부는 힘, 즉 능력에 속하는 것이다. 아우구스티누스가 은총의 문제를 거론하는 것도 이 점에 있다.[28] 사람의 의지와 능력이 일치할 때는 행동에 옮겨지지만 의지에 비해 능력이 미치지 못할 때는 실천에 옮겨질 수 없다.[29] 이 때문에 죄를 짓는 것은 전적으로 우리의 소관이며 하나님께 책임이 옮겨질 일이 아니다. 우리 죄의 근원은 우리의 의지의 자유로운 선택에 있기 때문이다.[30] 그러나 영원한 법을 따르는 자유의지의 행사가 아니면 그것은 참자유가 아니다.[31] 그 선택이 우리의 능력 안에서 이루어지기 때문에 그에 대한 상벌은 정당화된다. 그 때문에 자유의지가 부여된 그 자체가 잘못된 것이 아니라 자유의지를 잘못 사용한 그 자체가 잘못된 것일 뿐이다.[32]

---

26) 같은 책.
27) 같은 책, 88-89쪽.
28) 같은 책.
29) K. Jaspers, 앞의 책, 90쪽.
30) *De libero arbitrio*, Ⅰ, xvi, 35.
31) *De libero orbitrio*, Ⅰ, xv, 32.
32) *De libero arbitrio*, Ⅱ, xviii, 48.

신이 자신에게 배치되는 행위를 할 줄 알면서도 인간에게 자유를 허락한 것은 자유와 신의 예지 사이의 역설적 관계를 말한다. 바로 이 점이 신의 은총을 필요로 하는 대목이라는 것이 아우구스티누스의 주장이다. 신은 영원하고 예지를 갖고 있으므로 인간의 운명을 다 알고 있지만 이것이 바로 신을 필연의 구속 아래 놓이게 하는 것은 아니라는 것이 아우구스티누스의 입장이다. 이는 능동적인 힘active powers과 수동적인 책임passive liabilities 사이에는 구분이 있다는 점을 인정한다면 곧 이해될 수 있다고 했다.[33] 다시 말해 필연성이 지배하는 곳에는 죄를 범함에 있어 자발적인 선택이 있을 수 없고 오로지 고정되고 피할 수 없는 필연성만이 존재할 것이라는 점이 지적되어야 하겠다.[34]

아우구스티누스는 펠라기우스적 의미에서의 본성적 필연성이 무엇을 뜻하는지 알고 있었다. 하지만 이는 결코 자유의지와는 무관하다고 보고 의지의 자유는 선택의 힘보다 더 깊숙한 데 있다고 못박았다. 결국 의지를 성취시키는 것은 능력(힘)이며 이는 곧 은혜의 선물이라는 것이다.[35] 인간의지는 무능을 통하여 자유로워지고, 자유를 통하여 무력해지는 것이지 자유를 통하여 더욱 강해지는 능력의 문제가 아니기 때문이다. 〈선한 사람이란 무엇이 선한 줄을 아는 사람이 아니라 선한 것을 사랑하는 사람이다〉라고 아우구스티누스는 말했다. 왜냐하면 이해가 설혹 앞서서 달리더라도 우리의 감정이 이를 따르지 못하는 경우가 많기 때문이다. 인간은 결국 사랑하는 것을 택한다.[36] 사랑과 의지를 거의 동일시하는 이유도 거기에 있다.[37] 그러나 아우구스티누스는 자신의 지나온 날들을 통하여 인간은 스스로의 능력으

---

33) C. Kirwan, 앞의 책, 92쪽.

34) *De libero arbitrio*, Ⅲ, iii, 6.

35) P. Lehmann, 앞의 책, 219쪽.

36) *Enarrationes in Psalmos*, viii, i, 2.

37) K. Jaspers, 앞의 책, 95쪽.

로 사랑을 선택할 수 없음을 절실히 느꼈다. 감정과 지식을 연결시키는 중요한 능력은 자기 안으로부터보다는 밖으로부터 온다. 여호와가 길을 인도하심이 길을 걷는 자에게 있지 않은 원리이다.[38] 그렇기 때문에 펠라기우스에게 자유란 의식과 선택의 일치를 통한 인간의 자아 결단을 완성시킬 성질의 것이었다. 반면 아우구스티누스에게 자유란 언제나 성취되어야 할 어떤 것으로 언제나 움직이는 것이며 미완성 상태에 있다. 그러므로 자유란 완성된 것이 아니고 점진적으로 성취될 성질의 것이었다.[39] 따라서 아우구스티누스에게 자유란 치유 과정의 극치일 뿐이다. 자유의 훈련을 통해 치유에 이른 사람은 보다 온전한 행동을 할 수 있다. 펠라기우스에게서처럼 처음부터 소유된 자유가 아니라 은총을 통해 자유의 영역을 넓혀가는 것이다. 그러므로 아우구스티누스에게 자유란 단순히 선택의 감정으로 축소되지 않고 그것은 온전하게 행동하는 자유를 말하는 것으로 그 같은 자유는 선택의 자유를 초월하는 것이다.[40] 그래서 온전한 자유는 하나님의 도움으로 가능한 것이다.[41]

2 원죄론

아우구스티누스에게 가장 절실한 문제는 악의 문제, 즉 인간의 경우엔 죄의 문제였다. 그가 젊은 시절 기독교를 거부할 수밖에 없었던 것도 이 악의 문제에 대한 해답을 얻을 수 없었기 때문이었다. 그래서 그 문제에 대한 답을 마니교에서 구했던 것이다. 플로티누스의 글을 통해서 악에 대한 해답의 길을 얻었을 때 그는 하나님께 극적으로 돌

---

38) P. Brown, 앞의 책, 373쪽.
39) 같은 책.
40) 같은 책, 374쪽.
41) K. Jaspers, 앞의 책, 91쪽.

아올 수 있었다. 어떻게 보면 아우구스티누스의 진리 추구는 이 악에 대한 해결의 고뇌 과정이라고 말할 수 있다. 때문에 하나님에 대한 회의는 곧바로 악에 대한 회의에서 비롯되었다고 해도 과언이 아니다. 아우구스티누스의 삶의 괴로움은 이 죄에 대한 괴로움이었다.

그에게 악이란 최고선으로부터 저급한 선으로 돌이키는 것으로,[42] 악이란 인간의 행위를 의미할 수도 있고 인간이 처해 있는 상황을 의미할 수도 있다.[43] 그리고 죄란 완전한 본성으로부터의 결핍이다.[44] 사람의 본성은 그 자체로는 어리석다고 할 수 없고 지혜롭다고도 할 수도 없는 중간자적인 성격을 지니고 있기 때문이다.[45]

원죄original sin란 인간의 부패된 본성과 그로 인해 죽을 수밖에 없는 상태를 말한다. 이것은 아담의 타락, 즉 잘못된 의지의 사용에 연유한다. 그래서 죄란 의지의 산물이며 본성의 산물이 아니다. 의지하고 행동하는 것은 인간들의 사항이며 그 자체의 순간적인 자기 결정에 따른다. 같은 맥락에서 악의 기원은 이성적 피조물의 자유의지 안에 있으며 그 때문에 죄란 필연적이라기보다는 자발적이다. 그래서 죄란 불변하는 선으로부터 가변적인 선으로 향하는 의지 운동이다.[46] 그 때문에 악의 조성자는 하나님이 아니라 인간으로 자유의지의 요체는 여기에 있다. 만일 인간에게 자유의지가 부여되지 않았다면 죄와 악의 책임은 당연히 하나님이 질 수밖에 없을 것이다.

아우구스티누스와 펠라기우스의 차이는 이 점에서 두드러졌다. 펠라기우스는 자유의지는 그 원인과 결과마저도 인간이 전적으로 책임져야 한다는 태도인 것 같다. 선을 택하든 악을 택하든 그것은 완전히 자유로운 선택의 문제라는 것이다. 그러나 아우구스티누스의 경우

---

42) *De libero arbitrio*, Ⅱ, xx, 54.
43) *De libero arbitrio*, Ⅱ, xx, 54.
44) *De libero arbitrio*, Ⅱ, xx, 54.
45) *De libero arbitrio*, Ⅲ, xxxiv, 71.
46) *De libero arbitrio*, Ⅱ, xx, 54.

는 사람이 자유의지로 선을 택하여 행동에 옮겼을 때는 자유로우나 자유의지로 죄를 지었을 때는 죄가 그를 정복함으로써 그는 자유의지를 잃은 상태가 되는 것이다.[47]

악한 의지에는 강요가 개입되지 않으며 또 되어서도 안된다. 그럴 경우 인간이 지은 죄는 죄가 될 수 없으며 자기 책임이 되지 않기 때문이다. 물론 무지와 무능력으로 인해 죄를 범할 수 있으나 그것도 일종의 형벌이다. 죄에 대해 형벌이 없다면 책임 소재를 분명히 하는 것이 아니며, 만일 죄가 자의에 의한 것이 아니라면 인간에게 주어진 형벌은 부당하다.[48] 전체적으로 볼 때 인간의 진정한 자유의지도 최초로 창조되었을 때, 즉 죄를 범하기 이전 상태에서만 가능하며 정의롭게 살 수 있다는 것이 아우구스티누스의 입장이다.

사실 아우구스티누스이나 펠라기우스는 다같이 악의 원인은 하나님에게 있는 것이 아니라 인간의 자유의지에 있음을 강조한다. 아우구스티누스는 그가 회심 후에 쓴 『자유의지론』에서 자유의지의 독자성을 치밀하고 조직적인 방법으로 논술했다. 펠라기우스가 아우구스티누스의 『자유의지론』을 읽었음은 의심할 여지가 없다. 펠라기우스 자신이 자기의 자유의지론은 아우구스티누스에 기초한 것이라고 누차 말한 것으로 보아도 짐작할 수 있다. 다만 펠라기우스는 독자적 자유의지, 즉 선택적 자유의지 자체만을 강조한 데 반해 아우구스티누스는 자유의지의 과정성과 치유성을 강조하고 거기에 은혜를 강력히 도입한 데 차이점이 있다. 솔직히 아우구스티누스가 『자유의지론』을 쓸 때만 해도 은혜론을 비교적 소홀히 다룬 것도 숨길 수 없는 사실인 것 같다.

이같은 맥락에서 죄에 대한 개념도 아우구스티누스와 펠라기우스간에 차이가 드러날 수밖에 없었다. 아우구스티누스에게 죄란 아담의

---

47) *Enchiridion ad Laurentium de fide, spe, charitate*, 30, 9.

48) *De libero arbitrio* Ⅲ, x, 45 ; Ⅲ, xi, 46.

잘못된 선택으로부터 시작되고 이 원죄는 모든 인간들에게 전이되어 간다. 더구나 이 죄에 더하여 인간이 자의적으로 범하여 죄를 더하는 범죄까지 추가된다.[49] 이렇게 원초적으로 부패된 인간 본성은 결국 예수 그리스도로 인하여야만 치유되고 인간은 재탄생될 수 있다는 것이다. 이 같은 구원의 역사 구도는 4단계로 구분지을 수 있는데, 원초적 상태에서, 타락에 이르고, 타락은 죄를 범하며, 그 죄는 그리스도를 통해 구속을 얻는다는 구속의 구도이다. 원죄의 상태는 이 세상에 속하지만 구속은 초월적 범주에 속한다.[50] 이러한 구도에 의하건대, 아우구스티누스에게 완전한 자유의지의 복원은 구속받은 다음의 일일 수밖에 없다. 하지만 펠라기우스에게 자유의지는 선택의 자유에서 이미 확보되며 그 때 행동의 자유가 복원 상태에 있는 것이다. 그렇기 때문에 펠라기우스에게 죄의 치유는 은혜의 도움이 아닌 자아 통제만으로 가능한 것인[51] 반면 아우구스티누스에게 죄란 보다 더 깊은 내면에 있는 인간의 불완전한 본성에 연유한 것이다. 이 때문에 인간은 내면의 끊임없는 욕망의 분출에 시달려야 하고 이것을 이겨내고 바른 자유의지를 행사하는 데 많은 어려움을 겪게 되는 것이다. 이 점에서 브라운이 아우구스티누스가 말한 〈무의식적인 욕망의 끊임없는 활동〉에서 앞으로 프로이드에 의해 재발견, 재해석될 심리학의 길이 예비되고 있다고 지적한 것은 흥미롭다.[52] 인간 본성은 불확실하고 억제하기 힘든 본능적 충동에 늘상 시달려야 함을 아우구스티누스는 누구보다도 예리하게 느끼고 있었을 것이다.

그에게 악은 배워지는 것이 아니라 다만 선으로부터 멀어지는 것을 뜻했다. 그 점에서도 죄는 원초적인 것으로 기본적으로 악은 법률로 금지되어 있기 때문에 악이 아니라, 악이기 때문에 법률로 금지되어

---

49) *De libero arbitrio*, Ⅲ, xi, 46.
50) K. Jaspers, 앞의 책, 93쪽.
51) P. Brown, 앞의 책, 366쪽.
52) 같은 책.

있는 것이다.[53] 그 때문에 아우구스티누스는 회개와 율법의 계몽적 역할이 악의 치유에 큰 도움이 되리라는 펠라기우스의 생각과는 궤를 달리할 수밖에 없었던 것이다.

사람들은 다른 사람들의 악에 의해 자신이 부패되는 것이 아니라 자신의 부패, 자신의 죄로 인해 부패하기 시작된다.[54] 이 점을 좀더 극단적으로 끌고 가면, 인간이 악을 행하는 것은 그 자신에 의해서이지만 선을 행하는 것은 자신의 것이라기보다는 하나님의 일이며 그의 선물이라는 논리가 성립된다. 내 속의 죄는 나의 잘못이며, 신의 판단을 받아야 할 일이다. 그렇기 때문에 인간 의지는 악을 행하는 데는 자유롭지만 선을 행하는 데는 하나님을 필요로 한다.[55]

죄는 욕정과 떼어놓을 수 없는 관계에 있다. 아우구스티누스는 욕심은 탐심이요, 탐심은 악한 의지로 모든 악의 원인이라고 했다. 죄는 3단계를 거쳐 행해진다고 보았는데 하나는 죄의 유발이며, 다음은 그것에 동의consent할 때 죄를 범하게 된다. 유발은 마음에 일어나는 동요 단계이며 유인당한다는 것은 행위deeds에 나타나는 조짐이며 동의한다는 것은 습관적 죄를 범하는 위험을 안고 있다.[56]

이 같은 대표적인 예를 아우구스티누스는 음행에서 발견하고 있는데, 사실 그가 정서적으로 가장 괴롭힘을 당하고 또 그만큼 자책감을 느끼며 괴로워했던 것도 이 부분이다. 그는 열정적인 사람으로 모든 변화와 욕심을 다 극복할 수 있을 정도로 마음을 비웠지만 끝내 버리기 어려웠던 것, 마지막 꿈에서까지 그를 집요하게 유혹했던 것도 이 색정이었던 것이다. 그것은 꿈을 넘어선 다음에는 기억에조차 남아서 그를 어지럽게 하였다.

그 점에서 아우구스티누스는 펠라기우스가 주장한 인간 의지의 독

---

53) *De libero arbitrio*, Ⅰ, iii, 6.
54) *De libero arbitrio*, Ⅲ, 15, 43.
55) K. Jaspers, 앞의 책, 91-92쪽.
56) *Serm. Dom. Mont.*, Ⅰ, 12, 35.

자성에 동의할 수가 없었다. 펠라기우스는 인간 의지를 실행하는 데 있어 하나님은 가능성possibility을 인간에게 주었을 뿐이며 인간은 자발성volition ; velle과 행동권action ; esse를 갖고 있기 때문에 죄를 범하는 데 있어서도 인간의 독자적 행동 영역을 더 강조하였다. 그러나 아우구스티누스는 자발성과 행동권이 스스로 자유롭게 행동할 수 없는 부분임을 욕정에서 예증하고 있다.

심지어 아우구스티누스는 결혼까지도 바람직한 것으로 보지 않고 있다. 그는 결혼을 이상적인 남녀의 결합으로 보기보다는 정욕의 노예로 매이는 상태라고 보고 있다.[57] 그는 결혼을 통해 〈아내의 왕국 regnum uxorium〉에 동행되는 것을 두려워했는데 아내의 왕국이란 의무적인 성적 습관을 뜻하는 것이었다.[58] 펠라기우스와의 논쟁말고도 아우구스티누스가 쓴 『결혼과 정욕에 관하여』라는 글은 가톨릭 교회의 결혼관에 심대한 영향을 끼쳤다.[59] 어쨌든 아우구스티누스는 인간의 의지는 자유롭지만 뜻하는 대로 행하는 데 있어서는 그것이 무력하다는 실증적인 예로 인간의 욕정을 들고 있다. 한발 더 나아가 이것이 인간이 원죄의 족쇄로부터 풀려나지 못한 증거이기도 하다는 것이다.[60]

이 같은 아우구스티누스의 주장에 대한 줄리안의 비판은 날카롭다. 그는 성적 본능이란 소우주로서 인간 안에서 훌륭하게 사용될 수 있는 중성적 에너지라고 말했다. 이는 이성적이지도 않지만 동물적인 것도 아닌 것으로 그 행위가 오용되었을 때는 문제가 있지만 인간 의지의 바른 사용으로 정당한 자리를 차지할 수 있는 성질의 것이라는

---

57) P. Brown, 앞의 책, 390쪽.

58) 같은 책.

59) 가톨릭에서 결혼의 주된 목적을 출산에 두고, 금욕을 성적인 자기 훈련의 이상으로 간주하며, 이혼과 산아제한을 허용하지 않는 등의 관례는 그 근거를 찾아가면 아우구스티누스에 이른다. 이 때문에 결혼에 관한 심리적 오해까지 곁들여 그가 크게 비난 받는 이유이기도 하다.

60) *On Marriage and Concupiscence*, I, 27.

것으로 본다.[61] 성적 욕구를 원죄적 범주 안에서 보는 것은 〈우주는 있는 그대로 완전하다. 그 한 부분을 보고 비난하는 것은 잘못된 것〉이라는 아우구스티누스의 주장에도 상치되는 것이라고 지적했다.

그러나 아우구스티누스를 옹호하는 입장에 선 사람들은 아우구스티누스가 욕정을 원죄와 일치시키는 것이 아니라 다만 죄성의 결과로 보고 있다고 말한다. 아우구스티누스가 말한 욕정 속에는 두 가지 다른 요소가 있다고 주장했다. 하나는 욕정의 신체적 실체로서 이는 악을 향한 경향성을 띨 뿐인 반면, 다른 하나는 욕정의 죄성으로 이는 욕정에 귀속함으로써 도덕적 죄를 범하게 하는 인자다. 아담을 통해 전이되는 죄는 이 부분이라는 것이다.[62] 다시 말해 욕정 자체가 죄는 아니다. 요컨대 신은 사람을 욕정을 가진 죄 없는 존재로 창조하였을 뿐인데 인간들이 아담의 죄에 참여함으로 스스로 죄인이 되어 있다는 것이다. 그래서 무지(無知)가 원죄가 아니고 다만 그 구성적 요소인 것과 마찬가지로, 욕정도 그 자체가 원죄가 아니라 원죄를 구성하는 구성적 요소에 해당한다는 것이다.[63] 모든 죄가 의지 안에 있듯이 원죄도 육체적 실재에 있는 것이 아니라(아담의 경우는 예외) 그 의지 안에 있다는 주장이다.

이에 대해 줄리안은 아담 한 사람이 지은 죄가 원죄로 계속되어 전이된다는 아우구스티누스의 주장을 받아들일 수 없다고 했다. 어린 아이가 죄인이 될려면 그가 태어나서 죄를 범해야 되는데, 죄인이라는 것이 원리에 의해 출생 이전에 결정된다면 이는 아우구스티누스 자신의 자유의지론에도 위배된다는 것이다.[64] 그뿐 아니라 죄의 영속적인 전이를 의미하는 원죄란 원천적으로 부도덕한 것이며 그것이 어떻게 전이되는지에 대한 아우구스티누스의 설명이 모순 덩어리라

---

61) P. Brown, 앞의 책, 390쪽.
62) E. Portalie, 앞의 책, 209쪽.
63) 같은 책, 210쪽.
64) C. Kirwan, 앞의 책, 132쪽.

고 맹박하였다. 그 때문에 한 사람의 죄가 모든 이의 죄 Massa per-
dita로 확대되는 것을 받아들일 수 없고 한 사람의 죄는 그 한 사람
에게서 끝나야 한다고 했다. 줄리안의 반박은 사뭇 격정적이다.

인간 본성의 한 부분에 죄가 있다는 당신의 생각에 동의하라는 요청에
찬성할 수 없다…… 그것은 있음직하지 않으며 사실도 아니고, 그것은 정
의롭지 못하며 불경건하다. 이는 마치 악마가 인간의 조성자인 것처럼 주
장한 것이나 다름없다. 그것은 자유의지에 위배되고 파괴하는 것이다……
어머니의 자궁 속에 있을 때부터 앞 세대의 지나쳐버린 죄악으로 가득 차
있다고 말함으로써…… 그 죄악이 갓 태어난 순진함까지 지워버릴 뿐만
아니라……[65]

줄리안의 공격은 여기에 멈추지 않았다. 아우구스티누스의 자유의
지나 선(善)의 본질론이 근본적으로는 마니교적 기독교 이해의 틀에
서 벗어나지 못하고 있다고 비난했다. 원죄론이나 지나친 금욕적 자
세, 결혼과 성(性)을 부정적으로 죄악시까지 하는 것은 마니교의 이
원주의적 산물이라는 것이다.[66]

3 은혜론

아우구스티누스가 펠라기우스의 은혜론을 반박하는 가장 큰 이유는
펠라기우스가 은혜를 전적으로 부인하기 때문이 아니다. 문제는 은혜
의 적용 범위를 인간이 창조될 때의 본성에 국한시키고 있다는 데 있

---

65) *Opus imperfectum contra julianum,* 67(P. Brown, 앞의 책, 387-388쪽에
   서 재인용)
66) 419년 이후 계속해서 공개 서한과 성명서를 발표하고 12편의 저서를 통해
   (초기 4편, 후기 8편) 아우구스티누스를 공박하였다.

다. 펠라기우스는 인간이 선을 행하거나 말할 수 있는 가능성은 하나
님으로부터 우리에게 주어졌지만, 실제로 이를 행하는 것은 인간 자
신의 일이라고 주장하는데,[67] 반면 아우구스티누스는 하나님의 은혜
는 이 같은 가능성의 부여에서 끝나는 것이 아니라 그것을 행하도록
도움을 주고 또 실행하는 데도 은혜의 도움을 준다는 것이다.

펠라기우스는 하나님의 계명을 지키는 기능에는 세 가지가 있다고
했다. 하나는 가능성으로 이는 본성이 창조될 때 이미 주어졌다. 그
러나 가능성만으로 실천되는 것은 아니며, 거기에는 의욕이 있어야
하고 그리고 그것을 실천에 옮겨야 한다. 의욕에는 의지가 있어야 하
며 실천은 능력을 필요로 한다. 펠라기우스의 주장에 따르면 가능성
은 하나님의 은혜에 의해 주어졌으나, 의욕과 실천은 인간의 사항이
라는 것이다. 아우구스티누스가 비판하고 있는 것은 바로 이 점이다.

첫째 가능성은 우리의 본성을 창조하신 이가 우리에게 주셨다고 그(펠
라기우스)는 인정한다. 그러나 다른 두 가지 곧 의욕과 행동은 우리 자신
의 것이라고 그는 주장하며, 심지어 단순히 우리에게서 생긴다고 단정한
다. 그의 견해를 요약하면, 그가 순전히 우리 자신의 것이라고 주장하는
두 가지 기능, 즉 의욕과 행동에 대해서는 하나님의 은혜가 돕는 일이 전
혀 없으며, 우리가 좌우할 수 없고 가능성만을 돕는다고 한다. 이는 마치
우리 자신의 것들인 의욕과 행동은 악을 물리치고 선을 행할 수 있어서
하나님의 도움이 필요하지 않지만, 하나님에게서 받은 가능성은 연약해서
항상 은혜의 도움을 받는다고 하는 것과 같은 생각이다.[68]

첫째의 가능성은 본성에 돌려야 하므로 그것은 하나님에게 속한 일
이다. 나머지 의욕과 실현은 〈의지〉를 원인으로 삼고 있으므로 본질

---

67) *On the Grace of Christ and on Original Sin*(A Select Library of Nicene
   and Post-Nicene Fathers, Ⅴ), ⅩⅩⅤ, 26.
68) *On the Grace of Christ and on Original Sin*, 4.

적으로 그 원인을 사람에게 돌려야 한다는 것이 아우구스티누스의 비
판이다.[69]

이 같은 펠라기우스의 주장이 잘못됨을 아우구스티누스는 바울의
〈너희 안에서 행하시는 이는 하나님이시니 자기의 기쁘신 뜻을 위하
여 너희로 소원을 두고(의욕을 일으키고) 행하게 하시나니〉(빌 2 :
13)라는 근거를 들어 반박하고 있다.[70] 아우구스티누스는 의지의 독
자성을 인정했지만, 그것이 은혜와 무관한 것은 아니라고 보았다.

인간이 인간인 것은 그가 마지막까지 보유하고 있는 그 의지 때문
이라 할 수 있다. 물론 앞서 얘기한 바와 같이 인간에게 의지will와
능력ability이 항상 일치하는 것은 아니다. 하기를 원한다고 해서 반
드시 할 수 있는 것도 아니며, 할 수 있다고 해서 반드시 원하는 것
도 아니기 때문이다.[71] 그러나 능력이 작용하려면 의욕will이 있어야
한다. 설혹 강요에 의해서 한 것일지라도 마지막에는 의지가 동해야
능력이 유발된다. 다시 말해 능력이 있어도 의지하지 않을 수 있지만
의지하지 않는 실천, 즉 의지는 능력보다 더 본원적인 것이요, 인간
으로서의 마지막 본질이라 할 수 있다.

그러면 이 의지와 은혜는 어떻게 관계를 맺는 것인가? 의지가 끝내
독자적이라면 은혜가 설 자리가 없고, 동시에 아우구스티누스의 은혜
론 또한 근거를 잃게 되는 것이다. 아우구스티누스는 의지가 은혜와
관계를 갖는 것은 믿음을 통해서라고 설파했다. 그리고 그 믿음은 하
나님의 선물, 곧 은혜라는 것이다. 자유의지는 하나님에게서 온다고
했다.[72] 그리고 믿도록 유도하는 것이야말로 가장 큰 은혜이다.

---

69) 펠라기우스의 용어는 capacity, volition, action이라 썼고 아우구스티누스
　　는 더 알기 쉬운 말로 ability, volition, actuality라고 했다(같은 글, V, 6
　　참조).
70) *On the Grace of Christ and on Original Sin*, V, 6.
71) *On the Grace of Christ and on Original Sin*, xxxi , 53.
72) *On the Spirit and the Letters*, XXXIV, 60.

하나님께서는 우리가 원하며 믿게 되도록 우리가 경험하는 인상(印象)들을 통해서 우리를 유도(誘導)한다. 혹은 복음으로 권고하는 것 같이 외부적인 인상을 쓰신다. 혹은 싫든 좋든 마음에 스며드는 관념들로 주시는 내면적 인상들이 있다. 이 때에 찬동하느냐 거부하느냐 하는 것은 그 사람 자신의 의지 문제이다. 이런 방법들로 하나님은 이성적 영혼에 작용해서 믿도록 하신다. 참으로 믿음으로 끌어가는 유인 또는 초대가 없다면, 선택의 자유만으로는 믿는 행동을 일으키지 못할 것이다.[73]

그의 이 같은 주장에 따르면 인간에게 믿도록 하는 것은 하나님이고 하나님의 의지다. 보다 근원적으로 추적해 가면 하나님이 믿도록 의지하는 자와 그렇지 않은 자가 있다는 것을 뜻한다. 여기에서 아우구스티누스의 예정론이 제기되는 것이다. 바꾸어 말하면, 믿게 하고 믿지 않게 하는 것은 하나님의 의지에 달렸다고까지 말할 수 있다.

이럴 경우 하나님의 의지와 인간의 자유의지 사이에는 상충되는 점이 없는가의 문제가 생기지 않을 수 없다. 상치되지 않는다는 것이 아우구스티누스의 분명한 입장이다.

사람의 심중에 믿겠다는 의지를 일으키는 것은 확실히 하나님이시며, 모든 일에 그의 자비가 우리보다 앞서는 것이다. 다만 하나님의 부르심에 찬동하느냐 또는 찬동을 거부하느냐 하는 것은 우리 자신의 의지에 속한 일이다.[74]

아우구스티누스는 하나님의 예정과 예지의 절대성을 근거로 들고 있다. 예정은 은혜를 위한 준비이며 그것은 선택의 자유를 폐하는 것이 아니라 도리어 굳세게 해준다.[75] 예정은 예지 없이도 있을 수 있

---

73) *On the Spirit and the Letters*, XXXIV, 60.
74) *On the Spirit and the Letters*, XXXIV, 60.
75) *De libero arbitrio*, III, 4, 11.

으나 예지는 예정 없이는 불가능하기 때문이다.[76]

　선택의 자유는 율법 완수를 위해 필요하다. 그러나 율법에 의해서는 죄를 알게 되고, 믿음에 의해서는 죄를 극복하는 은혜를 얻는다…… 믿음이 은혜를 얻음으로써 율법을 완수하기 때문에, 믿음은 율법을 폐지하지 않고 도리어 확립하는 것과 같이, 은혜가 의지를 치유함으로써 의를 자유로이 사랑하게 만들기 때문에, 은혜는 선택의 자유를 폐하지 않고 도리어 확립한다.[77]

　예정의 은혜는 자유를 부인하기 위해서가 아니라 자유를 보다 효용성 있게 한다는 주장이다. 하나님이 예정한다는 것은 모든 사건이 하나님의 세심한 행동임을 뜻하기 때문에 그것들이 정밀한 의미를 갖는 것을 뜻한다. 예정은 또한 오히려 공평함을 부추긴다. 선택된 자에게는 자비를, 버려진 자에게는 심판을 예비한다는 점에서 공정하다.[78]
　그러면 하나님의 예지와 인간이 죄를 범하는 실패는 상치 관계에 있지 않은 것인가? 하나님이 죄를 범할 것을 알고 있었다면 그것은 필연적으로 범해질 것이며, 필연이란 곧 자유의지와 상치된다는 이의가 제기될 수 있다. 그러나 이 점에 있어서도 아우구스티누스는 예지와 죄를 범함이 상치될 수 없다고 했다. 왜냐하면 미래의 사건이 필연적이라 함은 그것이 인간에게만 적용되는 것이지 하나님에게 적용되는 것이 아니기 때문이다. 그리고 자발적인 의지와 필연적인 의지는 다른 것인데 죄는 필연적인 의지가 될 수 없다. 만일 필연적으로 의지해야 된다면 의지란 말을 쓸 수 없기 때문이다.[79]
　죄를 범할 줄을 알고 있다는 것과 죄를 범하는 것은 구분된다. 하

------

76) *On the Predestination of the Saints*, Ⅹ, 19.
77) *On the Predestination of the Saints*, xxx, 52.
78) P. Brown, 앞의 책, 404쪽.
79) *De libero arbitrio*, Ⅲ, iii, 7, 8.

나님이 미리 알고 있었다 하더라도 그것이 곧 필연적 죄 범함이나 더구나 강요를 뜻하는 것은 아니라는 주장이다. 인간의 행동에 대한 하나님의 예지는 자유로운 선택 행위와 불일치하는 것이 아니다.[80] 요컨대 예정은 하나님의 은혜이며 이 은혜는 자유의지와 상치되는 것이 아니라 돕는 관계에 있다는 것이다.

이 같은 아우구스티누스의 은혜관은 개인의 자유가 신에게 의존할 때만 가능하다는 가설을 성립케 한다. 각 사람은 하나님의 은혜 속에 자유한 자로 예정되거나 하나님의 버림 속에 부자유한 자로 예정되었기 때문에 인간은 그 자신의 자유를 스스로 바꿀 수 없다. 인간의 의지란 하나님께 의지하는 자유이며 그에게 의존하는 것이 자유의 원인도 되고 결과도 되기 때문이다.[81]

이 점에서 흄 D. Hume(1711-1776년) 등이 말하는 근대적 의미의 자유 개념과는 구별된다.[82] 아우구스티누스에게 자유는 은혜 속에 있을 때에만 자유로운 자유이다. 펠라기우스의 자유의지와 은혜의 관계가 보다 더 근대적 자유론에 가까운 것이라면, 아우구스티누스의 그것은 훨씬 더 신(神) 중심적이라고 볼 수 있다.

펠라기우스와 줄리안의 주장이 700여 년이 지난 후 기독교 인문주의의 출현을 예고했다고 할 수 있다. 반면 1500년대를 뒤흔들었던 종교개혁은 아우구스티누스의 은혜론과 예정론에 전적인 지지를 보냈던 칼빈과 루터 등에 의해 주도되었다는 사실 또한 흥미롭다. 아우구스티누스 신학의 승리는 어쩌면 중세의 성격을 결정할 만큼 시대적 의미를 지녔다고 보아도 과언이 아니다.[83]

아우구스티누스와 펠라기우스파 사이의 길고 지루한 논쟁은 그 때

---

80) *On the Predestination of the Saints*, X, 19.
81) K. Jaspers, 앞의 책, 92쪽.
82) C. Kirwan, 앞의 책, 84쪽. 흄의 자유는 자신의 결정에 따라 행동할 수도 있는 힘을 말한다.
83) P. Brown, 앞의 책, 367쪽.

까지 다루기 힘든 문제를 공개적 심층적으로 다루었다는 점에서 기독
교 교리와 사상의 발전에 큰 계기를 마련한 것만은 사실이다. 그러나
그만큼 예민한 문제들, 거의 선인들이 손대지 않았던 문제들을 다루
었기 때문에 논쟁자들 자신도 의식하지 못한 논지상의 모순과 허점들
을 드러낸 것도 적지 않다. 이것은 또한 아우구스티누스 자신이 감당
할 수 없는 영역, 즉 유한적 인간의 지혜로 초월적 절대성을 해명하
려는 데서 맞게 되는 한계인지도 모른다.

그러나 이들 논쟁에서 분명한 것은 펠라기우스나 아우구스티누스가
모두 뛰어난 통찰력을 가졌다는 점이다.[84] 그들은 신앙상에 있어서
무엇이 문제인가를 누구보다도 예민하게 알고 있었으며 자유의지와
선택의 문제, 은혜와 예정, 세례와 죄의 문제 등은 그 시점의 기독교
인들이 결코 짚고 넘어가지 않을 수 없는 난제였다. 다만 그들이 처
한 자리와 입장이 달랐을 뿐이다.

이들 논쟁에서 드러난 아우구스티누스 주장의 모순된 부분들은 후
대인들에 의해 끊임없이 지적되었다. 그의 은혜론은 선을 자력으로
행할 수 없는 인간의 무능력을 상정케 하면서도, 여전히 결정적인 시
점에서는 선택의 자유를 인정함으로써 모순된 측면을 보여주고 있다.
앞에서도 얘기했듯이 인간의 자유란 신에게 지속적으로 의존할 때만
자유한 것이다. 그래서 엄격한 의미에서의 인간의 자유란 사실 자기
파괴적인 속성을 지니고 있는 셈이다.[85]

그의 원죄설 또한 줄리안에게 혹독한 비판을 받았지만, 역시 몇 가
지 점에서 자가당착적인 것이 사실이다. 죄는 인간 의지의 책임에 있
다고 주장하면서도 아담이 지은 죄가 인간 개인들의 결정과는 무관하
게 전이받아야 된다면 이는 죄의 책임론과 서로 상치된다. 또 그가
이단이라고 비판했던 전이설을 스스로 뒤엎는 결과를 낳고 있다.[86]

---

84) 같은 책.

85) A. Harnack, *History of Dogma*, Ⅴ(New York : Russell and Russell,
1958), 217쪽.

만일 이것이 자식을 잉태케 한 부모의 책임이라면 죄를 용서받는 은
혜론과도 불일치하다.

이 점이 아우구스티누스는 그의 전체적 신학 논리가 여전히 마니교
적 이원주의의 틀을 벗어나고 있지 못하다고 줄리안이 비난하는 이유
다. 하나님은 절대선이므로 악이란 다만 선의 부족 상태라는 선(善)
일원론을 주장하면서도 실제 삶에의 적용은 악의 실체를 끝내 인정하
고 있기 때문이다. 마니교의 영향은 아우구스티누스의 정욕과 결혼에
대한 지나친 부정적 시각과 고난의 엄연한 실존을 지나치게 강조하는
데도 배 있다고 의심받는다. 세상은 신에 의해 창조된 선하고 아름다
운 곳이라는 것을 강조하면서도 그것이 마치 뛰어넘을 수 없는 악으
로 가득한 곳인 것처럼 비관적으로 보고 있는 것 또한 마니교적 이원
주의의 산물이라는 것이다. 이 때문에 능동적이고 적극적이어야 할
하나님이 사실은 악의 문제에 관한한 수동적인 상태에 머무르고 있다
는 인상을 준다. 이 점이 또한 아우구스티누스의 설교에는 마니교도
들의 음침한 설교가 메아리치고 있다고 비난받는 이유다.[87]

아우구스티누스의 예정론은 어쩌면 그 자신의 신학 논리를 모두 탈
색시켜 버리는 위험마저 안고 있다. 무엇보다 그의 은혜와 예정론에
관한 그의 논리는 인간의 행위에 대한 하나님의 보상이라는 측면에서
자유의지에 따른 선택이나 도덕성의 효용성을 전면 부정하는 결과를
낳고 말았다.[88] 극단적으로 해석하면, 인간 행위의 모든 책임은 예정
한 하나님의 의지에 있는 것이지 인간의 자유의지에 있는 것이 아니
기 때문에 죄인을 비난할 이유를 잃게 되었다.

이것은 교회에 대한 그의 태도에도 문제를 낳고 있다. 하나님이 구
원하기로 예정하여 선택받은 자는 교회 밖에도 있을 수 있고, 이는
교회의 역할에 대한 평가절하를 낳는 여지를 갖게 하고 있다. 그가

---

86) 같은 책.
87) P. Brown, 앞의 책, 395쪽.
88) A. Harnack, 앞의 책, 217쪽.

교회의 권위에 대해 그토록 강조하고, 특히 도나티스트들에게 교회로 들어오라는 교회통일성을 주장했던 것이 사실은 논리적 주장에 그쳤다는 비난을 받을 수 있다는 것이다.[89]

더구나 그가 그토록 중시하던 자유의지에 의한 인간책임론은 기실 결정주의determinism에 불과한 셈이 되어버렸다는 비난이다. 더 나아가 그리스도를 통한 세상에서의 절제와 윤리적 삶이라는 것도 구원과는 무관한 것으로 신앙과 윤리는 별개라는 이원주의로 축소되고 마는 위험을 안고 있다.[90] 이런 문제들은 줄리안이 제기한 대로 하나님의 공평성에 대한 의구심마저 갖게 한다는 것이다.[91]

아우구스티누스가 일생 동안 쌓아온 교리적 공헌은 줄리안의 집요하고 예리한 공격에 의해 상처를 입었다. 사실 줄리안에 대응하는 아우구스티누스의 논리는 점점 왜소해져 갔으며, 마치 마음이 굳어져 버린 것처럼 탄력성을 잃어갔던 것도 사실이다. 특히 〈유아세례〉 논쟁 같은 것은 너무 독단적인 것이었는지 모른다. 그래서 줄리안의 끈질긴 도전은 아우구스티누스의 전체계를 폭파시킬 수 있는 위력을 충분히 안고 있었다.[92]

확실히 초기에 아우구스티누스가 보여준 대화를 통한 자유로운 토론과 모든 논쟁을 폭넓게 받아들이려 했던 태도에 비해서 말년의 그가 보인 신경질적인 반응은 우리를 안타깝게 하고 있다. 그래서 브라운은 〈아우구스티누스처럼 위대하고 혹은 인간적인 사람이 자신의 맹점에 가려서 인생을 끝마친 사람은 거의 없다〉고 할 정도로 안타까워했던 것이다.[93]

사실 아우구스티누스의 사상 체계에서 우리는 쉽게 모순점들을 발

---

89) 같은 책.
90) K. Jaspers, 앞의 책, 110쪽.
91) P. Brown, 앞의 책, 393쪽.
92) 같은 책, 392쪽.
93) 같은 책, 387쪽.

견해 낼 수 있다. 그러나 야스퍼스가 지적한 대로 그처럼 지적 거인에게 그 같은 모순은 피할 수 없는 것인지도 모른다. 어느 철학자나 사상가도 모순으로부터 자유로울 수 없으며 또 그것을 목적으로 하지도 않는다.

그러나 이처럼 위험성이 내포되어 있고 한계점이 분명해 보이는 문제점들을 피하지 않고, 그들에 대한 해답을 추적하고 구하려고 끝까지 대결했던 아우구스티누스의 지적 정직성과 모험성을 결코 간과해서는 안 된다. 그리고 아우구스티누스의 논의가 시간과 장소 그리고 상황에 대응하면서 역사적 시점과 논의 대상의 수준에 따라 차별적으로 진행되었다는 점 또한 잊어서는 안 된다. 오늘날 결과적으로 보면 공시적으로 앞뒤와 경중, 논리적 일관성을 가지고 일별할 수 있지만, 그의 사상의 전개는 그 같은 평면에서 진행되지 않았다는 점에 대해서도 유의해야 한다. 당시에는 필수적인 것이었던 것이 지금은 별 중요성이 없게도 보이고 그 때에 가볍게 다루던 것이 지금은 매우 중요한 쟁점으로 떠오를 수 있다. 그의 죄와 은혜론은 성서와 바울에 크게 의존했고 성서 주석과 교회에 대한 그의 논의도 때로 다른 시각에서 논의해야 할 상황적 필요 내지 독자를 의식했을지 모른다.

그러나 한 가지 분명한 것은 평면에 놓고 보면 서로 상치되는 것이라도 그것을 나름의 상황과 수준에 따라 조화시켜 보면 거기에는 움직일 수 없는 논지를 설파하고 있음을 알 수 있다. 그리고 그의 논리적 모순들이 눈에 띄지만 그것 때문에 그의 사상 체계가 다 무너질 수는 없었다. 그것은 중세에는 때로 왜곡되었고 경직스러워 보였지만 그의 사상이 종교개혁 시대에 새로운 활력으로 다시 살아나 개혁에 생명력을 불어 넣었던 것으로도 알 수 있다. 그러나 그가 『고백록』에서 말하고 있듯이, 신은 역시 완전한 존재이므로 그에게 의존하지 않고는 인간의 불완전성을 극복할 수 없다는 것이 그의 신학 체계의 핵심이라 할 수 있다.

15 『신국론』과 로마 몰락의 원인 논쟁

1 『신국론』의 영향과 성격

중요성

『신국론 De Civitate Dei』의 영향은 다양한 분야에 걸쳐 지속적인 것이었다. 피기스 J. Figgis는 단적으로, 5세기에 대해 연구하는 사람이나 중세를 연구하는 사람들은 이 책을 읽지 않고는 아무것도 할 수 없다고 했다. 그는 이것이 역사가들뿐 아니라 교회개혁가와 정치가들 심지어 근대 사회주의 운동의 지도자들에게까지도 해당되는 말이라고 했다.[1] 도슨 C. Dawson 또한 위대한 기독교 고전 중의 하나인 이 책은 국가와·인간 사회를 기독교 원리와 관계지어 다루고 있기 때문에 유럽 사상의 발전에 지대한 영향을 끼쳤다고 지적했다. 사실 오로시우스 Orosius나 샤를마뉴 Charlmagne, 교황 그레고리 1세 Gregory Ⅰ와 그레고리 7세 Gregory Ⅶ뿐 아니라 토마스 아퀴나스나 보쉬에 Bossuet에게 이르기까지 그들의 정치 사상이나 대(對) 역사 태도 형

---

1) J. Figgis, "General Scope of the De Civitate Dei," The Political Aspects of St. Augustine's City of God(London : Peter Smith, 1963), 1쪽.

성에 있어서 이 책은 큰 영향의 진원지로 남아 있었다.[2]

우리는 샤를마뉴가 『신국론』을 신하들이 낭독하도록 하여 즐겨 들었다는 사실을 알고 있다. 프랑스의 역사가 아르퀼리에르 Arquillière 는 그의 근래의 연구에서 카롤링 제국과 중세 초기의 정치 사상을 정치적 아우구스티누스주의라고 규정하였다.[3] 샤를마뉴는 자신을 신이 지명한 통치자 Godappointed ruler로 생각하고 국가 전체를 하나의 헐거운 교회라고 간주하여 아우구스티누스적 〈신국〉의 궁극적 가치를 실현하려고 했기 때문이다.[4] 샤를마뉴 제국과 교황청 사이의 호혜적 관계가 이 때 수립된 것도 이를 말해준다.

오토 1세 Otto I 이후 황제와 교황 사이의 관계가 봉건화됨으로써 아우구스티누스류의 정교(政敎) 관계는 상당히 변화를 겪게 되었다. 아우구스티누스의 영향을 받았으면서도, 국가관에서 큰 차이를 보인 오토 폰 프라이징 Otto von Freising의 『두 도시의 역사 History of the Two Cities』는 이를 예증한다. 그에게 신성 로마 제국은 단순한 또 하나의 국가가 아니라 구속사를 현실에 실현하는 대표적인 국가였다.[5] 중세를 통해 아우구스티누스가 제기한 〈신국론〉적 이상은 상황에 따라 보다 현실적으로 제도화, 정치화되었지만, 아우구스티누스가 제기한 전반적인 역사의 틀은 지켜졌다. 즉, 창조로부터 계시록까지의 역사 구도를 짜고, 그 중간에 자기들이 필요한 역사 기록들을 끼워넣는 역사 서술은 중세 동안에도 줄곧 지속되었다.[6]

---

2) C. Dawson, "St. Augustine and His Age," M. Darcy, *St. Augustine* (Cleveland : Meridian, 1957), 43쪽.
3) D. Knowles, "Introduction," *The City of God*(Harmondsworth : Penguin Books, 1972), xxi.
4) 같은 책.
5) E. Breisach, *Historiography*(Chicago : Chicago University Press, 1983), 143쪽.
6) M. Fitzsimons and others 편, *The Development of Historiography* (*Washington : Kennikat Press, 1967*), 34쪽.

근대에 와서도 『신국론』은 여전히 관심의 대상이 되었는데, 19세기에 들어서 역사가 철학의 중심 문제가 되면서 그는 최초의 역사철학자로 재발견된 것이다.[7] 그것은 그가 역사를 단편적이거나 지역에 국한하여 서술하지 않고 표면적 현상에 구애됨이 없이 그 시작과 과정과 종결을 전체적으로 다루어서 결국 목적론적 사관을 이 책을 통해서 체계화시켰기 때문이며, 이는 근대의 진보적 사관 형성에 많은 영향을 끼쳤다.

물론 근래에 와서, 특히 독일학계를 중심으로 아우구스티누스적 역사 해석은 반(反)역사적이라는 비판이 거셌다. 그의 역사 서술은 어떤 구체적인 인간사의 서술이 아니라 순전히 신학적 구도 아래서 시간 계열의 변화도 없는 섭리적 원리에 따라 역사를 기술하고 있기 때문이라는 것이다.[8] 이러한 비난에 대해 도슨은 헤겔 Hegel의 예를 들어 반박하고 있는데 그에 따르면, 헤겔도 역사로부터 무엇을 발견하려는 것이 아니라 그의 보편적 원리가 어떻게 역사 속에서 작용하고 있는지를 발견하려 했을 뿐이라고 말하고 있다. 이것은 헤겔의 경우만이 아니고 19세기 역사철학자들의 대부분이 역사에서 이론을 추출해 내려는 것이 아니라, 그들의 철학을 다만 역사에서 읽고 있을 따름이라는 주장이다.

질송 E. Gilson은 아우구스티누스의 『신국론』은 우리들이 지향하는 이상사회의 한 모델을 제시하고 있는데 그가 제시한 보편적인 종교사회의 개념에는 오늘날 많은 이들의 마음을 사로잡고 있는 이상사회가 담겨져 있다고 말했다.[10] 물론 질송은 현대 사회가 안고 있는 문제가 아우구스티누스가 제기하는 문제와 동일하지도 않고 또 그런 방법을

---

7) C. Dawson, 앞의 책, 43쪽.

8) 같은 책.

9) 같은 책, 44쪽.

10) E. Gilson, G. Walsh and others 역, "Forward," *Saint Augustine ; The City of God*(Garden city : Image Books, 1958), 13쪽.

『신국론』에서 찾을 수 없다는 점도 인정하고 있다. 하지만 적어도 현대 사회의 문제 해결은 아우구스티누스적 전제 없이는 불가능하다는 것이 그의 지론이다.[11] 현대인들이 지향하는 사회는 모든 민족이 하나의 통합체를 이루는 정치적, 지상적 사회이지만 이러한 바람은 한 가지 심각한 오류에서 출발하고 있다. 그 같은 사회는 초자연적 선을 사랑하는 종교적 사회에서만 가능하다는 사실을 그들은 의도적으로 외면하고 있기 때문이다.[12]

저술 배경

『신국론』의 저술은 410년 고트족을 이끈 알라릭Alaric이 로마를 약탈The Sack of Rome한 사건과 직·간접의 관계를 갖고 있다. 이때의 충격을 질송은 다음과 같이 생생하게 묘사하고 있다.

410년 8월 24일, 알라릭은 로마에 들어와 기독교인임에도 불구하고 3일 동안에 걸쳐 로마를 약탈하였다. 4일째 되는 날 그는 수많은 시체와 폐허를 뒤에 남긴 채 막대한 전리품을 갖고 도시를 떠났다. 교회가 제국의 지지를 얻으려고 하는 순간에 최초의 제국 함락 사건이 일어났다. 이것이 곧 로마의 종언을 의미하는 것은 아니었다. 하지만 이와 유사한 경험들 중에서 이 사건은 특히 충격적이었다.[13]

당시 로마는 제국 최고의 행정 수도는 아니었다. 80여 년 전(330년) 수도를 콘스탄티노플Constantinople로 옮겼기 때문이다. 그러나 알라릭의 약탈은 거의 정확하게 로마가 마지막 침탈을 당한 지 800년 후의 최초의 사건이었다.[14] 더구나 콘스탄티노플로 수도를 옮긴 다음

---

11) 같은 책.
12) 같은 책.
13) 같은 책, 16쪽.
14) 알라릭의 약탈 후 훈족 추장 아틸라Attila의 로마 약탈과 455년의 반달족

에는 로마를 교황 도시로 보는 시각이 생겼다. 오늘도 로마를 가톨릭의 중심 도시로 생각하고 있는 점을 감안하면 당시 종교 도시로서의 로마의 위상과 그곳에 대한 침탈이 주는 심리적 충격을 짐작할 수 있다.[15]

그럼에도 로마는 아직도 곳곳에 이교적 성격을 강하게 갖고 있었다. 특히 상류층에서는 이 같은 경향이 심하였다.[16] 로마 종교는 그리스의 영향이 많아 주피터를 주신으로 숭배했고 상대적으로는 스토아주의와 에피큐리아니즘Epicurianism이 깊숙히 귀족들 사이에 흐르고 있었다. 이러한 로마 사회의 분위기는 그라티안Gratian 황제가 심마쿠스Symmachus 등의 반대에도 불구하고 〈승리의 제단altar of Victory〉을 옮겼을 때 더욱 첨예화되었다. 알라릭의 로마 약탈은 전통적인 제신(諸神)들을 무시하고 기독교를 옹호한 데서 발생했다는 빌미를 제공한 셈이다. 당시의 지식인들 중에 상당한 수가 신플라톤주의에 매료되어 있었다. 신플라톤주의는 보다 합리적이고 영적인 방법으로 신앙과 지식의 문제를 해결해 주는 것 같았다. 그들은 내심 반기독교적 감정까지 갖고 있었으며, 더구나 알라릭의 로마 침탈을 기독교의 탓으로 돌리기를 서슴지 않았다.[17]

이들 지배 계층의 많은 수가 재난을 피하여 아프리카로 왔다. 기독교에 대한 비난의 목소리가 높아지면서 로마 쇠퇴의 이유에 대한 열띤 논쟁이 전개되었다. 이들간의 논쟁은 길고 다양한 것이었으나 요컨대 다음 두 가지로 요약할 수 있다. 첫째, 기독교 교리는 이 세상을 거부하라고 가르쳤기 때문에 이것이 국가에 대한 봉사를 소홀히 하는 결과를 가져왔다는 것이다. 다른 하나는, 로마의 국가적 운명은 항상 다신(多神)들의 숭배와 연관되어 있는 것으로 믿어왔는데, 기독

왕 가이세릭Gaiseric의 심한 분탕질이 있었다.

15) D. Knowles, 앞의 책, xv.

16) 같은 책.

17) 같은 책.

교의 공인과 전파는 이교신(異敎神)들을 배반하는 결과를 가져오고, 이로 인해 로마 몰락의 징벌을 받게 되었다는 것이다.[18]

사실 이들 문제에 대한 해답은 이교도(異敎徒)들에 대한 변호적 입장에서도 필요한 것이지만 기독교 자체내의 자기 문제 정리를 위해서도 절실히 요구받고 있었다. 이 같은 내외적 필요를 절감하고 있었던 마르켈리누스Marcellinus는 북아프리카의 로마 관리이며 독실한 기독교인으로 아우구스티누스의 친구였다. 그는 기독교 옹호에 대한 자신의 역부족을 느끼고 이 일을 할 수 있는 이는 아우구스티누스뿐이라고 생각하여 그에게 책을 쓰도록 요청했다(412년). 그는 특히 기독교에 많이 경사되어 있었고 아우구스티누스와도 여러 번 편지를 교환했던 아프리카 지방 총독인 볼루시아누스Volusianus를 크게 마음에 두고 있었다.[19]

물론 410년의 약탈에 따른 마르켈리누스의 요청이 직접적인 동기가 되기는 했으나, 그 같은 일이 없었더라도『신국론』과 비슷한 집필 계획이 이미 있었다는 설이 유력하다.[20] 그랬을 경우, 그의 집필은 다만 로마 몰락이라는 절박한 문제가 하나의 성서 주해적 차원에 머물렀을 것이다. 그들의 주장에 따르면『신국론』은 그의『고백록』의 대(對)사회적 적용에 불과한 것으로서, 아우구스티누스 자신의 역사 사회에 대한 관심이 증대됨에 따라 언젠가는 집필했을 것이라는 데 근거를 두고 있다. 인간 내면의 선악의지의 갈등이 개인적 차원의 선택이라면, 이 대립이 사회로 확대될 때 이는 〈신국〉과 〈지상국〉의 갈등, 성장, 종말의 형태로 나타날 것이라는 생각이다.[21] 이 때문에 오메아라

---

18) V. Bourke, G. Walsh and others 역, *Saint Augustine ; The City of God*(Garden city : Image Books, 1958), 16쪽.

19) D. Knowles, 앞의 책, xv.

20) 아우구스티누스는 한때 도나티스주의자였던 티코니우스를 통해 〈신국〉의 개념에 접하게 되었다. 아우구스티누스의 저서『참된 종교』속에도 두 도성의 개념이 드러나 있는 것을 볼 수 있고 암브로시우스의 내세지향적 성경관도 그에게 큰 영향을 미쳤다고 볼 수 있다.

O'meara는 『신국론』을 〈역사 속에 전개되는 선악의 인간 활극〉[22]이라 했고 〈은총의 교의를 세계 역사에 크게 확대 적용시켰다〉[23]고까지 말하고 있다.

『신국론』에서 펼쳐진 내용의 구상은 상당히 오래전부터 가다듬어 온 것은 사실이나, 로마 약탈의 사건으로 더욱 뚜렷해진 집필 동기를 갖고 보다 구체적이고 조직적이며 전체적인 구도로 서술해 나간 것으로 보인다. 하디E. Hardy도 아우구스티누스가 신국론 제 1권을 쓸 때만 해도 지금의 모습과 같은 방대한 양을 구상하지는 않았을 것이라고 말하고 있다. 그 이유로 제 1권은 시사 사건에 대한 비공식적 논평 같은 어쩌면 잡지 기고문 같은 느낌을 준다는 것이다. 그러나 자신의 글이 보다 전반적인 변호의 일을 감당해야겠다는 자각을 하게 되었고, 한 발 더 나가 전체적인 역사의 구도에서 긍정적인 대안 제시의 필요를 느끼게 되었을 것이라는 지적이다.[24]

아우구스티누스는 『신국론』을 413년에 집필하기 시작하여 426년에야 완결하였다. 햇수로는 13년여에 걸친 작업이었다. 물론 그가 이 책에만 전적으로 매달린 것은 아니고, 앞서 언급한 대로 펠라기우스주의자들과의 길고 지루하며 어려운 논쟁을 벌여야 했다. 또 도나티스트들과도 마무리 되지 않는 대결과 긴장을 감수해야 했으며 많은 다른 저술들을 계속해 나가야 했다. 그가 이 책을 완성시켰을 때 그의 나이는 71세로 4년여를 더 살고 세상을 떠났다. 그 같은 시점에서 볼 때 『신국론』은 그의 인생의 원숙기와 황혼기에 걸쳐 쓰인 대

---

21) 정의채, 「Aurelius Augustinus의 〈신국론〉의 연구」, Ⅱ, 『카톨릭대 논문집』(1976), 146쪽.

22) J. O'meara, *Charter of Christendom, the Significance of the City of God* (New York : Macmillan, 1961), 16쪽.

23) J. Figgis, 앞의 책, 6쪽.

24) E. Hardy, "The City of God," R. Battenhouse 편, *A Companion to the Study of St. Augustine*(Grand Rapids : Baker Book House, 1979), 160쪽.

저(大著)로 그 전사상을 집약한 종합서라고 할 수 있다. 이 저서가 백과사전적, 종합적인 내용의 성격을 띠는 것도 이 같은 배경과 무관치 않다.

『신국론』을 완성한 지 1년이 지난 427년 자신의 저술들을 요약하고 정리하는 『보정록 *Retractations*』을 썼는데, 여기서 그 자신의 『신국론』 집필에 대해 이렇게 쓰고 있다.

> 그 무렵 로마는 고트족의 왕 알라릭의 침입과 그에 뒤따르는 거대한 재난의 물결에 당혹해하고 있었다. 다양하게 거짓 신(神)들을 섬기는 자들, 우리가 지금 적절하게 이교도들이라고 부르는 사람들은 로마 전복의 책임을 기독교에 돌리고, 진정한 신에 대한 모독을 더욱 격렬하고 혹심하게 퍼붓기 시작했다. 이것이 나로 하여금 하나님의 성전을 향한 나의 열망에 불을 지르게 했고, 저들의 독신(瀆神)과 오류(誤謬)를 논박하기 위해 『신국론』 집필을 시작하게 했다.[25]

그리고 계속해서 그는 자신의 책을 어떤 구도 아래서 어떤 내용으로 썼는지를 간략하게 정리해 주고 있다.

> 첫 다섯 권의 책은 번영이나 고난을 제신(諸神)들의 숭배나 그 의식의 금지에 돌리는 사람들을 반박하려는 것이다. 다음 다섯 권은 그들 숭배를 통해 재난들이 면제되는 것은 아니지만 죽은 후의 미래세계에서 도움을 받을 수 있다고 생각하는 사람들에 대한 반론이다. 두번째 부분에 속하는 나머지 12권은 다시 세 부분으로 나눌 수 있다. 첫번째 네 권은 두 도시, 즉 하나는 신의 도성, 다른 하나는 이 세상 도성의 탄생을 서술하였다. 두번째 네 권은 그 진행 과정의 이야기이며, 나머지 세번째 네 권은 이들의 종결에 대해 기술하고 있다.[26]

---

25) *Retractations*, II, 49, 2.
26) *Retractations*, II, 49, 2.

이 같은 『신국론』에 관한 아우구스티누스 자신의 저술 목적과 내용 분류에 대한 자세한 서술 외에도 그의 친구 피르무스Firmus에게 보낸 편지에서 『신국론』 전체의 저술 연대까지 밝히고 있는 것은 퍽 다행스러운 일이다.[27]

『신국론』은 역사서인가

아우구스티누스의 자신의 책에 대한 설명에도 불구하고, 그것이 다루는 영역은 광범하고 다양하기 때문에 이 저서는 궁극적으로 무엇을 말하고자 했느냐에 대한 논의가 많은 것도 사실이다.

무엇보다 『신국론』을 단순한 신학서나 성경적 역사 구도의 해설로 볼 것인가 아니면 역사서로 볼 것인가의 문제가 제기될 수 있다. 솔직히 『신국론』을 읽고 있으면, 그것은 성경적 역사에 부분적 일반사적 역사 사건을 필요에 따라 삽입한 느낌을 받지 않을 수 없다. 요컨대 아우구스티누스 자신이 성경적 구속사와 일반사에 대한 구분조차 의식하지 않고 서술하고 있는 느낌이다. 오늘의 시점에서 볼 때 『신국론』이 역사서로의 의미를 갖는 것이지, 그 당시의 아우구스티누스는 결코 역사를 서술하고 있는 것이 아니라 기독교의 구원 계획을 서술하고 있다고 생각했을 것이다.

이러한 『신국론』의 성격을 이해하기 위해 역사에 대한 아우구스티누스 자신의 사상이 어떻게 바뀌어갔는가를 일별할 필요가 있다. 아우구스티누스는 전통적 의미에서 역사가의 범주에 속하기가 어렵다.[28] 아우구스티누스 자신도 역사라는 말의 의미를 과거에 대한 사색이나 탐구와 같은 그리스적 범주에서 쓰는 반면, 역사를 예언적이

27) 이 편지는 C. Lambot가 발견했고 *Revue bénédictine*, 51(1939), 109-121 쪽에 처음 출판되었다. 그 편지에 따르면 첫 세 권은 414년에 완성되었고, 네 권은 415년 말에, 6권에서 11권까지는 아마 416년에, 다음 세 권은 420년까지, 여덟 권은 420년부터 봄까지 완성했다.

28) E. Harbison, *Christianity and History*(Princeton : Princeton University Press, 1964), 123쪽.

거나 성서적 역사의 의미로 사용하기도 했다.[29]

『신국론』에서 그가 제시하고 있는 대부분의 역사 인용은 로마의 역사가 살루스트 Salust 나 리비우스 Livy 에 의존하고 있다. 사실 『신국론』에서 인용된 역사적 사실조차 몇 군데 오류를 범하고 있다. 살루스트가 12번 인용되고 리비우스가 두 번 언급되는데 부주의한 인용으로 카토 Cato 의 이름이 케사르 Caesar 로 표기되고,[30] 리비우스의 수치 인용을 낮추거나 몇 군데 연대상의 착오도 보이고 있다.[31]

아우구스티누스의 역사 개념이 나타내는 이 같은 비정형성과 역사 서술상의 착오는 그가 받아 온 교육 배경과 밀접한 관계를 갖는다. 로마 말기의 교과 과정의 핵심은 그리스에서 그랬던 것처럼 문법과 수사학이었다. 문법학자들에게 역사란 다른 작품의 이해를 위한 방편에 불과했다. 수사학자들에게도 역사책을 읽는 이유가 운문(韻文)의 문체를 다듬기 위한 것과 변론에 필요한 예증을 확보하기 위해서였다.[32] 그래서 아우구스티누스 자신도 수사학자라는 직업에 필요한 만큼만의 역사 지식을 갖고 있기를 원했을 뿐이며 역사를 전문가의 독립된 영역으로까지 인정하지 않았다. 그렇기 때문에 그들이 갖고 있는 역사 지식이란 정확성보다는 웅변가들의 주장을 뒷받침하는 설득적 효과에 더 중요성을 두었다. 다시 말해 어느 정도의 부정확성은 큰 문제가 될 것이 없었다.[33]

아우구스티누스는 기독교로 회심한 이후에는 기독교적 역사 구도와 일반사적 진행을 일치시키려는 자세가 두드러졌다. 그의 진리관에 위배되는 것과 그렇지 않은 것 사이에 분명한 선을 긋기 시작했다.

---

29) 같은 책, 124쪽.
30) *DCD*, Ⅰ, 5 ; Ⅱ, 18, 19 ; Ⅲ, 10, 18.
31) *DCD*, Ⅱ, 17.
32) W. Green, "Augustine on the Teaching of History," *University of California Publications in Classical Philosophy*(Berkely : University of Berkely Press, 1944), 316쪽.
33) 같은 책, 318쪽(*DCD*, Ⅱ, 17).

우리는 이교도들의 역사에 일어난 모든 것을 믿을 필요는 없다. 바로 Varro가 달한 대로, 역사가들일지라도 그가 한 연구의 정도와 의도에 따라서 많은 점에 있어서 서로 견해를 달리하기 때문이다. 그러나 우리가 원한다면 확실히 믿어야 할 책과 모순되지 않는 것들은 믿어도 좋다.[34]

이 점에서 아우구스티누스에게 진정한 역사란 성경의 역사를 말하는 것이며, 진실의 기준은 그것이 성서 기록과 합치하느냐의 여부에 달려 있었다. 그래서 성서는 과거의 사건들을 배우는 기본 재료가 되었으며 다른 문서들은 열등하거나 보충 자료 정도로 간주되었다.[35] 요컨대 이교도들의 역사는 성서적 역사의 보조적 기능만을 담당했으며, 『신국론』에서 보여주듯이 그들의 역사는 이교도들의 잘못과 불행을 예증하거나 부각시키는 데 사용되었다.

이 점이 아우구스티누스가 역사적 접근을 시도한 것이 아니라 성경을 역사적으로 서술한 데 불과하다고 지적받는 점이다. 이 때문에 아우구스티누스의 역사에 대한 태도는 오히려 비역사적인 것으로, 역사 사실을 받아들이려 했다기보다 그가 갖고 있는 믿음에 근거하여 역사적 사실을 선별 수용했다는 비난을 받는다. 다시 말해 역사는 그 자체의 존재 기능을 갖는다기보다는 성경 해석의 보조적 수단이 되었다는 것이다.[36]

이 때문에 키이즈G. Keyes는 아우구스티누스가 의도적으로 믿음과 지식을 혼동시킴으로써, 역사적 실증들을 혼동시키고 역사의 전개에 대한 그의 구도를 의도적으로 곡해하고 있다고 비판하고 있다. 다시 말해 아우구스티누스의 역사 연구 목적은 사건들의 유형을 발견하는 데 있는 것이 아니라, 오히려 그가 믿는 진리의 모형에 역사를 맞

---

34) *DCD*, XXI, 6.
35) W. Green, 앞의 책, 319쪽.
36) *On Christian Doctrine*, II, 28, 42.

추려고 했다는 것이다.[37]

아우구스티누스의 역사적 믿음historical belief 중에서 가장 중요한 것은 역사가 신(神)의 나라를 향해서 가고 있다는 목적론적 인식이다. 역사를 목적론적 입장에서 볼 때 일어난 사실의 객관적 기술보다는 그것들 중에 목적론에 합당한 것을 선별해야 했다. 결과적으로 사실적 역사라는 점에서는 객관성의 문제가 제기되지 않을 수 없는 것이다.[38] 이 때문에 콜링우드도 아우구스티누스가 신의 계획을 추적하는 데 치우쳐 인간들의 행적과 성서 밖의 역사 일반을 소홀히 다루게 되었다고 지적하고 있다.[39]

이 때문에 『신국론』의 성격이 무엇이냐에 대한 논의도 다양할 수밖에 없다. 뢰비트K. Löwith는 그것에 대해 〈기독교적이라고 부를 수 있는 모든 사고 가능한 역사관의 모형이다. 이것은 역사철학이라기보다는 기독교에 대한 교리적 역사적 해설〉이라고 보았다. 교리서의 성격을 강조한 셈이다.[40] 니버R. Niebuhr는 로마의 몰락과 기독교 승리의 측면에서 『신국론』을 이해하려 하고 있다. 그는 〈신국은 그리스도교 신앙이 로마의 파괴로 멸망하지 않았다〉는 사실을 증명하고 로마 문명에 대해 그리스도교 신앙이 승리했다는 것을 보여주려는 데 목적이 있다고 했다.[41] 다시 말해, 왜 로마는 몰락했고 그리스도교가 승리해야만 했는가를 설명하려는 것이 그 주제라는 것이다.

이에 비해 마로우M. Marrou의 입장은 보다 포괄적이다. 『신국론』

---

37) G. Keyes, *Christian Faith and the Interpretation of History*(Lincoln University of Nebraska Press, 1966), 36쪽.
38) 같은 책, 190쪽.
39) R. Colliwood, *The Idea of History*(Oxford : Oxford University Press, 1961), 46쪽.
40) K. Löwith, 이석우 역, 『역사의 의미 *Meaning in History*』(서울 : 탐구당, 1990), 237쪽.
41) R. Niebuhr, 조형균 역, 『신앙과 역사 *Faith and History*』(서울 : 청구, 1951), 32쪽.

은 국가의 권리와 의무, 국가와 교회와의 관계, 신국과 지상국 역사의 목표에 대한 문제를 다루면서 이들 모두를 구속이라는 최종 목표에 흡수시키고 있는 책이라고 했다.[42] 이 책에서 아우구스티누스는 구속사와 세속사의 구별을 크게 의식하지 않고 오히려 구속사적 측면을 다루고 있다는 것이다.

그것은 4세기 당시의 역사에 대한 분위기가 그런 것이었고, 아우구스티누스가 받은 교육 배경과 그 자신의 회심을 고려해 볼 때, 충분히 이해되는 사항이다. 아우구스티누스의 역사에 대한 성찰은 당대의 기독교 역사 기술과 자신의 시대에 크게 빚지고 있는 것이 사실이다. 그렇지만 아우구스티누스 자신이 역사가라거나, 적어도 자신이 역사 탐구에 깊은 관심을 가져야겠다고 생각했던 기록은 찾아보기 힘들다. 사실 로마사 같은 일반사의 기술은 이교도들이 해야 할 일로 생각되었던 것이 당시의 시대적 분위기였다.[43]

『신국론』에서도 아우구스티누스 자신은 자기가 하는 일이 결코 역사가가 하는 일이 아님을 밝히고 있다.[44] 물론 아우구스티누스도 당대인들처럼 역사 종교로서의 기독교적 특징 때문에도 과거와 연대에 대한 관심을 갖고 있었던 것은 사실이다. 아우구스티누스가 역사 관계 조사를 하기는 했지만 그것은 도나티스트들과의 논쟁 등의 필요에 의한 것이었으며 자신을 역사가로 한 번도 생각해 본 적이 없었다. 요컨대 당시의 분위기는 성서적 역사 논의와 이교도적 세속 국가사의 영역은 분리되어 있기 때문에 서로 충돌할 염려도 하지 않았던 것이다.[45]

---

42) H. Marrou, *Augustinus Magister*(Etudes Augustiniennes : Paris, 1954), 202쪽.

43) R. Markus, *Saeculum : History and Society in Theology of St. Augustine*(Cambridge : Cambridge University Press, 1970), 2쪽.

44) *DCD*, Ⅲ, 18.

45) R. Markus, 앞의 책, 3-4쪽.

2 『신국론』(Ⅰ-Ⅹ)──비난에 대한 반박

『신국론』(22권)을 크게 두 부분으로 나누면 전반부 Ⅰ권에서 Ⅹ권
까지의 열 권과, 후반부 Ⅺ권에서 ⅩⅫ권까지 열두 권으로 구분할 수
있다. 전반부는 로마 쇠퇴의 원인을 기독교에 돌리는 비난에 대한 변
호의 내용을 담고 있으며, 후반부는 로마 몰락에 대한 대안으로서 두
도시의 개념을 적극 개진하고 있다.

　여기서는 앞의 열 권에 담긴 주요 내용과 쟁점을 살펴보겠다. 후반
에 속하는 나머지 열두 권에 대해서는 그것이 갖는 역사철학적 성격
과 앞의 논의에 대한 적극적인 대안이라는 점에서 다음 장에서 별도
로 취급하겠다.

　『신국론』 전반부에서 아우구스티누스가 무엇을 말하려고 했는가에
대해 Ⅹ권을 마무리하면서 그 자신이 이렇게 요약하고 있다.

　　지금까지 써온 열 권의 책 가운데 첫 다섯 권은 현생의 축복을 위해서
　우리가 신들을 숭배해야 된다고 주장하는 사람들에 대한 반박이었다. 나
　머지 다섯 권은 죽음 이후에 올 생명을 위하여 신들을 경배해야 하다고
　하는 사람들에 대한 대응이었다.[46]

　요컨대 앞의 다섯 권은 현생의 불행이 기독교 때문이고 다른 신들
이라면 이 불행을 면하게 할 수 있었으리라는 비난에 대한 반박이었
다. 따라서 여기서는 자연히 로마의 역사에서 일어난 일들과 여러 종
교와의 관계 및 그 과정 등에 대한 얘기가 많이 다루어졌다. 후반부
다섯 권은 사후의 세계에 대해서 여러 이교신들이 오히려 평강을 보
장해 주리라는 주장에 대한 반박이었으므로, 로마 당시의 종교 논쟁
이라고 해도 과언이 아니다.[47]

---

46) *DCD*, Ⅹ, 32.
47) E. Hardy, 앞의 책, 260-267쪽.

이들 열 권의 책들은 하디 E. Hardy가 지적한 대로 다음의 세 가지 문제를 집중적으로 다루고 있다. 하나는 로마의 몰락에는 기독교의 잘못에 책임이 있는가, 반대로 로마가 흥성했던 것은 이교신들의 덕 때문인가 하는 논쟁에 대한 집중적인 대응이다. 두번째는 만일 로마의 흥기가 이교주의의 도움에 의한 것이 아니면, 로마의 흥성을 주도해 온 정신적인 힘은 무엇인가? 세번째로 어떤 이교의 종교 구조가 진정한 영적 종교인 기독교에 대항하여 종교도덕적 자기 주장을 펼수 있는가에 대해 답하려는 것이다.[48]

그리스도 이전의 로마의 재난 문제

제1권 서두에서는 이 책을 서술하지 않을 수 없는 이유를 밝힌 다음에[49] 바로 로마가 당했던 재난의 책임 논쟁에 들어갔다. 게르만인들이 약탈 동안에도 로마인들을 그만큼이나 보호해 주고, 다른 약탈에 비해 아주 혹심하지 않았던 점은 침략자들이 그나마도 기독교인이었고,[50] 사도들의 교회당과 순교자들의 거룩한 처소와 같은 도피처덕이었다.[51] 이교신들이 나라를 지켜줄 수 없었던 것은 트로이 Troy의 성 경우에도 분명하며, 전쟁의 관행으로 볼 때 그 잔혹성은 로마의 약탈과 비교도 안 된다.[52] 아이네아스 Aeneas에서는 프리암 Priam이 제단에서 〈스스로 성별했던 불을 피로써 더럽히는〉 일이 있었음을 기록하고 있고, 디오메데스 Diomedes와 율리시즈 Ulysses가 〈성채를

---

48) 같은 책.
49) *DCD*, I. 〈나는 이 책에서 하나님 도성의 창건자보다 자기들의 이교신들을 더 선호하는 자들에 대항하여 영광스런 하나님의 도성을 옹호하려고 이 일에 착수 했다. 그러므로 나는 이 세상의 도시에 대해서도 말하지 않을 수 없다. 지배를 목적으로 하는 이 세상의 도시는 여러 나라들을 자기 지배 아래 붙들어 놓고도 그 스스로는 자신의 탐욕에 지배되는 그러한 도시다〉.
50) 알라릭 Alaric은 아리우스파 교인이었다.
51) *DCD*, I, 1.
52) *DCD*, I, 1, 2, 3.

수비하던 모든 자들을 살육하고 피 묻은 손으로 거룩한 신상을 낚아채었다〉는 기록을 리얼하게 인용하고 있다. 그것만 보더라고 사실은 신상(神像)이 그 시민들을 보호해 준 것이 아니라, 오히려 병사들이 신상을 지키고 있었음이 분명하다는 것이다.[53]

그러고 나서 모든 재난도 하나님의 섭리 아래 있다는 독특한 해석을 내린다.

이 기독교 시대 Christian era에 대하여 그리고 그들의 도성이 당한 재난들에 대하여 불평하는 많은 사람들이 이렇게 목숨을 피할 수 있었다. 그러나 그들은 그들이 받은 혜택에 대해서는 운명으로 돌리고 그리스도께 감사하는 것이 아니라, 오히려 책임을 그리스도께 돌리고 있다. 그러나 그들이 올바른 판단력을 가진 자들이라면 그들이 적들로부터 고통받은 가혹한 잔인함의 근본을 하나님의 섭리 Providence of God로 돌려야 할 것이다. 왜냐하면 하나님의 섭리는 전쟁을 사용하여 인간의 타락된 도덕성을 고쳐주거나 채찍질하는 데 사용하기 때문이다…….[54]

다음은 악인과 선인이 차별 없이 당하는 불행과 축복에 관하여 썼다. 이 세상에 사는 동안에는 선인과 악인이 함께 고통당한다는 점에서 아무런 차별이 없다. 그럼에도 아무런 차별이 없다고 말할 수 없는 것은 같은 고난이라도 결과가 다르기 때문이다. 같은 불이라도 금과 왕겨에 적용되면 결과가 다르고 같은 도리깨라도 쭉정이와 알곡을 걸러내며, 같은 압착기에 눌린다고 해서 기름과 찌꺼기가 혼동되어서는 안 되는 원리와 같다. 고난도 고난받는 자의 본성이 중요하지, 고난의 본성 자체가 문제는 아니라는 것이다.

그러므로 똑같은 고난을 당할 때도 선인들은 기도하고 찬양하는 반면

53) *DCD*, Ⅰ, 2.
54) *DCD*, Ⅰ, 1.

에, 악인들은 하나님을 증오하며 모독한다. 이것으로 보아 중요한 것은 고난받는 자의 본성이지 고난의 본성이 문제가 되는 것이 아님을 보여준다. 구정물통을 흔들어 보라, 아주 불쾌한 냄새가 날 것이다. 이제 향료통을 휘저어 보라, 상쾌한 향내가 솟아날 것이다. 그러나 휘젓는다는 동작은 똑같은 것이 아닌가.[55]

선인과 악인들이 둘 다 고통받은 것은 다 같이 악한 생활을 했기 때문이 아니라, 비록 정도는 다를지라도 둘 다 현세적 생활을 사랑하기 때문에 함께 징벌받을 것이다.[56]

재물과 정절, 죽음에 대한 생각도 고대적 기준에서 탈피할 것을 주장하고 있다. 하나님을 믿는 경우 세상 재물을 뺏겨도 실제로 잃은 것은 아무것도 없다. 그리고 폭도들에 의해 강제로 정절을 빼앗겼다 하더라도 정결한 정신의 결단력이 유지되는 한 순결을 빼앗겼다 할 수 없다. 이 때문에 자살해서는 결코 안 된다. 죄를 피하기 위해서 자살한다는 것은 죄로써 죄를 피하는 일이므로 있어서는 안된다는 것이다.[57]

두려움마저도 긴장과 절제를 갖게 하며 색욕을 제어해 주는 유익한 면이 있다. 사실 역설적으로 두려움은 자유를 누리게 하는 방패가 된다. 카르타고가 파괴되었을 때, 로마의 두려움이 제거됨으로써 그것이 로마의 오만을 가져오는 발단이 되었음을 상기시켰다. 사실 하나님을 믿기 때문에 로마가 파멸 직전에 이른 것이 아니고, 오히려 하나님의 자비에 의해 로마의 완전한 파멸을 막을 수 있었다고 아우구스티누스는 확신 있게 말한다. 그리고 하나님의 도성으로 가는 순례의 길에서 성례전에는 참여하지만 거기에는 함께 갈 수 없는 거짓 신도들이 있음도 지적하였다.[58] 사실 이 두 도성은 이 시기에 결합되고

55) *DCD*, I, 8.
56) *DCD*, I, 9.
57) *DCD*, I, 10-31.

혼재되어 있으면서 최후의 심판으로 분리될 날을 기다리고 있음을 Ⅰ권 말미에서 분명히 밝히고 있다.[59]

Ⅱ권에서 아우구스티누스는 로마가 그리스도 이전에 거짓 숭배가 보편화되었던 시기, 얼마나 많은 재난을 겪었는가를 실증하였다. 사실 로마를 파멸케 한 것은 외적 침략이라기보다는 내적 이유, 즉 도덕적 타락에 더 큰 원인이 있다. 이는 키케로의 글에서도 지적되었고, 로마인들의 시(詩)나 연극에서 그것이 얼마나 방탕한 것이었느냐에 의해 잘 증명되고 있다. 이것으로 볼 때 그리스도 이전의 신들은 부도덕한 것으로 이들은 신이 아니라 악의에 찬 영들이기 때문에 그것들에서 떠날 것을 강력히 원하고 있다.[60]

Ⅱ권에서는 도덕적이고 정신적인 부채와 재난을 증명했지만, Ⅲ권에서는 로마인들의 물리적 외적 재앙이 끊일 날이 없이 일어났다는 점, 포에니 전쟁, 그락쿠스 형제 사건, 마리우스와 술라의 내란 등을 지적하며 그때는 왜 이교신들이 저들을 보호해 주지 않았는지 묻고 있다. 그리스도 출현 이전 모든 이교신들이 자유롭게 숭배된 때인데 말이다. 아우구스티누스는 로마사에서 중요한 거의 모든 사건들을 거론하면서 이교신의 무력성을 지적하고 있기 때문에 마치 로마사를 방불케 한다. 물론 이 같은 역사 지식은 살루스트 Salust에게 크게 의존한 것이다.[61]

Ⅳ권에서는 로마의 확장과 영광에 대해 가차 없는 비판의 면도날을 댄다. 로마의 영광과 확장이란 피흘림의 공포와 잔인함 외에 아무것도 아니라는 당대로서는 엄청난 선언을 한 것이다. 나라와 지배자를 평가하는 기준도 달라질 수밖에 없다. 선인(善人)은 비록 노예라고

---

58) *DCD*, Ⅰ, 33-35.
59) *DCD*, 35(우리말 번역에 있어서 때로, 김종흡, 조호연 역, 『하나님의 도성』(서울 : 크리스천다이제스트, 1992)을 부분적으로 참조하기도 했다).
60) *DCD*, Ⅱ, 1-29.
61) *DCD*, Ⅲ, 1-31.

할지라도 자유롭지만, 악인은 지배권을 가지고 있다 할지라도 노예나
다름없다. 왕국에 대한 정의(定義)의 기준도 다른데, 정의를 결여한
왕국은 아무리 외양이 화려해도 결국 강도 떼에 불과하다는 것이다.
여기서 알렉산더 대왕과 해적 사이의 유명한 대화가 등장한다.[62] 그
점에서 아우구스티누스는 반제국주의적 입장을 취하고 있는 셈이다.[63]

　Ⅴ권에서 로마제국의 번영이 운명 때문이 아니라는 것을 증명하기
위해 별자리나 쌍둥이의 다른 운명, 점성가들의 예언의 부당성을 설
파하고 있다. 그는 로마제국이 거대해진 이유를 우연적이지도, 운명
적이지도 않은 하나님의 섭리로 세워졌기 때문이라고 단언하였다.[64]

이교신들의 성격 논쟁

　Ⅵ권에서 Ⅹ권까지는 영생을 위해서 이교신들을 믿어야 한다고 주
장하는데 대한 반박의 글이다. 특히, 그는 바로Marcus Varro 신학이
갖는 한계와 애매성을 지적했다. 바로는 그의 저서 『상고사 *Antiqui-
ties*』[65]에서 신학을 신화적인Mystical 것, 자연적인Physical 것, 시민
적인civil 것으로 나누었다. 시인들이 사용한 것은 신화적이고, 자연
적인 것은 철학자들의 주제이며, 시민적인 것은 보통 사람들의 것이
라고 했다.[66] 바로는 현인에게 합당한 신학을 자연적인 것으로 보았
는데, 아우구스티누스는 그 같은 바로의 주장이 어떻게 허구적인가를
논증하고 있다.[67]

　Ⅷ권에서는 자연적 신학에 대한 문제를 여러 철학자들의 예를 들며
거론하고 있다. 이들 철학자들을 이탈리아 학파와 이오니아 학파로

---

62) *DCD*, Ⅳ, 4.
63) E. Hardy, 앞의 책, 262쪽.
64) *DCD*, Ⅴ, 1-8.
65) 이 책은 고대의 풍습, 제도에 관한 41권의 책을 썼다. 그 중 인간에 관한
　　것은 25권, 신에 관한 것은 16권이다.
66) *DCD*, Ⅵ, 5.
67) *DCD*, Ⅶ.

나누고 피타고라스Pytagoras, 탈레스Thales, 아낙시만드로스Anaxi-
mandros, 아낙사고라스Anaxagoras 등의 자연철학자들 뿐만 아니라
신플라톤학파인 플로티누스Plotinus, 포르피리우스Porphyrius, 아플
레이우스Apuleius 등을 함께 논하여 마치 철학사를 방불케 했다.

아우구스티누스는 소크라테스와 플라톤[68]을 포함하여 플라톤주의자
들이 어느 누구보다도 기독교에 가장 가깝게 접근해 있다고 보았
다.[69] 특히 플라톤은 철학의 실천적 부분, 논리적 부분, 사색적 부분
에서 여타의 자연철학자들을 능가한다고 보았는데 플라톤주의자의 장
처(長處)는 그들의 관심을 물질적 대상 너머로 돌렸다는 점이다. 그
들은 가변적인 것은 최고의 신이 아니며 모든 존재는 진정으로 〈존
재〉하는 그분을 통해서만 존재할 수 있다는 점을 인정한 철학자들이
라는 것이다.[70] 더구나 플라톤은 최고의 선은 신 자체이며 행복은 신
을 알고 사랑할 때만 도달될 수 있다고 했다. 철학자는 바로 이 신을
사랑하는 사람이라 할 수 있는데 그 이유는 철학이 곧 인생의 행복을
지향하는 학문이기 때문이다.[71]

아우구스티누스는 이 책에서 그 때까지 거론되지 않았던 기독교의
보편성, 즉 범세계성을 제시했다고 평가받고 있다.[72] 다시 말해 신이
창조주이며, 지성의 빛이고, 행해야 할 선(善), 자연의 시원, 학문의
진리, 행복의 원천이라고 믿는다면, 그들이 어느 곳, 어느 학파에 속
하든 기독교의 진리와 통한다는 것이다.[73] 그 같은 맥락에서도 앞의

---

68) 그는 특히 플라톤을 높이 평가했는데, 피타고라스의 사색적 부분과 소크라
  테 스의 실천적 부분을 연결시킨 장본인으로 철학을 세 부분으로 나누었다.
  하나 는 실천과 관계 있는 도덕적(윤리적) 부분, 두번째는 사색을 목적으로
  하는 자연적 부분, 마지막으로 참과 거짓을 구분하는 논리적 부분으로 구분
  했다(*DCD* Ⅷ, 4).
69) *DCD*, Ⅷ, 5.
70) *DCD*, Ⅷ, 6.
71) *DCD*, Ⅷ, 11.
72) 정의채, 앞의 책, 154쪽.

철학들보다 신의 존재를 분명히 밝힌 기독교가 더 우위에 있다고 주장했다.[74] 더구나 플라톤이 예레미야의 말을 들었거나 예언서를 읽었을 가능성을 배제하지 않았다.[75] 이상의 것으로 볼 때 아우구스티누스는 그리스 철학 특히 플라톤 철학과 연결시켜 정립해 나가는 신론(神論), 즉 존재하는 사물들의 존재 근거를 존재 자체인 신으로 유추해 가는 과정임을 볼 수 있다.[76]

Ⅷ권의 후반부인 14장에서부터는 플라톤주의자들의 정령(精靈, daemon)설의 부당성을 논박했다. 그들은 정령의 〈신인매개설(神人媒介說)〉을 주장하는데, 인간의 육체에 갇힌 인간 영혼이 신과 교통하기 위해서는 정령의 중간적 매개 역할을 필요로 한다는 주장이다. 아우구스티누스는 이들 정령들을 악령으로 보고 그들이 진정한 매개자일 수 없는 이유를 지적했다. 즉, 정령들은 신들이 싫어하는 마술과 추잡함을 좋아하고, 정령들의 도움 없이도 인간은 신과 직접 대할 수 있으며, 인간들이 오히려 그들 악령들로부터 해방될 필요가 있다는 점을 들고 있다.[77]

Ⅸ권에서는 정령들 중에서 선(善)정령과 악(惡)정령을 나누어서 논하고 두 정령의 부당성을 주장하면서, 오직 행복에로 인도하는 유일한 중계자는 신(神)인 그리스도뿐이라고 주장했다.

19-23장에서는 정령론(精靈論)과 천사론(天使論)을 대비 전개시키고 있다. 일부 플라톤학파는 선량한 정령들의 존재를 인정하는데 이는 성서의 천사론과 통하는 것으로 해석하고 있다.[78]

---

73) 같은 책.

74) *DCD*, Ⅷ, 10.

75) 이 문제는 연대적으로 예레미야가 플라톤보다 100여 년전에 태어났고 예언서가 플라톤 사후 50년이 지나 「70인역」으로 번역된 점으로 보아 플라톤 주장의 유사성을 거듭 비교하고 있다(*DCD*, Ⅷ, 1-12).

76) 정의채, 앞의 책, 155쪽.

77) 같은 책, 156쪽 ; *DCD*, Ⅷ, 17-21.

78) 정의채, 앞의 책, 158쪽 ; *DCD*, Ⅸ, 23. 〈만약 플라톤주의자들이 마귀들이

Ⅹ권에서는 최고의 신적 경배와 희생은 그리스도 유일신에게만 바쳐져야 할 이유를 설명하고 있다. 플라톤주의자들이 비록 우주 창조에 대해서 무엇인가 알고 있었던 것은 인정하지만 악령이나 선령에게 신적인 영광을 돌림으로써 하나님에 대한 참된 경배를 오해하고 있다는 것이다.[79]

여러 가지 공통점에도 불구하고 아우구스티누스는 신관이 다름을 지적하였다. 신플라톤주의자들에게는 객관적이고 지적인 빛이 신인데 반해, 플로티누스적인 이 빛은 아우구스티누스의 빛의 영혼론과는 근본적으로 다른 것이었다.[80] 물론 아우구스티누스도 포르피리우스, 플로티누스의 신관이 그리스도 신관에 가장 가깝다는 것을 인정한다. 특히, 포르피리우스가 근원적인 존재를 세 신tres dei이라고 부르며 구분하고 있는 것은 마치 삼위일체설에 가장 근사(近似)하게 접근하는 것 같다.[81] 하지만 그 세 신을 그리스도의 성육신과 연결시키지 못한 것은 포르피리우스의 오류이자 한계라는 것이다.[82]

이상 전반부 10권에서 아우구스티누스는 기본적으로 기독교가 로마 몰락에 대해 책임 없음과 다른 신들의 오류를 지적하였다. 그러나 그 과정에서 사실은 기독교의 유일신관과 삼위일체론, 섭리론과 같은 체계적 교리를 제시하고 정리하는 결과를 가져왔다. 그렇기 때문에 이 책의 첫 의도는 이교도들에 대항하여 쓴 것 같지만, 결국 기독교인들에게도 자신들의 신앙체계가 여타 신들이나 철학과 어떻게 다른지를 밝히고 그 우위성을 내세운 신학론이 된 셈이다. 뿐만 아니라 이 책

아닌 이런 천사들을…… 최고의 신에 의하여 창조된 이들로 생각하고자 선택한다면, 환영할 만한 일이다……. 이런 존재들을 불멸적이지만 자신의 힘에 의해서가 아니라 창조주에게 붙어 있음으로써만 복받았다고 말한다면 그들은 이런 존재들을 어떤 명칭으로 부르든지 간에 우리가 하는 말을 하고 있기 때문이다〉.

79) *DCD*, Ⅹ, 3.
80) 정의채, 앞의 책, 159쪽.
81) *DCD*, Ⅹ, 29.

은 당대 로마의 사회사, 종교사, 철학사적 성격까지 곁들여 그 시대
를 연구하는 데 풍성한 사료적 가치를 한껏 담고 있는 것이라 할 수
있다.

82) *DCD*, X, 30-32.

16 아우구스티누스의 역사관——〈신국〉과 〈지상국〉

아우구스티누스는 『신국론』후반(XI - XXⅡ권)[1]에서 역사를 재해석하는 새로운 비전, 대안으로 〈두 도시〉 개념을 제시하였다. 역사의 본질도, 목적도, 그 종결도 현세적 기준에 의해 평가될 일이 아니라 그것들은 현실 역사의 지평선 너머 〈신국〉과 〈지상국〉의 기준에 의해 재해석되어야 할 성질의 것이었다.

1 〈두 도시〉 개념 형성의 배경

『신국론』을 바르게 이해하기 위해서는 그 구성체인 도시 civitas 개념에 대한 정확한 이해를 선결 요건으로 한다. 이를 위해서는 아우구스티누스 당대인들과 아우구스티누스 자신이 도시 개념을 어떻게 사용했으며, 어떤 배경을 거쳐서 형성되었는가를 살펴볼 필요가 있다.

---

1) 『신국론』의 후반부에 해당하는 XI - XXII권은 〈신국〉과 〈지상국〉의 기원과 발생(XI - XIV), 그것의 발전 과정(XV - XVⅢ) 그리고 그것의 합당한 종결(XIX)에 대해 서술하고 있다.

바로우R. Barrow에 따르건대, civitas의 어의(語義)는 다음과 같은 네 가지 의미로 사용되었다.[2] ①시민들의 무리a body of citizens, 즉 한 정치 조직의 구성인들로 이루어진 시민들을 말한다. 그러나 이 곳에서 그 강조점은 시민들에 있는 것이지 정치 조직에 있는 것은 아니다. ②시민들의 무리가 살고 있는 타운이나 지역의 장소 개념, ③공동체, 국가, 정치 연합의 단위unit of political association를 뜻한다. 여기서 최하위 개념으로서의 일종의 응집력의 의미를 포함시키고 있지만 그것은 느슨한 것이며, 그것이 갖고 있는 일종의 정부와 질서적 요인들은 기본적인 것일 뿐이다. ④시민의 의무와 권리를 포함한 시민, 시민권을 갖는 신분으로서의 개념이다. 이 신분적 의미는 시민이 아닌 사람들, 즉 외국인과 같은 사람들은 배제시키는 것도 포함되어 있다.[3]

이들 네 가지 분류 중에서 장소적 의미를 뜻하는 ②를 제외하고 나머지 세 가지 뜻들은 아우구스티누스가 사용하고자 하는 도시 개념과 나름의 연관성을 갖고 있다. 바로우의 친절한 점검에 따르건대, 아우구스티누스는 civitas를 ①의 뜻으로 사용하고 있으나, 그 조직은 정치적인 것은 아니다. ③의 경우도 그것을 얽어매고 있는 법이 정치적인 것이 아니라 종교적이고 도덕적인 법이며, 조직도 외향적인 것이 아니라 내부적인 것일 뿐이다. 그 때문에 자체 단위(單位)의 자율성이 중시된다는 점에서 신국Civitas Dei에 유사하다. 마지막 ④는 신분으로서의 시민권이 출생이나 선언에 의해 주어지는 것이 아니고 의지will와 은혜에 의해 주어진다는 점에서 또한 『신국론』의 도시 개념에 유사하다. 시민이 되면 비(非)시민을 배제하기 때문에 배타적이라는 점에서도 그렇다.[4]

---

2) R. Barrow, *Introduction to St. Augustine ; The City of God*(London : Faber & Faber, 1950), 22쪽.

3) 같은 책, 21쪽.

4) 같은 책.

civitas가 벽돌이나 돌로 구축된 성곽이나 장소적 개념으로 쓰이지 않고 그것의 구성원들의 관계로 파악될 때, 아우구스티누스가 사용하고 있는 societas의 의미도 재음미할 필요가 있다. societas란 추상적 의미로, 공동의 목표로 묶여진 인간들의 어떤 관계를 뜻한다. 예를 들어 가정 family은 집단적 의미로 societas이지만, 그 관계면에서 볼 때도 societas이다. 그렇기 때문에 이 두 가지의 기본적 의미는 영어의 fellowship으로 번역할 수 있다. 다시 말해 라틴어의 societas는 영어의 society보다는 fellowship에 더 가깝게 해석할 수 있다는 것이다.[5] 영어의 society를 라틴어의 societas에 가깝게 쓰려면 〈world society〉나 〈the brotherhood of man〉의 뜻이 부가되어야 한다고 바로우는 말하고 있다. 그 이유는 라틴어의 societas는 친구들의 모임, 도시, 국가, 인종, 그리고 천상이나 지상의 믿음의 동역자들에게 적용하여 쓸 수 있는 말이다. 반면에 영어의 〈society〉는 좀더 좁은 의미, 즉 사회 관계나 사회 문제, 그리고 정치, 경제, 문화 소속원 사이의 관계에 제한하여 사용되는 문제점이 있다.[6]

아우구스티누스는 도시 city를 civitas라고 부르지 republica로 부르지 않았다는 점에도 유의할 필요가 있다. 키케로는 국가 state에 관한 글을 쓸 때 이를 republica라고 불렀고, 플라톤의 politeia 또한 라틴어로 republica로 번역했다. 이는 영어로 번역하면 republic인데, 로마의 경우, 이는 군주정이나 전제정이나 민주정이나 상관 없이 〈국가이론〉이나 〈이상국가〉를 의미할 때 쓰는 말로 오늘의 공화정 republic이란 뜻과는 전혀 상관 없이 쓰였다.[7]

이것을 잘 알고 있었던 아우구스티누스가 자신의 저서에서 키케로의 de republica적 의미의 용어를 쓰지 않고 De civitate라 쓴 것도 그만한 까닭이 있었기 때문이다. 사실 republica란 정치 조직적인 의

---

5) 같은 책, 22쪽.
6) 같은 책, 23쪽.
7) 같은 책, 21쪽.

미를 많이 내포하고 있었기 때문에 아우구스티누스는 의도적으로 이를 피하고 De Civitate Dei라고 썼던 것 같다.[8]

아우구스티누스는 이 용어를 정치적인 의미를 가능한 피하고 인민 people, 즉 〈인간들의 사회 human society〉에 더 가까운 의미로 썼다. 따라서 아우구스티누스는 civitas를 〈개인들로 구성된 조화의 집합체 harmonious collection of individuals, concors hominum multitudo〉로 또는 〈어떤 공동체적 인연에 의해 함께 묶여진 사람들의 무리 multitude of men bound together by some associating tie, hominum multitudo aliguo societatis uniculo conligato〉라고 생각했던 것 같다. 아우구스티누스의 경우 civitas와 societatis를 구별 없이 사용했다는 것도 앞서 밝혔다.

아우구스티누스는 그의 〈신국〉 개념의 출처가 성서임을 여러 번 언급하였다.

> 영원의 도시 eternal city, 그것은 우리 성서에서 〈신의 도시 City of God〉라 불려진다.[9]

> 우리가 말하는 하나님의 도성은 성서에서 말하는 도성이다…… 성서에 〈하나님의 성이여, 너를 가리켜 영광스럽다 말하는도다. Glorious things are spoken of Thee, City of God〉라는 말씀이 있으며(시편 87 : 3), 또 다른 시편에는 〈여호와는 광대하시니 우리 하나님의 성 거룩한 산에서 극진히 찬송하여 온 세계가 즐거워함이여〉, 〈우리가 들은 대로 만군의 여호와 주의 성 우리 하나님의 성에서 보았나니 하나님이 이를 영영히 견고케 하시리라〉라고 한다(시편 48 : 1-2, 8).[10]

이 외에도 아우구스티누스의 신국 개념이 성서에 근거하고 있음을

---

8) 같은 책, 21-22쪽.
9) *DCD*, V, 19.
10) *DCD*, XI, 1.

밝히고 있는 글을 수 차례 발견할 수 있다. 그러나 근대 학자들 사이에는 아우구스티누스의 이 같은 주장에 이의를 제기하는 이론이 있다. 한T. Hahn은 1900년 그가 출간한 *Tyconius-Studien*에서 아우구스티누스의 이원적 신국 개념은 티코니우스Tyconius[11]에게 빚지고 있다고 주장했다.[12] 한Hahn은 계시록에 대한 티코니우스의 주석의 발췌본을 베아투스Beatus[13]가 인용했던 내용을 근거로 하여 이를 연구하였다. 티코니우스와 아우구스티누스의 도시 개념 사이에는 상당한 부분의 유사점이 발견된다는 것이다. ① 아우구스티누스의 civitas Dei와 티코니우스의 civitas diaboli가 언어상 대비된다. ② 양편이 다 교회에 대한 이중(二重) 견해를 갖고 있다. ③양편이 다 교회에는 죄인들도 포함되어 있음을 인정했다. ④ 양편이 다 죄인들을 교회에서 배제해야 한다는 도나티스트파의 교회관에 반대하고 있다는 점들을 들었다.[14]

사실 아우구스티누스의 두 도시 개념은 이보다 더 멀리 추적해 가야 한다는 주장이 있다. 그 원천을 필로Philo[15]와 암브로시우스Ambrose에게까지 소급해 올라가야 한다는 가설이다. 이를 주장하는 라이제강Hahns Leisegang[16]은 『신국론』 XV권 2장에 아우구스티누

---

11) Tyconius는 한때 도나티스트였거나, Afro-Catholic(Dawson)으로 알려져 있다. 아우구스티누스는 그를 존경했고, 그의 저서 *De Doctrina Christiana The Rules of Tyconius*(383년)의 모형을 따라 나온 것이다.

12) R. Barrow, Appendix I, "The Origin of the Idea of the City of God," *Introduction to St. Augustine; The City of God*(London : Faber & Faber, 1950), 271쪽.

13) 9세기의 수도승.

14) R. Barrow, 앞의 책, 272쪽.

15) Philo Judaeus라고도 불리는데 대체로 B.C. 20-A.D. 50 무렵까지 살았던 Alexandria의 유대인 철학자. 그는 모세의 법을 철학의 기본으로 삼았으나, 신이 이 세상을 직접 창조하지 않고 잠재력potencies과 속성attribus들을 창조했다고 주장했다. 신의 완전함the perfection of God과 불완전한 제한적 사물 사이의 모든 존재는 통일성을 갖고 있는데 이는 신적 로고스Logos에서 유래하기 때문이라고 했다.

16) R. Barrow는 앞의 저서의 Appendix I, "According to Modern Criti-

스가 인용한 자유도성에 대한 바울의 인용을 근거로 하여 『신국론』의 도시는 두 도시가 아닌 세 도시로 이해해야 한다는 데서부터 출발하고 있다.[17] 아우구스티누스는 바울의 갈라디아서(4 : 21-5 : 1)[18]를 직접 인용한 다음에 그에 대한 해설을 이렇게 붙였다.

사도의 권위로 우리에게 전해진 이 같은 해석 방법은 두 개의 계약서, 즉 신약과 구약을 어떻게 이해할 것인가를 드러내 보이고 있다. 지상도성 the earthly city의 한 부분은 천상도성 the Heavenly City의 형상에 따라 만들어졌다. 앞의 도시는 그 자체보다는 소위 다른 도시 other city를 상징하기 위해 건설되었는데, 그 때문에 이 지상도시는 종 a servant이 되어 섬긴다. 그것은 그 자체를 위해서가 아니라 또 다른 도시 another city를 상징하기 위해 세워졌기 때문이다. 그것은 더 앞선 상징 antecedent symbol에 의해 예표되었기 때문에 앞의 예표된 상징 foregoing symbol 그 자체가 또한 예시된 foreshadowed 것이다. 사라 Sarah의 종인 하갈 Hagar은 아들과 함께 이 예표된 형상의 형상이다.[19]

서로 상징하는 것이 앞서거니 뒷서거니 하기 때문에, 원문에 따르면 복잡하나, 라이제강은 세 도시 이론의 근거를 여기서 발견한다. 즉, 〈천상의 영적 도시 civitas caelestis spiritalis〉, 〈지상의 영적 도시 civitas terrena spiritalis〉, 그리고 〈지상의 육체적 도시 civitas

---

cism"에서 Leisegang의 논문 "Der Ursprung der Lehre Augustins von der Civitas Dei," *Archiv für Kulturgeschichte*, 16(1925), 127-158쪽을 참조하고 있다.

17) 같은 책.

18) 〈내게 말하라, 율법 아래 있고자 하는 자들아. 율법을 듣지 못하느냐. 거룩된 바 아브라함에게 두 아들이 있으니 하나는 계집종에게서, 하나는 자유여자에게서 낳았다 하였으나 계집종에게서는 육체를 따라 낳고 자유여자에게서는 약속으로 말미암았느니라. 이것은 비유니……〉

19) *DCD*, XV, 2.

terrena carnalis〉가 그것들이다. 요컨대 사라 Sarah는 원본의 복사이며 하갈은 복사의 복사라는 것이다.[20]

라이제강은 한 발 더 나아가 이 세 도시 이론의 근원을 필로 Philo에게서 찾고, 그 영향이 암브로시우스를 통해 아우구스티누스에게 전수되었다는 것이다. 그는 〈원형 Urbild〉〈복사 Abbild〉〈복사의 복사 Abbilde der Abbildes〉의 개념을 필로에게서 구하고, 더구나 아벨 Abel과 가인 Cain, 이삭 Isaac과 이스마엘 Ishmael, 에서 Esau와 야곱 Jacob을 서로 반대되는 두 도시의 대표자들로 가름하여 나눈 것도 필로의 생각이라는 것이다. 아우구스티누스 자신이 필로를 직접 읽은 것 같지 않지만, 필로의 찬양자인 밀라노의 주교 암브로시우스로부터 구약 해석에 대해 상당한 영향을 받았을 것이라는 얘기다.[21] 암브로시우스 자신도 그리스 철학의 영향을 받아 그리스적 도시 사상을 갖고 있었을 것으로 추정된다. 살린 E. Salin은 〈아우구스티누스 도시 개념이 티코니우스에게서 얻은 것이 사실이지만, 그 같은 생각은 성서와 플라톤에까지 맥을 잇고 있다〉고 보았다.[22] 또한 무의식 속에 배 있었을 마니교의 사상적 영향도 상정해 볼 수 있다.

이상에서 아우구스티누스의 두 도시 개념이 로마적인 요소와 그리스적 영향을 받고 있는 플라톤과 필로적인 요소, 그리고 성서를 통한 확인과 깨달음 같은 세 가지 영향 아래 형성된 것을 알 수 있다. 하지만 이 같은 영향과 유사성이 아우구스티누스 도시 개념의 성서적 근거를 부정하거나, 그것과 서로 상치되는 것은 아니다. 오히려 이상의 요인들이 함께 아우구스티누스 도시 사상 형성에 복합적으로 작용했으리라고 보아야 할 것 같다.

20) 이 같은 세 개 도시 이론은 Carl-Victor von Horn이 그의 논문 "Die Staatslehre Augustins nach de civitate Dei"에서 지지하고 이를 더 자세하게 천착하였다. 그리고 이 문제는 H. Reuter, V. Stegemann, J. Figgis들에 의해서 논의되었다(R. Barrow, 앞의 책, 272쪽).
21) R. Barrow, 앞의 책, 272-273쪽.
22) 같은 책.

　한 가지 분명한 것은 아우구스티누스도 시대 밖에 살았던 인물이 아니라는 점이다. 세네카에게서 보여지듯이 당대 지성인들 사이에는 정신세계와 물질세계를 대비시켜 파악하는 이원적 두 도시 개념이 보편화되어 있었다. 무상함과 불화가 판치는 일상의 세계와 참되고 평화로운 정신적 세계와의 대비가 그것이었다. 이러한 개념이 분명히 아우구스티누스의『신국론』저술과도 무관할 수 없었을 것이다.[23]

　그러나 그 같은 배경이 곧 아우구스티누스의 도시 개념이 전부 이들의 배경적 산물의 측면에서 고찰되어야 하는 것을 의미하지 않는다. 그렇다 하더라도 아우구스티누스의 도시 개념이 갖는 독자성과 특유한 성격을 간과해서는 안 될 것이다.

2　〈두 도시〉── 시작, 과정 그리고 종말

〈두 도시〉의 시작(XI - XIV)

　〈신국〉의 기원을 논하기 위해 아우구스티누스는 우선 창조 문제부터 다루었다. 창조는 삼위일체인 절대선(絕對善)의 작업이므로 선한 세계가 창조되었고 거기에는 악의 원리가 없다는 것이 창조 논의의 핵심이 된다(XI). 창조와 시간과의 관계는 어떤 것인가? 세계는 시간 안에서 창조된 것이 아니라 시간과 더불어 창조되었다. 창조와 시간은 그 기원이 같으며 어느 한쪽이 먼저 이루어진 것이 아니라는 말이다. 요컨대 피조물이 창조되지 않았으면 시간도 성립되지 않고 시간도 없었다는 것이다.[24]

　영원 eternity과 시간 time의 차이는 거기에 변화와 움직임이 있느냐

---

23) F. Arts, 홍성표 역,『중세의 문화유산』(서울 : 보진재, 1993), 41쪽.

24) 이 부분의 몇 곳은 정의채, 「Aurelius Augustinus의『神國論』연구」, 『카톨릭대 논문집』, II(1976)에서 시사받은 바 있다.

없느냐의 차이다. 어떤 피조물이 생겨서 운동함으로써 변화를 일으키지 않았으면 시간도 없으리라는 것을 누가 깨닫지 못하겠는가?…… 우주는 시간 속에서 만드신 것이 아니라 시간과 동시에 만들었다.[25]

이 때문에 성서의 〈태초〉라는 말이 가장 합당하다. 시간이란 피조물의 운동으로 측정될 수 있는 것으로, 피조물이 없는 경우 시간상의 과거란 있을 수 없다. 또한 시간의 시작이 있었으니 끝도 있다는 말이 된다. 이 곳에서 아우구스티누스는 〈나라〉라는 말을 우주적 확대 범위로 사용하고 있다.

신국과 지상국의 가장 첨단의 기원이 되는 천사 등의 창조에 대한 언급은 성서에 없지만 그 창조의 순서는 하늘의 창조 속에나 혹은 빛의 창조 속에 포함되어 있다는 것이다. 또한 빛과 어두움을 나누는 순간부터 거룩한 천사와 불결한 천사가 나누어진다. 진리의 빛을 따라 영적으로 빛나는 천사들은 거룩한 도성의 기원이 되고 공의의 빛을 등진 악한 천사들은 지상국을 이루는 것이다.[26] 이 두 개의 다른 천사군(天使群)들은 인류 역사에 나타난 두 도시의 서곡(序曲)이 된다.[27] 처음 천사들이 창조될 때는 선하게 창조되었다. 선한 피조물을 만드는 것이 유일한 창조 목적이기 때문이다.[28] 그러나 그릇된 천사(마귀)로 나뉘어진 것은 그 의지, 즉 악의(惡意) 때문이며 이들 악한 의지는 본성에서 오지 않고 결함에서 온다. 악은 적극적인 실체 posi-

---

25) *DCD*, XI, 6.

26) *DCD*, XI, 19.

27) *DCD*, XI, 34.

28) 아우구스티누스는 피조물을 등급별로 나누고 있다. 본성에 따른 분류와 이용가치에 따른 분류가 있다. 살아있는 것이 그렇지 않은 것보다 높으며, 생식력이 있는 것, 의욕이 있는 것이 없는 것보다 높다. 생명이 있는 것 중에도 감각이 있는 것이 없는 것보다 높다. 그래서 동물이 나무보다 높다. 또 감각이 있는 것들 중에서 지성이 있는 것이 없는 것보다 높다. 그래서 사람은 가축보다 높다. 지성이 있는 것 중에서 죽지 않는 것이 죽는 것보다 높다. 그래서 천사들은 사람들보다 높다(DCD, XI, 18).

tive substance가 아니라 다만 선의 결함the loss of good이기 때문이다.[29] 〈신국〉과 〈지상국〉의 본질은 여기서부터 출발된 셈이다.

이제 아우구스티누스는 악(惡)의 문제를 근본적으로 탐구하고 있다(XII). 이 세계의 악은 인간 이전의 천사 시대부터 있었으며 악의 원인은 자유의지에 있는데, 이 같은 원리는 인간계에도 적용된다. 신(神)은 최고존재summe esse이므로 결함이 없다. 그 때문에 최고존재에 반대되는 것은 비존재밖에 없다.

> 악한 의지의 작용인(作用因)이 무엇이냐 물어도 그것을 찾을 수 없다. 행위를 악한 것으로 만든 것은 의지 자체인데 무엇이 그 의지를 악하게 만든다고 하겠는가? 그러므로 악한 행위의 원인은 악한 의지이지만 악한 의지의 원인은 없다.[30]

악은 악한 의지의 결과이지만, 악한 의지의 원인은 없으므로 찾지 말라는 것이다. 악한 의지는 결과가 아니라 한 결함이므로 그 원인은 어떤 능력efficiency이 아니라 결핍difficiency이기 때문이다. 그 이탈의 원인은 적극적인 것이 아니라 소극적인 것이므로 그것은 암흑을 보려 하거나 침묵을 들으려 하는 것처럼 무모하다는 것이다. 또 안다는 것이 모르는 것이며 모르는 것이 오히려 아는 것이라는 원리가 여기에 적용된다.[31]

이 같은 아우구스티누스의 악의 원인론은 인간이 이 세상에 출현하기 전에 이미 인간 속에 선악 대립의 요인이 배태될 가능성을 예기하게 했다. 이는 기독교와 이교주의의 대립, 신국과 지상국의 대립, 인간의 원죄와 죽음의 가능성을 이미 역사 시작 전에 열어놓았다.

이제 사람으로 돌아올 차례다. 모든 인류는 아담으로부터 시작되었

---

29) *DCD*, XI, 9.
30) *DCD*, XII, 6.
31) *DCD*, XII, 7.

고, 아담의 죄는 인류를 역사의 인류로 만들었다. 죄를 범함이 없었으면, 역사도 성립이 되지 않았을 것이다. 역사를 〈신국〉과 〈지상국〉의 갈등의 과정으로 본 아우구스티누스에게 있어서는 인간에게 죄성이 없으면 두 도시도 없고 두 도시가 없으면 역사도 없는 셈이다. 아담의 경우도 죄의 본원은 의지에 있다.

아담이 죄를 지으려 했을 때에 하나님이 그를 버리시기 전에 그가 먼저 하나님을 버렸으며, 하나님을 버린 것이 그의 영혼의 첫째 사망이 되었다.[32]

지상에서의 두 도시의 시작도 아담에게서 비롯되었다.

우리는 태초에 창조된 그 처음 사람과 함께 두 사회가 시작되었다고 할 수 있다. 아직 밝히 보이는 것은 아니지만 하나님의 예지 안에는 이미 나타났다. 처음 한 사람에게서 인류가 일어나기를 정해졌으며, 그 일부는 악한 천사들과 짝하여 벌을 받으며 다른 부분은 선한 천사들과 함께 복을 받기로 정해져 있다.[33]

죄와 벌을 얘기할 때 죽음의 문제가 제기되는 것은 불가피하다. 아우구스티누스는 죽음을 두 가지로 구분했는데, 하나는 영혼의 죽음이요, 다른 하나는 육신의 죽음이다. 육신의 죽음은 영혼이 육신을 떠나는 것이지만 영혼의 죽음은 신이 영혼을 버리는 것이다.[34] 플라톤주의자들은 영혼이 육신을 떠나는 것은 신께 돌아가는 일이므로 벌이 아니라고 하였다. 그러나 아우구스티누스에게 죽음은 벌이었다.[35] 그

---

32) *DCD*, XII, 33.
33) *DCD*, XII, 28.
34) *DCD*, XIII, 11.
35) *DCD*, XIII, 6.

래서 신의 도움을 받을 부활만이 이를 완전케 하는 것이었다. 사실
종말의 의미도 마지막에 다시 죽을 자와 산 자를 구분하는 데 두고
있다면 죽음 없는 종말도 없다고 하겠다.

〈지상도성〉과 〈천상도성〉은 어떻게 건설되어지는가? 그것도 사람
들의 의지에 기초한다. 즉, 의지는 곧 사랑이기 때문에 두 가지 사랑
이 두 도시를 건설한 셈이다.

> 두 가지 사랑이 두 도시를 건설했다. 하나님까지도 멸시하면서 자기를
> 더 사랑한 사람이 지상도성을 만들었고, 자기를 멸시하면서 하나님을 더
> 사랑하는 사람이 천상도성을 만들었다. 따라서 지상도성은 그 자체 안에
> 서 영광을 찾지만 천상도성은 주(主) 안에서 영광스러워한다. 전자는 인
> 간들로부터 영광을 찾지만, 후자는 하나님 속에서 그 최고의 영광을 발견
> 한다.[36]

악행은 인간의 자발성, 자유의지에 따른 것이지만, 악행에는 악한 의
지가 선행한다. 바른 의지는 선이지만, 그릇된 의지는 나쁜 사랑이다.[37]

〈두 도시〉의 과정과 성장(XV - XVIII)

인류는 두 부류로 나뉘는데 사람의 생각대로 사는 〈지상국〉과 하나
님의 뜻대로 사는 〈천상국〉이 그들이다. 이들의 진행 과정을 아우구스
티누스는 초기 성서적 역사에 기초하여 서술했다. 형 〈가인〉이 동생
〈아벨〉을 살해했는데, 아우구스티누스는 형 〈가인〉은 인간의 나라에 속
하고 〈아벨〉은 하나님 나라에 속한 것으로 분류했다.[38] 인류 역사의 시
작이 비극적으로 된 셈이다. 아우구스티누스는 로마를 건설한 로물루
스Romulus가 자기 동생 레무스Remus를 살해한 것도 같은 맥락에

---

36) *DCD*, XIV, 28.
37) *DCD*, XIV, 7.
38) *DCD*, XV, 1.

서 보았다.[39] 이 같은 형제간의 싸움은 세상 나라 자체가 갈등적인 것을 입증해 준다. 가인과 아벨, 셋 Seth, 에녹 Enoch 과 에노스 Enos 등을 가계족보적으로 살펴보면서 두 도성이 어떻게 역사적으로 이어지는지를 계열별로 정리했다.[40]

그러나 〈신국〉은 계속 타락하여 그 벌로 대홍수를 불러들이고 결국 노아 Noah의 방주에 탔던 사람만 남게 되었다. 그 방주는 평화와 구원의 상징인 교회에 비유된다.[41]

아우구스티누스는 시대를 여섯 시기로 나누어 〈신국〉과 〈지상국〉 진전의 과정을 다루고자 했다. 그의 시대 구분을 요약하면 이렇다.

① 아담 Adam에서 노아 Noah에 이르는 시기(유년기)[42]
② 노아 Noah에서 아브라함 Abraham에 이르는 시기(소년기)[43]
③ 아브라함 Abraham에서 다윗 David에 이르는 시기(청년기)[44]
④ 다윗 David에서 바빌로니아 유수(幽囚)까지(성년기)[45]
⑤ 바빌로니아 유수에서 예수의 탄생(장년기)[46]
⑥ 예수의 탄생에서 마지막 심판의 시기(노년기)[47]

이 같은 시대 구분에 따라 〈신국〉과 〈지상국〉을 서술하는데 그 역사를 종말까지 평행적 진행으로 파악하려 했다. 이 같은 서술 과정에서 그는 서술상의 갈등을 느낀 것 같다. 신국의 역사를 이스라엘 중

---

39) *DCD*, XV, 5.
40) *DCD*, XV, 17-22.
41) *DCD*, XV, 22-25.
42) *DCD*, XV, 26.
43) *DCD*, XVI, 1-11.
44) *DCD*, XVI, 12-34.
45) *DCD*, XVII, 4-23.
46) *DCD*, XVII, 4-23.
47) *DCD*, XVII, 24.

심으로 할 때, 두 왕국의 이원적 분류가 때로 불확정적이고 애매할 때가 있다.

이 때문인지 아우구스티누스는 〈신국〉과 〈지상국〉을 병행시켜 서술하려는 의도에도 불구하고 아브라함에서 다윗까지, 다윗에서 솔로몬을 거쳐 바빌로니아 유수(幽囚)에 이르는 과거의 역사가 모두 신국의 역사만을 서술하는 결과를 낳았다. 방법상 〈신국〉의 역사를 수행하고 있는 주인공들이 〈히브리 왕국〉, 즉 실제 역사적 왕국과 겹치기 때문에 이를 별개로 서술하기가 어려웠을지 모른다. 더구나 성격이 다른 구속사와 세속사를 별개로 병행시켜 나가는 과정에서 무엇을 나누고 어디서 통합시키며 다시 분리시킬 것인가의 문제가 쉽지 않았을 것이다. 이 점은 아우구스티누스 당대나 오늘날의 역사가들이 공히 느끼는 어려움이기 때문이다. 이 점은 그가 XⅧ권 서술에서 얼마나 많이 유세비우스의 〈연대기〉에 의존하고 있는가를 보아도 알 수 있다.[48] 아우구스티누스 자신도 이 같은 문제점을 인식하고 있었던 듯, 앞의 세 권(XV, XVI, XⅦ)이 모두 〈신국〉 중심의 서술이 될 수밖에 없는 이유를 설명하고 있다.

나의 글이 〈신국〉의 진전 과정에 대해서만 서술해 온 것이 분명하다. 그럼에도 이 〈신국〉만이 고립되어 단독으로 역사 속에 진행되었을 것은 아니다. 실제는 우리가 알고 있듯이 두 개의 도시가 함께 출발하였고, 인류 사이에서 함께 존재하고 있으며, 그래서 역사 속에서 비슷한 시기에 함께 진전되었을 것이다. 그러나 나의 주된 의도는 〈신국〉만을 우선 서술함으로써 반대의 〈지상국〉에 의해 〈신국〉 서술이 방해받지 않고 그 전개 과정을 더 분명하게 서술하려는 데 있다.[49]

---

48) H. Bettenson은 그의 『신국론』(Harmondsworth : Penguin Books, 1976), 761쪽에서 이를 지적했다.
49) *DCD*, XⅧ, 1.

　요컨대 〈신국〉의 진전을 더욱 명백히 하고, 〈지상국〉 역사의 그늘에 가리어진 것을 더 드러내기 위한 것이라는 설명이다.

　자신의 의도야 어디에 있었든 오늘의 입장에서 볼 때 〈두 왕국〉의 병행적 서술의 의도가 〈신국〉 중심의 서술로 많이 기울어져 있는 것은 부인할 수 없다. 이 점에 부담을 느끼고 있었던 듯, 아우구스티누스는 XⅧ권에서만은 〈지상국〉, 즉 역사적 국가들의 진전을 서술하는 데 할애하고 있다. 이러한 노력은 신국의 역사와 지상국 역사간의 시대적 진전의 병행이나 동시성을 비교, 대비시켜 서술하려는 데서 나타나고 있다. 이는 이스라엘사 중심의 서술이 세계사적 틀로 확대됨을 의미하는 것이다. 앞의 세 권(XV - XⅦ)이 거의 전적으로 구약의 히브리사에 의존한 해설적 서술에 머무르고 있다면, XⅧ권에서는 구약 속의 역사를 오히려 주변국 앗시리아나 바빌로니아, 로마사와 연계시켜 서술하려 하고 있는 것은 그 때문인 것 같다. 자료도 유세비우스 외에 버질Virgil이나 바로Varro의 도움을 받고 있다.[50]

　그래서인지 XⅧ권은 『신국론』 서술 중 가장 역사서 같은 인상을 준다. 그가 이집트 등 제국가들의 연대와 히브리사 등의 진전을 사실적으로 맞추어 서술하고 있기 때문이다. 그 과정에서 〈지상국〉이 마치 실제 역사 속에 있는 국가와 일치하거나 동일시하는 듯한 생각을 갖게 하는 부분이기도 하다. 아우구스티누스가 말하는 종말 후의 〈지상국〉과 역사의 실제 속에서의 국가가 꼭 동일한 것은 아니면서도, 때로 이를 같은 것으로 서술하는 경우가 있다. 이는 〈두 왕국〉의 상징성, 대비 개념의 특성상 불가피한 것인지도 모른다. 또 〈지상국〉에 각각 다른 성격이 시민이 소속되어 공존할 수밖에 없는 것이 미완의 성격에 기인하기도 한다. 이 문제는 〈두 도시〉의 속성을 논하는 과정에서 좀더 살펴보아야 할 과제로 남는다.

　아우구스티누스는 XⅧ권에서 아브라함의 탄생기를 앗시리아의 초

---

50) V. Bourke, *Augustine's Quest of Wisdom*(Milwaukee : Bruce Publishing Co., 1945), 267쪽.

기 역사에서 찾는다. 아브라함은 앗수르의 갈대아 지방에서 니누스
Ninus왕 때 태어났다. 이에 이어 그리스와 바빌론, 로마 역사를 지상
국가의 맥으로 연결시키고 있다.[51] 이어 앗시리아 왕들을 거론하고,
요셉시대를 얘기 하면서 이집트사가 등장했다. 그리고 모세가 태어난
시대의 주변 국가 상황, 그리고 그리스의 아테네를 바로 Varro의 글
을 참고하여 서술했다. 그는 또한 모세의 출애굽 시기가 언제인가를
연대기적으로 계산하는 노력을 보인 반면, 히브리 민족의 사사시대에
이탈리아에는 아이네스 Aeneas가 도착했다는 사실도 지적하였다.[52]

이어서 그는 그리스와 메소포타미아시대의 역사를 성서적 역사와
비교, 병행시킨 다음에, 로마사를 주제별로 히브리사와 비교하며 서
술했다. 로마가 건설된 시기는 히브리의 경우 유다의 히스기야 왕 때
이며, 로마의 로물루스 왕 때를 이스라엘 열 지파의 바빌론 포로기와
유사한 시기로 병행시켰다. 예루살렘 성전이 파괴된 시드기야 Zede-
kiah 왕 때와 로마의 타르퀴니우스 파리스쿠스 Tarquinius Pariscus
왕의 시기를 일치시키고, 유대인들의 포로 귀환 시기와 로마가 왕정의
압제로부터 벗어난 시기를 일치시킨 것 또한 같은 의도에서다. 그리고
구약시대의 호세아 Hosea와 아모스 Amos, 이사야 Isaiah의 예언이 있
었음을 거듭 강조한 것은 그 이전까지의 역사가 바로 로마로 연결되는
과정임을 증명하고자 한 것 같다. 이것은 로마사와 그리스도 출현이
갖는 극적인 관계로 지상국을 연결시키고자 하는 의도에서였을 것이
다. 다니엘 Daniel이나 학개 Haggai 예언들을 누차 인용한 것도 신국
역사의 정통성과 확실성을 증명해 보이기 위한 것으로 보인다.

이 같은 〈두 도시〉의 병행적 서술은 공통된 접점의 역사 부분에

---

51) 〈우리는 '신국'이 이 세상에서 순례의 길을 가고 있는 동안에 첫째 로마였
    던 바빌론이 어떻게 병행했는가를 밝히기 위해서 필요에 따라 앗시리아 왕
    들의 이름을 거론해야겠다. 그러나 지상과 천상의 두 도성을 비교하는 우리
    의 서술 줄 거리를 알리기 위해 주로 그리스 역사에서, 그리고 둘째 바빌론
    과 로마의 역사 에서 그 시대를 선택해야겠다〉(*DCD*, XⅧ, 2).
52) *DCD*, XⅧ, 19-20.

대한 문제 의식을 갖게 하고 있다. 그래서 그는 그리스도가 오기 전 시대에도 이스라엘 민족 외에 천상도성에 속한 민족이 있었는가? 그리고 교회가 분간 없이 확장되는 데서 오는 선택되지 못한 자들의 교회 소속 문제를 거론했다. 이는 신국과 교회를 일치시키려 할 때 또는 〈지상국〉을 실제 역사적 국가에 일치시키려 할 때 생기는 당연한 문제점이기 때문이다.[53]

〈두 도시〉의 목적 —— 종말(XIX - XXII)

아우구스티누스는 『신국론』 마지막 부분(XIX - XXII)에서 지상의 행복이나 평화가 얼마나 헛된 것인가를 밝혔다. 그리고 인류 역사의 종국에는 심판이 있을 것이며, 지상국의 사람들에게는 징벌이 그리고 신국의 사람들에게는 진정한 평화와 축복이 있으리라는 것은, 지금 가시적으로 구체적으로 만질 수 없는 것이므로, 오직 믿음으로 얻어낼 수 있는 진실이라는 점을 누누히 강조했다.

아우구스티누스는 XIX 권에서 〈최고선과 최고악 De Finibus Bonorum et Malorum〉이 어떻게 진정한 행복과 관련되는지를 집약적으로 논했다. 최고선=최고행복=영원한 생명=천상도성의 도식으로 이어지고 최고악=최악의 불행=영원한 죽음=지상도성으로 이해했던 아우구스티누스에게 무엇이 최고선이며 무엇이 최고악인지를 밝히는 것은[54] 곧 역사의 종말을 논하는 데 있어서 선결해야 할 문제였기 때문이다.[55]

---

53) *DCD*, XVIII, 47-49.
54) 최고의 선 Final Good이란 선이 그 자체의 목적을 위해서, 그리고 다른 것들도 그것을 위해서 원해야 하는 것이다. 반면 최고악 Final Evil은 그 자체 때문에 멀리해지고, 다른 것들도 그것 때문에 피해지는 것이다. 그래서 선의 끝은 선을 파괴해서 없애버리는 것이 아니라 선을 끝내는 것, 그것을 완성하는 것이다. 악의 끝은 그것이 소멸되는 것이 아니라 다른 악으로 인도하는 것이다(*DCD*, XIX, 1).
55) *DCD*, XIX, 4.

아우구스티누스는 우선 그가 매우 존경했던 바로의 철학적 비판[56]
으로부터 논의를 시작했다. 바로는 그의 저서 『철학에 대하여』의 서
문에서 인간이 〈본래적으로 구하는 목적을[57] 네 가지로 요약했는데
① 신체적 감각이 유쾌하게 자극된다는 의미의 〈쾌감pleasure〉, ②
신체에 아무 불편도 없다는 〈평안repose〉, ③ 이들 두 가지의 조합,
④ 〈기본적으로 타고난 축복primary natural blessings〉이다. 이는
주로 신체적인 것과 관련이 있는데, 신체의 건강, 완전한 지체, 정신
적 건강, 능력 등을 들었다.[58]

이들 네 가지 기본적인 쾌락들은 덕(德, virtue : 이들은 후천적으로
배우는 것)과 어떤 관계에 있느냐에 대한 견해에 따라 철학파들의 입
장이 달라질 수 있다. 그는 덕과 앞의 〈기본적인 목적〉과의 관계를
세 가지로 정리하였다. ① 이들 목적들을 위해서 덕을 원하는가 또는
② 덕성들을 위하여 이들을 원하는가, ③ 아니면 이 두 가지가 다 그
자체의 목적 때문에 요구하게 되는가로 나누었다.[59] 이들은 서로 다
른 관계와 네 가지의 기본 목표들의 관계를 그 각각의 차이에 따라
분석해 보면 288개의 학파까지 가능하다고 했다.[60]

그러나 바로는 결국 한 가지 입장만이 진리라고 택했는데 덕과의
관계에 있어서 마지막 입장, 즉 덕과 기본적인 목표가 모두 그 자체
를 위해서 요구되는 상태가 가장 바람직하고 그것이 최고선과 행복에
이르는 것이라고 결론지었다.[61] 왜냐하면 인간이란 신체만으로 이루
어진 것도 아닌 두 개의 결합 내지 조합combination이기 때문에 어

---

56) 이 책은 지금 남아 있지 않다.
57) 이들 목적들은 〈교사의 노력 없이, 어떤 교육의 도움 없이, 의식적 노력
　　없이, 처세술을 모르고도 원하게 되는〉 것이라고 했다(*DCD*, XIX, 1).
58) *DCD*, XIX, 1.
59) *DCD*, XIX, 1.
60) *DCD*, XIX, 1.
61) 이는 아카데미학파의 견해를 따르는 것이라고 아우구스티누스 자신이 지적
　　하고 있다.

느 한쪽의 요구만 갖고는 충족될 수 없는 존재라는 것이다.[62]

아우구스티누스는 이 같은 바로의 결론에 대해서 철학자가 내릴 수 있는 최상의 것이라고 찬사를 보냈다.[63] 하지만 그는 그들의 행복론이 인간 중심으로, 즉 보편적 자아를 중심으로 삼고 있기 때문에 그것은 최고의 선일 수도 최고의 행복일 수도 없다는 것이다. 기독교인들이 보는 선은 그 같은 기준에서 평가될 일이 아님을 삶의 불안과 슬픔, 고통등의 현세적 문제들을 예로 들면서 예증했다.[64] 그래서 기독교인의 최고의 선은 자기중심적 자아가 아니라 하나님이다. 더구나 행복은 이 세상에서는 잠정적인 것에 불과하며, 그것은 영원한 하나님과 연결될 때만 참 행복을 누릴 수 있다고 본다.[65] 왜냐하면 지상의 행복은 충족되는 순간에 얻어지지만 시간이 지나면 그것은 잊혀지고 또 다른 부족감이 따르기 때문이다. 지상의 평화도 마찬가지다. 평화란 전쟁 없는 소극적인 상태의 평화가 아니라 신국에서만 이루어질 성질의 것이다.[66] 요컨대 아우구스티누스는 바로에 의해 정리된 〈선의 종결 finis boni〉의 문제를 그리스도교적 〈최고선〉과 연결시키며, 이를 인간에서 신에게로 비약시키고 있는 것이다.[67]

그에게 이 같은 비약은 피할 수 없는 당위였던 것 같다. 〈얼마나 많은 웅변을 토해야만 금생의 불행한 일들을 충분히 열거할 수 있겠는가?〉라고 질타한다. 어찌 사람들은 이 세상의 불행과 모순과 갈등을 그렇게 보면서도, 문제의 해결을 끝내는 인간의 수준에서 인간적 덕성과 지식, 철학에서 구하려고만 하는가 하고 원망이라도 하는 듯하다.

신을 향해야 하는 당위와 인간의 무력성에 대한 아우구스티누스의

---

62) *DCD*, XIX, 3.
63) *DCD*, XIX, 3.
64) *DCD*, XIX, 4.
65) *DCD*, XIX, 20.
66) *DCD*, XIX, 12, 13.
67) 정의채, 앞의 책, 176쪽.

양극적 서술이 아주 절실하기 때문에 베르노Verneaux는 실존철학의 효시를 아우구스티누스에게서 구할 정도이다.[68]

그는 고통과 죽음과 악 앞에 무력한 인간의 한계를 누구보다도 더 절감하고 있었던 것이다. 인간의 이성과 감성, 사유와 건강이 얼마나 부질없는 것인가. 사회의 존립 기준이 되는 정의justitia에 대해서도 그 허구성을 지적했다. 아우구스티누스는 정의도 인간과 인간, 인간과 국가의 관계에서 구해지는 것이 아니라 신과의 관계에서만 얻어질 수 있는데, 영혼이 신에 종속되고, 육은 영(靈)에 그리고 영과 육이 다같이 신에 종속될 때만 진정한 정의가 이루어진다.[69] 여기에서 아우구스티누스는 키케로의 〈공화국〉론에 반대하는 근거를 찾고 있다. 사람이 의롭다는 것은 자신을 신께 복종시킬 때 가능하기 때문이다.[70]

아우구스티누스는 가족이나 사회 생활에서 믿는 친구에서 행복을 구하는 것도 헛된 일이며 가정조차도 때로는 불화의 근원지이다. 인간은 본질적으로 완전한 소통은 불가능하다는 것이다. 인간들은 더구나 상이한 언어로 진정한 대화는 사실상 불가능하다. 죽음조차도 고통을 치유해 주는 방법이 아니다. 그는 천상국의 영원한 평화와 행복을 대비시키면서도 그것이 절대 무관한 대립 관계만은 아님을 강조했다. 그는 〈신국〉과 〈지상국〉의 차이를 인정하면서도 서로 화합할 수 없이 모순, 적대되는 것으로만 보지 않았다. 서로가 겹치는 공통된 고리가 있는 것을 발견한다. 특히, 지상국이나 천상국의 공통된 목표는 평화이다. 국가 존재의 정당성을 찾고 있는 것도 이 때문이다. 지상국은 천상국에서 완전히 독립된 것으로 파악하지 않고 높은 차원의 것과 연결되어 변용되어야 할 것으로 봤다.[71] 이 점에서 그의 교회와

---

68) Roger Verneaux, *Lecons sur L'existentialisme et Ses Formes Principales*, 13-14쪽(정의채, 앞의 책, 180쪽에서 재인용).

69) *DCD*, XIX, 5.

70) *DCD*, XIX, 27.

71) 정의채, 앞의 책, 189쪽.

국가간의 관계에 대한 견해의 일부를 볼 수 있다.

마지막에서는 심판(ⅩⅩ)과 지옥(ⅩⅪ) 그리고 천국의 상태(ⅩⅫ)에 대해서 논했다. 그리스도의 재림에 따라 종말이 오며, 이것이 심판의 때이고, 시간과 역사의 종결을 의미한다. 그 때는 마귀가 결박당하고 악인들은 정죄의 심판을 피할 수 없고 의인들은 영원한 하나님의 나라에서 영속적 평화를 누릴 것이라는 것이다. 악에 대한 형벌은 영원한 고통이며 지옥이요, 선에 대한 보상은 영원한 즐거움과 천상국이다. 아우구스티누스는 여기서 그리스도 재림에 따른 천년왕국설의 문제점들을 논하고 자신은 시간의 설정을 거부했다. 그리고 죽은 자들의 부활에 대한 신체적 조건들을 언급했는데 부활했다가 다시 죽은 자, 영원히 죽은 자들이 지상국의 궁극적인 시민으로 묘사되어 있다. 마지막에 신국도성의 평화와 영생과, 자유의지의 엄존과 불안과 부족과 갈증과 불행이 없는 영원한 안식의 상태를 기록했다. 그에게 역사란 신의 나라를 향해가는 사람들과 지상의 나라로 향해 가는 사람들의 순례의 행진이었다. 그는 역사의 마지막 도착지를 이렇게 썼다.

거기에는 진정한 영광이 있을 것이다. 착오나 아첨으로 영광을 주는 일이 없는 곳. 거기에는 진정한 영예가 있을 것이다. 그것을 받을 만한 사람에게, 그것이 결코 부정되지 않을 것이며, 받을 자격이 없는 사람에게도 주어지지 않을 것이다. 거기에는 자격 있는 자만이 거할 생각을 받을 것이므로, 무자격자가 영예를 구하는 예도 없을 것이다. 거기에는 진정한 평화가 있을 것이다. 아무도 자기나 다른 사람의 행동에 의해서 해를 받을 일이 없기 때문이다. 끝없는 끝에 있을 일을 보라. 끝없는 나라에 도달하는 것 외에 무엇이 우리의 끝이며 목표인가?[72]

---

72) *DCD*, XXⅡ, 30.

I7 〈두 도시〉의 성격 논쟁

　〈두 도시〉의 성격이 무엇인가. 이는 『신국론』을 주의 깊게 읽은 사람들이 갖는 궁극적인 질문이다. 『신국론』을 읽는 과정에서 때로 〈신국〉은 〈교회〉와 일치하는 듯한 논지로 전개되는가 하면,[1] 반대로 〈신국〉과 〈교회〉를 일치시킬 수 없는 서술 내용을 간간이 발견할 수 있기 때문이다.[2] 이 때문에 〈신국〉과 〈교회〉의 관계에 대한 논의도 두 가지 대립된 견해로 나타나고 있다. 하나는 〈신국〉과 〈교회〉는 일치하는 것이라는 주장으로 뉴만 J. Newman과 마샬 R. Marshall이 이를 대표하고,[3] 반면 이와 달리 도슨 C. Dawson이나 바커 E. Barker는 두 개념의 불일치를 주장하고 있다.[4]

---

1) *DCD*, XVI, 8 ; *DCD*, XX, 9.

2) *DCD*, I, 35 ; *DCD*, XI, 1 ; *DCD*, XVIII, 54.

3) R. Marshall은 그의 책, *Studies in the Political and Socio-Religious Terminology of the 〈De Civitate Dei〉*(Washington : Catholic University of America Press, 1952)에서 이 논지를 펴고 있다.

4) E. Barker는 그의 논문 "St. Augustine's Theory of Two Cities," Downton 편, *Perspectives on Political Philosophy*, I (New York : Holt, Rinehart & Winston, 1971)에서 이를 밝히고 있다.

　서양 중세의 교회 이론과 성장사는 직간접적으로 아우구스티누스 이론과 밀접하게 연관되어 있다. 신국과 교회를 동일시했느냐 여부는 제도적 교회로서의 중세 교황의 정통적 권위 확립과 무관할 수 없다. 더구나 이 문제는 지상에서의 교회의 역할 문제와도 연결되어 있으며, 끝내는 교회와 국가와의 관계는 어떤 것이어야 하느냐의 문제로까지 진전되지 않을 수 없었다. 이 때문에 터너C. Turner는 아우구스티누스의 『신국론』이야말로 로마라는 이름 없는 중세 교황의 이론 그것이라고까지 극언하고 있다.[5]

　같은 맥락에서 〈지상국〉의 성격에 대한 규명도 큰 관심의 대상이 되어 왔다. 요컨대 〈지상국〉이 〈국가〉와 동일한 것이냐 구별되는 것이냐의 문제이다. 이들에 대해서도 아우구스티누스는 간혹 혼란스런 서술 태도를 보이고 있다. 마치 〈지상국〉이 바빌로니아나 로마와 같은 실제 〈국가〉들과 동일한 것처럼 기술함으로써 〈지상국〉과 〈국가〉는 동일하다는 인상을 준다. 그는 지상국의 성격을 묘사하면서 실제 국가들이 행하는 살륙과 전쟁, 평화 등을 거론하고 있을 뿐만 아니라[6] 예루살렘을 〈신국〉의 대표로, 바빌로니아를 지상국의 대표처럼 대비시키고 있기 때문이다. 그리고 〈지상도성〉의 건설자와 로마의 건설자는 다 같이 자기 동생을 죽였고 그 속성이 동일한 것으로 묘사하고 있다.[7]

　반대로 〈지상국〉과 〈국가〉는 엄연히 구별되어 취급되어야 한다는 주장이 강하다. 국가의 속성이 지상국의 그것과 가장 가깝기는 하지만 〈국가〉는 상대적인 선함을 갖고 있으므로 종말 후의 실체이며, 구제할 수 없는 상태의 〈지상국〉과는 다른 개념일 수밖에 없다는 것이다. 이 같은 관점에 따르면 〈신국〉과 대비되는 〈지상국〉이 있고, 현역사 속에 존재하는 국가는 별개의 것이다. 그렇게 보면 〈신국〉, 〈국

---

5) C. H. Turner, *The Cambridge Medieval History*, I (Cambridge : Cambridge University Press, 1975), 173쪽.

6) *DCD*, XV, 4.

7) *DCD*, XV, 5.

가〉, 〈지상국〉의 삼원(三元)적 구분이 가능한 셈이다. 그러나 바커와 같은 경우는 아우구스티누스의 〈두 도시〉 개념을 사원(四元)적으로 파악하고 있는데, 〈신국〉과 〈지상교회〉, 그리고 〈지상국〉과 실제 〈국가〉의 구분이 그것이다. 적어도 이론적으로는 네 개의 도시 개념의 구분이 제기되고 있는 셈이다.[8)]

이같이 도시 개념이 복잡다양화되는 데는 여러 이유가 있다. 우선 고대의 도시 개념이 다양한 지역에 따라 오랜 시간을 두고 형성되었던 점을 간과할 수 없다. 그 때문에 개념 자체가 헐겁게 정리될 수밖에 없다. 스토아적 전통에서의 우주적 도시 개념이나 플라톤의 이상주의적 이데아 세계가 당대의 도시 개념 형성에 영향을 미쳤던 것으로 상정할 수 있다.[9)] 뿐만 아니라 그리스적 교육 배경을 가진 바울이 성서적 〈하나님 나라〉에 대한 정의를 다시 제기하고, 아우구스티누스가 그의 영향과 무관할 수 없다는 점 또한 고려되어야 할 것 같다. 그러나 무엇보다도 큰 이유는 아우구스티누스 자신의 서술 내용 때문이라고 보아야겠다.

아우구스티누스는 도시를 사회societas라는 말과 거의 동의어로 쓰고 있음은 앞서도 지적하였다. 그는 『신국론』 곳곳에서 이 같은 의도를 명시적으로 드러내고 있다.[10)] 그러나 civitas는 단순히 〈사회〉라는 의미에 그치는 것이 아니라 〈속genus(屬)〉(XIV, 1)과 같은 인류적 포괄성과 〈집domus〉(XV, 19)이나 〈신전templum〉(XV, 19)과 같은 어떤 집단의 뜻을 내포하기도 한다. 그래서 신의 집House of God, 신의 신전temple of God, 신의 도시City of God란 말이 거의 구분 없이 함께 쓰인다. 가정familia(I, 35)과 〈왕국Kingdom, regnum〉

8) E. Barker, 「사회이론Augustine's Theory of Society」, 지동식 외 편역, 『서양중세사상사론』(서울 : 한국신학연구소, 1981), 198-199쪽.

9) 같은 책, 194-195쪽.

10) *DCD*, XI, 34 ; *DCD*, XII, 28 ; *DCD*, XIV, 9 ; *DCD*, XIV, 1 ; *DCD*, XV, 1 ; *DCD*, XVIII, 18.

(ⅩⅩⅢ, 30)이 같이 쓰이고 있는 것도 같은 맥락에서다.[11]

아우구스티누스가 말하는 civitas란 유대감으로 이루어지는 것인데, 이 유대의식은 구성원 상호간의 동의concordance에 기반을 둔, 즉 〈연합시키는 끈assocoating tie〉에 의해 형성된 〈집합〉으로서 집단을 의미한다. 그래서 도시의 일차적 요건은 〈유대〉라 하겠다.[12]

유대는 무엇에 의해서 이루어지는가? 아우구스티누스가 제기한 도시들의 유대는 사랑의 동의에 기초한다. 〈신국〉과 〈지상국〉 시민의 구분은 의지에 따라 구분되고 또 구성된다. 사랑의 의지가 두 시민들을 구분짓는 보이지 않는 경계인 셈이다. 그래서 두 도시의 시민은 외형상으로 구분될 수 없는 성질의 것이다. 더 엄밀히 말하면, 국가에 속한 시민이 있을 뿐이지 신국의 시민도 지상국의 구성원도 가시적으로 나타난 것이 아니다. 이 때문에 마르쿠스R. Markus는 두 시민이 확실하게 공유하는 부분은 〈현세saeculum〉라고 했고 아우구스티누스가 제기한 도시의 구분을 세 개의 실체로 파악하려고 했던 것도 이 때문이다.[13] 요컨대 개념상으로는 구분이 가능하지만 실제상으로는 불가능하다. 그 때문에 아우구스티누스가 이 도시 개념들을 실제의 역사에 적용시킬 때는 개념과 실제의 혼선이 일어날 수밖에 없는 것이다.

1 〈신국〉과 교회의 관계

〈신국〉의 첫째 요건은 그것이 하늘에 있다는 것이다. 이는 그것을

---

11) J. O'meara, *Charter of Christendom, The Significance of the City of God* (New York : Macmillan Co., 1961), 4쪽.

12) 같은 책.

13) R. Markus, *Saeculum : History and Society in the Theology of St. Augustine*(Cambridge : Cambridge University Press, 1970), 101쪽.

향해 가는 순례자와는 별개로 오직 하늘에 있다. 구성원은 선한 천사들과 구원받은 사람들인데, 이들과 앞으로 이에 참여할 사람들은 모두 예정되어 있다. 이 도시는 지상에는 없지만, 그리스도의 은총을 통하여 그 곳의 시민이 될 수 있다는 점에서 지상과 무관치 않다.[14]

〈지상국〉 또는 〈이 세상 도시huius saeculi〉, 〈사단의 도시the city of the Devil〉라고 알려진 도시는 여기에 존재한다.[15] 이들 구성원은 〈신국〉에 속하도록 예정되지 않은 모든 인간과 천사들로 구성되어 있다. 이들 도시의 뚜렷한 구별점은 그들이 진정한 유일신을 숭배하지 않고 거짓신과 우상을 숭배하고 있다는 점이다.

이 두 도시 사이에서 교회의 성격은 무엇인가? 아우구스티누스는 일반적인 의미에서 〈신국〉과 교회를 동일한 의미로 자주 사용하고 있다. 〈신의 도시 이것은 그의 교회〉(XⅢ, 16)라든지, 〈신의 도시, 그것은 교회〉(XⅥ, 2), 〈그 사랑하는 도시, 즉 그리스도의 교회는 전세계에 전파되리라〉(XX, 11, 8)에서와 같이 신국과 교회를 구별 없이 사용하고 있다. 그리고 〈위대한 왕의 도시, 그리스도가 세운 그의 교회〉(XⅦ, 15)등의 말을 사용함으로써 보다 구체적으로 지상의 제도적 교회를 하늘의 신국과 동격으로 취급하고 있는 것 같다.[16]

이 때문에 마샬R. Marshall은 〈신국〉과 교회를 일치시키는 데 아무런 장애 요인이 없다고 주장했다. 그는 civitas란 용어는 아우구스티누스가 2대 집단을 표시하기 위해 사용한 용어로서 그 두 집단은 역사 속에서만 존재하는 것이 아니라 영원으로 진보하는 사회를 의미한다고 했다.[17] 인간들은 결국 신국이나 지상국의 하나에 속할 수밖

---

14) J. O'meara, 앞의 책, 43쪽.

15) *DCD* XⅧ, 1 ; *DCD*, XX, 14 ; *DCD*, XXI, 1.

16) J. O'meara, 앞의 책, 52쪽.

17) R. Marshall, 「신국과 교회의 일치론Studies in the Political and Socio-Religious Terminology of the De Civitate Dei」, 『서양중세사상사론』(서울 : 한국신학연구소, 1981), 129쪽.

에 없다. 신국은 하나님 지향적이며 지상국은 그로부터 멀어지는 것을 의미한다. 여기에 중간이나 제삼 또는 중립적 집단이란 없다. 그 때문에 두 도시들 중 하나의 소속원이 되는 것을 거부할 경우, 그것 때문에 자동적으로 다른 도시의 소속원이 될 수밖에 없다는 것이다. [18] 이들 소속원은 한 가지 점에서만 다른데 그것은 그들이 사랑하는 대상이 다르다는 것 뿐이다. [19]

마샬은 〈신국〉과 〈지상국〉을 공히 두 부분 또는 각각 두 개로 구분한다. 그러나 그것이 교회와 〈신국〉의 불일치와는 무관한 논법에서다. 아우구스티누스는 신국의 천상적인 부분을 우리가 말하는 천국과 일치시켰다는 점에서는 이의가 있을 수 없다고 했다. 이렇게 신국과 천국을 동일한 것으로 본다면 신국과 선택받지 못한 사람들을 함께 얘기할 때는 신국의 지상적 부분을 말하는 데 불과하다는 것이다. [20]

마샬은 아우구스티누스의 교회 개념은 성직 위계의 집단성에만 제한되는 것이 아니라 보다 넓은 의미로 이해해야 한다는 것이다. 『신국론』에서 사용하는 ecclesia란 용어는 원시 그리스도교 형태의 교회뿐만 아니라 예수 이전 시대까지 확대된 교회 개념을 생각케 한다고 했다. 그래서 연대기적 관점에서 볼 때 교회 개념은 신국의 지상적 재분할 부분에 해당한다는 것이다. [21]

아우구스티누스의 여러 저서에서 그가 때때로 성직 위계적 교회와 신국을 구별해 쓰는 것이 눈에 띄기는 하지만, 『신국론』의 경우 그 구별을 완전한 동일시의 관점에서 사용하고 있다고 마샬은 본다. 요컨대 교회는 신국에 속하며 신국은 곧 지상국의 대응 개념으로 교회는 신국의 일부에 불과한 것이 아니라 신국의 지상적 부분과 동일시할 수밖에 없는 부분이라는 것이다. [22] 그래서 신국은 교회이고 교회

---

18) 같은 책, 130쪽.
19) 같은 책, 133쪽.
20) 같은 책, 132-133쪽.
21) 같은 책, 134쪽.

는 신국이다. 더구나 아우구스티누스는 신국과 로마 가톨릭 교회를 일치시키는 데 아무런 어려움도 없었다고 마샬은 거듭 말하고 있다.[23]

그러나 〈신국〉과 교회를 일치시킬 때 몇 가지 고려해 볼 만한 문제가 제기된다. 오메아라 J. O'meara가 거론했듯이 첫째로 교회가 존재하기 전에도 지상에는 신국 시민들이 있었다. 이들도 그리스도의 은혜로 신국 시민들이 되었지만 이들이 가시적 사회 visible society로서의 교회에 속했다고 보기는 어렵다는 것이다. 이렇게 가시적 교회가 생기기 전에도 신국의 시민이 된 여러 예를 들 수 있는데 그 대표적인 경우로 아우구스티누스가 에리트라이 Erythrae의 여선지자 시빌 Sibyl을 언급하고 있음을 지적했다.[24]

두번째로 성서에 나오는 좋은 씨앗 속에 섞인 잡초 씨앗이나 가라지와 알곡의 구별, 한 바구니에 섞인 물고기의 예를 아우구스티누스의 교회론에 적용시킬 때 제기되는 문제이다. 가시적 교회 안에는 종국에 신국에 소속되지 못할 사람들이 끼어 있다는 것이다.[25] 아우구스티누스 당대에도 세상적인 이유, 즉 정치적 보호나 출세 같은 것을 위해 크리스천이 되는 경우가 많았다고 아우구스티누스는 말한다.[26]

다음에 교회 밖에도 구원이 있다는, 다시 말해 죽기 전에 교회에 속해 있지 않았으나 신국 시민에 속할 사람들이 있다는 교회 밖의 구원과 관련된 문제다.[27] 아우구스티누스는 몇 곳에서 세례를 받지 않았지만 영원한 형벌을 면하고 그리스도에게 바로 간 사람들에 대해 언급하고 있다.[28]

이 같은 이유들 때문에 바커 Barker나 도슨, 베인즈 같은 이들은

---

22) 같은 책.

23) 같은 책.

24) *DCD*, XVIII, 23(J. O'meara, 앞의 책, 52쪽에서 재인용).

25) *DCD*, XVIII, 48f ; *DCD*, XX, 5, 9.

26) J. O'meara, 앞의 책, 53쪽.

27) 같은 책.

28) *DCD*, XXI, 16 ; *DCD*, XX, 24.

<신국>을 가시적 교회와 일치시키는 데 대해 이의를 제기하고 있다. 특히 바커는 마샬이 주장하듯이 하나의 교회가 존재한다고 믿지 않는다. 아우구스티누스는 <신앙의 단일체로서의 보편적 교회 개념>과 <제도의 단일체로서의 지역 교회local church>를 동일한 것으로 보지 않았다. 다시 말해, <신앙의 단일체인 동시에 권위의 단일체를 겸한 하나의 교회>가 존재한다고 믿지 않았다는 것이다.[29] 그 때문에 아우구스티누스는 보편교회 개념에도 불구하고 <개체교회particular church>에 특별한 권위가 부여되어 있는데, 예를 들면 로마교회 같은 곳에 우선권이 부여된 것도 그런 경우라고 했다.[30]

그리고 바커는 가시적 교회와 비가시적 교회로 나누어 아우구스티누스의 <신국> 개념을 이해하려 했다. <신국>은 <우주적 도성>으로서 그것은 불가시적 단체라는 것이다. 거기에는 타락한 천사 불의한 영혼, 땅위의 불의한 자들이 포함될 수 없는 곳이다. 그것은 어떠한 가시적 제도와도 동일시할 수 없으며, 엄격히 말해 그것은 교회와도 동일시할 수 없는 것이다.[31]

아프리카 전통에 서 있는 아우구스티누스는 현재의 가견적, 제도적 교회의 불완전성을 간과할 수 없었다. 교회에서 세례는 받았지만 의롭지 못한 사람들도 포함되어 있다. 다시 말해 선택받은 자나 받지 못한 자가 섞여permixtio 있는 것이다. 이러한 주장은 그의 도나티스트주의자들과의 논쟁에서 교회제도주의를 배격하는 데서 분명해진다. <육체의 관점에서는 섞여 있고 의지의 관점에서는 분리되어> 있다는 것이다.[32]

이 문제와 관련하여 아우구스티누스 자신의 서술은 보는 시각에 따라 다른 견해로 나뉘는 것 같다.

---

29) E. Barker, 「사회이론」, 앞의 책, 202쪽.

30) 같은 책, 201쪽.

31) 같은 책, 197쪽.

32) *De Catechizandis Rudibus*, 19, 21.

신국어는 이 세상에서 순례중에 있을 때, 그들 중에 연합하여 성례전에
참여하는 사람들 사이에도 영원한 성자들과 함께 무리 안에 거주할 수 없
는 사람들이 있다. 그들 중 일부는 숨겨져 있고 일부는 잘 알려져 있다
…… 이들 도시들은 이 시대에 서로 섞여 짜여지고 혼합되어 있지만
perplexae in hod saeculo inuicemque permixae, 마지막 심판에서는 끝
내 나뉘리라.[33]

이 글에서 바커 등은 이 세상에서 섞여 있는 부분이 교회이며 그렇
기 때문에 심판 앞에 분리될 수밖에 없다는 점에서 가시적 교회와
〈신국〉이 동일시될 수 없다는 주장을 폈다. 반면 마샬은 그 섞여 있
는 부분은 신국과 지상국의 중첩된 부분으로 보고, 신국의 지상적 분
소(分所)를 교회라고 보는 광의적 해석을 내리고 있다.[34]
  사실 이 문제는 아우구스티누스 자신이 때로 혼용해 쓰고 있고,
〈신국〉과 〈지상국〉의 개념이 종말 이전의 개념 상태에 머물고 있고,
실체로서 분리되어 있지 않은 한 그 일치와 불일치를 확연히 구분하
기는 어려운 문제인 것 같다. 그럼에도 불구하고 아우구스티누스 자
신은 교회와 신국을 언제나 일치하는 것으로 생각하지는 않았던 것
같다. 물론 일치시킬 때도 있으나 그것을 구분해 쓰기도 했다는 것이
다. 이 때문에 바커는 아우구스티누스가 이 용어를 스스로도 다르게
썼다고 분별해 내고 있다. 아우구스티누스가 신앙의 열정에 차 있을
때는 신국과 교회를 동일시하여 서술하고 있는 반면, 그가 보다 이지
적이고 논리적으로 서술할 때는 이 두 개념이 분리되어 있다는 것이
다.[35] 그래서 아우구스티누스 자신도 두 가지 입장을 갖고 있었다는
점을 간과해 버린 채 오늘의 입장에서 교회일치론이나 불일치론을 주
장하는 것은 지나친 분별적 시도가 아닌가 싶다. 다만 자신의 서 있

---

33) *DCD*, Ⅰ, 35
34) R. Marshall, 앞의 책, 80쪽.
35) E. Barker, 「사회이론」, 앞의 책, 202쪽.

는 자리와 경향성에 따라 자기식의 눈으로 아우구스티누스의 〈신국〉을 해석하려 하고 있는 것 같다.

그 점에서 역사적 실체로서의 교회는 신국과 동일시할 수 없는 것이지만, 종말적 실체로서의 신국과 교회는 동일시해도 큰 무리는 없는 것 같다. 다시 말해, 현세saeculum에서는 섞여 있기 때문에 교회와 신국이 동일하지 않지만 종말적인 측면에서 보면 광의의 ecclesia라는 의미에서 교회와 동일시될 수 있다는 것이다. 그리고 〈신국〉과 가장 가까운 속성의 지상적 제도가 교회라는 점에서는 이의가 있을 수 없다. 아우구스티누스의 『신국론』이 중세 교황주의의 씨앗이 되었다고 주장하는 역사적 가능성을 엿볼 수 있다. 아우구스티누스 자신의 주장과 아우구스티누스주의자들의 그것과 항상 동일하지 않다는 점을 기억하는 것도 이 문제 이해에 도움 요소가 되리라 생각한다. 요컨대 아우구스티누스 자신이 교회와 일치시키기도 했고 또 별개의 것으로 취급하기도 했다.

2 〈지상국〉과 〈국가〉의 구분

〈지상국civitas terrena〉과 국가는 동일한 것이 아니고 구분되는 성질의 것이라는 데는 별다른 이론(異論)이 없는 것 같다. 물론 넓은 의미에서 국가와 〈지상국〉을 구별하지 않고, 국가와 지상국의 속성이 가장 가까운 것이라는 주장은 나름의 타당성을 갖고 있다. 하지만 그 같은 주장들도 그 주장의 기조를 국가와 〈지상국〉의 구분에 두고 있음을 부인하기는 어렵다.

〈신국〉과 교회의 일치설을 주장했던 마샬도 〈지상국〉과 〈국가〉를 별개의 것으로 파악하는 데 아무런 어려움을 발견치 못하고 있다. 모든 사람은 현세에서 국가에 소속되어 있지만, 이들 국가 소속원이 모두 〈지상국〉 시민이 되는 것도 아니다. 아우구스티누스가 말하는 〈지상국〉이란, 선인이나 상대적인 의(義)조차 없고 영원히 부활도 없는 마지막 죽음의 상태인 사회를 말한다. 이 같은 〈지상국〉의 기준을 정치적 제도인 국가에 적용시킬 수 없고 더구나 특정 국가나 특정 정치적 집단에도 적용시킬 수 없다는 것이 마샬의 입장이다.[36] 아우구스티누스가 비록 로마나 바빌로니아같은 나라들을 지상국의 두목격으로 지목하고 있지만 이는 그리스도교적 입장에서 이를 대비시킨 것이며, 〈지상국〉과 이들 국가가 동일하다는 뜻은 아니다.[37]

〈신국〉과 마찬가지로 〈지상국〉도 하나의 이상적인 개념이다. 더 정확히 말해, 그것은 이상의 부정으로 이상적인 신국과 대치되는 것이며, 바로 불의의 도성이다.[38] 이 〈지상국〉이란 형태도 없고 볼 수도 없으며 셀 수도 없는 우주 안에 존재하는 모든 불의한 자들, 타락한 천사들, 불의한 자들의 영혼, 땅 위에 사는 불의한 자들의 사회를 의미한다.[39]

그렇기 때문에 실제적인 〈국가〉는 그것과 구별될 수밖에 없다.[40] 한 발 더 나아가 마샬은 정의의 유무가 국가 성립의 절대 요건은 아니라는 점을 들었다. 국가들은 그들의 이교적 경향 때문에 정의가 결핍되어 있는 국가가 있을 수 있다. 그러나 그 때문에 국가 자체가 성립되지 않는 것은 아니다.

의의 기준을 국가에 적용할 때 상대적 의와 절대적 의를 구분하여 적용하는 셈이다. 절대적 의란 하나님과의 바른 관계에 있을 때만 생기는 의다. 그렇기 때문에 이같은 기준으로 볼 때 이 지상에서 그 같은 국가를 찾기란 어렵다. 하지만 상대적 의란 주로 법률적인 수준에서의 바른 관계를 말한 것이기 때문에 그것은 죄성과의 조화를 의미하므로, 그 기준에 의하면 국가도 성립된다.[41]

---

36) R. Marshall, 앞의 책, 136-137쪽.

37) 같은 책.

38) E. Barker, 「사회이론」, 앞의 책, 198-199쪽.

39) 같은 책.

40) 같은 책.

국가는 그 자체의 평화 뿐만 아니라 질서를 가지고 있으며 하나님
의 질서 중의 한 부분을 담당한다. 그리고 죄에 의해 부패되었다 하
더라도 그 지배자들은 하나님에 의해 뽑혔고 하늘의 도성 또한 국가
의 도움을 받고 있는 것이다.[42] 그러므로 국가는 하늘의 도성보다 훨
씬 밑에 있지만, 불의로 구성된 〈지상국〉보다는 상대적으로 위에 있
는 것이다. 다시 말해, 두 도성간의 중간에 위치한 셈이다.[43] 그 때문
에 아우구스티누스는 로마를 불의의 나라로 크게 비난하면서도 다른
나라에 비해서 어느 정도의 덕을 갖추고 있으며, 때로 로마를 변호해
주는 대목도 있음을 발견하게 된다.[44] 그가 도나티스트의 제압을 위
해 국가의 힘을 빌렸던 것도 같은 맥락에서다.

국가는 체제라기보다는 사람들로 이루어진 사회적 집합이며, 그 집
합의 끈은 사랑이기 때문에 국가 성립의 기준도 상대적일 수밖에 없
다. 그래서 지상의 왕국regnum terrenum이란 악한 자와 선한 자가
함께 사는 곳이며 하늘의 왕국regnum caelorum이란 경건한 자들만
으로 구성된 곳이며,[45] 〈지상국〉은 버려진 자들로만 구성되어 있는
단체 개념으로 구분할 수 있다. 아우구스티누스가 Civitas Dei에서의
civitas를 강조하고 있는 것에 비해 civitas terrena의 경우는 그것을
독자적으로 사용하는 경우는 거의 없고, Civitas Dei의 대비 개념으
로 많이 사용하고 있는 점에서도 알 수 있다.[46]

이상에서 볼 수 있듯이 두 도성은 내세적이고 영적인 특성을 갖고
있다.[47] 두 도성은 본질적으로 종말적인 실체이므로 이 세상에서는

---

41) 같은 책.
42) 같은 책, 199쪽.
43) 같은 책.
44) J. O'meara, 앞의 책, 101-102쪽.
45) *DCD*, Ⅴ, 21.
46) R. Marshall, 앞의 책, 41-42쪽.
47) M. H. Kim, "The Function of Eschatological Perspective upon St.
    Augustine's Teaching about the Two Cities," *Unpublished Doctoral*

확연히 외적 기준에 의해 구분될 수 있는 성질의 것이 아니다. 그러나 그것이 아우구스티누스가 말하는 역사의 진행과 무관한 것이 될 수 없다. 그것은 가시적으로 나타나지 않지만 역사 속에서는 실현되어 나가는 역사적 실재이며 그 때문에 이는 과정적 의미를 지니고 있다.[48] 이 점이 또한 아우구스티누스의 〈신국〉 사상이 다만 미래에 실현될 대상이라는 미래주의에 머무르지 않는 이유다. 뿐만 아니라 〈신국〉을 단순히 지상의 제도적 교회와 전적으로 일치시킬 수 없는 이유다. 다시 말해, 아우구스티누스는 역사 속에 이 두 도시가 실현되고 있음을 인지했지만 그것이 곧 역사 속의 어느 단체나 제도와도 동일시 될 수 없다는 입장을 취했다. 이 점이 또한 신국의 지상 실현을 꿈꾸었던 〈샤를마뉴〉나, 콘스탄티누스 대제 아래의 로마제국을 마치 신국처럼 생각했던 유세비우스적 태도와도 구별되는 부분이다.

이로써 아우구스티누스는 그때까지의 그리스도 왕국의 〈이 세상주의〉나 그것의 〈저 세상주의〉의 이원적 자세를 극복하고 종말적 실재와 역사적 실현성을 동시에 인정함으로써 이를 현세 saeculum에 수렴할 수 있는 길을 터놓은 것이다. 그 때문에 아우구스티누스는 천년왕국 사상 millenarianism에 찬동하지 않고 그리스도의 재림의 시한이나 통치의 시기를 설정하지 않았는지도 모른다. 이 점에서도 그는 고대와 중세의 교량적인 역할을 담당했다고 볼 수 있다.

3 『신국론』의 사학사적 의미

아우구스티누스에 대한 사학사적 평가는 『신국론』의 내용이 무엇인가 하는 문제 제기와 맞물려 있다. 피기스 J. Figgis는 아우구스티누스를 역사철학의 아버지라고 부를 뿐 아니라 그 포괄성이나 전체성

Dissertation(Thomas Institute School of Theology, 1973), 58쪽.
48) 같은 책, 70쪽.

에서 비코Vico나 헤겔Hegel을 훨씬 앞지르는 역사철학자라 했다.[49] 반면 오메아라O'meara나 파도바니Padovani, 뢰비트Löwith는 차라리『신국론』자체를 역사철학서로 보지 않고 역사신학서 Theology of History로 보고, 그 때문에 아우구스티누스를 역사신학자의 자리에 머무르게 하는 데 그치고 있다. 슈미트는 한 발 더 나아가 아우구스티누스가 오히려 역사를 무(無)로 만들어 버렸다고 했다. 국가들의 실제적인 역사 진행에 대해 무지할 뿐만 아니라 취급하는 나라도 로마나 앗시리아 그리고 부분적으로 그리스와 이집트의 역사를 다루고 있을 뿐이라는 것이다.[50]

키이즈는 다른 전제에서 아우구스티누스가 역사철학자라는 것을 인정하고 있지만, 그 주장의 내용이 전혀 비합리적이란 점을 지적하고 있다. 그는 아우구스티누스가 그리스도교의 신념들에 빠져 있기 때문에 그 외에 매우 중요하고 기본적인 문제들에 대해 폐쇄적이라는 것이다. 그는 나름의 역사 진전의 구도와 모형을 설정해 놓고 그 외의 다른 것들은 철저하게 불확실한 것으로 간주해 버린다는 것이다. 아우구스티누스의 입장에 동의하지 않는 사람들에게 이는 사실을 부정직하게 취급하고 있을 뿐만 아니라 역사사상을 화석화시키기까지 하는 것으로 보인다. 그 때문에 그의 역사철학은 마음의 문을 열고 역사 연구를 추구하려는 사람들에겐 오히려 해를 끼치기까지 한다는 것이다.[51]

같은 맥락에서 키이즈는 아우구스티누스의 역사 인식 체계에 대해 몇 가지 근본적인 의문점을 갖고 있다. 신이 진정 전능하다면 무엇 때

---

49) J. Figgis, *The Political Aspects of Saint Augustine's City of God*(London : Peter Smith, 1963), 34쪽.

50) J. Figgis, 「역사철학자」, 『서양중세사상사론』(서울 : 한국신학문제연구소, 1981), 159쪽.

51) G. Keyes, *Christian Faith and the Interpretation of History*(Lincoln University of Nebraska Press, 1966), 186쪽.

문에 자유의지의 장치가 필요한가? 왜 신이 처음부터 신의 의지를 거스르지 않도록 창조하지 못했는가, 죄의 책임을 사람에게 돌려야 할 이유가 무엇인가라고 물었다. 이어서 아우구스티누스가 현실을 지나치게 어둡게 묘사하고 있는 점에 이의를 제기하고 아우구스티누스의 역사철학은 역사이해에 도움이 되지 않는다고 비판하였다. 아우구스티누스는 신앙과 역사를 동일시함으로써 역사를 특정한 무대에 고정시켜 화석화시키고 역사연구를 다른 학문으로부터 고립시킬 뿐만 아니라 그의 사상의 95%가 지식보다는 믿음에 대한 것이라고까지 했다.[52]

반면 로비트는 사뭇 다른 차원에서 아우구스티누스를 옹호하고 있다. 신은 본질적으로 감각이나 자연과학적 방법으로 접근할 수 있는 성질의 것이 아니다. 신앙pistis이란 이론theoria과 달라서 볼 수 없는 것, 그것에 위탁함으로써만이 증명이 가능한 확고한 신뢰를 의미한다고 했다.[53] 뢰비트도 아우구스티누스의 세계사 묘사가 아주 불충분하고 신의 섭리와 실제 역사의 진행을 관계시키는 데 실패하고 있다고 인정했다. 그러나 아우구스티누스가 세속사에 대한 이해와 평가를 결하고 있는 것은 신이 갖고 있는 주권을 조건 없이 인정하는 데서 오는 불가피한 결과라는 것이다. 그 때문에 『고백록』의 저자에게 경험적인 사실에 대한 역사적 비판을 기대하는 것은 마치 근대 역사가들에게 육체적 부활을 믿기를 기대하는거나 다름이 없다고 했다.[54] 헤겔과 보쉬에의 문제점은 실제 역사 사건을 다룬 데 문제가 있는 것이 아니라 역사 사건에서 구원과 성공을 너무 지나치게 증명하려 하는 데 있다고 지적한 뢰비트는 차라리 그 점에서 아우구스티누스가 훨씬 지혜롭다는 것이다.

이 세상의 역사를 아우구스티누스적 구도로 설명하는 데 있어서 여

---

52) 같은 책.

53) K. Löwith, 이석우 역, 『역사의 의미』(서울 : 탐구당, 1990), 231쪽.

54) 같은 책, 245쪽.

전히 문제가 되는 것은 악의 문제다. 즉, 악의 존재 이유가 무엇인가 하는 물음이다. 사실 이 부분이 아우구스티누스에게도 가장 고심스러웠던 점인 것 같다. 일반적인 대답은 고난이 죄의 값이라든지, 우주 전체의 조화를 위해 필요하다는 등의 합리론적 대답이었다. 그러나 고난은 개인의 경험에 따라 의미와 원인에 대한 설명이 달라질 성질의 것이라는 데 어려움은 있다. 아우구스티누스의 이 문제에 대한 초기의 접근은 보다 논리적인 것이었으나 끝내 고난은 설명될 수 있는 성질의 것이 아니라고 결론내린 것 같다. 다만 절대주권자에 예속함으로써만 그 의미가 새로워지고 그것을 수용할 수 있는 길을 알게 된다는 것이다.[55] 아우구스티누스가 보는 역사는 단순한 사실들의 편집만이 아니다. 그것은 역사의 목적과 관련하여 의미가 밝혀지지 않는 한 역사에 대한 해답은 끝내 미지수로 남을 수밖에 없다. 고난이나 악도 같은 맥락에서 이해하고 있다.

아우구스티누스가 제기한 역사 인식은 그리스적 순환사관의 원리를 거부한다. 시작도 끝도 없는 시간과, 어떤 목적을 향해 가고 있는 것이 아니라 어떤 축을 중심으로 한 순환적 역사는 그에게 비도덕적으로까지 비쳤다. 반복적 회귀의 역사는 과거만이 있는 역사이며 기실 미래는 없는 것이라고 생각했다. 창조자와 섭리자가 없는 세계관과 역사관은 그 다양한 설명의 가능성에도 불구하고 역사의 목적을 말할 수 없는 것이며 목적 없는 역사는 의미가 없는 것이다.[56] 아우구스티누스는 역사를 이해하는 데 있어서 영지주의나 이데아론, 스토아적 금욕주의의 자세를 거부했다. 역사의 텔로스telos 없는 접근은 끝내 인간 정신의 자기식 투쟁 장소에 불과할 것이며, 그 같은 인간 역사가 심판관 없이 영속된다는 것도 받아들이기 어려운 점이었다. 실증주의와 사회과학적 훈련에 익숙해진 오늘의 의식으로 볼 때는 이 문

---

55) 이장식, 『기독교사관의 역사』(서울 : 대한기독교서회, 1992), 178-179쪽.
56) K. Löwith, 앞의 책, 20쪽.

제는 그렇게 심각한 것이 아닐지 모른다. 그러나 당시에 상당히 보편화되어 있던 점성술의 강도(強度)라든지, 곳곳에 만연해 가는 불안과 이국적 감성주의 같은 도덕적 퇴락의 시대에 아우구스티누스가 느꼈던 역사의 종말과 심판의 문제는 심각한 문제였을지 모른다. 이 때문에 뢰비트는 『신국론』에서 다루고 있는 문제의 핵심은 〈창조와 완료가 갖는 도덕적 의미가 시작도 끝도 없는 영원한 순환보다 더 만족스러운 것이냐의 여부에 있다〉고까지 말하고 있다.[57]

역사철학은 헬레니즘 세계의 사상을 극복하는 데서 시작되었다는 도슨C. Dawson과 뢰비트의 주장은 아우구스티누스의 사학사적 위상의 중요성을 확인해 주는 셈이다. 헬레니즘 세계는 사회 이론이나 정치철학은 갖고 있었지만 역사철학에는 결코 도달하지 못했다. 역사적 사고보다는 우주적 사고 지향적이었던 그리스인들에게 시간 의식이란 별다른 중요성을 갖고 있지 않았기 때문에 그들은 역사 방법론은 제시할 수 있었지만 역사철학에는 이르지 못했던 것이다.[58]

이 점에서 역사철학은 전적으로 역사신학에 의존한다고 한 말은 긍정적이다.[59] 특히 예정의 성취와 구원의 역사 같은 역사에 대한 신학적 개념은 히브리적 사유에서 나올 성질의 것이었으며, 이를 역사에 통합적으로 제시한 인물이 아우구스티누스라는 점에 유의할 필요가 있다. 이 점에서 뢰비트는 근대 사학이 18세기부터 시작되었다는 주장에 반대한다. 그것은 이미 히브리 시대에 시작이 되었고, 다만 그것이 18세기 이후에 세속화로 대치되었을 뿐이라는 것이다. 헤겔의 역사철학은 아우구스티누스적 섭리론이 이념으로 대치되었으며, 마르크스의 공산주의 사회 실현의 역사적 목표도 기실은 하나님 나라의 실현이라는 기독교적 목표의 사회경제적 대안에 불과하다는 주장도

---

57) 같은 책, 230쪽.
58) C. Dawson, "St. Augustine and His Age," D'Arcy 편, *St. Augustine* (Cleveland : World Publishing Co., 1961), 44쪽.
59) K. Löwith, 앞의 책, 15쪽.

그 같은 논리에 근거한다고 볼 수 있다. 같은 맥락에서 기독교 역사관 체계화의 대표적 인물인 아우구스티누스는 신학적인 방법을 통하여 근대적인 역사 목적론을 제기했다고 할 수 있다.

그의 역사철학은 비록 신학적이긴 하지만 사실의 기록이라기 보다는 그가 믿었던 바를 해석했다고 할 수 있다. 하지만 그의 『신국론』 구도에는 역사의 시작, 그 원동력과 진행, 지향 목표가 뚜렷이 제기되어 있고, 그 설명의 필요성 때문에 시대 구분이 체계화되어 있다는 점은 근대사학 발전에 기여하는 요인들이다.[60]

그 때문에 그는 당대의 오로시우스Orosius나 아퀴텐느의 프로스퍼 Prosper of Aquitaine에게뿐만이 아니라 이시도르Seville of Isidore 주교, 영국의 비드Bede, 독일의 오토 폰 프라이징Otto von Freising 과 같은 사가들의 역사 구도와 서술에 깊은 영향을 미치는 데 그치지 않았다.[61] 근대의 합리적인 역사관 등에 형성의 틀을 제공해 줌으로써 간접적인 영향을 지속적으로 미쳤던 셈이다.

그리고 순환적 사관을 극복함으로써 진보적 역사관을 낳게 한 토양을 마련했다. 역사는 같은 일의 반복이 아니라 어떤 목적을 향해서 진행되고 있다고 생각될 때, 그 역사는 절망의 대상이 아니라 새로운 출발의 도장인 셈이며, 그 점에서 아우구스티누스 사관은 진보적이라는 도슨의 지적은 음미할 만하다.[62] 그의 목적론적 사관은 하나의 목적에 모든 세계사를 통합함으로써 세계사의 통일성을 또한 부여한 셈이다.[63]

아우구스티누스는 또한 역사를 새로운 시간관과 기억론 위에 구축

---

60) 이상신, 『개정서양사학사』(서울 : 신서원, 1993), 84쪽.

61) W. Green, "Augustine on the Teaching of History," *University of California Publications in Classical Philosophy*(Berkley : University of California, 1944), 328쪽.

62) C. Dawson, 앞의 책, 350쪽.

63) J. Figgis, 「반역사철학자」, 앞의 책, 168-169쪽.

하였다. 그에게 시간이란 현존하는 순간, 항상 현재에 남아 있는 기억이나 인상을 재는 것이지 사물의 변화라는 외적 요인에 의해 측정되는 것은 아니었다.[64] 이 같은 새로운 시간 개념이 보다 축적된 역사관의 형성을 가능하게 했다. 그것은 인간들의 경험의 성장과 함께 커감으로써 인간들의 과거가 죽지 않고 기억 속에 축적된다는 점에서도 역사는 진보적이다. 이 같은 경험을 역사 속에 투입하는 자유의지의 역할을 생각해 볼 때 절묘한 연결고리 같은 것을 생각케 한다. 물론 아우구스티누스의 창조론이나 원죄설, 예정론 같은 것을 들어 그의 사관을 다만 〈정태적인 항구적 질서〉에 불과하다는 비판을 하기도 한다.[65] 그러나 그의 종말관은 시간을 매체로 하는 현재적 과정을 인정하고 있고, 이러한 목적을 향해 인류와 국가 개인의 역사가 통일성 있게 나가고 있다는 사실은 아우구스티누스가 의식하고 있든 아니든 전체적으로 진보적 구도를 갖고 있는 것만은 사실이다.[66]

그뿐 아니라 아우구스티누스는 역사의 동인 중의 하나를 인간의 본성에서 구함으로써 역사의 갈등과 모순, 슬픔과 좌절을 실감 있게 보는 틀을 마련했다. 그 점에서 신국의 주체는 교회도 아니요 국가도 아닌 개인이란 지적은 역사에서 차지하는 개인의 특이한 위상을 지적한 것이다. 역사를 통하여 인간성은 변하지 않는다. 투키디데스의 정치적 도덕론이나 마키아벨리의 군주론, 오늘의 망탈리테 사학에 이르기까지, 그것을 일관되게 연결해 주는 끈은 인간성의 동질성이다. 이때문에 혹자는 아우구스티누스를 역사주의, 심리적 역사학의 창시자라고 부르고, 니버 R. Niebuhr 또한 아우구스티누스를 정치적 현실주의자라고까지 불렀다.[67] 『신국론』에서의 사회 현상, 긴장과 경쟁에

---

64) *Conf.*, XI, 18, 23.

65) C. Dawson, 앞의 책, 350쪽.

66) 같은 책.

67) R. Niebuhr, 「정치적 현실주의자」, V. Downton 편, *Perspectives of Political Philosophy*, I (New York : Hartholt Rinehart and Winston inc.,

대한 기술은 사실적일 뿐 아니라, 인간의 이기주의, 즉 자기 사랑의
사회적 결과에 대한 그의 진단은 정확하기 때문이다.[68]

1971).
68) 같은 책.

18 아우구스티누스 국가론의 현실성

아우구스티누스의 〈신국〉 개념은 강한 종말성과 상징성, 그리고 그 역사적 대비성이 본질임을 앞에서 살펴 보았다. 그럼에도 불구하고 그가 추구한 초월적 실체의 종말성은 역설적으로 이 세상의 과정적 존재들을 긍정하는 결과를 가져오지 않을 수 없었다.

이 같은 그의 태도는 현실 인식에서도 나타나는데, 인간의 죄성을 일찍이 간파한 그는 사회 문제의 근원지를 인간의 본성에서 찾았다. 아우구스티누스는 사회악이나 인간 악의 근원을 외적인 이유가 아닌 내적인 이유에서 구하고 있는데, 이들 문제들은 궁극적으로 인간 의지, 즉 자기 사랑self-love에서 시작된다. 이 점에서 그는 마니교적 이원주의와 그리스적인 영육(靈肉) 이원 사상을 극복하고 의지 일원론적 입장을 취하고 있는 셈이다. 그리스의 영육이원론에 따르면, 인간이 죄를 짓게 되는 것은 육욕을 따르려는 데 있다고 보는 반면, 아우구스티누스는 죄의 원인이 육체에 있는 것이 아니고 그릇된 인간 의지human-will[1]에 있다고 봄으로써 영도 육도 아닌 통합된 의지에서 찾고 있는 것을 알 수 있다. 니버 Reinhold Niebuhr가 〈아우구스

1) *DCD*, XV, 5.

티누스야말로 서구 역사상 최초의 위대한 현실주의자다〉라고 말한 점
은 흥미롭다.[2] 그가 아우구스티누스를 현실주의자라고 부르는 이유는
『신국론』에서 사회적 제현상들을 기술하는 데 있어서 매우 실제적인
태도를 취하고 있기 때문이다. 이는 아우구스티누스가 사회적 갈등과
긴장, 이해의 충돌이나 폭력과 같은 제사회적 현상들을 외면하지 않
고 인지하고 있다는 것을 뜻한다.[3] 이는 곧 세상에 대한 어둡고 비관
적인 시각을 말하는 것이지만 동시에 종말관과 연결되어 있기 때문에
오히려 현실의 가난과 고통을 수긍하게 되고 종말에 이르기 전까지의
역사를 현실로 받아들일 수 있게 했다.[4]

　같은 맥락에서 아우구스티누스는 지상의 국가나 공동 사회를 무용
한 것으로 보지 않고 그 나름대로의 존재 이유를 갖고 있다고 보았
다. 국가는 최소한의 질서와 평화를 유지해야 할 임무가 있으며, 어
떤 공동 사회든 자기 사랑의 정도가 지나칠 때 이를 시정시켜야 할
강제적 힘이 필요하다고 했다. 이 점에서 지상에 유토피아를 건설할
수 있다고 생각하는 낙관론을 배격하고, 사회 질서와 긴장들이 갖고
있는 문제들이 무엇인가를 솔직히 받아들이고 있는 것이다.[5]

　세상의 고통에 대해서도 수긍하고 있는데 〈신국〉의 시민이나 〈지
상국〉의 시민이나 그들이 실제 이 세상에 있는 동안에는 다같이 고
통받는 삶을 산다는 점에서는 공통적이다. 〈세계는 하나의 압축당하
고 있는 기름 짜는 기계와 같다. 만일 그대가 기름의 찌꺼기라면 그
대는 하수를 통해서 버려질 것이고, 만일 그대가 좋은 기름이라면

---

2) R. Niebuhr, "Augustine's Political Realism," J. V. Downton 편,
　　Perspectives on Political Philosophy, I (New York : Holt Rinehart and
　　Winston, 1971), 244쪽.
3) 같은 책.
4) 같은 책, 257쪽.
5) D. D. Williams, "The Siginificance of St. Augustine Today," R. W.
　　Battenhouse 편, *A Companion to the Study of St. Augustine*(Grand
　　Rapids : Baker Book House, 1956), 10-11쪽.

그릇 안에 남을 것이다. 그러나 압축당해야 된다는 것은 피할 수 없다〉고 했다.[6]

아우구스티누스는 인간들의 생활이 사회적일 수밖에 없다는 점을 강조하지만 인간 사회가 많은 시련과 불행으로 충일되어 있는 이유를 사회의 탓으로 돌리기보다는 인간의 탓으로 돌린다. 사회 그 자체의 본질이 악하기 때문이 아니라 그것을 구성하고 있는 인간들이 악하기 때문이다. 사회란 본질적으로 중립적이며, 사회들로 구성된 현세도 사실상 중립적이다. 그러나 그것을 구성하고 있는 인간들이 선악의 어느 쪽을 택하느냐에 따라 그 사회의 성격이 결정되며, 갈등도 발생하거나 잠재워진다. 바꾸어 말하면 그의 사회관은 곧 그의 선악관과 같은 맥락에 서있다.[7] 이 점은 사회의 악이 인간에게보다 제도 자체나 구조 자체에서 비롯된다고 보는 서구의 객관주의자들의 입장과 다르다. 이들에 따르면 인간은 선하거나 중립적인 존재인데 반해 사회가 잘못되어 있기 때문에 사회와 인간의 문제가 발생한다는 주장이다. 바꾸어 말하면 사회, 제도 및 생산양식 등이 바르게 되면 인간들의 문제는 결국 해결되리라는 시각이다.

아우구스티누스는 이와는 다른 입장이다. 이 세상의 황금도 그 자체가 선하거나 악한 본질을 갖고 있는 것이라기보다는 그것을 사용하는 사람이 어떻게 사용하느냐에 따라 선악의 결과가 결정된다.[8] 인간의 성(性)도 마찬가지로 그 자체는 중립적인 것인데 사람들이 이를 자기 탐욕이나 쾌락을 위해 지나치게 남용하면 개인뿐 아니라 사회적 문제를 야기시킨다.[9] 피조물 자체는 선하지만, 그것을 사랑하는 방법이 선할 수도 악할 수도 있다. 요컨대 순서가 바른 사랑은 선이며,

---

6) *Sermones*, XXIV, II.
7) 여기서 말하는 사회란 인간이 만들어 낸 제도와 문물, 피조된 사물, 문화적 현상과 같은 광역의 의미로 사용되고 있다.
8) *DCD*, XV, 22.
9) *DCD*, XXII, 17.

순서가 뒤집힌 사랑은 악이 된다.[10]

그 때문에 인간이 만들어 낸 제도로 이 세상을 구원할 수 있다거나 인간 본성의 타락이 치유될 수 있다고 생각지 않았다. 인간의 자기 문제 해결, 자기 치유 능력을 인정하지 않는다는 점에서 계몽주의자들의 입장과 구별된다. 요컨대 인류 역사의 비극은 아담의 잘못된 선택에서 시작되는 것이며, 인간 사회와 역사의 부조리 및 모순은 근본적으로 의지의 잘못된 선택에 기인한 것이라고 본다. 물론 아우구스티누스도 인간 외적 요소, 즉 자연재해나 인간의 질병과 같은 문제들에 대해서는 분명한 답을 유보한 채, 우주 전체의 설명할 수 없는 부분으로, 또는 신의 절대성에 돌리고 있다.

인간 타락과 사회의 문제, 그리고 그것을 통제 관리해야 할 국가제도의 필요성 유무에 대한 아우구스티누스의 생각은 사실상 동일선상에 있다고 보아야겠다. 타락한 인간은 이미 진정한 의미의 자유를 상실한 상태이므로, 그들에게 무한정 임의의 선택을 허용할 수는 없다는 점에서 어떤 형태의 제재적 수단을 필요로 한다.[11] 바꾸어 말하면, 세상의 악은 그대로 방임할 수만은 없는 것으로 이를 통제할 수밖에 없다는 것이다.

브라운P. Brown은 이 같은 아우구스티누스의 폭력 인정의 태도를 소년 시절까지 소급해서 그 원인을 캐고 있는데, 그가 『고백록』에서 그 자신이 받은 교육이 매우 강제적 방법으로 이루어졌음에도, 그것은 신을 알게 하는데 도움이 되었다고 고백하고 있는 점을 지적했다.[12] 그 때문에 인간들이 악으로부터 보호되기 위해서라도 순수한 의미의 신적 압력이나 도움 이상의 것을 필요로 한다는 것이다. 사실 그는 아프리카 주교로 활동하는 기간 동안에도 법을 엄격히 집행하고 필요하다면 정부의 힘을 빌리기까지 했다. 이 때문에 아우구스티누스는

---

10) *DCD*, XV, 22.
11) *DCD*, XIV, 17.
12) *Conf.*, I, XIV, 23.

종교재판the Inquisition을 이론화한 최초의 인물이라고까지 비난받고 있다.[13]

이 같은 현실인정적 태도는 신의 구원에 이르는 방도에 대해서도 함께 적용된다. 역으로 지상의 어떤 현실적 방편을 통해 신에 이르게 하는 질서가 인간사 안에 존재하지 않는다고 보았다. 즉 현명한 사람들이 지배하는 어떤 정치 집단이나 신에게 헌신하는 사람들의 집단을 통해서 신의 도움 없이 그 같은 목적을 달성할 수 있다고 생각하는 것은 환상에 불과하다는 것이다.[14] 도나티스트들과의 논쟁에서 보여주듯이 이 세상의 제도나 사회는 어떤 형태로든 죄에 오염되어 있기 때문에 유세비우스Eusebius가 보여 주었던 지상국가에의 신국의 실현, 즉 로마제국과의 완전 일치와 같은 태도를 취할 수가 없었다. 일개의 국가를 하나님 나라의 실현과 동일시하기에는 그의 첨예한 현실 인식이 너무나 날카로왔던 것 같다. 이 같은 아우구스티누스의 양면성은 아이러니컬하게도 로마제국 자체의 몰락에도 불구하고 제도로서 교회의 존재 가치를 정당화시켜 주는 길을 텄다. 아우구스티누스는 초대 교회 지도자들의 반(反)문화 내지 반(反)국가적 태도를 받아들일 수가 없었으며, 동시에 하나님 나라의 지상 실현이라는 기독교의 현실 제도화도 인정할 수 없었다. 그러나 그는 역사속에 실현되어 나가는 〈신국〉과 〈지상국〉의 종말 후에 올 실체를 인정했기 때문에 끝내는 그 과정이라 할 수 있는 현세saeculum를 중시하게 되고 그것의 과정적 가치를 받아들인 것이다. 그의 비역사적인 태도가 오히려 과정으로서의 역사, 종말과 대비되는 현세에 대한 예민한 인식을 갖게 함으로써 오히려 역사적 태도를 취하게 한 셈이다. 국가와 전쟁과 평화 사상도 그 같은 맥락에서 살펴볼 일이다.

---

13) H. Paolucci 편, *The Political Writings of St. Augustine*(South Bend : Gateway Editions, 1962), xv - xvii.

14) *De Trinitate*, III, 4, 9.

*

아우구스티누스의 국가론은 서양 중세 뿐만 아니라 근대 국가론의 형성에도 지속적인 영향을 미쳤다. 이 때문에 그의 국가론은 정치 사상 연구자들에게 깊은 관심의 대상이 되었는데, 그들은 근대 국가론이나 절대 군주권의 근거를 아우구스티누스의 정치 사상에까지 소급해 추적하고 있다. 아우구스티누스의 인간성에 대한 사실적 분석은 마키아벨리 통치술의 사상적 근거를 제시했고, 인간의 탐욕은 거의 무한정하며 이것을 방임할 때 사회적 혼란을 유발할 것이라는 주장은 홉스Hobbes의 절대 정부 이론의 사상적 기조가 되었다는 것이다.[15]

아우구스티누스가 국가를 어떻게 정의할 것인가에 대한 필요는『신국론』저술 초기부터 느끼고 있었던 것 같으나,[16] 본격적인 논의는 그 말미에서 개진되었다.[17] 그의 공화국론은 스키피오Scipio의 입을 통해 전개되는데 그 초점은 정의(正義)의 문제였다. 스키피오는 법 없이는 국가가 구성될 수조차 없다고 하면서 그것을 구성하고 있는 국민populus의 정의를 이렇게 말했다. 즉 〈국민이란 모든 집합이나 무리가 아니라 법(또는 정의)에 대한 공동의 인정과 공동사회적 이익에 의해서 결합된 집합체populum autem non omnen coetum multitudinis, sed coetum iuris consensu et utilitatis comunione sociatum esse determinat〉라는 것이다.[18]

여기서 iuris라는 단어는 로마적 의미로 쓰면 이는 법의 뜻에 가깝고 고전 그리스적 의미를 해석하면 정의(正義)로 이해되어야 할 부분이다.[19] 스키피오의 이 같은 기준에 따를 때 국가 또는 공화국res

---

15) H. Paolucci, 앞의 책, ix.
16) *DCD*, Ⅱ, 21.
17) *DCD*, XIX, 21.
18) *DCD*, XIX, 21.
19) E. Barker는 라틴어 rustitia는 그리스어 義(Δζκ αἶουη)와 동의어이고 영어

publica이란 이러한 국민들로 구성된 정치체polite라 할 수 있다. 이 같은 맥락에서 볼 때 옳은 법[20] 없이는 국가도 없는 것이며, 그 점에서 로마조차도 국가라고 보기 어렵다는 것이 아우구스티누스의 입장이다. 그는 국가에 대한 스키피오의 정의를 받아들일 수 없는 이유를 설명하고 있다.

키케로의 공화국Republic에서 스키피오가 내린 것과 같은 정의(定義)에 따른다면 로마인의 국가The Roman State와 같은 것은 결코 없었다. 왜냐하면 그는 국가를 국민의 안녕wealth of people이라고 정의하고 있기 때문이다. 만일 이 정의definition가 진실이라면, 거기에는 스키피오가 말한 것 같은 국민의 안녕이란 결코 있어본 적이 없었기 때문에 로마국가도 없었다. 그가 정의한 대로 시민이란 옳은 법 또는 권리와 이익공동체community of interest에 대한 공동 감각common sense에 의해서 연합되어 모아진 집단coetum multidinis iuris consensu et utilitatis communione sociatum이라고 한다면 말이다. 그에게 있어서 바른 법의 공동 감각이란 그가 길게 설명하고 있듯이 국가가 옳은 법(정의) 없이는 다스릴 수 없다는 의미에서 사용하고 있는 것이라면, 그 곳에서는 진정한 정의justice 없이 진정한 옳은 법right이 있을 수 없기 때문이다……. 진정한 정의 없는 곳에 진정 옳은 법이란 없고…… 정의 없는 곳에 국가도

로 〈righteousness〉에 해당된다고 번역했다. 그래서 이 단어는 단순한 법률적 차원의 얘기만이 아니요 도덕적인 의미까지 내포한다고 했다. 또 이 용어는 플라톤이 쓴 『공화국*The Republic*』이 지향하는 이상사회의 도덕적 이상을 뜻하는 것으로 생각하여, St. Paul이나 아우구스티누스의 신국 개념과 동일선상에 놓고 썼다.

20) 키케로는 iuris를 법에 가까운 의미로 쓰고 있는데, 이는 단순법이 아닌 바른 법 즉 도덕적 의미까지를 내포한다. 영어에서는 이를 right(*The City of God Against the Pagans*(Cambridge : Harvard University Press, 1969), 207쪽 또는 Pelican Classics의 *City of God*(1976), 881쪽)로 번역하고 있다. 이는 법, 권리, 정의 등으로 번역할 수 있으나 여기에는 도덕적 의미가 내포되어 있기 때문에 〈옳은 법〉이라고 했다.

없다.[21]

여기서 아우구스티누스가 말하려고 하는 부분은 옳은 법에 대한 국민적 합의 없는 국민이란 없는 것이며, 이런 공동의식이 없는 국가도 성립될 수 없기 때문에 그 점에서 바른 법 없는 국가란 없다는 것이다. 그런데 바른 법iuris이란 정의(正義, justice, justitia) 없이는 성립 불가능한 것으로 정의 없는 국가도 있을 수 없다는 것이 스키피오의 국가 정의에 대한 아우구스티누스의 해석이라 할 수 있다.

이 같은 스키피오에 대한 아우구스티누스의 이해에 따르면 사실상 국가라고 이름 붙일 만한 나라는 지상에 없다. 바꾸어 말하면 정의에 기준을 두고 국가를 정의하면 국가의 성립이 어렵다는 것이다. 이에 아우구스티누스는 다른 기준에 의해서 국가를 규정할 것을 제의했다.

그러나 만일 국민에 대한(스키피오적인) 정의를 버리고 다른 것을 생각할 수 있다면 국민이란 그들의 사랑하는 대상에 대해 공통적인 합의를 가지고 이 합의로 함께 묶여진 합리적인 사람들의 집합이라 할 수 있다. 우리는 그 사람들의 특성을 알기 위해서는 단지 그들이 무엇을 사랑하고 있는가를 관찰 하기만 하면 된다. 역시 합리적인 인간들의 집합이고, 짐승들의 모임이 아닌한, 사랑의 대상에 대한 의견의 일치를 통해 뭉쳐질 때 이것을 국민이라고 부르는 것이 온당할 것이다.[22]

아우구스티누스는 스키피오가 중시하는 국가 성립의 기준인 정의를 방기하고 그대신 사랑하는 대상이 무엇이냐에 따라 국민의 개념과 국가의 특성이 구별될 수 있다고 했다. 요컨대 정의 대신에 사랑 즉 의지를 제기한 셈이다. 이 같은 차이를 프리베르그H. Friberg는 다음과 같이 도표화했다.

---

21) *DCD*, XIX, 21.
22) *DCD*, XIX, 24.

스키피오에게는

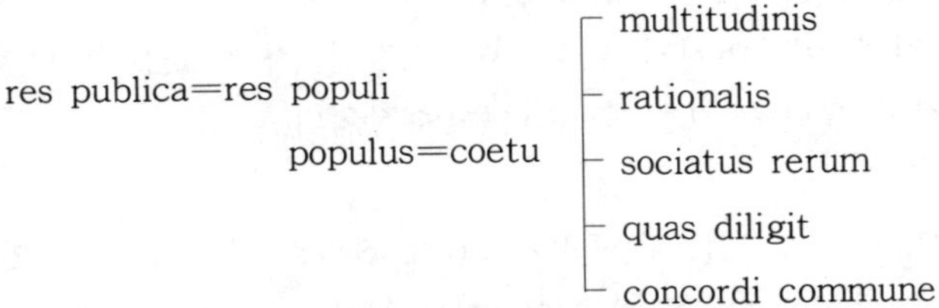

라고 도표화 할 수 있는 반면, 아우구스티누스의 경우는

res publica=res populi
populus=coetu ┬ multitudinis
              ├ rationalis
              ├ sociatus rerum
              ├ quas diligit
              └ concordi commune

라고 도식화할 수 있다.[23]

　아우구스티누스와의 차이는 국가 규정의 기준을 정의에 둘 것인가 아니면 사랑의 대상에서 구할 것인가에서 명시적으로 드러난다. 그러나 이들간의 차이는 사실상 정의를 어떻게 이해할 것인가의 견해차에서부터 시작되었다. 앞에서도 언급했듯이 키케로Cicero는 정의를 법에 가까운 의미로 쓰고 있으며 정의의 실현은 법에 의해 결정된다. 그래서 〈그것(法) 없이 어느 누구도 무엇이 그 자신의 것이고, 무엇이 다른 사람의 것인지 알 수 없다〉[24]는 말은 법에 의해 〈받을 바 몫〉의 정의 개념이 실현될 수 있다는 뜻이다. 이 같은 법률적 차원에서 본 정의 개념은 이성의 보편성을 믿는 데 기초하고 있다.

---

23) H. Friberg, *Love and Justuce in Political Theory*(Chicago : University of Chicago Press, 1944), 2쪽.
24) Cicero, *De republica*, Ⅰ, 13, 20.

진정한 법—— 올바른 이성이 있는데, 이는 자연에 따르는 것으로서 모든 인간들에게 적용되며 불변적이고 영원한 것이다. 그 명령에 따라 이 법은 모든 사람으로 하여금 그 자신의 의무를 수행토록 요청하고 있다.[25]

이에 비해 아우구스티누스의 정의 개념은 보다 공의적 의미에 가깝다. 정의란 〈모든 사람에게 합당한 몫을 주는 것〉이라는 데는 의견을 같이 하고 있으나, 그것이 실현되는 곳, 상태에 대해서는 아주 다른 생각을 갖고 있다. 아우구스티누스에게 인간은 신을 경배하도록 창조되었으며, 그것이 이루어지지 않을 때, 진정한 자기 몫을 다한다는 의미에서의 정의 실현은 있을 수 없다는 주장이다.

영혼이 신(神)에 봉사할 때만 신체에 대해 올바른 통제를 할 수 있고, 혈기와 사악한 행위의 지배를 받지 않으려면 이성 그 자체는 신에게 복종해야 한다. 그래서 인간이 신을 섬기지 않을 때 무슨 정의가 그에게 기인했다고 말할 수 있겠는가? 왜냐하면 이 경우에 그의 영혼이 그의 육체에 대한 온당한 통제를 했다고 볼 수 없고 그의 이성이 그 사악함을 제대로 방어했다고 볼 수 없지 않겠는가. 만일 이같이 개개인에게 정의가 없다면 그런 개인들로 구성된 공동사회에는 정의란 있을 수 없는 것이다. 그래서 정의에 대한 공통된 인지를 가지고 모아진 사람들의 집단을 공화국이라고 부를 수 없다.[26]

그의 정의 개념의 본질은 분명 종교적이며 이성과 인간 사이의 관계에서 보는 것이 아니라, 그것은 신과 인간과의 관계, 즉 그것이 정상적으로 수립될 때만 실현 가능하다고 믿고 있다. 관계 정상화의 측면에서 볼 때 아우구스티누스는 이성보다는 질서ordo를 더 중시하고

---

25) *De republica*, Ⅱ, 22, 23.
26) *DCD*, XIX, 21.

336

있고 질서가 온당히 지켜지는 곳에 정의가 실현된다고 생각했다.

그는 또 정의의 기준에 의해 국가 성립 여부를 판가름할 수 없는 이유를 키케로가 인용한 알렉산더 대왕과 한 해적과의 대화의 실례를 들어 제시하고 있다. 대왕이 해적에게 바다의 약탈 행위를 힐난했을 때, 그는 아주 대담하게 문제의 본질을 건드렸다.

바다에서 노략질하는 너의 의도는 무엇인가? 해적은 대답했다. 세계를 괴롭히는 당신의 의도와 똑같다! 그러나 나는 그 일을 작은 배를 가지고 하기 때문에 해적이라고 불리고, 당신은 막강한 해군력을 갖고 하기 때문에 제왕이라고 불릴 따름이다.[27]

국가가 도둑의 무리와 그 성격이 다를 것이 없지만 다른 것이 있다면 그 규모만 다르다는 얘기다. 그 때문에 왕국과 도둑의 무리 사이의 차이는 정의에 따라 구별될 수 있는 것이 아니라 처벌의 면제 여부에 따를 것일 뿐이다.

왕국으로부터 정의를 제거해 버린다면 대도둑의 집단 이상의 무슨 왕국이 되겠는가? 또 바꾸어 도둑의 무리라는 것은 소왕국(小王國)이 아닌 그 무엇인가? 그 일단의 무리들도 사람들로 구성되어 있고 왕자의 권위로 다스려지고 동맹의 규약에 따라 함께 얽혀져 있다. 노획물도 합의된 법에 따라 나누어 갖는다. 만일 이들이 버려진 자들을 더욱 가입시키고 이런 사악의 집단이 더욱 커져서 영토를 차지하고 주거를 정하고 도시를 탈취하고 백성들을 복종시켜 실제적 사정이 허락해서 왕국이라고 불려진다면 도둑과 왕국의 차이란 어디서 구한단 말인가? 그 차이란 탐욕 cupititas이 제거되었기 때문에 생기는 것이 아니요, 그보다는 처벌받지 않은impunitas 정도, 즉 치외법권적 보호의 정도로 구분되는 것이다.[28]

---

27) *De republica*, Ⅲ, 14, 24.

이 같은 그의 국가관은 정치와 사회질서를 영원한 우주질서의 반영으로 보았던 고전적 견해에 대한 거부를 의미한다. 그렇다고 국가를 전적으로 악의 집단으로 보려했던 도나티스트들의 주장에 동의한 것도 아니다. 그는 오히려 국가를 사람들로 구성된 집단으로 보고, 그것을 구성하고 있는 사람들의 속성에 따라 분류하려는 현실적 자세를 취하고 있다. 다시 말하면 국가는 전적으로 선한 집단이거나 전적으로 악한 집단이 아니다. 그것은 그 구성원들의 의지에 따라 성격이 결정될 일이다. 그 점에서 아우구스티누스의 국가관은 근본적으로 개인주의적이라는 베인즈Baynes의 지적은 옳다. 그에게 국가는 실제로 존재하는 것이 아니라 국가는 그것을 구성하는 인간 존재 자체였다.[29]

이 같은 생각이 아우구스티누스의 소국가주의를 뒷받침하는 근거다. 아우구스티누스는 하나의 큰 제국보다는 평온한 가운데서 서로 도우면서 사는 작은 나라들을 더 선호했다. 그가 말하는 작은 국가들이란 마치 큰 가정과 같은 것을 의미했다고 볼 수 있다.[30] 작은 국가들의 평화적 공존을 지향했다는 점에서 근대 정치학자들은 국제주의적 면모도 그에게서 찾아보려 했다.

그러면 아우구스티누스는 로마와 같은 국가들을 끝내 국가로 인정하지 않았던가? 그렇지 않다. 그는 국가가 갖고 있는 상대적 선의 속성을 인정했다. 로마는 잘못을 많이 저지른 국가였다. 그러나 다른 나라들에 비해서는 덕(德)도 지닌 나라였으며, 기독교를 인정한 이후의 로마는 아우구스티누스에게 비난의 대상이 아니라 때로 칭찬받을 만한 부분을 갖고 있었다. 『신국론』에서 아우구스티누스가 말한 로마에 대한 여러 비판은 로마 국가 자체에 대한 것보다는 로마인들이 그

---

28) *DCD*, Ⅳ, 4.
29) N. Baynes, 이종성 역, 「신국과 교회의 불일치론 The Political Ideas of St. Augustine's *De Civitate Dei*」, 『서양중세사상사론』(서울 : 한국신학문제연구소, 1981), 199쪽.
30) 같은 책, 154쪽.

롯된 신을 섬기고 그릇된 주장과 행적을 보인 데 대한 질책이었다는 점에 유의할 필요가 있다.

물론 국가란 창조의 질서에 의해 요청된 것 Quid postulat ordo creaturarum이 아니라 죄의 형벌에 의해서 만들어진 것quid exigit meritum peccatorum이었다.[31] 하나님의 원래의 계획에 따르면 사람은 다른 사람을 지배하도록 창조된 것은 아니었다. 그러나 그 같은 본래의 계획은 사람의 죄로 인해 방해를 받았다는 것이다. 이러한 죄를 다스리기 위해서는 지상국가의 존재가 어느 정도의 정당성이 확보되는 것이다. 그 때문에 국가는 하늘의 도성에서는 멀리 떨어져 있지만 지상의 도성보다는 훨씬 위에 올라 있다고 할 수 있다.[32] 이처럼 상대적 의가 인정되는 것으로는 재산(財産)을 들 수 있다. 의인들에게 모든 물건들은 공유하는 것이 이상이지만, 현실적으로 초대 교회에서 보여진 것과 같이 더 가지려는 탐욕을 보였기 때문에 탐욕을 벌하는 방편으로 사유재산 제도를 인정하였다. 국가의 경우도 같은 예라 할 수 있다.[33]

국가는 비록 잠정적 가치를 가지고 있고, 비록 그것이 근본적인 악을 제거할 수는 없는 것이지만 그 악의 확산을 최소화하고 현재적 질서 유지를 위해서는 필요한 것이었다.[34]

확실히 세상의 왕들이 권력 기구를 갖는 것, 법관들이 사형 선고를 하는 것, 사형 집행인이 가시 철사가 있는 갈고리를 갖고 있다는 것, 병사들이 무기를 소지하는 것, 대군주들이 징벌권을 갖는 것, 심지어는 신실한 아버지의 엄격함마저도 그 나름대로 목적이 있는 것이다. 이 모든 것

---

31) *DCD.* XIX, 15.
32) E. Barker, 이장식 역, 「사회이론 St. Augustine's Theory of Society」, 『서양중세사상사론』(서울 : 한국 신학 문제연구소, 1981), 199쪽.
33) 같은 책.
34) *DCD.* XIX, 17.

들은 그 나름대로의 방법, 원인들, 이유들과 실제적인 이점을 가지고 있다. 이상의 것들이 무서움을 느끼게 할 때 사악의 무리들은 그 범주 안에 견제해 놓을 수 있고, 겸하여 선인들은 이들 사악한 사람들 사이에서라도 보다 평화롭게 살 수 있다.[35]

아우구스티누스는 지상적 질서를 위해 이 같은 제도들의 필요를 인정했지만, 그 같은 방법을 통하여 인간이 선하게 개조되리라고 생각했던 것 같지는 않다. 〈어느 누구도 공포나 징벌을 통하여 선해질 수 없고 그것은 의로운 사랑을 통해서만 가능하다〉고 했다.[36] 그는 제도와 그 속에 있는 사람과를 구별했는데, 제도의 필요는 인정했지만 제도 자체는 불신했던 것 같다.

그 때문인지 정부의 형태에 대해서는 구체적인 언급을 하지 않았다.[37] 그는 누차 예수의 십자가 못박힘은 구원을 위한 것이지 정치적인 목적을 위한 것이 아니라는 점을 강조하고 있는데, 로마제국이나 어떤 다른 국가들을 기독교 공동체 Christian Community와 혼동해서는 안된다는 점도 지적하고 있다. 그래서인지 아우구스티누스는 국가와 교회 관계에 대해서 거의 구체적인 언급을 하고 있지 않다. 그의 『신국론』에는 중세나 현대에서 제기된 교회와 국가와의 〈협약〉의 체제나 세속권 regnum과 사제권 sacerdotium의 관계, 서임권과 같은 문제들에 준할 만한 언급을 찾을 수 없다. 오히려 국가란 궁극적으로 언젠가는 사라져야 할 순례자의 단체일 수밖에 없는 것이다.[38]

왕들에 대한 태도도 어떤 면에서는 자유롭다. 모든 왕들이 의로운 자들의 적일 수는 없는 것처럼, 모든 왕들이 기독교인의 친구일 수도 없다. 이 세상에 신국의 사람과 지상국의 사람이 혼재하고 있는 것처

---

35) *Letters*, Ⅲ, Ⅵ, 16.
36) 같은 책.
37) H. Paolucci, 앞의 책, xx - xxi.
38) E. Barker, 앞의 책, 202쪽.

럼, 치자들도 개별적인 입장에서 평가할 일이다. 물론 이들 왕들의 권위의 원천은 모두 신에게 그 근거를 두고 있으므로 그것의 호오(好惡)가 기독교인 제왕일 때는 더욱 다행스러운 일이고, 그에게 요구되는 것은 그가 가지고 있는 권력의 힘을 빌어, 신의 경배를 최대한 확대시킬 것을 권장하고 있다.[39]

하지만 그러한 제왕을 국가 자체와 동일시한다든지, 제왕의 종교에 따라 국가의 성격을 규정하려고도 하지 않았다. 이는 정교분리의 소지를 충분히 인정하고 있다고 본다. 물론 아우구스티누스의 국가론이 치자의 편에 유리하게 이용된 바가 있다하더라도, 종교 지도자와 정치 권력자의 역할을 영역별로 분리 인정함으로써 이는 오히려 종교의 도덕적 선도성이 정치의 경직화를 막는데 기여했다고 볼 수 있다.[40]

아우구스티누스의 국가관은 강한 종말적 역사의식에 기초하고 있었기 때문에, 역으로 현실을 받아들이는 역설적 측면을 보여주고 있다. 그는 그리스인들이나 헤겔과 같이 국가 자체를 이상화하거나, 반문명주의자나 아나키스트들과 같이 국가 존재의 무용론을 편 것이 아니었다. 오히려 제도의 최종 목적을 종말의 지평에 설정함으로써, 현실 국가를 수용하는 융통성을 갖게 된 것이다.

---

39) *DCD*, V, 24.
40) C. Dawson, 앞의 책, 17쪽.

19 전쟁과 평화 사상

1 고대와 교회 초기의 전쟁관

전쟁은 인류가 풀어야 할 가장 큰 난제 중의 하나가 되어 왔다. 그 때문에 역사의 아버지라는 헤로도토스도 전쟁사를 썼고, 투키디데스도 그의 역사 주제를 펠로폰네소스 전쟁에 설정했다. 그리고 근대사는 온통 군사적 주제들로 가득찼으며, 금세기 안에 우리는 1, 2차 세계대전이라는 가공할 살인극을 경험했다.

전쟁은 바람직한 것이 아니라는 생각에는 동서와 고금에 다름이 없었던 것 같다. 그 때문에 전쟁에 대한 나름의 정당한 이론적 근거를 갖고자 했다.

그리스의 정당한 전쟁 논의는 플라톤과 아리스토텔레스로 대표된다. 이들은 그리스인들간의 전쟁은 바람직하지 않은 것으로 보았고, 바바리안들과 전쟁은 피할 수 없는 것으로 여겼다.[1] 그러나 그들은 전쟁을 목적으로 생각하지 않았으며, 그것은 어디까지나 수단일 뿐이라는 데는 일치했다.[2]

---

1) Platon, *Republic*, 469c, 470bc, 471ab.

로마인들의 전쟁에 대한 접근은 보다 법률적이었다. 로마인들에게 전쟁을 정당화시키는 법적 기초는 계약적 의무였다. 계약은 상호간에 의무와 권리를 약정하는 것으로 그것을 위반했을 시는 법의 판결과 같은 제재를 받는다. 사실 로마가 지중해 연안 세계를 정복하고 그들을 통치하는 방법은 도시나 국가간에 차별 관계를 갖는 계약 관계를 맺고 그것에 준거하여 지배하는 것이었다.[3] 계약의 원리는 국가간에도 적용되어 만일 어떤 국가가 계약을 위반하거나 그것으로 인해 피해를 입었을 경우 그 국가는 그 자신의 정당한 명분에 따라 법정과 같은 역할을 함으로써 그 피해를 보상받거나 잘못을 시정하게 된다. 이 점에서 사실상 모든 정당한 전쟁이란 상대방의 가해적 행위를 통한 계약 위반이 전제되어 있다고 볼 수 있다.[4]

이 같은 로마인들의 법률적 전쟁 원인들을 대표하는 이론가는 키케로Cicero다. 키케로는 어떠한 전쟁도 그것이 잃어버린 것을 도로 찾기 위해 선포되거나 감행된 것이 아니면 정당한 전쟁이라고 할 수 없다고 했다. 그렇기 때문에 명분 없는 전쟁은 단순한 해적 행위이며 정당한 전쟁은 정당한 원인을 필요로 한다. 그래서 명분 있는 전쟁은 단순한 폭력이 아니라 피해를 정상화하려는 정당한 노력이라는 것이다. 이 같은 원리는 격퇴되는 적이나 전쟁의 절차에까지 적용되었는데, 선전 포고 없는 전쟁을 부당한 것으로 생각했다. 키케로는 전쟁의 도덕성도 강조하고 있는데, 적에게일지라도 약속과 관용이 지켜져야 한다고 주장했다.[5]

로마인들이 갖고 있는 전쟁관의 긍정적인 측면에도 불구하고, 현실

---

2) Aristotles, *Politic*, I, 7, 1255a-1255b.
3) 로마인들은 피정복지를 세 개의 유형 즉 식민지Colonia, 자유시Munici-pia, 동맹시Socii로 나누어 통치하였다.
4) F. Russell, *The Just War in the Middle Age*(Cambridege : Cambridge University Press, 1979), 4-5쪽.
5) Cicero, *De Officiis*, I, ii, 36

에 있어서는 오히려 전쟁의 잔혹성을 정당화해주는 면도 없지 않았
다. 전쟁 선언 절차는 그것에 부당하게 대응했을 때 오히려 적을
무자비하게 유린할 수 있는 근거를 주었으며, 공격과 방어를 다같
이 정당 전쟁의 범주에 넣는 그들에게 포로의 획득이나 약탈, 농지
의 황폐화 등을 용인케 하는 결과를 초래했다.[6] 이 때문에 로마인
의 전쟁론은 정복자의 법률이요, 제국을 위한 윤리라고 비난받기도
했다.[7]

아우구스티누스 전쟁론의 토대가 되는 구약과 신약에 나타난 전쟁
과 폭력과 비폭력의 문제는 서로 상치되는 면이 있어, 이를 어떻게
조화시키느냐의 문제가 주요 과제가 된다. 더구나 구약의 경우 여호
와의 유일신적 성격 때문에 전쟁 자체가 단순한 국가와 인간들의 문
제를 넘어 지상에 신의 의지를 어떻게 실현시키느냐의 문제와도 연결
되어 있어, 여호와가 전쟁신의 성격까지도 띠는 문제를 어떻게 현실
문제에 적용시킬 것인지의 어려움이 있다. 또한 구약이 출애굽과 가
나안 정복 그리고 히브리 왕국의 정치적 성격 때문에 전쟁을 수없이
치뤄야 했던 역사적 배경과 신약에서의 예수 출현의 평화주의적 태도
들을 어떻게 조화시킬 것인가의 문제가 제기된다. 구약에서의 전쟁의
성격도 출애굽 이후 가나안 정복에 이르기까지의 과정과 사울왕으로
부터 시작된 히브리 통일왕조를 전후해서 일어난 전쟁의 성격이 구분
되는 것 같다.[8] 출애굽기에는 여호와와 용사를 동일시하여 〈여호와는
용사시니 여호와는 그의 이름이시로다. 그가 바로 Pharaoh 의 병거(兵
車)와 그 군대를 바다에 던지시니 그 택한 장관이 홍해(紅海)에 잠겼
고 큰 물이 그들을 덮으니 그들이 돌처럼 깊음에 내렸도다〉라고 쓰고
있다. 이러한 기록자의 인식으로 볼 때 여호와는 용사이며 승리의 주

---

6) F. Russell, 앞의 책, 7쪽.

7) 같은 책.

8) R. Bainton, *Christian Attitudes Toward War and Peace*(Nashvill :
   Abington Press, 1960), 44쪽.

관자인 전쟁 신일 뿐만 아니라 적(敵)의 도살까지도 서슴없이 명하는 잔혹성마저 띠고 있다.[9]

그러나 사사시대(士師時代)의 신정정치적 지배 형태에서 통일 왕조의 면모를 갖추게 되면서, 구약에서의 전쟁의 성격도 변화를 겪게 되었다. 여호와의 전쟁 명령과 국가 통치자의 이해가 꼭 일치하지만은 않은 양태를 보이기 시작했기 때문이다. 남은 가나안인을 정복하라는 여호와의 명령에도 불구하고 다윗이 그것을 감행하지 않은 것은 국가적인 전력 증대를 위해 그들의 거주가 필요했기 때문이다.

그러나 신약에서의 전쟁 논의는 오히려 중립적이고 애매한 태도마저 없지 않다. 더구나 구약에서와 달리 직접적인 전쟁 사례가 없고, 추상적이고 원론적인 입장만 제기하고 있기 때문에, 상황과 처지에 따라 해석을 달리할 여지가 많다. 신약에서 전쟁을 긍정적인 것으로 받아들일 수 있는 대표적인 사례로 성전에서의 예수의 채찍과[10]세상에 온 목적의 언급[11] 등에서 찾을 수 있다. 베인톤 Bainton은 십자군 원정의 신학적 근거를 성전의 채찍질과 분노에서 구하고 있고 검(劍)에 대한 경우도 제자들을 전도하러 내보내면서 검을 가질 것 등을 권고하고 있는 점 등[12]에서 전투적 의지로 보이는 점도 있다. 그러나 검에 대한 이야기도 상황에 따라 달리 쓰고 있어서 검을 버리라는 명령을 하고 있는가 하면 검을 가진 자는 검으로 망하리라고 경고함으

---

9) 가나안 정복시의 전쟁중의 하나를 묘사하고 있는 신명기 20장의 내용을 분석 해 보면 ① 〈네 하나님 여호와께서 함께 하며〉〈너희와 함께 행하시며 너희를 위하여 대적을 치는〉 적극적인 전쟁의 참여자이며 ② 〈여호와께서 이 민족들 의 성읍에서는 호흡하고 있는 자를 하나도 살리지 말지니〉라고 하여 극단적인 상태 까지 허용하고 있다.

10) 〈노끈으로 채찍을 만드사 양이나 소를 다 성전에서 내어 쫓으시고 바꾸는 사람들의 돈을 쏟으시며 상을 엎으시고〉(요한복음 2 : 15).

11) 〈내가 세상에 화평을 주러 온 줄을 생각하지 말라. 화평이 아니요 검(劍)을 주러 왔노라〉(마태복음 10 : 34).

12) 누가복음 22 : 35-38.

로써[13] 전혀 상반된 해석을 가능하게 하고 있다.

오히려 산상수훈 같은 곳에서는 폭력을 금지하고 양보와 평화주의적 자세를 줄곧 설파하고 있다. 악한 자를 대적치 말고 오른 뺨을 치거든 왼 뺨도 돌려주고 속옷을 갖고자 하는 자에게 겉옷까지도 주라는 것이다. 인내와 무저항적 당부뿐만 아니라 적을 사랑하고 다른 사람을 판단치 말라는 보다 적극적인 대응까지 가르치고 있다. 당시의 상황으로는 무저항적 사랑과 인고가 가르침의 본질이었을지도 모른다.

이러한 전통이 초대교회의 알렉산드리아의 클레멘트 Clement of Alexandria(150-215년경)나 오리게네스 Origenes(185-254년경), 키프리아누스 Cyprianus, 락탄티우스 Lactantinus(240-320년경)와 같은 교부들로 하여금 전쟁을 반대하고 군 복무 거부까지도 주장하게 했던 것 같다.[14] 이 때의 군 복무에 대한 교회의 부정적 태도는 제6계명 〈살인하지 말라〉는 교훈에 근거한 것이며, 이 같은 해석은 군 복무에만 해당된 것이 아니라 사형의 선고와 집행의 의무를 지닌 민간 행정 관리들에게까지 적용된다고 보았다.[15]

그러나 콘스탄티누스 대제 이후 국가와 기독교간의 변화된 관계 때문에 전쟁에 관한 기독교인의 입장 또한 변화를 보이지 않으면 안되었다. 콘스탄티누스 대제의 기독교 공인 이후 로마제국의 평화 유지 또는 전쟁의 목적이 기독교 신의 명령이나 뜻과 동일시되는 경우가 종종 발생했기 때문이다. 로마의 체재 아래 살아야 했던 기독교인들은 로마에 일반화되어 있던 정당 전쟁 개념과 공존하지 않으면 안되었다. 유세비우스는 이러한 변화에 민감하게 반응한 인물이었다. 그는 두 가지 수준에서 이 문제에 대한 답을 제시했는데 성직자와 평신도를 구분하여 평신도들은 시민의 책무를 다하기 위해 전쟁에도 참가

---

13) 마태복음 26 : 52.
14) 오만규, 「교부들의 전쟁관」,《삼육대학논문집》, 17(1985), 123쪽.
15) 같은 책, 149쪽.

해야 하지만 성직자는 신(神)에게만 전적으로 헌신해야 한다는 것이다. 성직자와 평신도의 전쟁 윤리를 이원화함으로써 과도기적 해결점을 제시한 것 같다.[16]

보다 적극적으로 국가와 기독교의 전쟁관을 합일시킨 인물은 암브로시우스였다. 제국의 고위직에 있었고 밀라노Milan의 주교를 지낸 그는 세계를 신정적 성격의 기독교 로마와 비기독교권인 이교도 사회의 이원 대결 구도로 보았다. 그때까지의 국가와 교회 사이에 있었던 대립 관계는 기독교와 이단들의 대립 구도로 바뀌었다. 이제 제국의 힘을 도구로 하여 이단을 적으로 간주함으로써, 로마가 행하는 전쟁은 기독교인의 전쟁이 된 셈이다. 그 때문에 암브로시우스는 제국을 보호하기 위해 싸우는 병사들은 정의의 전사라 했고, 제국의 군대를 위한 기도를 서슴지 않았다.[17]

그러나 기독교적 윤리의 전쟁관을 정리하는 데는 아우구스티누스의 체계적 논리를 기다려야만 했다. 그는 그리스 로마적인 전쟁관을 전적으로 방기하지 않으면서도 기독교인의 전쟁 참여의 정당한 논거를 제시함으로써 고대의 전쟁론을 종합 정리하였다. 그는 또한 전쟁론을 단순히 국가의 방위나 분쟁 해결의 수단으로만 보지 않고, 궁극적으로 평화 달성의 불가피한 과정으로 봄으로써 전쟁의 윤리성과 한계성을 동시에 밝혔다고 볼 수 있다.

2 아우구스티누스의 전쟁론

정당한 전쟁

아우구스티누스는 전쟁의 불가피성과 정당한 전쟁을 인정하는 근거

---

16) R. Bainton, 앞의 책, 84쪽.
17) *Enarratio in Psalm*, 45, 21.

를 세상적인 차원에서 구하지 않고 궁극적인 천상의 평화와 연결시킴
으로서 논의의 폭을 확장시켰다. 이는 전쟁론의 고대적인 제한성을
철폐하고, 중세로의 길을 열어 놓았다고 할 수 있다. 전쟁의 궁극적
인 목적이 평화의 달성에 있음을 명백히 하고[18] 이런 원칙은 전쟁중
일지라도 평화 애호의 자세를 지킬 뿐 아니라 적을 정복한 전쟁 후라
도 적용되어야 한다고 했다.[19] 그러나 그는 단순한 평화주의에 머무
르지 않고, 평화를 두 영역으로 나누어 지상의 평화와 천국의 평화로
나누고, 지상의 평화는 항상 깨어질 수 있는 불안한 것으로 보았으나
천상의 평화는 영원하고 궁극적인 안식과 행복이라고 생각했다. 때문
에 천상 평화의 유지를 위해 지상 평화의 파괴가 불가피하다면 그것
이 전쟁 수단이라도 용인될 수 있는 것으로 보았다. 그 같은 예는 모
세의 출애굽에서 찾을 수 있는데 모세가 전쟁에 참여하지 않을 수 없
었던 것은 현상적 평화와 타협하는 것보다는 여호와의 명령을 따름으
로써 천상의 평화를 선택한 점을 들 수 있다.[20]

그의 이 같은 천상 평화와 지상 평화론은 좀더 깊이 파고 들어가
보면 궁극적으로 그의 선악관과 밀접히 관계되어 있다. 천상의 영원
한 평화란 절대선(善)의 상태이며, 지상의 평화란 이 선의 부족 상태
에서 오는 것이다. 누차 앞서 지적한 바와 같이 악이란 실재가 아니
고 다만 선의 부족 상태일 뿐이므로 전쟁 없는 평화는 있을 수 있지
만 어떤 형태로든 간에 평화가 전혀 없는 전쟁만의 상태란 있을 수
없다.[21] 바꾸어 말하면 전쟁이란 소망스럽지 않은 것이지만 이를 지
상의 현상으로 받아들이지 않을 수 없다는 것이다.

같은 맥락에서 아우구스티누스는 신약성서의 평화주의적 태도를 극

---

18) *Letters*, 6 ; *DCD*, XIX, 12.
19) 이는 〈화평케 하는 자는 복이 있나니 저희가 하나님의 아들이라〉는 성구에
   근거하고 있다(마태복음 5 : 9).
20) *Contra Faustum*, 74.
21) *DCD*, XIX, 13.

복하고 있다. 첫째로 징벌은 증오의 표시가 아니며, 오히려 궁극적인 사랑의 선택이기 때문에 전쟁은 징벌의 수단이 될 수 있다는 입장이다. 그는 적(敵)에게라도 관용과 정의, 경건의 정신을 베푸는 일은 중요하지만, 잘못을 저지르고도 아무런 벌도 받지 않으며 가해자들이 안전하다면, 결과적으로 악이 강화되고마는 불행을 경계하였다.[22] 〈악을 징벌하지 않고 그대로 놓아 두는 것은 오히려 지독한 심판이며〉, 반대로 물질적인 풍요를 누리면서도 그에게 만족하지 않는 사람에게 궁핍의 징벌을 주는 것은 차라리 자비로운 것이라고 생각했다. 전쟁의 경우도 이러한 원리가 적용될 수 있는데 〈탐욕에 재갈을 물리는 바른 정부〉가 있다면 전쟁의 방법조차도 정당화될 수 있다고 아우구스티누스는 주장했다.[23]

두번째로, 신약에 나타난 평화주의적 표현이 결코 구약의 성전(聖戰)이나 징벌 전쟁과 상치되는 것은 아니라고 보았다. 구약 자체가 행동주의적인 것이었다면, 신약의 경우는 내면적 자세를 가르치는 것이라고 했다. 신약 자체에서도 검(劍)에 대한 상반된 듯한 가르침도 앞의 원리가 적용된다. 검을 가지라는 것이나 갖지 말라는 것은 상황에 따른 다른 대처에 불과한 것이며, 구약에 나타난 것과 같이 전쟁을 적극 주도하는 자세나 신약의 인고적 자세도 서로 상치되는 것이 아니라 상호보완적이라는 것이다.[24]

셋째로 아우구스티누스는 지상에서의 평화 유지 기능으로서의 국가의 역할을 현실적으로 인정하고 국가와 기독교간의 관계를 배타적이 아닌 협력적인 관계로 설정하였다. 그는 신약에서 세례 요한이나 예수가 다같이 군인의 존재를 부정하지 않았고 군인을 거부하지 않은 것은 결국 국가를 용인한 것이라고 말하고 있다. 병사들이 세례 요한을 찾아가 자신들이 어떻게 할 것인지 물었을 때 〈사람에게 강요하지

---

22) *Letters*, CXXXVIII, 9-15.
23) *Letters*, CXXXVIII, 9-15.
24) *Contra Faustum*, XXII, 74-79.

말며 무소(誣訴)하지 말고 받을 요(料)를 족한 줄로 알라〉고 답하고 있다.[25] 그는 결코 무기를 버리고 군 복무를 포기하라고 권유하지 않았다는 것이다. 예수의 가르침도 〈가이사의 것은 가이사에게, 하나님의 것은 하나님께〉 바치라고 했다.[26] 백부장이 그 하인의 병을 고쳐주길 간청했을 때도 예수는 그의 믿음을 지극히 칭찬했을 뿐이지 백부장에게 군직을 떠나라고 명령하지 않았다.[27] 아우구스티누스는 또한 군인의 의무를 다하는 데 있어 그가 처해있는 상사의 명령에 따라 행동할 뿐이지 신(神)에게 책임지는 것은 아니라고 말하고 있다.[28]

그가 전쟁의 불가피성을 인정하고 있다 하더라도 모든 전쟁을 정당한 것이라고 보지 않았다. 전쟁 중에는 그릇된 전쟁과 정당한 전쟁 just war이 있는 것으로 구분하였다. 아우구스티누스는 정당한 전쟁의 요건을 탐욕에 대한 제어, 피해에 대한 응징, 도덕적 질서의 파괴에 대한 문책 등으로 요약하였다.

우선 한 국가나 지배자가 지나치게 탐욕적이거나 공격적일 때 이를 제어하기 위한 것이라면 정당한 전쟁이 되는 것이다. 그는 전쟁에서의 죽음보다 더 무서운 것은 폭력에 대한 사랑, 복수심이 가득한 잔인성, 사납고 무서운 적개심, 거친 저항과 권력에의 욕구라고 보았다.[29] 이것을 막기 위한 전쟁을 한 가정의 가장의 채찍에 비유했다.[30]

정당한 전쟁은 또한 피해를 응징하는 것을 뜻한다. 전쟁이 정당화되는 것은 부(富)나 영광의 획득과 같은 성과에 있는 것이 아니라 이미 받은 피해를 회복시키고 가해자를 징벌하는 데 그 목적을 둘 때이

---

25) 누가복음 3 : 14.

26) 마태복음 22 : 21.

27) 마태복음 8 : 6-10.

28) *Contra Faustum*, XXⅡ, 74.

29) *Contra Faustum*, XXⅡ, 74-79.

30) *DCD*, XⅨ, 16. 〈만일 어떤 가정의 성원이 불복종 때문에 가정의 평화의 적이 된다면, 인간 사회에서 허락되는 정도 안에서 징벌을 받아야 한다. 그렇지 않고 놓아둘 때 오히려 더 큰 죄를 범하기 때문이다〉.

다.[31] 그의 이러한 〈정당전쟁론〉은 표면적으로 보아 키케로의 그것과 크게 달라 보이지 않지만 사실은 그렇지 않다고 러셀Russell은 지적했다.[32] 요컨대 키케로는 원상회복이라는 소극적인 정도에 머문데 반해, 아우구스티누스의 그것은 보다 적극적이고 질서 파괴의 책임을 묻는 수준에 이르고 있다는 것이다.[33] 다시 말해 그의 정당전쟁론은 보다 더 징벌적인 성격을 띠고 있는데, 피해를 입힌 폭력은 기존의 법적 권리를 깨뜨렸을 뿐만 아니라 도덕질서까지를 파괴했기 때문이다. 더구나 상대방의 부당행위는 법률적 측면에서 범법일 뿐 아니라 의로움을 범한 죄이기 때문에 신권에 대한 도전으로까지 해석되었다.[34]

그가 전쟁을 죄에 대한 응징으로까지 확대시키는 데는 그만한 까닭이 있다. 아우구스티누스는 정의가 실현된 상태는 〈하나님을 사랑하고 그 이웃을 사랑하며〉 선의를 가질 뿐만 아니라 선의를 사랑하며 선의에 반대되는 것에 저항하며 누구에게나 악을 행하지 않고 누구도 해함을 받지 않을 상태를 말한다.[35] 람제이P. Ramsey의 말에 따르면 이러한 아우구스티누스의 정의 개념은 분명 신권에 대한 존중을 포함하고 있기 때문에 지상의 의를 깨뜨리는 것은 신권을 범하는 것이며 이는 도덕을 어길 뿐만 아니라 죄를 범하는 행위로까지 간주될 수 있다는 것이다.[36]

---

31) H. Deane, *The Political and Social Ideas of St. Augustine*(New York : Columbia University Press, 1963), 160쪽.

32) F. Russell, 앞의 책, 18-19쪽.

33) 중세에는 정당한 전쟁의 원인과 범위를 협의와 광의적 측면에서 구별했는데 협의의 정당한 전쟁은 침해당한 것을 회복하거나 보상 받는 것, 즉 불공정을 시정하는 정도의 소극적인 의미를 지닌다. 그렇기 때문에 전쟁은 단순히 원상 회복을 하는 것이지 새롭거나 보다 개선된 입장을 취하는 것이 아니다. 그러나 광의의 정당 전쟁은 보다 적극적인 면을 지닌 것으로 전쟁은 존재해 온 법적 기존 원리를 깨뜨린 데에 대한 응징일 뿐만 아니라 도덕적인 질서 파괴에 대한 책임의 죄까지를 묻는 것이다.

34) F. Russell, 앞의 책, 19쪽.

35) *De Libero Arbitrio*, XIX, 27, 93 ; *DCD*, XIX, 4.

전쟁과 권위

전쟁의 궁극적인 권위는 어디로부터 오는 것인가? 전쟁의 책임은 누구에게 있는가? 정당성 문제를 제기할 때 이 점 또한 논의될 수밖에 없다. 그는 전쟁은 하나님의 창안물이 아니며 인간들의 죄를 말미암은 여러 악들에 그 책임이 있다고 했다. 전쟁은 신의 행위일 수 없으며 인간들의 육체와 영혼 사이에 뿌리를 박고 있는 인간들의 소행이다. 그럼에도 불구하고 인간들의 모든 행위가 그런 것처럼 비록 사악한 것일지라도 그것이 신의 섭리를 벗어나는 것은 아니다. 신이 인간들로 하여금 죄를 짓도록 강요한 것은 아니지만 그 죄의 행동을 규제하고 사용함으로써 이들은 신의 영원한 계획을 실현하는 도구가 된다. 이 점에서 전쟁은 신의 의도 아래 있으며, 딘Dean이 말한 대로 비록 국가와 통치자들이 그릇되게 행동한다 할지라도 그들의 전투와 전역(戰役)이 신의 목적에 어긋나지 않는 한 전쟁은 용인될 수밖에 없는 것이다.[37] 이 때문에 러셀은 신을 전쟁의 발안자로 보고 있고, 전쟁의 결과도 그의 세계를 위한 의로운 계획에 기여하는 방향으로 결정지워진다고 했다.[38] 그래서 정당한전쟁의 권위는 일차적으로 신에게서 비롯되고 신의 전쟁은 자동적으로 정당한 전쟁이 되는 것이다.

그러나 아우구스티누스는 실질적인 전쟁 결정권자는 국가의 원수인 왕(王)이라는 사실을 간과하지 않았다. 이것은 세상의 잠정적인 질서 유지권을 왕들이 행사한다는 점과 맥을 같이한다. 한번 전쟁이 결정되면 병사는 국가의 지시에 불복종하거나 이의를 제기할 수 없으며, 옳은 지시건 그른 지시건 간에 복종할 의무만 지닌다. 비록 바르지 못한 왕의 통치 아래 전쟁에 종사한다 할지라도 잘못은 왕편에 있는

---

36) P. Ramsey, *War and The Christian Conscience*(Durham : Duke University Press, 1961). 19쪽.

37) H. Dean, 앞의 책, 157쪽.

38) F. Russell, 앞의 책, 20쪽.

것이며, 그 상황에서 의무를 행하고 있는 병사의 잘못은 아니라는 것
이다.[39] 이는 외형상으로 왕의 권한에 절대 복종하는 것을 의미하는
것 같으나 모든 권력은 위로부터 온다는 신(神)의 절대주권사상에 근
거를 두고 있는 것이다. 또한 치자(治者)의 폭정이라 할지라도 혼란
과 무정부 상태보다는 낫다는 아우구스티누스 자신의 믿음을 반영하
기도 한 것이다. 이 점이 아우구스티누스가 국가 통치자의 전횡을 승
인했던 것처럼 해석되고 권력의 옹호자라고 비난받는 이유이기도 하
다.

하지만 군주에게 전쟁 관할에 관한 전권을 귀속시킴으로써 병사들
을 살상과 같은 도덕성의 문제로부터 해방시켜 주고 전쟁 수행은 병
사들의 일임을 분명히 함으로써 성직자가 전쟁에 종사하는 것을 금지
시켰다. 또한 개인적 차원의 이해 관계나 원한에 의한 살인 등이 군
무나 공적인 권위 부여 없이는 허용될 수 없다는 점을 지적했다고 볼
수 있다. 병사들의 경우 그릇된 왕의 명령일지라도 그것에 복종하면
무죄가 되지만, 만일 병사가 왕의 명을 거절했을 경우 그는 반역자가
되는 것이 현실이다.[40] 아우구스티누스는 하나님의 법이나 치자의 법
에 의한 살인은 무죄하다고 변론하고 있다.[41] 이 때문에 살인을 인정
하는 몰인정한 사람으로 비난 받기도 하지만, 아우구스티누스 자신은
죽음보다 더 높은 차원의 귀속지를 상정하고 있었다는 점을 간과해서
는 안될 것이다.

앞에서도 말했듯이 전쟁을 그는 근본적으로 악의 산물로 보았으며,
그가 군국주의적 자세를 보이거나, 전쟁을 영광으로 치장하는 곳을
한 곳도 발견할 수 없다. 그가 거론하고 있는 모든 전쟁은 비극적으
로 묘사되고 있으며, 오히려 전쟁에 대한 적대감이 〈신의 도성〉 곳곳

---

39) 전쟁과 권위 문제는 졸고 「Aurelius Augustine의 전쟁론」, 《경희사학》, 6-
8, 181-206쪽을 참조하라.
40) *DCD*, Ⅰ, 21.
41) *DCD*, Ⅰ, 21.

에 표출되어 있다. 그는 정의(正義)의 전쟁까지도 참화를 빚어낸다는 사실을 심각하게 지적했다.[42] 더구나 치자(治者)가 지배하는 국가가 영원한 것이 아님을 아우구스티누스가 누누이 지적하고 있다는 점에 유의할 필요가 있다. 치자와 그가 수행하는 전쟁을 영광스럽게 만들 필요가 있었다면 국가의 영광과 영속성도 칭송했어야 할 것이다. 그는 키케로가 국가의 영속성을 주장하고 국가의 안전이 전쟁의 제일 목표가 되어야 한다는 견해를 비난하였다. 국가의 안전이 간과될 수도 없겠지만 그것만이 전쟁의 일차적인 이유가 될 수 없다는 것이다. 만일 도덕적 가치와 국가의 안전 중 어느 것을 택해야 한다면 오히려 믿음과 도덕, 정의의 편을 택해야 하며 국가의 안전은 부차적인 것임을 밝히고 있다.[43] 국가의 안전만을 희구하는 전쟁의 결과가 무엇인지에 관해 로마제국의 예를 들면서 설명하고 있는데 그는 국가가 영원하리라고 생각하는 데서 키케로와 플라톤의 그릇된 전쟁관이 나왔다고 지적하고 있다. 국가가 상대화된 마당에 전쟁이 국가의 안전을 위한 당연한 수단이거나, 그 자체의 결과가 지나치게 영광스럽게 될 수 없는 것은 명백하다.[44] 그 때문에 그는 로마가 안전을 위해 싸웠다고 하지만 그 것의 외적 위협을 제거한 뒤에도 결코 진정한 평화를 지상에 실현하지 못했으며 카르타고의 몰락이 오히려 로마 사회의 부패와 도덕적 타락에 깊은 영향을 끼쳤다고 비난하였다. 부(富)는 오히려 중산층의 몰락과 지배자들 간의 권력 다툼만 증대시켰고, 도덕적 신뢰를 국민들 간에 잃게 함으로써 제국은 언젠가 소멸하게 될 결과를 초래했다고 예언적으로 말했다. 국가의 흥망은 신의 전체적 계획 아래 진행되고 있는 변화의 과정일 뿐이며 그 자체가 바로 궁극적 목적이 아님을 그는 여러 차례 언급하고 있다는 점에서 전쟁론에 접근해야 할 것 같다. 그렇기 때문에 그의 치자중심적 태도와 전쟁 불

---

42) *DCD*, XIX, 7.
43) *DCD*, XXII, 6.
44) *DCD*, XXII, 6.

가피성의 인정도 그러한 상대적 관점에서 이해되어야 하리라 본다.

전쟁과 무고한 자의 죽임

전쟁은 결국 죽임을 필수적으로 동반하게 되므로 살상의 정당성 문제가 제기되지 않을 수 없다. 이 살상의 문제는 전쟁에 직접 참여한 전투 요원의 경우는 말할 것도 없고 무고한 시민들이 전쟁으로 인해 살상을 당하지 않으면 안된다는 데 논의의 어려움은 더한다. 아무리 정당한 전쟁이라도 살해 행위 그 자체가 정당화될 수는 없기 때문이다.

이 문제에 대한 아우구스티누스의 입장은 전쟁에서 무고한 시민들의 죽음과 살상 행위를 인정하는 입장에 설 뿐 아니라 예상치 못한 무정함과 무관심한 태도를 취하고 있다는 비난을 받는다.[45] 더구나 무고한 사람을 의도적으로 살해해서는 안된다는 일반적인 전쟁 윤리가 보편화되다시피한 현대적 감각으로는 더욱 이해하기 어려운 점이 있는 것도 사실이다. 하티간Hartigan도 인정하고 있지만 아우구스티누스가 교회 초기 전임자들의 평화주의를 극복하려는 논지를 펴는 과정에서 자기의 입장을 지나치게 강조한 데서 이런 오해가 생겼다고 보고 있다.[46] 도덕철학의 맥락에서, 질서와 정의를 이 문제 논의의 기준으로 삼을 때 아우구스티누스의 논지는 일관성을 갖고 있다. 그러나 사적 윤리와 공적 윤리를 나누어 이 문제에 접근하는 과정에서 공적 윤리의 측면을 너무 강조함으로써 악인이 죽지 않는데, 무고한 자가 죽는 일이 일어나는 현실적 상충 부분을 너무 경히 여기지 않았느냐 하는 비난을 받고 있는 것도 사실이다.[47] 이 점은 물론 아우구스티

---

45) 이 문제에 관해 R. Hartigan은 "Saint Augustine on War and Killing : The Problem of the Innocent," *Journal of History of Idea*, 27(1966), 95-204쪽에서 심도있게 다루고 있으며, 필자도 그의 연구와 논지에 의존하고 있다.

46) 같은 책, 204쪽.

누스 개인에게만 해당되는 사항이라기 보다는 기독교 윤리가 안고 해결해야 할 당면한 어려움이기도 한 것 같다.[48]

그의 『자유의지론』에서 아우구스티누스는 살인 행위의 본질에 대해 깊숙이 논의하고 있는데, 그 과정에서 그 자신도 이 문제에 관해 고민한 흔적이 역력하다. 그의 담론(談論)은 에보디우스 Evodius 와의 대화 형식으로 진행된다.[49] 그들 두 사람은 살인의 동기가 무엇이든지 간에 살해 행위는 악 evil 이라고 보는 데는 의견의 일치를 보이고 있지만 어떤 살해 행위를 살인범으로까지 분류할 수 있는지에 관해서는 어려움을 겪고 있다. 아우구스티누스는 국가가 살인범으로 규정하고 있는 국가법을 어기는 경우가 도덕법에도 어긋나는 것이라는데 쉽게 동의하고 있다.[50] 그러나 법률적 금지 조항만으로, 도덕과 윤리 문제가 해결되었다고 보지 않는다. 그 대표적인 예가 정당 방위 Self-Protection 와 같은 경우인데, 자기방어를 위해 가해자를 살해하는 것은 법적 차원에서 볼 때는 당연히 정당 행위로 간주될 수 있다.

그러나 기독교 윤리적 차원에서 볼 때는, 비록 자기 방어를 위한 것일지라도 상대방을 죽이기까지 해야 하는가의 문제가 제기될 수 있다.[51] 이에 대한 견해를 에보디우스의 입을 통해 밝히고 있다. 기본적으로 살인에 대해 반대하는 입장인데, 현세의 삶에서 생명이나 재산 소유는 영원한 세계의 그것에 비해 상대적으로 중요성이 덜하다는 것이다. 왜냐하면 생명의 조성자도 하나님이요 재산을 부여한 자도 그이기 때문에 이들의 진정한 소유자는 하나님이며, 인간은 이것들을 전적으로 소유할 수 없고, 또 잠정적으로만 소유할 수 있기 때문이다. 생명과 재산을 지키기 위해 상대방을 죽이기까지 하는 것은 용인

47) 같은 책.
48) 같은 책.
49) *De Libero Arbitrio*, Ⅰ, 4, 7.
50) *De Libero Arbitrio*, Ⅰ, 4, 7.
51) R. Hartigan, 앞의 책, 197쪽.

될 수 없다는 것이다.[52] 그의 친구에게 써 보낸 편지에서도 〈죽임을 당하지 않기, 위해 죽여야 한다는 견해에는 찬동하기 힘들다〉라고 쓰고 있다.[53] 그 점에서 아우구스티누스는 개인이 개인을 살해하는 것은 그 동기야 어쨌든 부당하다고 보는 점에서 기본적으로 평화주의적 틀을 지키고 있다.

하지만 그의 평화주의적 입장도 현실 문제에 부딪힐 때 굴절을 겪게 되었다. 예를 들어 정당 행위로 상대를 살해했을 경우, 기독교윤리와 법에 합당한 것은 아니지만 현세적 법의 테두리 안에서 인정할 수 밖에 없다는 점이다.[54] 다시 말해 더 큰 악을 막기 위해서는 더 작은 악의 수용은 불가피하다는 입장이다. 만일 한 사람의 생명을 더 죽이지 않기 위해 정당방위조차 허용되지 않는다면 이 세상에는 무고하게 목숨을 잃는 사람들의 수가 늘어갈 것이며, 이는 더 많은 사회 문제를 야기시키리라는 염려다.[55]

여기서 아우구스티누스는 현실적인 문제와 하나님 나라의 영역 사이에는 상충되는 부분이 있음을 인지하지 않을 수 없었다. 국가와 제도 안에 사는 인간들로서는 현실적 제여건을 무시해 버릴 수 없는 것이었다. 이 문제에 대한 해결 방안으로 그는 〈현세적인 법temporal law〉과 〈영원한 법eternal law〉으로 나누어 이들 문제들에 대한 답을 구하고 있는 것 같다.[56] 현세적인 법은 현세의 국가나 제도 속에서 사는 동안에 제약 받아야 할 잠정적인 법으로, 우리는 이를 따를 수밖에 없다. 그러나 그것 자체가 영원한 하나님의 법과 언제나 일치하거나 그것의 또 다른 심판을 면제시키는 것은 아니다. 현실적인 법으로 볼 때는 정당방위의 경우 가해자가 법의 영역을 피해 갈 수 없

---

52) *De Libero Arbitrio*, Ⅰ, 4, 9.
53) *Epistle*, 47.
54) R. Hartigan, 앞의 책, 197쪽.
55) *De Libero Arbitrio*, Ⅰ, 5, 12.
56) R. Hartigan, 앞의 책, 197쪽.

는 것이지만 영원의 법에 그것이 꼭 합당하다고 보기는 어렵다. 또 법에 꼭 저촉되지 않은 사악한 행위라도 그것이 영원한 법, 하나님의 섭리의 심판까지 벗어날 수는 없다는 것이다. 결과적으로 아우구스티누스는 살해는 반대하지만 공적인 법의 집행을 현실에서 인정하고 있는 셈이다.

이러한 논리는 전쟁중의 살인 행위에도 적용되는 원리다. 전쟁에도 분명 정당한 전쟁이 있는데 개인도 그릇된 행위를 한 자를 처벌해야 하는 것과 같이, 한 나라가 부당한 전쟁을 일으켰을 경우 이를 응징하는 전쟁은 정당하다. 그런 의미에서의 전쟁은 개인의 열정이나 복수심에서 행한 것이 아니라 신의 평화를 깨뜨린 자들에 대한 정당한 분노의 매라 할 수 있다. 그러나 그 전쟁의 궁극적인 목적은 평화의 회복에 있으며, 야욕의 충족에 있지 않아야 한다. 이 점에서 전쟁에서의 살인 행위나 폭력의 인정은 불가피하다고 그는 생각한 것 같다.[57]

그가 인간 목숨을 뺏는데 유일하게 인정한 예외가 있었는데, 그것은 공익(公益)을 위해서 행했을 경우이며 정당한 전쟁에서의 살상이나 사형 집행인의 형 집행은 이에 해당한다. 그의 친구 에보디우스와의 대화에서 적을 죽인 병사나 사형 집행인을 살인자라고 부를 수 없다는 데 동의하고 있다.[58] 이 같은 공익과 살인의 관계에 대해서는 그의 편지들에서도 천명하고 있지만,[59] 그의 『신국론』에 이르러 더욱 명쾌하게 개진된다.

그 자체의 법, 즉 신의 권위에 따라 만들어진 법률 틀에, 사람을 죽이고도 살인자로 취급되지 않는 예외가 있다. 이들 예외에는 두 가지 종류가 있는데 하나는 일반법에 의해 정당화 되는 것이고, 다른 하나는 특정

---

57) 같은 책, 198쪽.
58) *De Litero Arbitrio*, I, 5, 12.
59) *Epistle*, 47.

한 때에 특정한 사람에게 허락된 특별한 임무가 주어짐으로 이루어진다. 후자의 경우에 권위가 위임되어, 그의 손에 검이 있어서 이를 사용한 사람은 그가 다루는 살해에 대해 그 자신이 책임지지 않는다. 따라서 신의 명령이나 그의 법에 복종하여 전쟁을 수행한 사람들은 한 인간으로 공적 정의를 대표하거나 정부의 판단에 따르고 있으므로 그 자격상 악인을 살해한 살인자라고 할 수 없다. 그런 사람들은 〈살인하지 말라〉는 계명을 어겼다고 볼 수 없다.[60]

전쟁을 직접 수행한 병사들의 경우와 같이 구분이 뚜렷할 경우, 아우구스티누스의 논리는 설득력을 갖는다 할지라도, 전쟁중 무고하게 죽어가는 사람들의 살상에 관해서는 어떻게 보아야 할 것인가의 문제는 여전히 남는다. 아우구스티누스는 이 문제에 관해 상당히 막연한 자세를 취하고 있다고 하리간 교수 또한 지적했다. 뿐만 아니라 어떤 면에서는 아우구스티누스가 오히려 전쟁중에 무고한 백성이 죽임을 당하는 것을 인정하고 있는 감마저 든다는 것이다.[61] 그는 이런 태도를 취하고 있는 아우구스티누스의 자세를 다음과 같은 두 가지 이유에서 이해하려고 노력하고 있다.

첫째는 적국(敵國)의 인구 중에는 분명 무고한 사람들이 있다는 것을 인정한다 하더라도 그 숫자가 많지 않을 것이라는 생각이다. 뿐만 아니라 개인은 그 사회의 사회도덕적 분위기와 무관하게 존재할 수 없는데 정의롭지 못한 나라에 정의로운 사람들이 많으리라고 생각하기 어렵다는 것이다. 물론 소돔성의 롯과 같은 의인이 있지만 설혹 그들이 있다 하더라도 소수에 불과할 것이라는 점이다. 더구나 있다 하더라도 무고하다는 것은 오히려 개인의 내적 사항이므로 도저히 외적으로 분별해 내기 어렵다는 점을 지적하고 있다.[62]

---

60) *DCD*, Ⅰ, 21.
61) R. Hartigan, 앞의 책, 202쪽.
62) 같은 책, 203쪽.

두번째로 그가 무고한 사람들의 죽음에 대해 무관심해 보이는 것은, 그의 죽음관 때문이기도 하다. 앞에서도 지적했듯이 죽음이란 단순히 육체적인 죄악일 뿐이며, 오히려 탐욕의 노예나 악한 일의 유발자가 되는 것 보다는 차라리 죽음이 더 바람직할지 모른다고 그는 생각했다. 죽음이란 참으로 한탄스러운 일이긴 하지만 결코 신의 심판은 아니기 때문에 차라리 영원한 심판을 피하는 길이라고 보았다. 이런 관점에서 볼 때, 자연히 전쟁에서의 무고한 자들의 죽음을 그렇게 심각하게 고려할 수 없었다고 보겠다.

그럼에도 그가 기본적으로 전쟁을 악의 산물로 보았으며, 전쟁의 참담함을 누차 강조하고 있었음을 감안할 때, 무고한자들의 죽음도 불가피하게 인지할 수밖에 없었다고 생각된다. 그리고 당시 도나티스트주의자들의 협조 아래서 정부의 지원까지 요청하지 않을 수 없었던 그의 처지도 이 문제를 이해하는데 고려되어야 할 사항이다.

3 평화 사상

평화의 분류와 속성

아우구스티누스의 전쟁론은 아우구스티누스의 평화 사상에 대한 이해를 필요로 한다. 그가 논하는 전쟁이란, 사실은 평화를 얻기 위한 수단일 뿐이다. 그렇기 때문에 그의 전쟁과 평화론은 함께 이해해야 할 일이며 따로 떼어 생각하기는 어렵다. 그럼에도 불구하고 그의 평화론은 전쟁과 같은 차원에서 이야기할 성질의 것이 아니며, 보다 더 포괄적이며 광범위한 것으로 오히려 궁극적이며 본원적인 성질을 갖고 있다는 측면에서 접근해야 될 것 같다.

전쟁에서 지향하는 평화는 잠정적이며 현세적이고, 결국 부정적인 평화일 수밖에 없다. 갈퉁 Galtung이 평화의 개념을 〈긍정적인 평화 Positive Peace〉와 〈부정적인 평화 Negative Paece〉로 나눈 것도 이 같은 문제점을 알고 있었기 때문일 것 같다. 전자의 평화는 협력과 통합의 적극적인 속성을 내포하고 있는데 반해, 후자는 다만 〈전쟁이 없는 상태 non war〉로서 이는 표면적인 평화이며 내적 평화는 아니다.[63] 이들을 보다 구체적으로 나누면 완전성, 총체성의 평화와 부분성, 임시성의 평화로 구분할 수 있겠다.[64]

히브리적 평화 개념과 그리스적 평화 개념의 차이도, 앞의 구분과 맥을 같이하고 있는 것 같다. 히브리어의 평화를 뜻하는 샬롬 Shalom 은 안녕 well-being과 번영 prosperity, 안전 security의 함축적 의미를 내포하고 있는데, 여기에는 폭력과 갈등의 단순한 부재(不在)를 넘어 완전성, 영원성을 지향하는 의미가 많다.[65] 반면 그리스어의 eirene는 〈질서〉나 〈부분들의 통합〉이라는 뜻을 갖고 있고, 로마인들이 사용한 PAX 또한 〈협약〉〈합의〉의 어의(語義)를 갖고 있다. 이들이 말하는 평화란 폭력의 부재라는 차원에서는 평화가 유지되고 있지만, 그것은 깨어질 것을 예상하고 있다는 점에서 불완전하다.

아우구스티누스는 이상의 히브리적 의미의 평화와 그리스 로마적 평화이해를 공히 수용하고 이를 종합하고 있다고 볼 수 있다. 그는 완전한 평화의 근거를 신에게서 구하고 있다는 점에서 히브리적이다. 그러면서도 지상 평화의 불완전성을 현실적으로 받아들이고, 이의 유지를 위한 자연법의 순응과 힘의 논리를 인정하고 있다는 점에서, 로마 그리스적 평화 유산을 물려 받고 있다.[66]

아우구스티누스는 평화를 크게 둘로 나누고 있는데, 하나는 〈천상의 평화 Celestial Peace〉로 이는 신국(神國)의 평화이며, 다른 하

---

63) D. Sills 편, *International Encyclopedia of Social Science*, Ⅱ(1980), 487쪽.
64) J. Macguarrie, 조만덕 역, 『평화의 개념』(서울 : 기독교서회, 1980), 27-29쪽.
65) R. Bainton, 앞의 책, 17쪽.
66) 졸고, 「Augustine 의 평화론 소고」《경희사학》, 9-10(1980), 218쪽.

나는 〈지상의 평화Earthly Peace〉로 이 세상의 평화이다. 전자의 평화는 인간의 오성(悟性)이 이해할 수 있는 범주를 넘어서는 것으로 이는 〈신의 평화〉에 해당한다.[67] 그것은 완전하여 깨어지지 않으나 인간은 그것을 부분적으로만 소유할 뿐이다. 그는 인간이 영원히 지향하는 평화를 이 천상의 평화로 보고 있으며, 그것은 영생(永生), 행복과 거의 동의어로 쓰이고 있다.[68] 이에 대응하는 개념의 지상 평화는 신(神)의 평화의 반영이긴 하지만, 인간 의지의 잘못 사용으로 부분적인 평화, 임시적인 평화의 속성을 지닐 수밖에 없다.[69]

아우구스티누스 평화론의 큰 특징은 교회 초기의 그것과 달리, 천상의 평화인 진정한 평화와 세상의 평화인 허위의 평화 사이의 구분을 대립적 개념으로 파악하지 않았다는 데 있다.[70] 다시 말해 지상의 평화는 불완전한 것이긴 하지만, 그만큼 허위적인 것은 아니며, 오히려 그것은 천상의 평화로 가기 위한 방편으로 이해했다는 점이다.[71] 아우구스티누스가 이해하는 평화의 속성은 보편성과 본능성을 갖고 있다. 이 말은 모든 사물이나 사람에게는 그 정도의 차이는 있지만 모두 평화적 요소를 분담하고 있다는 점에서 보편적이며 이들 모두는 평화를 바라는 속성을 지니고 있다는 점에서 본능적이다.[72] 아무리 본성에 어긋나는 악이라 할지라도 본성을 뿌리채 뽑아버릴 수는 없기 때문이다.[73] 그 때문에 어떠한 지상의 갈등, 분쟁, 폭력 속에도 그 안에는 부분적 평화 요인이 내재되어 있으며, 절대적 의미로서 평화의 부재 상태란 있을 수 없다. 이는 그의 선악관과 맥을 같이하고 있다. 그 때

---

67) T. Renna, "The Idea of Peace in the Augustine Tradition 400-1200," *Augustinian Studies*, 10(1979), 106쪽.

68) *DCD*, XIX, 11.

69) T. Renna, 앞의 책, 106쪽.

70) 같은 책.

71) *DCD*, XIX, 11-14(T. Renna, 같은 책).

72) E. Barker, 앞의 책, 207쪽.

73) *DCD*, XIX, 12.

문에 전쟁에도 평화의 속성이 반드시 내재해 있어서, 〈전쟁 없는 평화는 있을 수 있지만, 어떤 형태로든 평화가 전혀 없는 완전한 전쟁 상태란 있을 수 없다〉고 할 수 있다.[74] 전쟁조차도 그 목적은 평화에 있으며, 평화의 상태를 깨뜨리는 것조차 그들에게 맞는 상태의 평화로 이를 변화시키고자 하는데 본래의 의도가 있는 것이다.[75]

도둑의 경우일지라도 자신은 물론 주변과의 평화 관계를 바라며, 더구나 다른 사람과 공모하여 타인의 평화를 깨뜨리고자 할 때라도 공모자와는 평화 관계를 유지하길 바란다. 이는 동물의 경우에도 해당되는데 아무리 사나운 동물이라 할지라도 그 새끼들을 보호하며, 키우고 살피는데 필요한 평화를 원한다. 물론 이들 또한 자기에게 알맞은 방법으로 평화를 유지하려 하고, 그것에 위배될 때 갈등과 긴장이 생기는데, 이것이 평화의 속성이 지닌 역설적 측면이다.

평화의 성취

아우구스티누스는 〈모든 평화는 질서의 평온한 이룸tranguility order〉이라고 했다.[76] 그에게 평화란 질서order와 함께 간다. 이 둘의 관계는 마치 동전의 앞과 뒤 같은 관계라고 바커Barker는 비유했다.[77] 바꾸어 말하면 질서 없는 평화가 없고 평화 없이 질서가 이루어지기란 어렵다. 질서와 자연법과 평화는 서로 의존적이며 순환한다. 거꾸로 매달린 사람에겐 질서도 평화도 없다.

그런데 질서란 의(義)가 없이 이루어질 수 있는 성질의 것이 아니다. 의(義)란 바른 관계의 체제 즉 질서이며, 평화도 하나의 질서 관점에서 의(義), 질서, 평화는 불가분의 관계에 있다.[78] 의(義)가 없는

---

74) *DCD*, XIX, 12.
75) *DCD*, XIX, 12.
76) *DCD*, XIX, 13.
77) E. Barker, 앞의 책, 207쪽.
78) 같은 책.

곳에 질서가 있을 수 없고, 질서가 없는 곳에 평화가 없다. 이를 거꾸로 순환시켜도 마찬가지의 말이 된다. 그러나 아우구스티누스가 말하는 진정한 의(義)는 이 지상에서 이루어질 수 없는 것이며, 그것은 〈신국〉에서나 가능한 성질의 것이다. 그렇기 때문에 진정한 평화, 영원한 평화는 천상에서나 이루어질 일이며, 지상에서는 잠정적, 임시적으로 이루어질 수밖에 없는 것이다.

지상의 의(義)는 상대적 의(義)의 성격을 띠고 있기 때문에 그것은 상대적 질서일 수밖에 없다. 지상의 의는 불의한 자들까지를 포함하며, 그 나름의 질서에 따라 평화가 유지된다. 지상의 불의한 자들일지라도 그것은 전체적 의미에서 질서 속에 있으며, 그들은 질서를 깨뜨린 자들이지만 깨뜨린 그 자체 안에서 질서 속에 있다.[79] 그런 의미에서 국가나 정부, 노예제도 같은 것도 질서를 깨뜨렸기 때문에 상대적 의를 지닐 뿐이지만 그들 또한 의, 질서, 평화 속에 있다고 볼 수 있다. 지상의 평화가 항상 깨뜨려질 속성을 지니고 임시적일 수밖에 없는 이유도 여기에 있다.

국가는 그 자체의 질서order를 가지고 있으므로 그 자체의 평화를 소유한다. 물론 국가가 갖는 질서란 창조의 질서도 아니고 완전한 의(義)도 아니라는 점에서 그 질서는 참되고 영원한 질서는 아니다.[80] 그러나 그 질서는 하늘의 질서에 반(反)하는 것은 아니다. 그래서 하늘의 도성은 지상의 평화가 달성되는 여러 제도나 방편들을 폐지하는 것이 아니라 보존하며, 오히려 지상의 평화를 사용한다. 그 과정에서 지상의 평화가 하늘의 평화를 모방하도록 하며, 지상의 평화가 천상 평화의 질서 안에 있거나 교체 안에 있을 때 자기 분수의 평화를 누릴 수 있음을 알게 된다.[81] 각각의 목적하는 평화의 종류가 다르지만 자기들의 곡적을 달성하면 그들이 원하는 평화를 누리며 산다.[82]

---

79) 같은 책, 208쪽.
80) *DCD*, XIX, 17.
81) *DCD*, XIX, 17.

　인간의 본질적인 평화는 신과의 화해를 통해 가능하다. 그 점에서 인간 자신의 평화는 자신의 의지에서부터 출발하고 있다고 할 수 있다. 자신이 하나님을 자기보다 더 사랑할 것인지, 자기를 하나님보다 더 사랑할 것인지는 의지선택에서 비롯된다. 지상국 시민의 길을 가느냐, 신국시민의 길을 가느냐에 따라 자신이 선택하는 평화의 길이 달라진다. 믿음을 통하여 하나님과 자신의 〈관계〉가 정상화될 때 행복은 얻어진다. 질서 없는 곳에 평화 없고 평화 없는 곳에 행복이 있을 수 없다.

　아우구스티누스의 평화론은 질서의 체제 안에서의 평화라 할 수 있다. 질서란 곧 관계의 정상화를 뜻하기도 한다.

　신체의 평화는 그 구성 부분들을 그 합당한 질서에 따라 배치했을 때 이루어지며, 비이성적 영혼의 평화irrational soul는 그들 욕구appetites 들의 질서에 따른 충족에 있으며, 이성적 영혼rational soul의 평화는 인지cognition와 행동의 질서 있는 일치에 있을 때 이루어진다. 육체와 영혼의 평화는 살아있는 피조물의 질서 있는 삶과 건강에 의존한다. 인간과 하나님 사이의 평화는 믿음 속에서의 질서 잡힌 복종, 영원한 법에의 예속으로 이루어진다. 인간들 사이의 평화는 마음과 마음이 일치할 때 얻어진다. 가정의 평화는 함께 사는 사람들 간에, 즉 주관하는 자와 따르는 사람들 간의 호응 여부에 달려 있다. 천상도성Heavenly City의 평화는 완벽한 질서와 조화 안에서 하나님을 즐기는 공동의 협력이다. 전우주의 평화는 질서의 평정함에 있다. 그리고 질서란 동등한 것과 동등하지 않은 것들을 그 받은 바 몫에 따라 그 각각의 자리에 배치하는 것이다.[83]

　아우구스티누스는 이 글에서 평화를 이루는 데는 합의와 질서, 관

---

82) *DCD*, XIV, 1.
83) *DCD*, XIX, 13.

계의 정상화를 강조하였다. 그러나 크게 보아 그 같은 합의에 이르지 않는다고, 큰 의미의 질서가 존재하지 않는 것은 아니다. 예를 들어 불행한 사람들은 불행한 점에서는 평화를 즐기지 못하고 평온한 질서로부터 분리되어 있지만, 분리되어 있는 그 자체가 이미 질서의 한 부분을 이루고 있는 것이다.[84] 고통의 경우도 마찬가지다. 고통을 받는다는 점에서는 평온의 평화를 누리지 못하고 있지만 고통을 통해 질서에 참여하고 있다. 선한 것이 조금이라도 남아 있지 않으면 잃어버린 선에 대한 고통은 없을 것이다. 다시 말해 죄를 범하는 자가 자신이 죄 지은 것, 의를 잃어버린 것을 기뻐한다면 그는 그만큼 더 악한 것을 많이 갖고 있다고 볼 수 있다.[85] 그러므로 선한 것을 버리고 악한 일을 하고서도 죄인이 기뻐하는 것은 그만큼 악한 의지가 많다는 것을 증거하는 것이며, 벌을 받고 나서도 선을 잃은 것을 슬퍼하는 것은 그의 선한 본성을 증거한다. 그런 점에서 고통은 행복이 아니며 질서의 위배에서 오는 것이지만, 큰 의미의 질서를 위해서는 받아야 할 일이며, 그 점에서 그릇된 자에 대한 형벌이나 징계는 정당화되는 것이다. 질서의 평온 밖에 머무르면 진리가 주는 벌을 면할 수가 없다.[86]

아우구스티누스에 따르면 우주 전체의 평화를 주관하시는 이는 창조주이다. 그는 천지만물을 최고의 지혜로 창조했고, 그들을 완벽한 정의perfect justice 안에 질서지웠다. 그리고 하나님은 지상의 인간들에게 삶에 필요한 여러 가지 것들을 만들어 주었다. 금생에 적합한 현세적 평화를 누리고 삶을 즐길 수 있는 건강과 인간 관계, 그리고 평화를 지키고 다시 회복시킬 수 있는 것을 주었다. 예를 들어 우리의 외적 감각에 필요한 빛과 밤, 공기와 마실 물, 스스로 먹으며 살아야 할 것과 입을 옷, 신체의 보살핌과 장식들이 다 그런 것 들이

---

84) *DCD*, XIX, 13.
85) *DCD*, XIX, 13.
86) *DCD*, XIX, 13.

다.[87] 심지어, 썩을 것과 썩지 않을 것, 강자가 약자에게 잡혀 먹히는 것조차도 사실은 질서에 해당된다. 썩을 것이 썩지 않고 남아있거나 생명을 유지하기 위해 다른 생명들을 먹지 못한다면 거기에는 창조주의 질서와 평화가 이룩될 수 없다. 이것을 아우구스티누스는 창조주의 법칙에 따라 그 소속된 생명에게 평화롭게 봉사하는 것이라고까지 했다.[88]

아우구스티누스는 이 모든 것은 신의 가장 공정한 조건 아래 주어졌다고 믿었다. 이 모든 주어진 것들을 평화에 적합하게 사용했을 때는 더 좋고 풍성한 영생의 평화를 누릴 것이다. 그러나 주어진 축복들을 악용하는 사람들에겐 누리는 평화조차도 잃어 버릴 것이며, 다른 축복도 받지 못하고 깨어진 평화 속에 있을 것이라고 했다.[89]

〈질서〉와 〈관계〉를 중시하는 아우구스티누스의 평화관은 이의 유지를 위해 필요하다면 〈강제적 힘coercive〉의 사용까지도 용인하지 않을 수 없었다. 그리고 인간과 신의 관계, 남편과 아내, 부모와 자녀, 주인과 종의 관계로 상하종속의 관계를 보는 것도 그 같은 인식의 반영이라 할 수 있다. 국가의 평화는 통치자에 대한 피치자의 복종을 요구한다는 그의 주장도 같은 맥락에서 이해되어야 할 것같다. 아우구스티누스의 질서론이 치자의 절대권을 강화시켜 주고 있다고 비난받고 있지만[90] 아우구스티누스가 강조하는 〈질서〉와 〈합의〉의 관점에서 볼 때 이것은 일방적인 강제 사항일 수만은 없으며, 오히려 치자의 절제와 합당한 역할 부분을 간과하지 않았으리라는 점도 지적되어야겠다.

아우구스티누스는 평화 유지를 위한 외적 제재의 필요를 인정하고

---

87) *DCD*, XIX, 13.
88) *DCD*, XIX, 12.
89) *DCD*, XIX, 13.
90) H. Carlyle, *Medieval Political Thought in the West*(London : Edinburgh, 1930), 109쪽.

있지만 그것이 인간성을 완전히 바꾸거나, 불완전한 평화를 완전으로 바꿀 수 있다고 생각하지 않았다. 개인의 내적 평화는 신과의 참다운 교제를 통하여 이루어진다고 본점에서 내적 평화는 개별적이고 절제적이며 자율적인 성격을 띤다. 이 점에서 강제적 힘을 받아들이거나 필요로 하는 사회적 평화의 달성 방법과는 구별된다.

아우구스티누스의 평화론은 천상적인 평화와 지상적인 평화로 대별되지만 개별성을 띤 내적 평화나 복수성을 띤 사회적 평화가 공히 진정한 평화 상태에 이르기 위해서는 천상 평화의 도움을 필요로 한다고 믿는다. 그럼에도 불구하고 평화 실현의 기본 단위는 먼저 개인이며, 개인들의 가슴 속에 이루어진 평화는 곧 사회적 평화 실현의 기초가 된다고 본 점에서 아주 현실적이다. 천상의 〈완전한 평화〉에 대한 지상 평화의 대비를 통하여, 지상 평화의 유용성과 동시에 그 한계성을 밝히고 평화 실현의 자율적 측면과 타율적 측면까지 밝힌 것은 그의 평화론이 오늘까지 생명성을 지니고 있는 큰 이유이다. 그의 평화론은 그 근본을 종말적인 천상에 두고 있음에도, 논의의 전개는 현실의 문제를 외면할 수 없었다.

그가 지향하는 평화는 현세saeceilum가 궁극적으로 도달하고자 하는 목표였다. 〈천상도성〉의 시민이 도달하고자 하는 목적지는 자유가 아니라 평화라고 했던 피기스J. Figgis의 말은 아우구스티누스 평화론의 본질을 말해 주고 있다.[91]

---

91) J. Figgis, 앞의 책, 167쪽.

20 신학과 사상 분야의 영향

아우구스티누스가 세상을 떠난 지 1600여 년의 세월이 흘렀다. 이
것은 우리와 그를 나누어 놓은 긴 세월이다. 그러나 마로우H.
Marrou는 이같이 긴 세월이 우리와 그의 사이를 공허하게 갈라놓은
것이 아니라 오히려 연합unite시켰다고 말하고 있다. 아우구스티누스
는 그의 영향을 통하여 현존해 왔고 지금도 현존해 있다는 것이다.[1]
　그의 영향력이 그토록 지속적이고 광범위하게 진행된 것은 기독교
사상사에서 그가 위치한 특이한 시점과도 깊은 관계가 있다. 그의 사
상은 옛 서구의 전통적 기독교 사상이 종결되는 지점이자 이후 새롭
게 전개되는 기독교 체계화의 풍성한 원천을 이루고 있다.[2] 다시 말
해 그는 초대 기독교의 방어적 태도에서 이제 공격적이고 이론적인
체제 정비의 시발점에 서 있었다. 그의 영향력은 강력한 것이었는데,
이는 야스퍼스가 지적했던대로, 하나는 그의 뛰어난 독창적 설명력

---

1) H. Marrou, P. Hepburn-Scott역, *St. Augustine*(New York : Harper
　 & Brothers, 1960), 148쪽.
2) K. Jaspers, *Plato And Augustine*(New York : Harcourt Brace Jova-
　 novich, 1962), 116쪽.

에 있으며, 다른 하나는 가톨릭 권위에 대한 무조건적이고 의심 없는 믿음에 근거하는 것이었다.[3]

아우구스티누스는 또한 철학과 신학을 교묘하게 통합하였다. 그는 플로티누스의 경우에서 보여준 것처럼 고대 철학의 형식을 계시에 근거를 둔 기독교에 도입시킴으로써 종교와 철학을 이원화하지 않고 하나로 통합했다고 볼 수 있다. 사실 한 시대가 활력을 잃어 가던 시점에서 아우구스티누스가 신플라톤주의 철학을 기독교 설명의 이론적 근거로 삼음으로써 앞으로 기독교 철학의 길을 여는 계기를 마련하였다. 플로티누스의 일자설(一者說)은 유일신 하나님으로부터의 창조론을 전개할 수 있도록 했고, 절대선으로부터 생성된 피조물들은 선의 결핍 상태를 불가피하게 상정케 했으며, 이것은 악이란 실체가 아니라 다만 선의 부족 상태에 불과하다는 선(善)일원론을 가능케 했다. 『신국론』에서 하나님이 왜 최고선인가를 설명하는데 바로 Varro의 주장을 일일이 논평하며 결론을 도출해내는 방법도 철학과 신학을 통합하려는 그의 자세를 반영한다.[4]

아우구스티누스는 신앙의 삶과 일상의 삶을 분리시키거나 대립적으로 파악하지 않았다. 삶 속에서의 신앙, 신앙 속에서의 삶을 현실적으로 인정하였다. 다시 말해 세계에 대한 부정과 세상적 성취를 신앙과 별개로 보지 않고, 그 사이에서 일어나는 긴장을 인정했다. 그 같은 자세는 그의 수도원 이념에서도 잘 나타나는데 동방적 정신주의 내지 은둔주의를 수용하는 대신, 공동 생활과 현실 생활과의 공존을 인정하고 있다는 점이다. 영원한 왕국으로 가는 길은 은둔적인 명상에서뿐만 아니라 실생활에서의 부대낌을 통해서도 길이 열려 있다고 믿었다.[5] 한 쪽을 택하기 위해 다른 쪽을 타기시하지 않는 그의 포용적 자세가 앞으로 아우구스티누스가 여러 시대적 기복에도 불구하고

---

3) 같은 책, 117쪽.
4) *DCD*, XIX, 1-4.
5) K. Jaspers, 앞의 책, 115-116쪽

살아 남을 수 있었던 저력이다.

*

　서구 사상의 2대 산맥을 플라톤과 아우구스티누스로 나누어 잡는가 하면, 혹자는 헬레니즘적 물줄기와 히브리적 물줄기가 아우구스티누스에서 만나 통합되어 흐르는 것이 서구 사상이라고까지 말하고 있다. 사실 아우구스티누스는 비그리스도교도조차도 그의 중요성을 인지하는 몇 안되는 그리스도교도 사상가들 중의 한 사람이다. 더구나 가톨릭의 현실 대응에 대한 문제 제기로 종교개혁을 주도했던 개신교 개혁가들에게조차 아우구스티누스는 그들의 개혁과 주장의 한 원류가 되었다. 그리고 가톨릭 교회는 그를 가장 위대한 크리스천 박사 중의 한 사람으로 존중하기를 결코 머뭇거리거나 중단한 적이 한번도 없었다.[6]

　물론 아우구스티누스에게 인간적인 약점이나 문제점이 없었던 것은 아니다. 그의 자유분방한 정신에 못지 않게 세속적인 출세주의와 정욕에 대한 연연함이 때로 그를 깊은 좌절과 자괴심에 젖게 하고 이는 때로 허무적 회의주의로 빠져들었던 것 같다. 그는 십수년을 함께 살아 온 여인을 냉정하게 버리고, 또 다른 신부를 맞아들이는 데 필요 이상의 심리적 갈등을 느끼지 않을 만큼 냉엄성도 지니고 있었다. 여자나 노예들에 대한 사회적 신분 차별을 불평등적 평등이라는 측면에서 별 이의 없이 받아들였고, 우정(友情)도 어쩌면 자기중심적 사회 관계로만 파악하고 있었다는 의구심을 일으키게도 한다. 더구나 종교적 분파주의를 없앤다는 명분 아래, 국가의 힘을 빌려 이들을 탄압하는 것을 주저하지 않았다. 그의 논지는 분석적이기보다는 수사적이기 때문에 때로 일관성을 결하고 애매모호할 때도 있다. 그는 비판적이기보다는 교조주의적이고 교회 권위 중심적이며[7], 모든 사람을 일단

---

6) H. Marrou, 앞의 책, 179-180쪽.

죄인으로 보고 성이나 인간의 정열을 죄악시함으로써 세상을 지나치게 비관적으로 보고 있다는 비난을 받고 있다.

그럼에도 불구하고 그의 진리 탐구에 대한 열정과 성실성을 아무도 의심하지 않는다. 그는 기독교 신학에 관한 한 시대를 초월한 권위자이며 기독교의 핵심 사상을 누구보다도 깊고 넓게 파헤친 조직적 논술가이다.[8] 그는 문제 제기를 유보하지도 않았으며, 그것들에 대한 대답을 회피하지도 않았다. 그의 주장은 단순히 신학적 영역에만 국한되는 것이 아니라 인간 삶의 거의 모든 행태에 직·간접적으로 영향을 미쳤다.

앞에서도 언급했듯이 철학 영역에서 12세기 아리스토텔레스주의가 알베루투스 마그누스Albertus Magnus나 토마스 아퀴나스의 영향으로 상승 기운을 탈 때까지 아우구스티누스의 위치는 정상(頂上)에 있었다.[9] 심지어 믿음을 이성으로 설명하려는 아리스토텔레스적인 방법론의 기세에도 불구하고 이 무렵 아우구스티누스적 신비주의가 수그러들지 않고 있었다는 점 또한 주목할 필요가 있다.[10] 종교개혁과 르네상스 기간 동안 표면적으로는 드러나지 않았지만 17세기에 이르러 다시 강력한 영향으로 피어오르기 시작했다. 그래서 지벡Siebeck은 아우구스티누스를 〈최초의 근대인the modern man〉이라고 부르길 서슴지 않았다.[11] 종교 철학의 경우 그 출발을 루터나 칸트, 슐라이어마허Schleiermacher에게서보다 오히려 아우구스티누스에게서 발견할 수 있고 순수 철학의 경우도 헤겔이나 쇼펜하우어에게서보다 아우구스티누스에게서 더 근대적인 접촉점을 찾을 수 있다고 지적하였다.[12]

---

7) 같은 책, 167쪽.

8) 장욱, 「한국에서 철학함에 있어서 그리스 철학과 중세 철학이 가지는 의미」(1993), 15쪽.

9) B. Warfield, *Calvin and Augustine*(Philadelphia : Presbyterian Reformed Publishing Co., 1970), 316쪽.

10) 같은 책.

11) 같은 책.

심리학이나 형이상학의 경우 아우구스티누스의 지배력은 거의 완벽에 가까운 것 같다. 사상가로서 아우구스티누스의 특성은 그의 사유의 내면 지향성interiority에 있다. 내적 영혼의 실재성을 존재에 대한 준거점으로 하였던 아우구스티누스는 나는 의심하므로 존재한다고 말할 수 있었던 것이다. 데카르트의 〈생각하므로 내가 존재한다〉는 명제는 아우구스티누스 주장의 근대적 변형에 불과한 것이다. 빈델반트Windelbant가 아우구스티누스를 근대 사상 창건자 중의 한 사람 One of the founder of modern으로 치는 것도 이 같은 연속성에 기인한다.[13]

*

아우구스티누스가 게르만 계열의 반달Vandals족의 히포 포위 상태에서 430년 8월 28일 세상을 떠나는 시점의 역사는 로마의 석양이었다. 도나티스트와의 종교 분쟁 등으로 이 지역의 통일성은 크게 약화되어 있었고, 혹자는 내란 직전의 상황에 있었다고 평가한다.[14] 반달족의 왕 가이세릭Gaiseric은 수개월의 포위 끝에 마침내 히포를 함락시켰으며, 도시는 거의 폐허처럼 철저히 파괴되고 말았다. 로마는 아우구스티누스가 세상을 떠난 후 46년을 더 지탱하였다. 그러나 그것은 명목상의 일에 불과했는데, 수도는 이미 로마가 아닌 라벤나Ravenna로 옮겨져 있었고, 로마황제들은 스스로를 세울 힘도 방어할 힘도 없어 게르만 출신 장군Ricimer 등의 지명과 보호에 의존하고 있었다.

사실 아우구스티누스의 위상도 크게 위협받고 있었다. 그의 충실한 동업자인 포시디우스Possidius는 그 폐허 속에 수년을 더 머물렀던

---

12) 같은 책.

13) 같은 책.

14) S. Painter & Tierney, 이연규 역, 『서양중세사』(서울 : 집문당, 1988), 63쪽.

것 같지만, 끝내 아리우스파의 카르타고 통치자에 의해 추방당하였다. 이제 그 곳에 남아 있는 것은 파괴와 방화 속에 용케도 남아있는 아우구스티누스가 쓰던 도서관 하나뿐이었다. 포시디우스는 아우구스티누스 저서의 모든 목록을 정리했지만,[15] 과연 어느 누가 후세에 이를 다시 읽을 수 있을지 의심하지 않을 수 없었다.[16]

더구나 펠라기우스 논쟁이 아직도 깊은 상처로 남아 있었다. 아우구스티누스가 세상을 떠나기 직전까지도 그들은 여전히 아우구스티누스의 은혜와 예정론에 이의를 제기하고 있었다. 그가 그의 생애의 마지막을 정리하고 있었던 『보정록 Rerractationes』을 집필하고 있는 순간에도, 끈질긴 줄리안의 공격에 답신을 보내는 일을 해야만 했다.[17] 아우구스티누스가 세상을 떠난 후에도 이 문제는 해결되지 않은 채, 특히 프랑스의 프로방스 Provence 지역 수도원단 등의 반(半)펠라기우스주의 Semi-Pelagianism가 크게 성하고 있었다. 존 카시안 John Cassian의 강력한 영향 아래 이들은 아우구스티누스의 은혜론과 예정론을 이단으로까지 규정하려는 움직임을 보였다. 이에 당시 교황 셀레스틴 Celstine(422-432년)은 아우구스티누스가 세상을 떠난 지 채 9개월도 되기 전에 아우구스티누스에 대한 찬사문을 발표하여 그를 가장 위대한 가톨릭 교회 스승 중의 하나로 규정하였다. 이러한 공식적인 선언에도 불구하고 펠라기우스주의 논쟁은 종식되지 않다가 529년 〈오렌지 공의회 Council of Orange〉에서 반(半)펠라기우스주의가 이단으로 규정되고서야 이 문제는 일단락되었다.[18]

이후 아우구스티누스의 영향은 유럽 전역에 확산되고 있었는데, 아

---

15) 아우구스티누스가 세상을 뜨기 직전에 그의 서재 서가에는 그가 쓴 232개의 소책자와 설교, 편지 등으로 구성된 93권의 저서가 꽂혀 있었다.

16) P. Brown, *Augustine of Hippo*(London : Faber & Faber, 1968), 432-433쪽.

17) 같은 책, 429쪽.

18) H. Marrou, 앞의 책, 151쪽.

프리카에서 반달족의 아리우스주의에 대항하여 치열한 방어전을 폈던 루스파의 풀겐티우스 Fulgentius of Ruspa는 그 별명이 〈아우구스티누스의 축소판 Augustinus abbreviatus〉이었다. 스페인에서도 세빌 Sevile의 이시도르 Isidore는 아우구스티누스를 모든 교부들 중에 최상위의 위치에 놓았으며 골 Gaul 지방의 성 아를르 Arles의 케사리우스 St. Caesarius는 그의 모든 저술에 아우구스티누스의 영향이 그대로 반영되고 있음을 보여주고 있다.[19] 더구나 이탈리아의 대교황 그레고리우스 St. Gregory the Great는 아우구스티누스 저서의 열렬한 탐독자로 그의 신국 이상을 교회를 통해 실현하고자 했다. 물론 그의 관심은 아우구스티누스의 인간 조건들에 대한 보편적 탐구의 측면보다는 권력의 본성과 사회제도 그리고 교회 권위와 정치적 측면에 집중되어 있었지만 말이다.[20] 아우구스티누스의 영향은 서방 라틴 교회에만 국한되어 있지 않았고, 다뉴브 강을 넘어 흑해 주변국들에도 퍼져 나갔는데, 비잔틴의 신학 논쟁에 참여하는 과정에서 스키디아의 수도승이나 루마니아인들도 그들의 신학 사상 형성에 아우구스티누스의 영향을 크게 받았다.[21] 재미있는 것은 아우구스티누스 사후에 등장한 겔라시우스의 양검론이나 교황 그레고리우스 대제의 정치적 아우구스티누스 이해, 철학자 보에티우스 Boethius 등의 영향에도 불구하고 이들은 모두 아우구스티누스라는 거대한 궤도 안에 흡수되어 버린 느낌을 준다는 사실이다.

9세기에 들어 샤를마뉴 대제가 아우구스티누스의 『신국론』을 탐독하고, 그 이상을 그의 제국에 실현시키려 했다는 점을 앞서 언급했거니와 그가 제국을 튼튼한 토대 위에 세우기 위해 교육·문예부흥 Carolingian Renaissance를 일으켰을 때 아우구스티누스는 자연히 샤

---

19) 같은 책, 154쪽.

20) H. Burns 편, *The Cambridge History of Medieval Political Thought* (Cambridge : Cambridge University Press, 1988), 121쪽.

21) H. Marrou, 앞의 책, 154 - 155쪽.

를마뉴의 대스승이었으며 그의 생각에서 많은 영감을 얻었다.[22]

12세기 초 파리 학계를 지배하던 명민하고 자만심 강한 아벨라르P. Abelar는 보편 개념의 실재를 인정하면서도 그것은 개체 속에만 존재한다는 양개념의 수용으로도 유명하지만 그의 산문과 시는 아우구스티누스의 그것에 영향받았다. 단테Dante는 비록 그의 『신곡 Divine Comedia』에서 아우구스티누스를 다만 두 번 언급하고 있지만, 그의 『군주론』은 아우구스티누스에게 영향받은 바가 많다.[23]

아우구스티누스의 영향은 어떤 특정 저술가들에게 미친 것으로 국한 시킬 것이 아니라 중세 교회 법학자의 이론과 중세 신학 전통에서 찾아야 한다는 주장이 제기되고 있다. 아우구스티누스의 가르침이 재산에 관한 교회 법학자들의 사상에 영향을 미친 것은 분명하다.[24] 사유재산은 죄의 결과지만, 그것은 정당화된다. 개인의 소유를 정당화하지 않을 경우 죄는 더욱 증대될 것이므로 사유를 통한 소유욕의 제한이 불가피하기 때문이다. 이 사상은 그라티안Gratian과 교회 법학자들에게 계승되었고, 이는 칼라일이 지적한 대로 재산에 대한 전문적인 교리를 만들어내게 했다. 위클리프의 주인론 또는 소유론이 아우구스티누스의 영향을 크게 받고 있음도 이와 무관치 않다.[25] 재산권과는 성질이 다르지만 아우구스티누스의 소국가(小國家) 선호주의와 국가 간의 조화 및 상호 존중 정신이 훗날 국제법의 모태가 되었다는 사실은 법률적 측면에 대한 또다른 영향의 한 단면이다.

중세 신학 전통에 미친 아우구스티누스의 영향은 실로 크다. 토마스 아퀴나스, 위클리프, 성 보나벤투라, 켄터베리의 성 안셀무스만 아니라 다미아니P. Damiani, 베르나르Bernard 같은 반대자들의 생각에도

---

22) 같은 책, 158쪽.
23) E. Bancer 역, 「사회이론」, 『서양중세사상사론』(서울 : 한국신학연구소, 1981), 214쪽.
24) 같은 책, 215쪽.
25) 같은 책, 214쪽.

많은 영향을 미쳤다. 그래서 하르낙 A. Harnack 는 그리스도교 교리 사는 아우구스티누스주의에 대한 은폐된 투쟁이라고까지 말했다.[26] 많은 중세 철학자들이 아우구스티누스의 주장을 더 정교하게 체계화 시키는 역할을 담당했고 유명론자들의 주장에 반대하여 하나님의 실 재를 찾고자 했던 루터나 위클리프도 결국 그 논제의 근거를 아우구 스티누스에게까지 찾아 올라갔다.[27] 유명론과 실재론의 논쟁 과정에서 보편은 단순히 명목에 불과하다는 주장이 12세기의 주도적 분위기를 잡는 것 같았다. 그러나 아퀴나스의 보편과 개체를 함께 인정하는 공 인론은 존재론적 설명에 있어서는 아리스토텔레스의 형상론의 도움을 받지만 하나님의 창조론, 행복론, 인식론의 제측면에서는 아우구스티 누스 전통에 의존하는 결과를 낳았다. 그래서 마로우는 토마스의 사상 이 가장 아리스토텔레스주의적인 곳에서 오히려 아우구스티누스 사상 의 전통이 거의 완벽하게 융합되어 있음을 본다고까지 말하고 있다.[28]

수도원 발달사에 있어 아우구스티누스가 미친 영향 또한 간과할 수 없다. 그래서 줌켈러 A. Zumkeller 는 현대인들이 아우구스티누스를 주교, 신학자로 생각하고 수도자로서의 그의 삶을 잊고 있는 데 대해 우려하고 그를 완전히 이해하려면 그의 수도 생활의 배경을 이해해야 한다고 했다.[29] 서구의 수도원 전개 운동사는 두 물줄기 즉, 하나는 동 방의 이집트적 연원을 가진 개인적이고 고행 금욕의 은둔적 성격을 띤 반면, 다른 하나는 공동체적이고 사랑과 나눔의 생활을 강조하는 보다 참여적인 수도원 전통으로 전개되었다. 이 후자의 경우『아우구스티누 스의 규칙서』즉 아우구스티누스 수도원 사상에 크게 의존했다.

아우구스티누스는 수도원 생활이란 세상적인 욕심을 모두 버리고 완전한 자기 버림을 통하여 도덕과 지혜를 추구하는 것이라고 믿었

---

26) E. Barker, 앞의 책, 217-218쪽.

27) 같은 책.

28) H. Marrou, 앞의 책, 161쪽.

29) A. Zumkeller, 이형우 역, 『아우구스티누스 규칙서』(서울 : 분도, 1990), 17쪽.

다.[30] 그래서 그는 388년 고향에 돌아온 후에 곧 타가스테에 수도원 공동체를 설립했고, 그가 히포의 주교가 된 후에도 평신도를 위한 수도원 설립과 성직자를 위한 〈성직자 수도원 monasterium clericorum〉을 세웠다. 이 외에도 죽을 때까지 그는 많은 수도원을 세웠으며,[31] 수도원 생활에 관한 여러 저술들도 남겼다.[32] 아우구스티누스의 규칙서는 서방 수도 규칙서들 중에서 가장 오래된 것으로 〈베네딕트 규칙서〉보다 120년 앞섰고 아시시의 성 프란시스 규칙서보다 800년이나 전에 씌어진 것이었다.[33]

베네딕트의 가르침과 베르나르의 가르침 사이에서 결국 서방 수도원이 베네딕트 규칙의 전통으로 재집결된 뒤에도 아우구스티누스의 수도원 규율이 여전히 독립적이고 생명력 있게 살아남았다는 데 주목할 필요가 있다.[34] 12세기 그레고리 개혁 후 수도사 제단 The Communities of Canons Regular들이 많이 등장했는데 1100년경에 이 사제단들의 대부분은 단일한 계율, 아우구스티누스의 계율을 택하였다. 이들은 외부와 완전히 차단되어 있지 않고 교구 사제로 일할 수 있었고, 특히 병원과 구빈원을 운영할 수 있다는 점에서 기존의 수도원과 달랐다.[35] 당시 아우구스티누스 수도원은 비교적 규모가 적어도 세울 수 있었고, 당대 봉건계급의 설립 지원 등을 받아 급속도로 그 숫자가 늘어갔다. 이들 외에도 13세기의 성 도미니크 수도단, 오스마 수도단, 파리의 성 빅토르 수도단 등이 아우구스티누스 정신에 빚지고 있다.

---

30) 같은 책, 18쪽.

31) 같은 책.

32) 아우구스티누스는 400년 경에 「수도자들의 노동 De opere monachorum」, 그 일년 뒤에 「거룩한 동정성 De sancta Virgintate」을 썼고, 같은 시기의 「서간 243」은 수도 생활의 봉헌에 대해 썼다(A. Zumkeller, 19쪽).

33) A. Zumkeller, 앞의 책, 5쪽.

34) H. Marrou, 앞의 책, 159쪽.

35) S. Painter, 앞의 책, 304쪽.

사람들은 왕왕 아우구스티누스가 프란시스 교단에 미친 영향에 대해서는 인지하지 않으려 한다. 그러나, 기실 보나벤투라Bonaventura로부터 둔스 스코투스Duns Scotus에 이르는 프란시스 교단 인물들은 그들의 신학적 영감을 언제나 아우구스티누스에게서 구했던 것이다. 외견상 아우구스티누스의 엄격성과 아시시의 프란시스의 웃음띤 낙관주의 사이에는 아무런 관계가 없을 것 같다. 그러나 이 점은 프란시스가 갖는 금욕적 측면과 그를 일깨운 신비적 각성, 그리고 아우구스티누스 사상과 경험에 대한 프란시스의 친밀성을 간과한 표면적 관찰에 불과하다.[36) 또한 아우구스티누스는 은자교단The Order of Hermits of St. Augustine에 대해서도 많은 사람들이 거의 잊다시피 해왔다. 소규모 은자단들의 연합 형태로 1256년 알렉산더 4세에 의해 창건된 이 수도단은 곧 그 은둔적 특성을 버리고, 카르멜 수도회 Carmelites처럼 되어 제4위의 대탁발수도승단을 형성케 되었다. 이 교단의 대표적인 지도자는 아우구스티누스 추종자인 로마의 길스 Giles(1316년 사망)이었다.

이 같은 영향에 못지 않게 재미있는 현상은 중세의 지역적 제한성과 필자의 익명성 때문에, 이름이 알려지지 않은 상당수의 저서가 특별한 근거 없이 아우구스티누스의 저술로 돌려지고 있는 것이다. 또 아우구스티누스 저서에 후세인들이 자기의 필요에 따라 내용을 첨삭하는 사례도 적지 않았다.

*

〈최초의 휴머니스트〉 또는 〈최초의 근대인〉이라고 불리는 페트라르카Francesco Petrarca(1304-1374년)는 자유분방한 그의 삶의 태도로, 그리고 라우라Laura와의 정신적 연애로, 인문주의의 선구자로

---

36) H. Marrou, 앞의 책, 162쪽.

알려져 있다. 그러나 그가 중세의 당위적 가치와 근대적 인간 추구
사이에서 얼마나 갈등하고 있었는지는 별로 얘기되고 있지 않다. 재
미있는 것은 그가 말년에 갈수록 더욱 중세적 가치에 경도되고 있다
는 사실이다. 그것도 그의 저서 『영혼의 갈등 Secretum』에서 보여지고
있듯이 아우구스티누스와의 심층적이고 마음을 연 대화 형식을 통하
여 자신의 인간적 고뇌와 갈등을 고백하고 있다.[37] 페트라르카의 후
기 저서 『영혼의 갈등』 제1화(話)는 감정의 격동과 욕망에 기인한
진리의 망각에 대해 얘기하고 제2화에서는 영혼의 평화를 교란시키는
제요인을 극복하기 위한 종교에로의 복귀가 다루어지고 있으며, 마지
막 제3화에서는 신에 의한 진리에의 도달이 주제가 되고 있다. 이 대
화에서 중세 수도원의 금욕적 이상을 대변하는 아우구스티누스는 페
트라르카 자신의 양심이며 그의 비판적 자아인 셈이다.[38] 이 같은 아
우구스티누스 앞에서 페트라르카는 현세 지향적인 자신을 변호하는
데 온갖 힘을 쏟는다. 그 대화에서 아우구스티누스는 사멸하는 인간
의 명예와 지상 생활의 헛됨을 꾸짖듯이 말한다. 끝내 페트라르카는
이 같은 아우구스티누스의 질책과 당부가 옳음을 인정하고 아우구스
티누스의 가르침에 승복하는 것으로 이 책은 끝을 맺는다.[39] 이들 대
화중에 나타난 페트라르카의 처절하고 절망적인 고백은 한 인간의 영
적 갈등을 적나라하게 표출시키고 있다.

　페트라르카의 이 같은 내면적 갈등은 한 인간으로서의 고뇌를 말하
는 것이고, 중세에서 근대로 이행하는 과도기적 과정에 있어서의 정
신적 이원성을 말해준다. 하지만 무엇보다 확실한 것은 르네상스 인
문주의자에게도, 아우구스티누스는 멀리 있는 배타할 성질의 대상이
아니라 스스로 회귀해야 할 어떤 진리 가르침의 존재로 인정되고 있

---

37) 김영한, 「페트라르카의 내면적 갈등 : 天上과 지상의 대립」, 『전해종교수
　　정년기념논문집』(1979), 714쪽.
38) 같은 책, 726쪽.
39) 같은 책, 726-727쪽.

었다는 사실이다. 르네상스를 중세로부터의 단절이라기보다 그것의 연속선상에서의 변이로 파악하려도 태도가 대두되고 있는 것도 이 같은 배경에서다.

종교개혁 또한 유사한 아이러니를 지니고 있는데 아우구스티누스주의로의 회귀를 강하게 지향하고 있기 때문이다. 개혁가들의 주장은 아우구스티누스의 바울 해석보다 더 엄격하게 돌아가자는 것으로, 거기에는 당연히 의인의 문제 Justical Cation와 예정론 Predestination, 원죄와 은총, 인간의 무력성과 욕정 Concerpiscence의 문제가 거론되지 않을 수 없었다.[40] 루터가 아우구스티누스 수도단의 수도승이었으며 그의 종교명이 아우구스티누스였다는 점은 시사하는 바가 크다. 그는 단순히 아우구스티누스 저서들을 읽는 데 그치지 않고 아우구스티누스 전 삶을 온몸으로 살려고 했던 것으로 알려져 있다.

아우구스티누스에 대한 관심의 부활과 인쇄술의 발달은 아우구스티누스 전집 발간의 계기를 가져오게 했다. 1508년의 바렐에서 나온 아메르바흐 Amerbach 편집본, 같은 곳에서 발간된 1527-1529년의 에라스무스 Erasmus본, 앤트워프에서 1576-1577년 사이에 간행된 요한 반 데르모렌 Johan Von der Meulen 전집본 등은 아우구스티누스 연구의 르네상스를 열었다.[41] 종교개혁이나 반(反)종교개혁이나 그 정신적 이론적 근거를 아우구스티누스의 가르침에 두었다는 점은 흥미롭다.

17세기는 데카르트적 합리주의가 근대 철학의 문을 열고 있었는데도 그에 못지 않게 아우구스티누스에 대한 관심이 고조되던 시기로 혹자는 이를 아우구스티누스의 세기라고까지 부르고 있다.[42] 사실 데카르트와 아우구스티누스는 서로 다른 자리에 서 있는 것 같지만, 기실 내면성에서의 출발이라는 점에서 두 사람은 크게 유사하다. 메르

---

40) H. Marrou, 앞의 책, 165쪽.
41) 같은 책, 167쪽.
42) 같은 책, 170쪽.

세네 Mersene가 데카르트의 『방법론 *Discoure on Method*』을 읽자마자 아우구스티누스의 이성론과 데카르트의 그것이 아주 유사하다고 지적했던 것은 이를 시사한다. 다만 데카르트가 사상적 측면을 강조했다면 아우구스티누스는 신앙적 진리에 더 역점을 두었고, 전자가 진리의 주관적인 측면에 우선권을 두었다면 후자는 진리의 보편적인 면을 강조했던 것이 다르다.[43] 데카르트의 등장은 오히려 아우구스티누스에 대한 관심을 증대시켰는데 데카르트를 읽는 사람들은 아우구스티누스에 더 많은 관심을 갖게 되었고, 그 과정에서 아우구스티누스의 인간에 대한 이해와 그의 천재성을 다시금 발견했다. 데카르트적 프리즘을 통해 아우구스티누스 사상을 배우게 되었다는 말은 이 때문에 생긴 것 같다.[44]

프랑스에서 크게 번창했던 얀센주의 Jensennism는 아우구스티누스의 위력이 어떻게 살아 남아 있었는가를 잘 보여준다. 네덜란드의 로마 가톨릭 신학자이며 루벤 대학 교수였고 이프레스 Ypres의 주교였던 얀센은 두베르지어 드 호라네 Houranne와 같이 교회 개혁 운동을 시작했는데 이는 아우구스티누스의 가르침으로 되돌아가자는 것이었다. 그의 유고집 『아우구스티누스 *Augustine*』(1642년)로부터 생긴 얀센주의는 개인의 성결(聖潔)과 절제를 크게 강조하였다. 무엇보다 기독교로의 회심과 예정론에 임하는 하나님 은혜의 필요성을 역설했다. 이 운동은 아놀드가 Members of Arnauld의 주도로 포트 로얄 Port-Royal을 중심으로 전개되었지만 1653년 일부 얀센주의 교리가 이단으로 정제되었고 1656년 앙투안느 아놀드 Antoine Arnauld조차 소르본에서 축출되었다. 이때 파스칼은 얀센의 변호에 적극적이었으나 별다른 성과를 거두지 못했다.

거의 동시대인 보쉬에 Bossuet(1627-1704년)가 쓴 『세계사론 *Dis-*

---

43) 같은 책, 171쪽.
44) 같은 책, 171-172쪽.

course on Universal History』은 그 모든 페이지마다 아우구스티누스로부터 받은 영향이 배어있다. 그는 역사를 아우구스티누스적 섭리의 측면에서 서술하였기 때문이다. 17세기 프랑스에서는 아우구스티누스에 대한 열정이 너무 커서 한동안 누구도 감히 그를 비판하지 못했고 아우구스티누스는 모든 일에 항상 옳았다는 경향에 붙잡혀 빠져 나오지 못한 때도 있었다.[45]

18세기 계몽주의 시대 볼테르 Voltaire나 기본 Gibbon에 의해 그들 저서의 몇 곳에서 비난을 받기도 했지만 멜레브랑쉬 Melebranche의 철학이나 인식론 논쟁에 있어서 아우구스티누스는 흐름의 중심부를 차지하고 있었다. 이후 사회 진화론의 등장과 실증주의의 대두는 아우구스티누스의 영향력을 감소시키는 것 같았고, 더구나 마르크스의 경제사관과 자연과학의 발달은 아우구스티누스의 빛을 흐리게 하고 있었다. 그러나 세계 제1차대전과 대공황, 그리고 제2차대전을 거치면서 아우구스티누스에 대한 관심이 부쩍 고조되었다. 이는 미증유의 파괴적 전쟁을 통해 인간의 한계성, 인간이 문제를 안고 있다는 사실을 절감하게 되었고, 그에 대한 해결 방안을 아우구스티누스적 세계 인식에서 찾고자 했기 때문이다. 1930년 열렸던 아우구스티누스 사후 1500년 축제나 1954년 가을의 그의 탄생 1600년 기념 행사는 그에 대한 관심의 고조를 실감케 한 행사였다.[46] 아우구스티누스 연구의 앞으로의 과제는 이들 축제에서 질송 E. Gilson 등이 지적했던 바와 같이 지금까지 형성되어 온 아우구스티누스주의로부터 아우구스티누스 그 자신의 주장을 어떻게 가려내느냐 하는 문제로 집약된다.[47] 그만큼 아우구스티누스 사상은 1600여 년의 세월 동안에 여러 얼굴로 변해 왔다고 하겠다.

---

45) 같은 책, 170쪽.
46) 같은 책, 179-180쪽.
47) 같은 책.

2I 사학사적 영향과 전개

역사 분야에서 아우구스티누스가 남긴 최대의 공적은 성서의 가르침을 현실 속에 역사화시켰다는 데 있다. 사실 성경 자체가 역사적 서술 방법을 취하고 있고, 하나님이 단순한 숭배의 신이 아닌 역사의 신이기 때문에 성경의 역사 구도를 현실 역사에 적용시키려고 할 때 그것은 자연히 역사관의 성격을 지닐 수밖에 없다. 아우구스티누스가 『신국론』을 쓸 때 역사책을 쓸 의도에서 시작한 것은 아니었다. 다만 로마의 약탈과 제국의 쇠퇴와 같은 역사적 시련과 난제 앞에서 이를 진지하게 고민하고, 그것을 어떻게 정리해야 할 것인가 고뇌하는 과정에서 결과적으로 역사에 대한 해답 형식으로 서술된 것이다. 이 점에서 브로델Braudel의 〈역사학도 필연적으로 그 시대의 아들〉[1]이라는 말이 이 경우에도 적용된다고 할 수 있다.

아우구스티누스의 『신국론』은 단기적으로 볼 때 직접적인 영향을 미친 것은 아니었다. 그의 저서는 역사서로 받아들여지기보다는 신학서로 받아들여졌고, 그것도 그레고리 교황이나 샤를마뉴에게 보여

---

1) F. Braudel, 이정옥 역, 『역사학논고』(서울 : 민음사, 1990), 21쪽.

준 것 같이 보다 정치적이거나 제도적 또는 신학적 논쟁의 준거 문헌
으로 사용되었기 때문이다. 뿐만 아니라 그의 저서는 당대 지성인들
에게마저 선택되어 읽히고 일반인의 접근이 거의 힘들었다. 투우르
Tours의 그레고리 Gregory가 썼던 『프랑크사 *History of Frank*』만 하
더라도 아우구스티누스적 역사 구도에 의해 서술되었다기보다는 클로
비스 같은 당대 치자(治者)의의 개인 행적이나 기사 이적 같은 일화
로 가득 채워져 있는 것을 보아도 알 수 있다.[2]

그러나 장기적으로 볼 때 그의 사관은 후대 역사 서술과 역사학 그
리고 역사철학 발달에 심대한 영향을 끼쳤다. 무엇보다 목적론적 사
관을 뚜렷이 함으로써 일단 역사가 지향해야 할 목표가 있다는 점을
분명히 했고, 이는 후대 역사사상 논의에 있어서 흔들릴 수 없는 하
나의 토대가 되었던 것이다. 더구나 역사를 하나님이 섭리하는 전체
구도로 파악함으로써 지금까지 지역사 내지 당대사에 그쳤던 역사 서
술을 지구 전체에 걸친 영역으로 공간을 넓혀 쓰는 세계사 서술의 길
을 열었다. 역사의 시간도 시작과 끝을 상접하는 일괄적 시간선상에
놓음으로써 인류 역사를 총체적 시간 단위로 묶었고, 역사를 시작과
끝이 있는 단위로 개념화함으로써 역사를 객관적 대상으로 볼 수 있
게 했다. 그는 하나님 나라가 저세상에만 존재한다는 미래지향주의
나, 아니면 이 세상의 국가나 제도 속에 구현되었다는 유세비우스적
현세주의를 거부하고, 역사를 하나님 나라를 실현해가는 하나의 도정
으로 파악했다. 이로써 역사의 현재적 과정에 역동성과 의미를 부과
하는 이론적 근거를 제시했다.

아우구스티누스의 역사 해석을 보다 현실적으로 국가에 적용시킨
인물은 오토 폰 프라이징 Otto von Freising(1111-1158년)이다. 그의
저서 『두 도시의 역사 *History of the Two Cities*』에서 그는 『신성로마

---

2) E. Harbison, *Christianity and History*(New Jersey : Princeton Univer-
   sity Press, 1964), 56-57쪽.

제국*Holy Roman Empire*』을 단순한 또 하나의 국가로 보지 않고 구속사의 관건이 되는 나라라고 주장했다. 아우구스티누스가 〈신국〉을 이 세상의 어떠한 제도와도 일치시키지 않았던데 반해, 오토는 〈신국〉은 예수 탄생 이전에 〈세상 도시 The City of the World〉 안에 숨겨져 왔으나 예수 이후 교회에서 가시화되었다고 주장했다. 그래서 황제들이 기독교로 회심한 이후에는 제국인 〈크리스천들의 로마제국 Roman Empire of Christians〉과 교회가 공존하게 되었다.[3] 그러나 서임권 투쟁을 전기로 해서 교회의 세력은 점점 증대되고 제국의 세력은 약화될 것이며, 제국은 교회의 하인이 될 것이고 끝내 교회와 국가가 동일시되는 시대가 도래할 것이라고 예상했다. 아우구스티누스는 이 세상의 끝이 하나님 나라로 마무리지어질 것이라고 생각했으나, 오토는 교회는 완성을 향해가는 반면 부패한 세계는 소멸의 심판을 받으리라고 보았다.

아우구스티누스의 입장과는 다르지만 역사 진행 과정을 보다 더 구체적으로 제시한 인물은 플로리스 Floris의 요아킴 Joachim(1131-1202년)이다. 그의 주장은 전통적 기독교 시대 구분과 섭리를 무시했다는 비난을 받았지만, 구약에서 신약에 이르는 종교적 진행을 볼 때 역사 진행이 성령의 시대로 완성되리라는 것을 분명히 했다.[4] 그의 역사 해석의 일반 도식은 삼위일체설에 근거했다. 첫번째는 성부의 섭리, 두번째는 성자, 세번째는 성령의 시대다. 세번째 제국 시대인 성령의 시대는 지금(12세기) 막 시작하고 있는데 〈영〉의 완전한 〈자유〉를 향해 앞으로 나가고 있다고 보았다.[5] 이 같은 그의 역사 구도 설정은 아우구스티누스와 비교하여 급진적이라고 할 수 있다. 아우구스티누

---

3) E. Breisach, *Historiography*(Chicago : University of Chicago Press, 1983), 143쪽.
4) K. Löwith, *Meaning in History*(Chicago : University of Chicago Press, 1967), 145쪽.
5) 같은 책, 148쪽.

스는 본질적으로 변하는 세속적 질서 속에서 일어나는 상세하고 급진적인 변화에 대해서는 언급치 않고 있기 때문이다.[6] 아우구스티누스의 역사 사상에 있어서 종교적 완성 즉 역사의 완성은 그리스도 이후 역사 과정의 모든 시점에서 가능하다. 그 점에서 요아킴은 아우구스티누스가 인정하는 역사 과정을 훨씬 더 구체화시켰다. 동시에 앞으로 서구 진보 역사 사상의 구체적인 틀을 마련했다고 볼 수 있다. 비코의 3시대 역사 구분이나 콩트의 3단계 역사 즉 신학 시대, 형이상학 시대, 실증주의 시대 구분도 그 성격은 다르지만 구분의 형식이 크게 유사하다는 점이 흥미롭다.

근대에 접어들면서 역사보다는 철학이, 변화보다는 존재가 더욱 문제 되었다. 데카르트는 역사를 기억에 의존하는 학문이라 하여 불신하였고,[7] 베이컨은 지식의 우상 타파를 주장하는 데서 보여지듯이 역사성이 지닌 오류의 가능성을 지적함으로써 역사의 설 자리를 상실케 하는 것 같았다.[8] 종교개혁기에 역사를 하나님의 주관으로 보는 아우구스티누스적 역사 구도가 다시 회복되는 듯 했으나 역사를 신의 일로 보는 일은 역사가보다 신학자들이 해야 할 일로 생각되는 것이 당대의 분위기였다.

보쉬에 Bossuet(1627-1704년)에 이르러 아우구스티누스적 섭리론이 강하게 제시되었다. 그는 그의 『보편사론』에서 실제의 역사적 사건을 신의 예정된 계획으로 설명하려 했다. 그는 아우구스티누스보다 정치사에 훨씬 더 높은 역사 감각을 보여주었으며, 보다 인과론적 설명을 시도했고 교회 중심의 역사관을 갖고 있음을 보여 주었다. 그에게 이스라엘의 역사와 그리스도의 탄생, 〈로마의 평화 Pax Romana〉 등은 뚜렷한 신의 섭리의 현실적 표징이었으며, 모든 역사 사건은 신의 영원한 목적의 실현을 위한 과정에 불과했다.[9] 역사에서 제왕도 제국도

---

6) 같은 책, 154쪽.
7) 이상신, 『서양사학사』(서울 : 청사, 1984), 311쪽.
8) 같은 책, 310쪽.

모두 사라지며 지배하고 있다고 생각하는 모든 인간은 그 스스로가
더 큰 힘에 의해 지배되고 있음을 발견하게 되었다. 대왕은 과연 무
엇을 위해 그 정복의 터를 그리도 넓혔으며, 브루터스는 그가 하고
있는 일의 결과가 어떻게 되리라는 것을 예견이라도 했던가. 오직 신
만이 그의 의지에 따라 만사를 어떻게 처리할지 안다고 믿었다.[10]

*

　신 중심적 역사 인식은 근대 철학의 대두와 자연과학의 발달, 우주
에 대한 지식의 증대 등으로 거듭 일탈을 겪게 되었다. 그 같은 역사
사상 변화의 중앙점에 선 인물로 비코 Vico(1668-1744년)를 들 수 있
겠다. 그는 역사를 신의 손 아래 두면서도 인간 역사의 부분을 그것
으로부터 분리시켰다. 역사는 일정한 주기로 순환하는데 그 순환은
같은 자리로 돌아오는 것이 아니라 나선형(螺線型)적 진보를 계속한
다는 점에서도 신의 단선적 섭리론과는 다르다. 그는 이성만이 본질
적 진실을 얻어낼 수 있기 때문에 역사와 같은 주관적 성격의 영역은
진실에 도달할 수 없다는 데카르트의 주장을 거부하였다.[11] 데카르트
는 이전과 달리 〈신과 정신〉에 관한 엄격한 논리적 분석을 가하여
철학을 일종의 보편 수학으로 만들었는데 결국 명석판명한 인지나 기
하학적 연역으로 환원되지 않는 모든 지식을 진리라고 보지 않았다.
이러한 방법은 자연에 대한 연구는 용이하게 접근할 수 있도록 했으
나 인간사의 이해에는 비정형적 여러 요소를 배제시켜 버리는 문제를
낳게 되었다.[12]

---

9) K. Löwith, 앞의 책, 137-138쪽.

10) 같은 책, 140-141쪽.

11) E. Breisach, 앞의 책, 203쪽.

12) H. Störig, 임석진 역, 『세계철학사 *Kleine Weltgeschichte Der Philoso-
phie*』, 上(서울 : 분도, 1989), 57쪽.

　　그러나 비코는 그의 『신과학 *New Science*』에서 자연은 신이 만들었으므로 그만이 홀로 알 수 있으나 역사와 제도, 문명은 인간이 만들었으므로 인간이 앎에 이를 수 있다고 주장했다.[13] 〈사실 Factum은 진리 Verum로 환원된다〉, 즉 인간이 창조한 사실들은 그것이 진리라는 인식론이다. 다시 말해 그들이 알고 있다고 생각하는 자연보다는 그들이 만들어낸 사실을 더 깊이 이해할 수 있다는 것이다. 인간이 인간사를 더 잘 이해할 수 있는 것은 그들이 겪어온 희망과 공포, 노력과 행동, 바람과 좌절을 역사 속에서 발견할 수 있기 때문이며 이 때문에 진리는 공식적 방법에 의해서가 아니라 사실에 대한 〈이해〉에서 터득이 가능하다고 믿었다. 이 점이 그의 〈이해이론 Verstehen〉의 골격이 된다.[14] 그는 역사를 신들의 시대, 영웅들의 시대, 인간들의 시대 등 세 시기로 나누었는데 각 시대는 인간들의 집단 정신에 의해 이루어지고, 그 시대가 처한 과제를 인간 정신들이 해결해가는 과정에서 역사는 발전한다. 그러나 역설적으로 〈인간의 성취가 인간을 패배〉시키므로 역사는 순환하게 되는데 쇠퇴는 집단 정신이 최고의 성취점에 이를 때 시작된다.[15] 이러한 비코의 역사 사상은 순환적이라는 점에서 계몽주의의 진보론과 차이가 나지만 그것도 궁극적으로 진보를 향해서 가고 있다는 점에서는 진보적이다.

　　비코의 신(神) 인정적 태도에서 거의 전적으로 일탈하여 신 부정적인 필연적 진보를 내세운 이들이 볼테르와 콩도르세 Condorcet 등이다. 이들은 아우구스티누스에 의해 정리되었던 창조론부터 마지막 심판에 이르는 영적인 진보의 역사를 인간 진보의 역사로 탈바꿈시켰다. 볼테르에게 과거 역사는 단순히 범죄와 어리석음으로 가득찬 것

---

13)　G. Vico, T. Bergin and M. Fisch 역, *The New Science*(Cornell : Cornell University Press, 1968), 96쪽.

14) E. Breisach, 앞의 책, 205쪽.

15) 그의 순환적 진보론은 상승 국면 Corso와 하강 국면 Ricorso를 반복하며 진행된다. 그러나 순환점은 같은 지점이 아니다.

이었으며,[16] 그래서 역사가가 할 일은 진보된 현재와 그릇된 과거의 관계를 규명하는 일로 축소되었다. 콩도르세의 진보관은 보다 더 낙관적이었는데 그에게 있어서 진보는 전쟁이 철폐되고 교육은 의무화되며 모든 사람들은 경제적 요구를 풍요롭게 충족시킬 수 있을 뿐만 아니라 마지막 죽음까지도 정복되는 상태를 말한다.[17]

그러나 루소가 이미 예견했던 대로 인간들은 그들이 통제할 수 없는 영역이 있다는 사실을 곧 발견하게 되었다. 신의 손을 떠난 역사가 인간의 손으로 넘어갔으나, 그것의 한계가 분명해졌을 때 역사의 힘을 다른 곳에서 구해야 했다. 지리적·생물학적·심리적·경제적 진전의 과정에서 역사 발전의 요인을 구하게 되었다. 이제 인간이나 신이 할 수 없는 일을 진화evolution가 대신하게 된 것이다. 역사의 진보란 이제 신의 힘이나 인간의 힘이 아니라도 그 자체의 필연적인 진화적 속성 때문에 전개되어 나갈 수밖에 없다고 봄으로써[18] 이제 생물학적 진화뿐만 아니라 사회적 진화, 정신적 진화론 시대가 열린 것이다.

이들 중 대표적인 인물로 헤겔과 마르크스를 들 수 있다. 헤겔과 마르크스가 기독교의 아우구스티누스적 역사 인식의 영향을 받았을 것을 부인하는 사람은 거의 없다. 콜링우드가 어떠한 역사라도 기독교적인 원칙에 입각해서 쓰게 되면 반드시 보편적, 섭리적 묵시론적 역사 해석이 되며, 거기에 시대 구분이 생긴다고 지적했던 점에 유의할 필요가 있다.[19] 헤겔과 마르크스의 역사관은 이러한 네 가지 특성을 모두 지니고 있는데 다만 그것이 세속적으로 변했다는 점만 다르다. 헤겔에게 역사의 과정은 자기 실현의 과정이며 그 궁극적인 목적

---

16) E. Harbison, 앞의 책, 58쪽.
17) G. Cairns, 이성기 역, 『역사철학 *Philosophies of History*』(서울 : 대원사, 1990), 280쪽.
18) E. Harbison, 앞의 책, 59-60쪽.
19) R. Collingwood, *Idea of History*(Oxford : Clarendon Press, 1946), 49쪽.

은 자유의 완성에 있다. 사실 아우구스티누스의 신국을 헤겔의 경우
자유의 완성으로, 이성의 교지는 섭리로 정반합의 변증법적 과정은
선한 세력과 악한 세력의 끊임없는 대립과 변이의 과정으로 대비시킬
수 있다. 헤겔에게 정신은 불멸이며 거기에는 언제나 현재만이 있을
뿐인데 이는 신에 해당하는 것이다.[20] 뢰비트가 지적한 대로 헤겔과
보쉬에에게서 많은 일치점을 발견하게 되는 것도 이상의 이유 때문일
것이다.[21]

　　마르크스도 예외는 아니다. 마르크스사관은 궁극적으로 공산주의
사회 실현을 그 목적으로 한다는 점에서 목적론적 사관이다. 러셀B.
Russell은 마르크스의 유물사관과 헤겔의 〈세계정신〉 사관은 그 부속
품만 다른 기독교사관이라고 말하고 있다. 그는 『신국론』과 마르크스
사관과의 대비를 여호와＝변증법적 유물론, 메시아＝마르크스, 선민
＝프롤레타리아, 교회＝공산당, 재림＝혁명, 지옥＝자본가들의 형
벌, 천년왕국＝공산주의 세계라고 도표화할 정도다.[22] 역사는 생산양
식과 그 관계에 의해 결정되며 사고가 물질과 운동에 앞서는 것이 아
니라 물질과 운동이 사고에 앞서며, 인간의 의식이 그들의 존재를 결
정하는 것이 아니라 오히려 그들의 사회적 존재가 의식을 결정하는
것이다. 역사는 이제 신도, 자연도, 인간도 아닌 〈변증법적 유물주의〉
에 의해서 좌우되게 되었다.[23] 마르크스주의는 그 방법은 과학적인
방식을 택하고 있지만 궁극적으로 그 도달해야 할 목적은 묵시적이고
예언적이다. 혁명은 일종의 예수의 재림이며, 계급 없는 사회란 하나
의 천년왕국이고, 부르주아는 신국의 시민이며 프롤레타리아는 의인
이 된 셈이다. 〈신국〉은 이제 신이나 인간에게 의존하는 것이 아니라

---

20) G. Cairns, 앞의 책, 285쪽.

21) K. Löwith, 앞의 책, 142쪽.

22) B. Russell, 최종혁 역, 『서양철학사 *A History of Western Philosophy*』, 上
　　(1979), 463쪽.

23) E. Harbison, 앞의 책, 60-61쪽.

역사적 변증법에 의존하게 되었다.[24]

　되돌아 보건대, 근대란 어느 의미에서 아우구스티누스적 역사의식에서 일탈해 온 과정이라고 해도 과언은 아니다. 이제 역사가들은 신의 의지를 분별해 내거나, 과거의 기록에서 인류의 궁극적인 운명을 헤아릴 필요가 없게 되었다. 오직 역사의 진정한 가치는 그들의 문명을 어떻게 통괄할 것인가의 문제만 남아 있는 것 같았다.[25]

　그러나 그 같은 기독교사관으로부터의 일탈이 인간의 역사 이해에 부정적인 결과만을 가져온 것이 아니라, 그것은 오히려 인간들에게 역사 이해의 넓이와 깊이를 더욱 심화 확대시켜 주었을 뿐만 아니라 앞의 일탈들이 결코 인간 본성에 대한 기독교적 개념에 상치되는 것이 아니라고 하비슨은 보았다.[26] 로마에 대한 보쉬에의 설명은 기본 Gibbon의 그것에 비해서는 더 나이브 näive하고 기본의 그것은 로스토프체프 Rostovtseff의 로마 사회의 사회 경제적 기반에 대한 설명보다는 더 나이브할 것이다. 그러나 아우구스티누스 이후 인간 과거사의 다양함과 복잡성을 이해하는 데 이들이 더욱 기여했던 것만은 확실하다.[27] 이들 진보사관은 혁명이나 자연과학의 발달에만 의존했던 것이 아니라 기독교에 힘입은 바 크다는 점을 부인할 수 없다. 여러 우여곡절을 겪지만 역사 속에서뿐만 아니라 역사로부터 역사를 완성할 수 있다는 진보적 해석으로까지 이끄는 데 있어 기독교 역사인식이 담당한 역할은 적지 않다.[28]

　20세기에 들어서서 기독교와 역사 문제를 다루는 문헌들이 많아졌고, 여전히 증가 추세에 있다. 이들 문제를 다루는 대표적인 사가들

---

24) 같은 책.
25) H. Barnes, *A History of Historical Writing*(New York : Dover Publication Co., 1962), 377쪽.
26) E. Harbison, 앞의 책, 62쪽.
27) 같은 책.
28) K. Löwith, 앞의 책, 144쪽.

로는 헤이즈C. Hayes, 도슨C. Dawson, 토니R. Tawney, 토인비, 버터필드 같은 사람들을 들 수 있다.[29] 토인비는 아우구스티누스의 섭리론을 다시 확인하였으며 버터필드는 역사를 오케스트라 연주에 비교하며 작곡가인 신God을 인지하였다. 이 같은 기독교적 역사 인식의 재흥(再興)은 역사를 인간들의 작업이나 맹목적 생산의 산물로 보는 것에 대한 설명과 진보에 대한 좌절감 그리고 인간성에 대한 회의에서 비롯된 것 같다.[30] 인간들은 두 번의 대학살극인 대전을 겪었고, 3차 대전의 위협이 아직도 상존하며, 물질적 진보에 따르지 못한 정신적 답보는 인간의 한계에 대한 자기 성찰의 기회를 갖도록 했다. 감각적인 문화는 정신을 황폐화시키고 폭주하는 정보량의 증대와 달리 인간의 불안은 늘상 증가하고 있다. 제2차 세계대전후 1948년 미국역사학회 회장에 당선된 라토렛K. Latourette 교수의 취임 기조 연설 〈기독교와 역사 이해The Christian Understanding of History〉는 전후의 실망과 그 대안을 아우구스티누스적 역사 해석에서 찾고 있는 하나의 전환적 사건이라 할 수 있다.[31]

그러나 이런 경향은 역사에 대한 고대의 신학적 해석으로 돌아가자는 것을 의미하지 않는다. 마찬가지로 우리가 문자 그대로 아우구스티누스적 역사 개념으로 환원될 수도 없다. 그 이후 인간의 지식과 경험이 엄청나게 성장했으며 이는 아우구스티누스의 역사 해석과 아우구스티누스 이해에 부정적인 면만은 아닌 긍정적 기여를 해왔다고 믿기 때문이다.[32] 오히려 앞의 많은 실험적이고 과학적이며 경험적인 인간 지식의 성장을 기저로 하여 역사의 본질 이해에 더 다가가는 것이 우리의 앞으로의 과제라고 생각된다.

---

29) 이원설, 『기독교 세계관과 역사 발전』(서울 : 혜선, 1990), 154쪽.

30) E. Harbison, 앞의 책, 62-63쪽.

31) C. McIntire 편, *God, History and Historians, Modern Christian Views of History*(Oxford : Oxford Univercity Press, 1977), 46-67쪽.

32) E. Harbison, 앞의 책, 63쪽.

  역사는 하나님의 손 안에 있다고 도그마적으로 단정하는 것도, 신은 죽었으며 역사는 인간과 진화적 힘에 달렸다고 단순히 믿어 버리는 것도 다 바람직한 것 같지는 않다.[33] 그러나 분명한 것은 그것이 갖는 여러 결함과 비실제적인 면에도 불구하고, 히브리-크리스천적 역사 해석, 그에 기초한 아우구스티누스의 역사 구도와 비전이 인류 역사를 보는 데 있어서 중요한 하나의 기본적인 틀을 제시하고 있는 것만은 틀림이 없다. 뿐만 아니라 인류가 마련한 이해의 여러 구도 중, 가장 포괄적이며 심도 있고, 본원적인 대안 중의 하나라는 사실이다.[34]

  그러나 현대인들이 아우구스티누스의 역사관을 이해하는 데는 근본적인 어려움이 있다. 기독교사관은 철학이나 사상으로 이해되기 어렵다는 점이다. 진실로 기독교적이라면 역사를 보는 눈은 철학일 수가 없고 믿음일 때만 가능하다. 요컨대 철학인 한 기독교적은 아니라는 것이다. 그래서 뢰비트는 역사를 철학으로 해석하는 시도의 연원은 히브리-기독교적 전통에 의존하고 있는 반면, 그 철학적 해석은 오히려 신의 일을 헤아리는 일을 방해하고 있다는 역설을 지적했다.[35] 다시 말해 역사를 철학으로 인식하려는 근원은 기독교에 있으면서, 그 결과는 비기독교적인 현실에 살고 있다는 데 아우구스티누스 이해의 어려움이 있다. 기독교 시대란 엄밀하게 말하면 종말의 시대인 한에서만 기독교 시대이다. 예수가 세상에 오심은 세속적 역사의 시작 즉 기독교적 역사의 시작이 아니라 종말의 시작이기 때문이다.[36] 그러나 현대인들은 종말에 대한 믿음도, 역사 밖에서의 역사 완성에 대한 기대도 별로 갖고 있지 않다. 신앙의 종교적 기반 위에 세속사적인 진보적 구조를 구축하는 것의 어려움만큼이나 유물주의, 사회사와 같은

---

33) 같은 책, 65-66쪽.
34) 같은 책.
35) K. Löwith, 앞의 책, 284쪽.
36) 같은 책.

현대적 역사 해석의 구도 위에서 신앙적 체계를 구하는 것도 어려운 일이다. 이렇게 상치되는 이원적 관계에 있으면서도 현대인들은 이 이중성을 용케도 잘 견디어 왔다.

신을 배제한 세속사의 진보적, 사회사적 역사 해석이 나름의 모순과 문제점을 갖고 있는 것처럼, 기독교 역사 해석도 모순으로 가득차 있다. 종말의 사건은 아직 일어나지 않았으며 그 죄와 죽음의 길은 여전히 계속되고 있다.[37] 이 현실의 역사 속에서도 아우구스티누스적 역사 해석은 살아남을 수 있을까? 아니 살아 있을 뿐만 아니라 되살아나는 이유는 무엇일까? 인류는 수없는 좌절과 실패를 거듭해 왔다. 그러나 희망의 특성은 절망 속에서 더욱 끈질기게 되살아난다는 점이다. 인간은 절망하는 그만큼이나 희망을 포기할 수 없다. 인간 자신은 그 속성상 모순적 존재다. 인간의 문제를 인간 외적 요인에서 구하려는 근대적 탐구가 치열하게 진행되어 왔으나 현대인들은 또다시 인간에게 돌아와 있다. 인간은 역시 문제를 안고 있다는 사실을 다시 확인하게 된 것이다.[38]

아우구스티누스의 진리 탐구는 자신의 문제로부터 출발했다. 그가 가장 고민했던 문제는 죄(罪)의 문제 즉 인간 본성에 관한 문제였다. 인간의 문제를 고뇌하는 과정에서 그가 찾아가 이른 곳이 하나님이었다. 인간의 한계를 발견하고서야 인간에 대한 깊은 이해에 도달할 수 있었다. 그에게 신에 대한 이해는 바로 인간에 대한 이해였으며, 신과 인간에 대한 이해는 인류 역사가 무엇인가에 대한 해답의 근거였다.

---

37) 같은 책, 285쪽.
38) F. Baumer, *Modern European Thought*(New York : Macmillan Publishing Co, 1977), 417-418쪽.

부록 1 아우구스티누스의 저서*

저술연대	저서명(권수)	비엔나판 (CSEL 1)	파리판 (PL 2)
386	*Contra academicos* (Ⅲ) 아카데미학파 논박	63, 3-81	32, 905-958
386	*De beata vita* 복된 삶	63, 89-116	32, 959-976
386	*De ordine* (Ⅱ) 질서론	63, 121-185	32, 977-1020
387	*Soliloquia* (Ⅱ) 독백	——	32, 869-904
387	*De immortalitate animae* 영혼의 불멸	——	32, 1021-1034
387-391	*De musica* (Ⅵ)	——	32, 1081-1194

*① 저서 목록의 우리말 번역은 성염 교수(「아우구스티누스 저작 목록」, 『히포의 아우구스티누스 명상록』(서울 : 성바오로 출판사, 1991), 311-315쪽)에 따른 것이며, 다만 저술연대와 책의 권수와 판본을 첨가하였다.

② 저서 목록은 E. Portalie, *A Guide to the Thought of Saint Augustine*(Chicago : Henry Regnery Co, 1960)에서 참고하였다.

③ CSEL 1 = Copus scriptorum ecclesiasticorum Latinorum, Vienna, 1866 ff ; PL 2 = Patrologiae cursus completus, series Latina, ed. J. P. Migne : Paris, 1844-1864, vols. 32-47.

저술연대	저서명(권수)	비엔나판	파리판
	음악론		
387-388	*De quantitate animae* 영혼의 크기	——	32, 1035-1080
388	*De moribus ecclesiae Catholicae et de moribus Manichaeorum* (Ⅱ) 카톨릭교회의 습속과 마니교도의 습속	——	32, 1309-1378
388-390	*De Genesi contra Manichaeos* (Ⅱ) 마니교도를 논박하는 창세기들	——	34, 173-220
388-395	*De libero arbitrio* (Ⅲ) 자유의지론	——	32, 1221-1310
389	*De magistro* 교사론	——	32, 1193-1220
389-391	*De vera religione* 참된 종교	——	34, 121-172
389-396	*De diversis quaestionibus* (LXXXⅢ) 83 명제 자유토론집	——	40, 11-100
391-392	*De utilitate credendi* 신앙의 유익함	25, 3-48	42, 63-92
391-392	*De duabus animabus* 두 영혼	25, 51-80	42, 93-112
392	*Disputatio contra Fortunatum Manichaeum* 마니교도 포르투나투스 논박	25, 83-112	42, 111-130
393	*De fide et symbolo* 신앙과 신경	41, 3-32	40, 181-196
393-394	*De Genesi ad litteram liber imperfectus* 미완성 창세기 축자 해석	28, Ⅰ, 459-503	35, 219-246
393-396	*De sermone Domini in monte* (Ⅱ) 산상 설교	——	34, 1229-1308

저술연대	저서명(권수)	비엔나판	파리판
393-396	*Psalmus contra partem Donati* 도나투스파를 논박하는 시편 주해	51, 3-15	43, 23-32
393-396	*Contra Adimantum Manichaei discipulum* 마니교도 아디만투스 논박	25, 115-190	42, 129-172
393-396	*Expositio quarumdam propositionum ex Epistola ad Romanos* 로마서 자유명제 해설	——	35, 2063-2088
394	*Expositio Epistolae ad Galatas* 갈라디아서 해설	——	35, 2105-2148
394	*Epistola ad Romanos inchoata expositio* 로마서 서두 해설	——	35, 2087-2106
394-395	*De mendacio* 거짓말	41, 413-466	40, 487-518
394-395	*De continentia* 절제론	41, 141-183	40, 348-372
396-397	*De diversis quaestionibus ad Simplicianum* (Ⅶ) 심플리키아누스에게 보낸 자유토론집	——	40, 101-148
397	*De agone christiano* 그리스도인의 고통	41, 101-138	40, 289-310
397	*Contra epistolam Manichaei quam vocant Fumdamenti* 푼다멘투스 서간 반박	25, 193-248	42, 173-206
397	*De doctrina christiana* (Ⅲ) 그리스도교 교양	——	34, 15-122
397-400	*Quaestiones Evangeliorum ex Matthaeo et Luca* (Ⅱ) 복음서 발췌 주해	——	35, 1321-1364

저술연대	저서명(권수)	비엔나판	파리판
397-400	*Annotationes in Job* 욥기 주해서	28, II, 509-628	34, 825-886
400	*De catechizandis rudibus* 입문자 교리 교육	——	40, 309-348
397-401	*Confessiones* (XIII) 고백록	33, 1-388	32, 659-868
400	*Contra Faustum Manichaeum* (XXXIII) 마니교도 파우스트 논박	25, 251-797	42, 207-518
400	*De consensu Evangelistarum* (IV) 복음 사가들의 일치	43, 1-418	34, 1041-1230
400	*De opere monachorum* 수도사의 노동	41, 531-596	40, 547-582
400	*De fide rerum quae non videntur* 불가견의 사물에 대한 신앙	——	40, 171-180
400	*Contra epistolam Parmeniani* (III) 파르메니아누스 서간 반박	51, 19-141	43, 33-108
400	*De baptismo contra Donatistas* (VII) 도나투스파를 논박하는 세례론	51, 145-375	43, 107-244
400-401	*De bono conjugali ad Pollentium* 플렌시우스에게 보낸 결혼의 유익성론	41, 187-231	40, 373-396
400-401	*De sancta virginitate* 거룩한 동정생활	41, 235-302	40, 397-428
400-402	*Contra litteras Petiliani Donatistae* (III) 페틸리아누스 서간 반박	52, 3-227	43, 245-388
400-416	*De Trinitate* (XV) 삼위일체론	——	42, 819-1098
401-415	*De Genesi ad litteram* (XII) 창세기 축자 해석	28, I, 3-445	34, 245-486

저술연대	저서명(권수)	비엔나판	파리판
404	*De actis cum Felice Manichaeos* 펠릭스의 논쟁록	25, 801-852	42, 519-552
405	*De natura boni contra Manichaeos* 마니교도를 논박하는 선의 본질론	25, 855-889	42, 551-572
405-406	*Contra Secundinum Manichaeum* 마니교도 세쿤디누스 논박	25, 905-947	42, 577-602
406	*Contra Cresconium grammaticum partis Donati* (Ⅳ) 도나투스파 문법학자 크레스코니우스 논박	52, 325-582	45, 445-594
406-411	*De divinatione daemonnum* 악마의 점술	41, 597-618	40, 581-592
410	*De unico baptismo contra Petilianum* 페틸리아누스를 논박하는 세례의 유일성론	53, 3-34	43, 595-614
412	*Liber contra Donatists post collationem* 토론 후 도나투스파에게 보낸 단편	53, 97-162	43, 651-690
412	*De peccatorum meritis et remissione et de baptismo parvulorum* (Ⅲ) 죄인의 응보와 용서	60, 3-151	44, 109-200
412	*De spiritu et littera* 영과 문자	60, 155-229	44, 201-246
413	*De fide et operibus* 신앙과 행위	41, 35-97	40, 197-230
413-426	*De civitate Dei* (ⅩⅩⅡ) 신국론	40, Ⅰ, 3-660 40, Ⅱ, 1-670	41, 13-804
414	*De bono viduitatis ad Julianam* 과부 신분의 유익함	41, 303-343	40, 429-450
415	*De perfectione justitiae hominis* 인간의화의 완성	42, 4-48	44, 291-318

저술연대	저서명(권수)	비엔나판	파리판
415	*De natura et gratia contra Pelagium* 펠라기우스를 논박하는 자연과 은총	60, 233-299	44, 247-290
415	*Contra Priscillianistas et Origenistas ad Orosium* 오로시우스에게 보낸 프리실리아누스파와 오리제네스파 논박서	——	42, 669-678
416-417	*In Joannis Evangelium, tractatus* (CXXIV) 요한복음 강해	——	35, 1379-1976
416	*In Epistola Joannis ad Parthos, tractatus* (X) 요한 서간 간행	——	35, 1977-2062
417	*De gestis Pelagii* 펠라기우스 논쟁	42, 51-122	44, 319-360
418	*De gratia Christi et peccato originali* (II) 그리스도의 은총과 원죄	42, 125-206	44, 359-410
418	*De gestis cum Emerito Donatistarum episcopo Caesareae* 도나투스파 주교 에메레투스와의 논쟁	53, 181-196	43, 697-706
418	*Contra sermonem quemdam Arianorum* 아리우스파 강연 반박	——	42, 683-708
418	*De patientia* 인내에 관한 설교	41, 663-691	40, 611-626
419	*De conjugiis adulterinis* (II) 기혼자의 간통	41, 347-410	40, 451-486
419	*Locutiones in Heptateuchum* (VII) 구약 칠경 강해	28, 507-629	34, 485-546
419	*Quaestiones in Heptateuchum* (VII) 구약 칠경 발췌 주해	28, 3-506	34, 547-824

저술연대	저서명(권수)	비엔나판	파리판
419-420	*De nuptiis et concupiscentia ad Valerium* (Ⅱ) 발레리우스에게 보낸 결혼과 정욕론	42, 209-319	44, 413-474
420	*De anima et eius origine* (Ⅱ) 영혼과 그 기원	60, 303-419	44, 475-548
420	*Contra duas epistola Pelagianorum ad Bonifacium Papam* (Ⅳ) 보니파시우스에게 보낸 펠라기우스 파 두 서간 반박서	60, 423-570	44, 549-638
420	*Contra mendacium ad Consentium* 콘센시우스에게 보낸 거짓말 배척론	41, 469-528	40, 517-548
420	*Contra Gaudentium Thamugadensen episcopum Donatistarum* (Ⅱ) 도나티우스파 주교 가우덴시우스 논박	53, 201-274	43, 707-752
420	*Contra adversarium Legis et Prophetarum* (Ⅱ) 율법과 예언서 반대자 논박	——	42, 603-666
421	*Contra Julianum haeresis Pelagianae defensorem* (Ⅵ) 펠라기우스파 이단자 율리아우스 논박	——	44, 641-674
421	*Enchiridion ad Laurentium de fide, spe, charitate* 라우렌시우스에게 보낸 교리요강, 신 앙과 희망과 사랑	——	40, 231-290
421	*De cure pro mortuis gerenda ad Paulinum Nolanum* 놀라의 파울루스에게 보낸 죽은 이를 위한 배려	41, 621-660	40, 591-610
422	*De octo Dulcitii quaestionibus* 둘치시우스 8개항 문제	——	40, 147-170
426-427	*De gratia et libro arbitrio ad Va-*	——	44, 881-912

저술연대	저서명(권수)	비엔나판	파리판
	lentinum 발렌티누스에게 보낸 은총과 자유의 지론	——	
426-427	*De correptione et gratia ad eundem* 훈계와 은총	——	44, 915-946
426-427	*Retractationes* (Ⅱ) 재론고	36, 7-205	32, 583-656
427	*Speculum de Scriptura sacra* 성서선집	12, 3-285	34, 887-1040
428	*Collatio cum Maximino Arianorum episcopo* 아리우스파 주교 막시미누스와의 토론	——	42, 709-742
428	*Contra Maximinum Arianorum episcopum* 이단자 막시미누스 논박	——	42, 743-814
428	*De haeresibus ad Quodvultdeum* 쿠오불투스에게 보낸 이단론	——	42, 21-50
428	*Tractatus adversus Judaeos* 유대인에 대한 논박	——	42, 51-64
428-429	*De praedestinatione sanctorum ad Prosperum et Hilarium* 프로스페루스에게 보낸 성도들의 예정론	——	44, 959-992
428-429	*De dono perseverantiae ad Prosperum* 프로스페루스에게 보낸 인내의 은사론	——	45, 993-1034
429-430	*Opus imperfectum contra Julianum* (Ⅵ) 미완성 율리아누스 답변 반박	——	45, 1049-1608
391-430	*Sermones* (363)	——	38, 23-1484 ;

저술연대	저서명(권수)	비엔나판	파리판
	설교집		39, 1493-2354
386-430	*Epistolae* (270) 서간집	34, 44, 57, 58	33, 61-1162
391-430	*Enarrationes in Psalmos* 시편 상해	——	36, 67-1028 ; 37, 1033-1968

부록 2   아우구스티누스 연보

354년	북아프리카 누미디아의 로마령인 타가스테에서 어머니 모니카와 아버지 파트리키우스 사이에서 출생.
365년(?)	문법과 문학을 공부하기 위해 마다우라로 감.
369-370년	고향으로 돌아오고, 타가스테에서 허송세월함.
370년 가을	카르타고에서 수사학을 공부함. 아버지 파트리키우스 사망, 키케로의 『호르텐시우스』 읽음.
371-372년	카르타고에서 아테오다투스 출생.
373년	마니교에 참여.
373년(가을-봄)	타가스테에서 1년간 문법을 가르침.
374년(가을)	카르타고에서 수사학을 가르치기 시작.
377년	카르타고에서 시(詩) 부문에서 수상.
380년 ?	『아름다움과 적절함에 대하여 *De Pulchro et apto*』 저술.
383년(겨울)	마니교도인 파우스투스를 만남.
383년(가을)	수사학교를 설립하기 위해 로마로 감.
383-384년	로마에서 마니교 사상을 버리고, 학문적 회의주의에 관심을 가짐.
384년(가을)	공적인 수사학자로서 밀라노에 감.
385년(1월 1일)	집정관 바우토 Bauto를 기념하는 찬양 연설을 함.
386년	성 암브로시우스의 설교와 심플리키아누스의 조언 그리고 신플라톤 철학의 독서에서 영향 받아 가톨릭 교회의 교리 입문자가 됨.

386년(여름)	밀라노의 정원에서 〈집어라, 읽어라 Tolle, lege〉 사건 체험.
386년(가을)	가슴 질환으로 고통당하여 교수직을 물러나 카시키아쿰으로 인퇴하고, 가톨릭 교회에 입문하기 위해 준비.
386년(10-11월)	초기의 철학적 변증법을 낳으면서 카시키아쿰에서 토론을 시작.
387년(4월 25일)	밀라노에서 성 암브로시우스로부터 세례받음.
387년(봄)	모니카와 함께 로마로 갔고, 아프리카로 돌아오는 길에 모니카는 로마의 항구인 오스티아에서 세상을 떠남.
388년 가을	로마에서 약 2년간 머문 후 아데오다투스, 알피우스, 에보디우스와 함께 카르타고로 돌아옴.
	그 후 함께 타가스테로 가서 수도원을 설립.
389년	아데오다투스 죽음.
391년	히포에서 사제 임명 받고, 그 곳에 수도원을 설립.
392년(8월 28-29일)	마니교도인 포르투라투스에 대항한 논쟁을 전개.
393년(10월)	히포의 주교회의에서 설교.
393-394년	반도나티스트 논쟁 시작.
395-396년	(아마도 크리스마스 때) 히포의 보조 주교로 서품됨.
396년	히포의 주교 발레리우스가 죽자, 그의 자리를 이어받아 주교가 됨.
396년	투부르시쿰의 도나티스트 주교 포르투니우스와의 논쟁에 참여.
397년	종창을 앓음.
398년(?)	마니교도인 펠릭스와 논쟁.
400년	『고백록』을 끝내고, 『삼위일체론 De Trinitate』을 시작하는 등 많은 저작 활동.
401년	누미디아의 수석 대주교직에 대해 논쟁했다는 이유로 두 주교 빅토리누스와 크사티푸스를 징계.
403년	카르타고에서 시편 36편에 관한 유명한 설교를 행함.
404년	카르타고의 제9차 감독회의가 도나티스트들의 비행을

중지시키도록 요구함.

405년	도나티스트들을 규제하기 위해 엄격한 제국의 법률들이 제정됨.
407-408년	비첸티우스의 불평에 대응하여 도나티스트들에 대항해 제국의 군대를 사용하는 것에 대해 변호.
408년	이교도들의 반기독교적 행위들을 조사하기 위해 칼라마로 감.
409년	히포 근교에서 도나티스트의 소요.
410년	발병하여, 건강의 회복을 위해 히포를 떠남.
411년 6월	마르켈리누스가 카르타고에서 카톨릭과 도나티스트 주교들의 회의를 주재함. 아우구스티누스는 여기서 두드러진 역할을 수행.
412년 1월	제국의 칙령이 도나티스트주의에게 조종을 울림.
412년	반펠라기우스 논쟁 시작.
412-413년	로마제국의 쇠퇴에 미친 기독교의 영향에 관하여 마르켈리누스, 볼루시아누스와 서신 교환을 시작함. 『신국론』 저술로 이어짐.
414년	스페인 출신의 주교 바울루스오로시우스가 아우구스티누스와 함께 연구하기 위해 히포에 옴.
415-416년	『시편상해 *Enarrationes in Psalmos*』를 쓰기 위해 많은 준비.
416년	교황 인노센트가 펠라기우스주의에 대하여 경고하는 가운데, 밀레비스에 60명의 아프리카 주교들이 모였고 아우구스티누스도 여기에 참석.
417년	펠라기우스주의에 반대하는 설교를 카르타고에서 행함.
421년	카르타고에 있었던 마니교의 잘못에 관한 조사를 지원.
421년	펠라기우스주의의 옹호자인 에클라눔의 줄리안과의 논쟁.
424-425년	성 스테판의 유물들이 히포의 성소에 안치됨.
425년(부활절)	바울루스와 팔라디아가 이 성소에서 기적적으로 치유

됨.

426년(9월 26일)   히포의 주교좌를 위한 그 자신의 계승자로 헤라클리
우스를 임명.

426년   하르루메툼 수도사들의 반(半)펠라기우스 분쟁들을
해결.

427년   편지와 설교를 제외한 자신의 모든 저서들을 『보정록
Retractations』에 열거하고 재검토.

429년(5월)   겐세릭과 그의 반달족이 북아프리카에 침입하여 나라
를 황폐시키고, 시민들을 광포하게 대함.

429년   많은 주교들이 반달 침입자들에 의해 주교직으로부터
쫓겨났으나 아우구스티누스는 히포의 주교직에 머물
러 있음.

429년   다리우스 공작이 반달족과 잠정적인 휴전.

430년   반달족이 보니파스 휘하의 로마 군대를 물리치고, 보
니파스는 히포에서 피난처를 구함.

430년(5월)   반달족이 히포를 포위하고, 포위 석달째에 아우구스
티누스 발병.

430년(8월 28일)   유산과 유언 없이 세상을 떠남.

참고문헌*

김규영. 『아우구스티누스의 생애와 사상』. 서울 : 형설출판사, 1980.

김성태. 『세계고대사 Ⅰ』. 서울 : 성바오로 출판사, 1986.

김영한. 「페트라르카의 내면적 갈등 : 천상과 지상의 대립」. 『전해종교수 정년기념논문집』. 서울 : 1979.

오만규. 「교부들의 전쟁관」. 『삼육대학논문집』 17(1985).

이상신. 『서양사학사』. 서울 : 청사, 1984.

이석우. 「아우구스티누스의 『고백록』에 관한 일고찰」. 《경희사학》 15(1984).

이원설. 『基督敎世界觀과 歷史發展』. 서울 : 혜선출판사, 1990.

이장식. 『기독교사관의 역사』. 서울 : 대한기독교서회, 1992.

정의채. 「Aurelius Augustinus의 〈신국론〉의 연구」. 《카톨릭대학 논문집》 (1976).

조현미. 「도나티스트 운동의 성격」. 석사학위 논문. 고려대학교 대학원. 1988.

선한용. 『시간과 영원』. 서울 : 성광문화사, 1986.

ACFaric, P.. *L'Évolution Intellectuelle de Saint Augustin*. Paris : Nourry, 1918.

Angus, S.. "The Sources of the First Ten Books of Augustine." *De Civitate Dei*. Princeton : Princeton University Press, 1906.

Armstrong, A. H.. "Salvation, Plotinian and Christian." *The Downside Review*, 75(1957).

---

* 참고문헌은 아우구스티누스 연구와 그에 관계되는 분야의 저서와 논문들을 중심으로 작성하였다. 이들 문헌들은 이미 이 책에서 언급했던 P. Brown, G. Keyes, R. Markus, C. Kirwan 등의 작업에 많이 의존하였다.

Arquillière, H. X.. *L'Augustinisme Politique*. Paris : Vrin, 1934.

Arts, F.. 홍성표 역. 『중세의 문화유산』. 서울 : 보진재, 1993.

Bainton, R.. *Christian Attitudes Toward War and Peace*. Nashvill : Arbington Press, 1960.

Barker, E.. "St. Augustine's Theory of Society." *Essays on Government*. Clarendon : Clarendon Press, 1951.

───. 「사회이론」. 『중세서양사상사론』. 서울 : 한국신학문제연구소, 1981.

Barnes, H.. *A History of Historical Writing*. New York : Dover Publication Co, 1962.

Barrow, R. H.. *Introduction to St. Augustine, The City of God*. London : Faber & Faber, 1950.

Battenhouse, R. W.. *A Companion to the Study of St. Augustine*. Grand Rapids : Baker Book House, 1979.

Battenson, H.. *Augustine, Concerning the City of God against Pagans*. Harmondsworth : Penguin Books, 1976.

Baumer, F.. *Modern European Thought*. New York : Mcmillan Publishing Co, 1977.

Baxter, J. H.. "Notes on the Latin of Julian of Eclanum." *Bulletin du Cange*, 21(1949).

Baynes, N. H.. "The Political Ideas of St. Augustine's *De Civitate Dei*." *Historical Association Pamphlet*, 104. London : Bell, 1936.

Berdayaev, N. A.. Issiah 역. *The Meaning of History*. London : Oxford Unversity Press, 1954.

Berlin, S. I.. *Historical Inevitability*. London : Oxford University Press, 1954.

Berrouard, M. F.. "St. Augustine et le ministère de la prédication." *Recherches augustiniennes*, ii(1962).

Bloch, H.. "The Pagan Revival in the West at the End of the Fourth Century." A. Momigliano 편. *The Conflict between Paganism and Christianity in the Fourth Century*. 1963.

Blondel, M.. "The Latent Resources in St. Augustine's Thought." Martin Cyril D'Arcy and others 편. *A Monument to Saint Aug-*

ustine. London : Sheed and Ward, 1930.

Bohlin, T.. "Die Theologie des Pelagius und ihre Genesis." *Uppsala Universitets Arsskrift*, 9(1957).

Boren, H. C.. 이석우 역. 『서양고대사』. 서울 : 탐구당, 1989.

Bourke, V. J.. *Augustine's Quest of Wisdom*. Milwaukee : Bruce Publishing Co., 1945.

______. G. Walsh 역. *Saint Augustine : The City of God*. Garden city : Image Books, 1958.

______. 김종웅 역. 『성 아우구스티누스』. 서울 : 크리스천다이제스트사, 1986.

Boyer, C.. *Christianism et Néoplatonisme dans la Formation de St. Augustin*. new ed. Rome : Libri Catholici, 1953.

Braudel, F.. 이정옥 역. 『역사학논고』. 서울 : 민음사, 1990.

Breisach, E. *Historiography*. Chicago : Chicago University Press, 1983.

Brisson, J. P.. *Autonomisme et christianisme dans l'Afrique romaine*. 1958.

Brown, P. *Augustine of Hippo*. London : Faber & Faber, 1968.

______. *The World of Late Antiquity(A. D. 150-750)*. London : Harcourt Bruce Jovanovich, 1980.

Brown, P. R. L.. "Religious Dissent in the Later Roman Empire : the Case of North Africa." *History*, 46(1961).

______. "Aspects of the Christianisation of the Roman Aristocracy." *Journal of Roman Studies*, 51(1961).

______. "St. Augustine's Attitude to Religious Coercion." *Journal of Roman Studies*, 54(1964).

______. "Religious Coercion in the Later Roman Empire : the Case of North Africa." *History*, 48(1963).

Burnaby, J.. "The *Retractations* of St. Augustine : Self-criticism or Apologia?" *Augustinus Magister*, 1(1954).

Burns, H. 편. *The Cambridge History of Medieval Political Thought*. Cambridge : Cambridge University Press, 1988.

Burton, P.. *The Life of St. Augustine*. 3rd ed. Dublin : Gill and Son,

1987.

Butler, D. E. C.. *Western Mysticism*. 2nd ed. London : Constable, 1951.

Case, S. J.. *The Christian Philosophy of History*. Chicago : Chicago University Press, 1943.

Cayré, F.. *Initiation à la Philosophie de Saint Augustin*. Paris : Descle de Brouwer, 1956.

Chaix-Ruy, J.. *Saint Augustin*. Temps de Histoire. Paris : Descle de Brouwer, 1956.

Chén, J.. "Les origines de la controverse semi-plagienne." *Année théologique augustiniennes*, 13(1953).

Cochrane, C. N.. *Christianity and Classical Culture*. Oxford, New York, and Toronto : Oxford University Press, 1939.

Collingwood, R. G.. *An Autobiography*. London and New York : Oxford University Press, 1939.

──────. *The Idea of History*. Oxford : Clarendon Press, 1977.

──────. "The Philosophy of History." *Historical Association Leaflet*, 79(1930).

──────. *S. Augustin et la Culture Classique*. Paris : Plon, 1927.

Congar, Y. M. J.. "*Civitas Dei* et *Ecclesia* chez S. Augustin." *Revue des études augustiniennes*, 3(1957).

Coper, J.. "Why did Augustine Write Book XI - XIII of the Confessions." *Augustinian Studies*. vol. 2(1971).

Courcelle, P.. *Recherches sur les* Confessions *de S. Augustin*. 1950.

──────. "Anti-Christian arguments and Christian Platonism." Momigliano 편. *The Conflict between Paganism and Christianity in the Fourth Century*. 1963.

──────. *Les Confessions de S. Augustine dans la tradition littéraire : Antécédents et Postérité*. Et. Augustiniennes. 1963.

Courtois, Chr.. "S. Augustine et la Survivance de la Punique." *Revue africaine*, 94(1950).

Coyle, J. K.. "In Praise of Monica : A Note on the Ostia Experience of Confessions IX." *Augustinian Studies*. vol. 13(1962).

Cranz, E.. "The Development of Augustine's Ideas on Society before the Donatist Controversy." *Harvard Theological Review*, 47(1954).

Croce, B.. Sylvia Sprigge 역. *History as the Story of Liberty*. London : Allen and Unwin, 1941.

―――. Douglas Ainslie 역. *Logic as the Science of the Pure Concept*. London : Macmillan, 1917.

―――. E. F. Carritt 역. *My Philosophy*. London : Allen and Uwin, 1949.

―――. Douglas Ainslie 역. *Theory and History of Historiography*. London and Sydney : Harrap, 1921.

Daley, Leo C.. 박일민 역. 『아우구스티누스 입문』. 서울 : 성광문화사, 1986.

Daniel, J. and Marrow, H.. Vicent Crimin 역. *The Christian Centuries*, Ⅰ. 4th ed. London : Panlist Press, 1983.

D'Arcy, M. C. "The Philosophy of Saint Augustine." *A Monument to Saint Augustine*, London : Sheed and Ward, 1961.

―――. and others.. *A Monument to Saint Augustine*. London : Sheed and Ward, 1961.

Dawson, C.. "St. Augustine and His Age." *A Monument to Saint Augustine*. London : Sheed and Ward, 1961.

Deane, H. A.. *The Political and Social Ideas of St. Augustine*. New York and London : Columbia University Press, 1963.

Dennis, H. V. M.. "Another note on the Vandal Occupation of Hippo." *Jounal of Roman Studies*, 16(1925).

Diesner, H. J.. *Studien zur Gesellschafts-lehre und Sozialen Haltung Augustins*. Halle : Niemeyer, 1954.

―――. "Die Circumcellionen von Hippo Regius." *Kirche und Staat imspätrömischen Reich*. 1963.

Dillistone, F.. "The Anti-Donatist Writings." R. Battenhouse 편. *A Companion to the Study of St. Augustine*. Grand Rapids : Baker Book House, 1979.

Dodds, E. R.. "Tradition and Personal Achievement in the Philosophy of Plotinus." *Journal of Roman Studies*, 1(1960).

————. "Augustine's Confessions : A Study of Spiritual Maladjustment." *Hibbert Journal*, 26(1927-1928).

Fabre, L.. *Saint Augustin*. Paris : Hatchette, 1951.

Fiberg, H.. *Love and Justice in Political Theory*. Chicago : University of Chicago Press, 1944.

Figgis, J. N.. *The Political Aspects of St. Augustine's City of God*. London : Longmans Green, 1963.

————. 「역사철학자」. 이장식 역. 『서양중세사상사론』. 서울 : 한국신학연구소, 1971.

Frend, W. H. C.. "A Note on the Berber Background in the life of Augustine." *Journal of Theological Studies*, viii(1942).

————. *The Donatist Church : a Movement of Protest in Roman North Africa*. Oxford : Oxford University Press, 1952.

————. "The Gnostic-Manichaen Tradition in Roman North Africa." *Journal of Ecclesiastical History*, 4(1953).

————. "Manichaeism in the Struggle between St. Augustine and Petilian of Constantine." *Augustinus Magister*, 2(1954).

————. "The Roman Empire in the Eyes of Western Schismatics during the 4th Century." *Miscellanea Historiae Ecclesiasticae*. 1961.

Friberg, H. D.. "Love and Justice in Political Theory." *A Study of Augustine's Definition of the Commonwealth*. Chicago : University of Chicago Press, 1944.

Garvey, (Sister) M. P.. *Saint Augustine, Christian or Neo-Platonist?* Milwalkee : Marquette University Press, 1939.

Gentile, G.. "The Transcending of Time in History." Raymond Kilbansky and Herbert James Paton 편. *Philosophy and History. Essays presented to E. Cassirer*. Oxford : Clarendon Press, 1936.

Gilson, E. H.. *The Christian Philosophy of Saint Augustine*. New York : Random House, 1960.

————. "The Future of Augustinian Metaphysics." Martin Cyril

D'Arcy and others 편. *A Monument to Saint Augustine*. London : Sheed and Ward, 1961.

———. *L'Introduction l'Etude de Saint Augustin*. Paris : Vrin, 1929.

———. G. Walsh and others 역. *St. Augustine : The City of God*. Garden City : Image Books, 1958.

Green, W. M.. "Augustine on the Teaching of History." *University of California Publications in Classical Philosophy*, XII, 18(1944). Berkeley and Los Angeles : University of California Press, 1944.

———. "A Fourth Century Manuscript of Saint Augustine?" *Revue bénédictine*, 69(1959).

Guitton, J.. *Le Temps et l'Eternit chez Plotin et Saint Augustin*. Paris : Bovin, 1933.

Guy, J. C.. *Unité et Structure Logique de la Cité de Dieu de saint Augustin*. Paris, 1961.

Hadot, P.. "Citations de Porphyre chez Augustin(propos d'un livre récent)." *Revue des études augustiniennes*, vi(1960).

Hahn, T.. *Tyconius-Studien*. Leipzing, 1900.

Harbison, E.. *Christianity and History*. New Jersey : Princeton University Press, 1964.

Hardy, E. R.. "The City of God." *A Companion to the Study of St. Augustine*, 5. Grand Rapids : Baker Book House, 1979.

Harnack, A.. *History of Dogma*. vol. 5. New York : Russell and Russell, 1958.

Hartigan, R.. "Saint Augustine on War and Killing : The Problem of the Innocent." *Journal of Idea*, 27(1966).

Hick, J.. *Faith and Knowledge ; A Mordern Introduction to the Problem of Religious Knowledge*. New York : Cornell University Press, 1957.

Hopper, S.. "The Anti-Manichean Writings." *A Companion to the Study of St. Augustine*. Grand Rapids : Baker Book House, 1979.

Jaspers, K.. *Plato and Augustine*. New York and Lodon : Harvest, 1962.

Jones, A. H. M.. *The Later Roman Empire*. vol 3. Oxford : Basil Blackwell, 1964.

Jones, B. V. E.. "The Manuscript Tradition of Augustine's De Civitate Dei." *Journal of Theological Studies*, 16(1965).

Kajanto, I.. *Onomastic Studies in the Early Christian Inscriptions of Rome and Carthage*(Acta Instituti Romani Finlandiae, ii, 1). 1963.

Kannengiesser, C.. "Enarratio in Psalmum 118 : Science de la révélation et progrès spirituel." *Recherches augustiniennes*, 2(1962).

Keyes, G. L.. *Christian Faith and Interpretation of History*. Lincoln University of Nebraska Press, 1966.

Kim, M. H.. *The Function of Eschatological Perspective upon St. Augustine's Teaching about the Two Cities*. Unpublished Doctoral Dissertation, Thomas Institute School of Theology, 1973.

Kirwan, C.. *Augustine*. London : Routledge, 1989.

Klegeman, C.. "A Psychoanalytic Study of the Confessions of St. Augustine." *Journal of the American Psychoanalytic Association,* 5 (1957).

Knowles, David. "Introduction." *The City of God*. Harmondsworth : Penguin Books, 1972.

Koopmans, J. H.. "Augustine's First Contact with Pelagius and the Dating of the Condemnation of Caelestius at Carthage." *Vigiliae Christianae,* 8(1954).

Lebreton, J. and Church, J.. Messeger, E. C. 역. "Heresy and Orthodox." *A History of the Early Church*. New York : Collier Books, 1962.

Le Goff, K.. 유희수 역. 『서양중세문명』. 서울 : 문학과 지성사, 1992.

Löwith, K.. 이석우 역. 『역사의 의미』. 서울 : 탐구당, 1990.

Liebeschütz, H. "Did the Pelagian Movement Have Social Aims?" *Historia,* 12(1963).

L'Orange, H. P.. "The Portrait of Plotinus." *Cahiers Archéologiques Fin de l'Antiquité et Moyen- Age,* 5(1951).

MacNamara, M. A.. *Friendship in St. Augustine*. Studia Friburgensia,

1958.

Mandelbaum, M. H.. "The Ploblem of Historical Knowledge." *An Answer to Relativism*. New York : Liveright, 1938.

————. "Can There Be a Philosophy of History?" *American Scholar*. vol. IX. 1(1940).

Mandouze, A.. "S. Augustine et la religion romaine." *Recherches augustiniennes*, 1(1958).

Maritain, J.. *On the Philosophy of History*. London : Blis, 1959.

————. "St. Augustine and St. Thomas Aquinas." Martin Cyril D'Arcy and others 편. *A Monument to Saint Augustine*. London : Sheed and Ward, 1961.

Markus, R. A.. "Two Conceptions of Political Authority : Augustine's *De Civitate. Dei*, XIX, 14-15 and some Thirteenth-Century Interpretations." *Journal of Theological Studies*, n.s., 16(1965).

————. *Saeculum : History and Society in Theology of St. Augustine*. Cambridge : Cambridge University Press, 1970.

Marrou, H. I.. *L'Ambivalence du Temps de l'Historie chez Saint Augustin*. Paris : Vrin, 1950.

————. *S. Augustin et la Fin de la Culture Antique*. Paris : Boccard, 1949.

————. "Donatism : the last phase." *Studies in Church history*, 1(1964).

————. "Reflections on Religious dissent in North Africa in the Byzantine Period." *Studies in Church history*, 3(1967).

————. "The Roman empire in early Christian historiography." *Downside rev.*, 81(1963).

————. *Saint Augustine*. New York : Harper & Row, 1957.

Martindale, C. C.. "A Sketch of the Life and Character of St. Augustine." Martin Cyril D'Arcy and others 편. *A Monument to Saint Augustine*. London : Sheed and Ward, 1961.

Marshall, R.. *Studies in the Political and Socio-Religious Terminology of the* De Civitate Dei, Washington : Catholic University of America Press, 1952.

Mashall, R.. 「신국과 교회의 일치론」. 이석우 역. 『서양중세사상사론』. 서울 : 한국신학연구소, 1981.

Mazzolai, L. S.. O'Donnell 역. *The Idea of City in Roman Thought.* Bloomington : Indiana University Press, 1970.

McILwain, G. H. *The Growth of Political Thought in the West.* New York : Macmillan co., 1932.

McGarry, D. and Wahl, D.. 이석우 역. 『서양중세사대요』. 서울 : 탐구당, 1987.

McIntire, C. T.. *God, History and Historians.* London : Oxford University Press, 1977.

Meagher, R.. *Augustine : An Introduction.* New York : Harper Colophon, 1978.

Milburn, R. R.. *Early Christian Interpretation of History.* New York : Harper, 1954.

Mohrmann, Chr.. "Augustine and the Eloquentia." *Etudes sur le latin des Chrétiens,* 1(1958).

Momigliano, A.. "Pagan and Christian Historiography in the Fourt Century." Momigliano 편. *The Conflict between Christianity and Paganism in the Fourth Century.* 1963.

Mommsen, E. Th.. Rice 편. "Orosius and Augustine." *Medieval and Renaissance Studies.* 1959.

Morgan, J.. *The Psychological Teaching of St. Augustine.* London : Elliot Stock, 1932.

Mourant, J.. *Augustine on the Immortality.* The Augustine Lecture Series. Villanova : Villannova University Press, 1969.

————. *Saint Augustine on Memory,* Villanova : Villanova University Press, 1980.

Mumford, L.. 김진욱 역. 『문명——그 전망과 해석』. 서울 : 서광사, 1978.

Myres, J. N. L.. "Pelagius and the End of Roman Rule in Britin." *Journal of Roman Studies,* 1(1960).

Niebuhr, R.. "Faith and History." *A Comparison of Christian and Moden Views of History.* London : Nisbet, 1949.

————. "Augustine's Political Realism." J. V. Downtown 편. *Perspectives on Political Philosophy*. I. Holt Rinnehart and Winston, 1971.

————. 「정치적 현실주의자」. 강준창 역. 『서양중세사상사론』. 서울 : 한국신학연구소, 1991.

O'Connell, R. J.. "*Ennead*, VI, 4 and 5 in the Work of St. Augustine." *Revue dse études augustiniennes*, 9(1963).

————. "The Riddle of Augustine's *Confessions* : A Plotinian Key." *International Philosophical Quarterly*, 4(1964).

————. *St. Augustine's Early Theory of Man, A. D. 386–391*. Cambridge : Harvard University Press, 1968.

O'Meara, J. J.. *The Young Augustine*. New York : Longmans, 1954.

————. *An Augustine Reader*. Garden city : Image Books, 1973.

————. *Chater of Christendom : The Significance of the City of God*. New York : Macmillan Co., 1961.

O'Tool, C. T.. *The Philosophy of Creation*. Washington : Catholic University of America, 1944.

Panascovic, R.. "An Analysis of Saint Augustine's De Immortalitate Animae." *Augustinian Studies*. vol. II. 1980.

Paolucci, H.. *The Political Writings of St. Augustine*. South Bend Gateway Editions. 1962.

Parker, T. M.. *Christianity and the State in the Light of History*. New York : Harper and Brothers, 1955.

Pincherle, A.. "Confession of St. Augustine : A Reappraisal." *Augustinian Studies*. vol. 7. 1976.

Plotinus. S. MacKenna 역. *Enneads*. 2nd ed. New York : Pantheon Books, 1956.

Portalié. E.. Bastian 역. *A Guide to the Thought of St. Augustine*. Chicago : Henry Rognery co., 1960.

Przywara, E.. "St. Augustine and the Modern World." Martin Cyril D'Arcy and others 편. *A Monument to Saint Augustine*. London : Sheed and Ward, 1961.

Ramsey, P.. *War and the Christian Conscience*. Durham : Duke University Press, 1961.

Reeves, John-Baptist, O. P.. "St. Augustine and Humanism." Martin Cyril D'Arcy and others편. *A Monument to Saint Augustine*. London : Sheed and Ward, 1961.

Refoulé, F.. "Julien d'Eclane, théologien et philosophe." *Recherches de sciences religieuses,* 52(1964).

Renier, G. J.. *History, Its Purpose and Method*. London : Allen and Unwin, 1950.

Ries, J.. "La Bible chez S. Augustine et chez les Manichéens." *Revue des Etudes Augustinennes,* 9(1963).

————. "Jésus-Christ dans la religion de Mani. Quelques éléments d'une confrontation de Saint Augustin avec un hymnaire christologique manichéen copte." *Augustiniana,* 14(1964).

Richard, J.. *The Popes and the Papacy in the Middle Ages, 476-752*. London : Routledge & Kegan Paul, 1979.

Robert, D.. "The Earliest Writings." *A Companion to the Study of St. Augustine*. Grand Rapids : Baker Book House, 1979.

Roland-Gosselin, B.. "St. Augustine's System of Morals." Martin Cyril D'Arcy and others 편. *A Monument to Saint Augustine*. London : Sheet and Ward, 1961.

Rondet, H. Lauras, A. and others. *Etude Augustiniennes*. Paris : Aubier, 1953.

Russell, F.. *The Just War in the Middle Age*. Cambridge : Cambridge University Press, 1979.

Saunders, J. J.. 「로마몰락에 관한 논쟁」, 지동식 편. 『로마사연구의 제문제』. 서울 : 고려대학교출판사, 1977.

Setton, K. M.. *Christian Attitude Towards the Emperor in the Fourth Century*. New York : AMS Press, 1967.

Sinnigen, W. G.. *A History of Rome to 565*. London : Macmillan, 1977.

Thompson, E. A.. "The Visigoths from Fritigern to Euric." *Historia,*

12(1963).

Thonnard, F. J.. "La prédestination augustinienne. Sa place en philosophie augustinienne." *Revue des études augustinennes,* 10(1964).

Tierney, B.. 박은구 외 역. 『서양중세사연구』, 서울 : 탐구당, 1988.

Tierney, B. and Painter, S.. 이연규 역. 『서양중세사』. 서울 : 집문당, 1988.

Van der Meer, F.. "Augustin the Bishop." Battershaw, B. and Lamb, G. R. 역. *The Life and Work of a Father of the Church.* London and New York : Sheed and Ward, 1961.

Vico, G. B. and Bergin, T. G.. Fisch, M. H. 역. *The New Science.* 3rd ed. New York : Cornell University Press, 1948.

Warfield, B.. *Calvin and Augustine.* Philadelphia : The Presbyterian and Reformed Pulishing Co., 1974.

Walsh, W. H.. *An Introduction to the Philosophy of History.* London and New York : Hutchinson's University Library, 1951.

Watkin, E. I.. "The Mysticism of St. Augustine." Martin Cyril D'Arcy and others 편. *A Monument to Saint Augustine.* London : Sheed and Ward, 1961.

Williams D. D.. "The Significance of St. Augustine." *A Companion to the Study of St. Augustine.* Grand Rapids : Baker Book House, 1979.

Willis, G. G.. *St. Augustine and the Donatist Controversy.* London : Society for Promoting Children Knowledge, 1950.

이석우

경희대학교 사학과와 미국 애드리안 대학교 사학과를 졸업하였으며 경희대학교 대학원 및 미국 일리노이 대학교 대학원에서 공부했다. 영국 옥스퍼드 대학교에서 객원 교수를 지냈으며 영국 버밍험 대학교의 명예선임 펠로우이자 영국왕립역사학회 해외 펠로우를 역임하였다. 현재는 경희대학교 사학과 교수로 재직 중이다. 저서로 『대학의 역사』, 『기독교사관과 역사이해』, 『전환의 시대, 대학은 무엇인가』(공저), 『서양중세사 강의』(공저), 『그림, 역사가 쓴 자서전』, 『예술혼을 사르다 간 사람들』 등이 있다.

아우구스티누스

1판 1쇄 펴냄 • 1995년 3월 5일
신장판 1쇄 찍음 • 2005년 2월 23일
신장판 1쇄 펴냄 • 2005년 2월 28일

지은이 • 이석우
펴낸이 • 박맹호, 박근섭
펴낸곳 • (주) 민음사

출판등록 • 1966. 5. 19. 제16-490호
서울시 강남구 신사동 506 강남출판문화센터 5층 (135-887)
대표전화 515-2000 • 팩시밀리 515-2007
www.minumsa.com

값 15,000원

ⓒ 이석우, 1995, 2005. Printed in Seoul, Korea
ISBN 89-374-2540-8 93910
ISBN 89-374-5420-3 (세트)